"十三五"国家重点图书
出版规划项目

中国濒危语言志　组委会

主　任
杜占元

执行主任
田立新

成　员
田联刚　许正明　刘　利　黄泰岩　于殿利

张浩明　刘　宏　周晓梅　周洪波　尹虎彬

中国语言资源保护工程

中国濒危语言志 编委会

总主编
曹志耘

主 编
张振兴　邢向东

委 员（音序）
黄晓东　沈　明　赵日新　庄初升

本书执行编委　沈　明

中国濒危语言志

汉语方言系列

总主编　曹志耘

主编　张振兴　邢向东

湖南泸溪乡话

陈晖　著

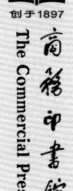
商务印书馆
The Commercial Press

图书在版编目（CIP）数据

湖南泸溪乡话/陈晖著.—北京：商务印书馆，2019
（中国濒危语言志）
ISBN 978-7-100-17985-0

Ⅰ.①湖⋯　Ⅱ.①陈⋯　Ⅲ.①湘语—介绍—泸溪县　Ⅳ.①H174

中国版本图书馆CIP数据核字（2019）第277458号

权利保留，侵权必究。

湖南泸溪乡话

陈晖　著

出版发行：商务印书馆
地　　址：北京王府井大街36号
邮政编码：100710
印　　刷：北京雅昌艺术印刷有限公司
开　本：787×1092　1/16　　印　张：19¾
版　次：2019年6月第1版　　印　次：2019年6月北京第1次印刷
书　　号：ISBN 978-7-100-17985-0
定　　价：120.00元

泸溪县梁家潭乡地形地貌　泸溪县梁家潭乡/2016.1.10/张珺 摄

泸溪县梁家潭乡村貌　泸溪县梁家潭乡/2013.7.17/任溪 摄

泸溪县梁家潭乡木屋　泸溪县梁家潭乡/2017.8.12/陈晖　摄

多人对话摄录工作现场　泸溪县白沙镇/2016.1.11/蔡轩　摄

序

我的老家在浙江金华。我在老家生活的年代是20世纪六七十年代。那时候人们白天黑夜地干，酷暑寒冬地干，但就是吃不饱饭。山上光秃秃的，地上光秃秃的，简直成了不毛之地。如今40年过去了，回到家乡，只见茂林修竹，清流激湍，芳草鲜美，落英缤纷，俨然人间仙境。进山的小路早已被草木掩没，没有刀斧开路，则寸步难行。

在我家附近的塔石乡，有一个叫"大坑"的畲族村子，坐落在一条山沟里，有50多人。畲族相传发源于广东潮州凤凰山，明代以来逐渐北迁，从广东到福建，从福建到浙江、江西、安徽等地。数百年来，畲族尽管不断迁徙，散落中国东南各地，然而始终保持着他们共同的语言——畲话。1981年，我在山东大学上学期间，曾经一个人跑到大坑去，拿着日本人编制的调查表记录他们的畲话。当时村里男女老少，基本上人人会讲畲话。但时至今日，很多人已不会讲或讲不好畲话了，25岁以下无一人会讲。照此发展下去，估计几十年后，大坑人沿袭千年之久的母语将彻底消亡。

自然环境的破坏可以修复，但语言的消亡无法挽回，不可再生。

根据联合国教科文组织的《世界濒危语言地图》（2018），在世界现存的约6700种语言中，有40%的语言濒临灭绝，平均每两个星期就有一种语言消亡。中国有130多种语言，其中有68种使用人口在万人以下，有48种使用人口在5000人以下，有25种使用人口不足1000人，有的语言只剩下十几个人甚至几个人会说了。汉语方言尽管使用人数众多，但许多小方言、方言岛也在迅速衰亡。即使是那些还在使用的大方言，其语言结构和表达功能也已大大萎缩，或多或少都变成"残缺"的语言了。

冥冥之中，我们成了见证历史的人。

然而，作为语言学工作者，绝不应该坐观潮起潮落。事实上，联合国教科文组织早在1993年就确定当年为"抢救濒危语言年"，同时启动"世界濒危语言计划"，连续发布"世界濒危语言地图"（联合国已确定2019年为"国际本土语言年"）。二十多年来，国际上先后成立了上百个抢救濒危语言的机构和基金会，各种规模和形式的濒危语言抢救保护项目在世界各地以及网络上展开。我国学者在20世纪90年代已开始关注濒危语言问题，自21世纪初以来，开展了多项濒危语言、方言调查研究课题，出版了一系列重要成果，例如孙宏开先生主持的"中国新发现语言研究丛书"、张振兴先生等主持的"中国濒危语言方言研究丛书"、鲍厚星先生主持的"濒危汉语方言研究丛书"（湖南卷）等。为了全面、及时抢救保存中国语言方言资源，教育部、国家语委于2015年启动了规模宏大的"中国语言资源保护工程"。在语保工程里，专门设立了濒危语言方言调查项目，迄今已调查76个濒危语言点和60个濒危汉语方言点。对于濒危语言方言点，除了一般调查点的基本调查内容以外，还要求对该语言或方言进行全面系统的调查，并编写濒危语言志书稿。随着工程的实施，语保工作者奔赴全国各地，帕米尔高原、喜马拉雅山区、藏彝走廊、滇缅边境、黑龙江畔、海南丛林都留下了他们的足迹和身影。一批批鲜活的田野调查语料、音视频数据和口头文化资源汇聚到中国语言资源库，一些从未被记录过的语言、方言在即将消亡前留下了它们的声音。

为了更好地利用这些珍贵的语言文化遗产，在教育部语言文字信息管理司的领导下，商务印书馆和中国语言资源保护研究中心组织申报了国家出版基金项目"中国濒危语言志"，并有幸获得批准。该项目计划在两年内按统一规格、以EP同步方式编写出版30卷志书，其中少数民族语言20卷，汉语方言10卷。自项目启动以来，语信司领导高度重视，亲自指导志书的编写出版工作，各位主编、执行编委以及北京语言大学、中国传媒大学的工作人员认真负责，严格把关，付出了大量心血，商务印书馆则配备了精兵强将以确保出版水准。这套丛书可以说是政府、学术界和出版社三方紧密合作的结果。在投入这么多资源、付出这么大努力之后，我们有理由期待一套传世精品的出现。

当然，艰辛和困难一言难尽，不足和遗憾也在所难免。让我们感到欣慰的是，在这些语言、方言即将隐入历史深处的时候，我们赶到了它们身边，倾听它们的声音，记录它们的风采。尽管我们无力回天，但已经尽了最大的努力，让时间去检验吧。

曹志耘

2018年10月

于浙江师范大学

目录

第一章 导论		1
第一节 调查点概况		2
一 地理位置		2
二 历史沿革		2
三 居民人口		3
第二节 乡话概况		4
一 乡话的名称和系属		4
二 乡话的分布和使用人数		4
三 泸溪境内乡话的分布情况和使用人数		5
第三节 乡话使用现状		9
一 会说乡话的人数和地域正在减少		9
二 客话及普通话对乡话的渗透和影响越来越显著		10
第四节 研究现状		13
第五节 调查说明		21
一 泸溪乡话调查的大致过程		21
二 发音人简况		22

第二章 语音		25
第一节 声韵调		26
一 声母		26
二 韵母		27
三 声调		28
第二节 单字音表		29
第三节 连读变调及轻声		44
一 两字组连读变调规律		44
二 三字组连读变调规律		48
三 其他变调规律		49
四 轻声		50
第四节 其他音变现象		52
一 弱化		52
二 同化		52
三 合音		53
四 语法性音变		53
第五节 异读		54
一 新老异读		54
二 语义异读		58

第六节　古今语音比较　59	特色的特别词语　108
一　声母的古今比较　59	三　称说或表述有特色的词语　109
二　韵母的古今比较　63	第二节　古语词　110
三　声调的古今比较　75	第三节　民俗文化词　126
第七节　语音特点　77	一　节庆　126
一　泸溪乡话的浊音声母　77	二　婚丧礼俗　127
二　泸溪乡话浊音声母与声调的关系　83	三　房屋建筑　129
	四　器物　130
三　泸溪乡话的调值分韵　86	五　服饰及文体活动　133
	六　食物等　134
第三章　同音字汇　89	**第五章　分类词表**　137
第四章　词汇特点　105	第一节　《中国语言资源调查手册·汉语方言》　139
第一节　特别词　106	
一　以古语词作为构词语素的特别词语　106	一　天文地理　139
	二　时间方位　140
二　反映当地生活习俗或生活	三　植物　142

四 动物	143	五 植物	167
五 房舍器具	144	六 动物	170
六 服饰饮食	145	七 房舍	172
七 身体医疗	147	八 器具用品	173
八 婚丧信仰	148	九 称谓	177
九 人品称谓	149	十 亲属	178
十 农工商文	151	十一 身体	179
十一 动作行为	152	十二 疾病医疗	181
十二 性质状态	155	十三 衣服穿戴	182
十三 数量	158	十四 饮食	183
十四 代副介连词	159	十五 红白大事	185

第二节 《汉语方言词语调查条目表》 161

一 天文	161	十六 日常生活	187
二 地理	162	十七 讼事	188
三 时令时间	164	十八 交际	189
四 农业	165	十九 商业交通	189
		二十 文化教育	190
		二十一 文体活动	191

二十二	动作	192
二十三	位置	194
二十四	代词等	195
二十五	形容词	196
二十六	副词介词等	197
二十七	量词	198
二十八	附加成分等	200
二十九	数字等	201

第六章　语法　205

第一节　词法　206
  一　词缀　206
  二　代词　212
  三　数词　218
  四　量词　221
第二节　句法　222
  一　处置句和被动句　222
  二　双宾句　224
  三　比较句　225
  四　疑问句　226
  五　否定句　230
  六　可能补语句　232

第七章　语法例句　235

第一节　《中国语言资源调查手册·汉语方言》　236
第二节　《汉语方言语法调查例句》　243

第八章　话语材料　271

第一节　俗语谚语　272
  一　谚语　272
  二　谜语　274
第二节　歌谣　276
第三节　故事　282

参考文献　294

调查手记　300

第一章 导论

第一节

调查点概况

一 地理位置

泸溪县位于湖南省西部，沅水中游西岸，是湘西土家族苗族自治州的东南大门，东邻沅陵、辰溪，南界麻阳，西接吉首、凤凰，北连古丈。地理坐标为东经109°40′～110°14′，北纬27°54′～28°28′，东西最宽处79.5公里，南北最长处104公里，总面积1565.5平方公里。

泸溪县处在武陵山脉向雪峰山脉过渡的地带，是"八山半水一分田，半分道路和村庄"的山区。境内有大小山头2700多座，自东向西排成"川"字形状，一般海拔300～500米。有沅、武、辰、酉四个水系127条溪河，这些溪河总属沅江水系。

二 历史沿革

泸溪地域，春秋战国时属楚；秦时属黔中郡；汉高祖五年（公元前202年）至南朝齐时属武陵郡沅陵县。南朝梁武帝梁萧衍天监十年（511年）分沅陵县地置卢州，州治在沅水、武水交汇处，即今县城东北郊杨柳溪一带。南朝陈宣帝太建七年（575年）废卢州，建沅陵郡，泸溪地属沅陵郡沅陵县。隋炀帝大业十三年（617年），萧铣在江陵建梁国，年号鸣凤，唐武德二年，即梁萧铣鸣凤三年（619年），梁将董景珍分沅陵县建卢溪县，因武水出口一段名卢水，且水北有卢山而得名，治所在卢州旧地。唐天宝元年（742年）建辰州卢溪郡，卢溪县属辰州卢溪郡，县治西迁至洗溪口即今洗溪镇。宋代因袭旧置，南宋绍兴九年（1139年），县治复迁至沅水、武水交汇处。元代改郡为路，卢溪县属辰州路。明代改路为府，卢溪县属湖广布政使司辰州府。清代，卢溪县属辰沅永靖道辰州府。清顺治六年

（1649年），改卢溪县为泸溪县，沿用至今。民国初，泸溪县属湖南辰沅道，民国二十九年（1940年），属湖南省第九行政督察区。中华人民共和国成立后，1949年11月成立泸溪县人民政府，县治在武溪镇，隶属湘西行署沅陵专署。1952年改属湘西苗族自治区，1955年湘西苗族自治区更名为湘西苗族自治州，1957年更名为湘西土家族苗族自治州，泸溪县隶属湘西土家族苗族自治州，1995年，县政府机关从武溪镇集体搬迁到白沙。2001年6月，民政部批准将泸溪县政府驻地由武溪镇迁至白沙镇。2015年11月，泸溪县乡镇行政区划再次进行调整，撤销白沙镇，并入武溪镇，县人民政府驻地变更为武溪镇。

泸溪是中国盘瓠文化的发祥地，爱国诗人屈原的流放地，"东方戏曲活化石"辰河高腔目连戏的保存地。"苗族数纱"被列为国家级非物质文化遗产项目，县南端的浦市古镇是两千多年以来中国大西南物资集散的重要商埠，2010年被评为中国历史文化名镇，其古建筑技艺被列为湖南省非物质文化遗产。岩门古堡寨、高山坪古驿道和50栋古民居被列为湖南省文物保护单位。

历代文人墨客在泸溪留下许多动人的诗篇和美丽的故事。屈原流放期间，在泸溪驻留数月，写下了《涉江》《橘颂》等千古名篇；沈从文写下了《泸溪·浦市·箱子岩》等著名散文。

三 居民人口

据2014年泸溪县统计局资料，泸溪县辖白沙、浦市、达岚、合水、兴隆场、潭溪、洗溪、武溪、石榴坪、永兴场、解放岩、小章、白羊溪、梁家潭、八什坪等15个乡镇，总人口31.4万，其中，汉族122575人，占总人口的39%，少数民族191125人，占总人口的60.86%。少数民族人口中，苗族134345人，占总人口的42.8%，土家族56079人，占总人口的17.9%，其他少数民族701人。

2015年11月乡镇行政区划调整后，泸溪县减少4个乡镇建制，现辖乡镇11个：武溪、浦市、达岚、合水、兴隆场、洗溪、潭溪7个镇，小章、白羊溪、石榴坪、解放岩4个乡。本书仍使用2015年前的行政建置。

第二节

乡话概况

一 乡话的名称和系属

乡话是一种处于濒危状态的汉语方言，它的系属需要继续调查研究，《中国语言地图集》（第1版）（1987）把它与畲话、儋州话、韶关土话、湘南土话等一并列为未分区非官话汉语方言；《中国语言地图集》（第2版）（2012）B2-8"湖南省的汉语方言"图，也只是画出乡话的分布范围，但并没有说明它的方言系属。

乡话处在苗语、土家语、湘语、西南官话等多种语言或方言的包围之中，但乡话与周边的语言及方言差别很大，如果不互相学习，他们之间不能用各自的母语相互通话。说乡话的人对内讲乡话，与外界交流时用客话。客话是当地的强势汉语方言，不同县市讲乡者的客话不完全相同，例如，古丈讲乡者，他们的客话是以古丈县城话为代表的所谓古丈话，而沅陵讲乡者，他们的客话则是以沅陵县城话为代表的所谓沅陵话，古丈话和沅陵话都属于西南官话，但内部有差异。泸溪县说乡话的人主要以"泸溪话"（以城关镇武溪话为代表）作为客话，"泸溪话"属湘语。

有学者把乡话称为瓦乡话。

在泸溪调查时，我们发现"乡话"还有一种叫法，叫"躭客字小客话[ȵian⁴⁴kʰuo⁴¹tsɑ¹³]"，"躭客字小客话[ȵian⁴⁴kʰuo⁴¹tsɑ¹³]"与"大客字[lɤ¹³kʰuo⁴¹tsɑ¹³]"相对，"大客字"指讲乡者与外界沟通交流时使用的客话，而"躭客字小客话"则指乡话。"乡话"被称作"躭客字"，很多青年人已不知道这种叫法了，一些中老年人也要经过提醒才会想起。

二 乡话的分布和使用人数

乡话主要分布在湖南西部的沅陵、泸溪、古丈、辰溪、溆浦、永顺等县，在湖南城步苗族自治县和广西北部的龙胜各族自治县（郑焱霞 2010）、湖南桑植县上河溪乡杨竹溪村（钟江华 2017）和重庆酉阳土家族苗族自治县木叶乡大坂营村（李娇雷 2014）也有乡话零散分布。

说乡话的人很多聚居在沅水（包括其支流）流域：一是沅水中上游的泸溪、辰溪、溆浦交汇处，一是沅水支流酉水流域的沅陵、古丈、永顺交界地。泸溪县白沙镇等地说乡话的人大多数都是滨水而居的。由于常年滨水而居，行船放排、捞鱼捕虾成了他们的传统生计。

说乡话的人还有的靠山而住，居住在深山中，农田耕作及捕猎是他们的传统生计。泸溪梁家潭乡、八什坪乡大部分等地，说乡话的人深居大山中，被称作"后山人"。由沅陵迁到城步南山的讲乡者，居住在被誉为"南方呼伦贝尔"的"八十里大南山"中，农牧业是他们的主要生计。

滨水而居与靠山而住的讲乡人，他们之间的乡话存在一定差异，但并不影响相互之间的通话，不仅同一县市内如此，甚至分布在不同县市的讲乡人，他们之间也是可以用各自的乡话互相通话的。

据我们的初步调查和统计，说乡话的人数约有26万，其中，沅陵县人数最多，近20万，泸溪和古丈次之，各有2万多人，辰溪1.1万左右，零散分布在其他县市的约5000人。

三 泸溪境内乡话的分布情况和使用人数

泸溪县是多语地区，大部分乡镇说汉语方言，境内还有苗语、土家语等少数民族语言。泸溪县的汉语方言最具代表性的主要有两种：一种是以武溪镇为代表的武溪话，人们泛称为泸溪话；一种是以浦市镇为代表的浦市话。武溪话和浦市话都属湘语辰溆片方言。

泸溪乡话主要分布在白沙、武溪、浦市、八什坪、梁家潭等乡镇，使用人口大约2.4万（截至2014年），具体分布情况及使用人口约数如表1-1：

表1-1 泸溪境内乡话的分布和使用人数

乡镇	乡镇总人口	说乡话的人数	乡话分布村组及使用人口
白沙镇	35619	10350	红土溪2200｜刘家滩1700｜红岩1650｜屈望1100｜兴沙1300｜沅江600｜桥东1600｜朝阳社区200人
武溪镇	24220	3050	暮江头1290｜高大坪200人｜猪食洞1460｜小龙溪100
浦市镇	60634	660	麻溪口村擂鼓坡组360｜铁柱潭与白沙邻近的几个村300

续表

乡镇	乡镇总人口	说乡话的人数	乡话分布村组及使用人口
八什坪乡	10771	4050	李什坪1307｜三角潭1884｜花园坪300｜杜家寨350｜塘食溪209
梁家潭乡	12667	5592	鸡子潭1662｜灯油坪1167｜岩寨1113｜布条坪740｜红岩599｜梁家潭311

乡话在泸溪县总体上呈现零散分布状态，说乡话、苗语、土家语、湘语的人常处在同一乡镇，甚至是同一村落中，我们以梁家潭乡为例说明乡话、苗语、土家语、湘语的交错分布状态。

梁家潭乡位于泸溪县西北部，距县城42公里，总面积88平方公里，辖9个行政村，各村组的语言使用情况如表1-2（以下数据2014年由梁家潭乡政府覃朝国先生提供）：

表1-2　梁家潭乡各村组语言或方言的分布情况

行政村名称	行政村人口	自然村名称	自然村人口	自然村语言或方言
梁家潭村	1479	土马坪	181	苗语
		杨家寨	311	乡话
		场上	252	武溪话湘语
		覃家寨	463	土话土家族人说的汉语方言，实际是西南官话
		冬瓜坪	272	武溪话湘语
灯油坪村	1508	枞岭	335	乡话
		太阳冲	62	乡话
		向家岭	185	乡话
		李家岭	445	乡话
		麦里山	140	乡话
		磨岩坪	160	武溪话湘语
		芭蕉溪	181	武溪话湘语
鸡子潭村	1760	拖船坡	135	乡话
		黄泥溪	462	乡话
		白检	205	乡话
		鸡子潭	425	乡话
		鸡溪坳	435	乡话
		芋头溪	98	武溪话湘语

续表

行政村名称	行政村人口	自然村名称	自然村人口	自然村语言或方言
岩寨村	1698	猫子溪	319	乡话
		力林	272	乡话
		龙瓜坪	171	乡话
		岩寨	351	乡话
		金子坪	290	武溪话湘语
		旧寨	295	武溪话湘语
达力寨村	1248	纸棚	292	苗语
		达力寨	371	苗语
		白土坪	300	苗语
		二腊坪	285	苗语
布条坪村	740	大坪	200	乡话
		桃坨	110	乡话
		布条坪	200	乡话
		茶溪	130	乡话
		布溪	100	乡话
榔木溪村	1140	八王	262	武溪话湘语
		印家	121	武溪话湘语
		坪里	117	武溪话湘语
		榔木溪	278	武溪话湘语
		烟坨	362	武溪话湘语
芭蕉坪村	1388	芭蕉坪	502	武溪话湘语
		十妯坪	118	武溪话湘语
		斗篷界	266	武溪话湘语
		桌子潭	300	武溪话湘语
		亮排坡	202	武溪话湘语
红岩村	1706	茶坪	200	苗语
		下湾	160	苗语
		梁家坡	207	苗语
		冬古坪	140	苗语

续 表

行政村名称	行政村人口	自然村名称	自然村人口	自然村语言或方言
红岩村	1706	桐油坪	400	苗语
		黄劲坳	80	乡话
		洪水坪	208	乡话
		红岩排	311	乡话

可以看出，梁家潭乡9个行政村，布条坪全村讲乡话，芭蕉坪、椰木溪全村讲湘语武溪话，达力寨全村讲苗语，其他几个村，一村内既有讲乡话的，又有讲湘语或苗语的。乡话与汉语其他方言或少数民族语言共存于同一乡镇甚至同一村落，这是乡话分布的普遍状态。

第三节

乡话使用现状

乡话使用人口约26万,沅陵县占了76%左右,其他县市的乡话有不少都被分化成了若干孤立的地区。即使是连成一片的乡话,也都处于周边西南官话和湘语的强大影响之中,说乡话的人数和地域正在减少,客话及普通话对乡话的渗透和影响越来越显著,乡话的使用已逐步处于濒危状态。

一 会说乡话的人数和地域正在减少

使用人数和使用地域快速减少,应该是语言或方言前景不乐观的一种直接表现。

《杨氏谍谱》(2002)记载,泸溪潭溪镇盘古岩村的扯吾溪组(李姓)及设茶溪组(杨姓)是由泸溪梁家潭灯油坪搬去的,去时(清初)是讲乡话的,但现在他们都讲苗语及客话,几乎不会讲乡话了,只有"父亲、母亲、祖父、祖母"等个别亲属称谓词仍保持乡话的说法。泸溪梁家潭乡杨奉财一族300多年前搬至永顺,去时讲乡话,后发展到30多户,现在主要居住在三家田乡,已不再讲乡话。

泸溪县梁家潭乡岩寨村的旧寨以前讲乡话,现在改说湘语武溪话。

泸溪县白沙镇原为白沙村,是讲乡者聚居地,1995年县城政府机关从武溪镇集体搬迁到白沙,原来聚居在白沙的讲乡者被分成若干个孤立的小区,越来越缺少原来说乡话的语言环境。

伍云姬(2010)根据《古丈坪厅志》(董鸿勋 1907)中的描写,绘制了"1907年古丈县语言分布图",同时根据作者的实地调查,绘制了"1998年古丈县语言分布图",对比两幅图中乡话的分布范围可看到很多寨子从乡话和客话并用到只说客话了。

曾文青(2017)在考察古丈高峰乡话的语言活力时发现,古丈高峰使用乡话的人群年龄主要集中在20～65岁，其次是65岁以上，20岁以下会说乡话的人最少。会说乡话的年轻人群和老年人群越来越少，乡话代际传承出现断层情况。而且，乡话的使用主要集中在对长辈和平辈，对晚辈的传承中出现危机。

二 客话及普通话对乡话的渗透和影响越来越显著

首先，会讲乡话的人一般都会讲客话。

据伍云姬（2010），1907年，古丈县只有40%左右的寨子能说客话（包括仅说客话和兼说客话的）。而1998年，全县100%的寨子能说客话。

笔者在古丈县调查时，当地民政局的同志告知，现在（2004年）要找到一位完全只会讲乡话的人是相当困难的。曹志耘（2007）也提到："在乡话地区，中老年人都会讲乡话，但青少年已经讲不太好了。从乡话地区移居出来的人，年轻一代一般都不会讲乡话了。凡是讲乡话的人，无论年纪大小，几乎都会讲本地区非乡话的汉语方言（他们称之为'客话'），现在很难找到'只会讲乡话'的人，即便在穷山僻壤里也是如此。"

笔者2004年在泸溪调查时，曾想找几位只会讲乡话完全不会讲客话的人，民政局同志协助我们一起寻找，他们请各乡镇领导把当地只会讲乡话的人员名单报上来，据报告这种人泸溪县一共有5位，其中梁家潭乡灯油坪村4位，都是女性，我们在当地民政局同志的陪同下见到了这4位女性，她们都不识字，年龄都在50岁左右，从没到过泸溪县城，有的甚至连镇上的集市也没去过，她们羞于与我们交谈，但从简短的问话中可看出，她们实际上能听懂客话，而且会说客话，她们的客话主要是跟丈夫和孩子学的。泸溪八什坪乡李什坪村有一位70多岁的老人（男性）据说也不会讲客话，但由于交通不便，加之时间仓促，我们就没有步行去考察了。也就是说，在泸溪县，我们实际上没有找到只会讲乡话，完全不会讲客话的人。

其次，教学领域乡话逐渐被客话或普通话替代。

民国十九年（1930年）《沅陵县志》曾记载："塾师之授蒙，除本文读官音外，其讲说皆用乡话训释。此种乡话自成一种名词，无意义可寻。"

从《沅陵县志》记载中可以看到，当时塾师讲说都是用乡话的。

我们对乡话、客话（武溪话）在泸溪梁家潭乡学校的使用情况进行过了解和调查：

据老派发音人杨清付（1938年生）、杨民梓（1944年生）、杨清田（1949年生）、杨明家（1953年生）等先生介绍，他们在家时都说乡话，客话是读书后学会的。

杨清田先生1962～1965年在校读书三年，当时学校说乡话和说苗语的学生分成不同的班级，他在乡话班，老师上课一般用乡话，当时能用客话上课的老师不多，他14～15岁才学会客话。

杨民梓先生曾是梁家潭灯油坪村小学教师，据他介绍，当年在校读书时，老师课堂教学主要用乡话。后来自己成为老师教书时，以乡话为主，兼用客话。

发音人杨明家在校读书时，老师课堂教学主要用乡话。他自己曾在村小学担任民办教师两年，课堂教学时用客话，课后与学生及家长交流用乡话。

新派发音人杨林（1988年生）在家讲乡话，但从小就会说客话，读书时老师授课用客话。她现在是村小学教师，课堂教学用普通话及客话，用客话的目的是翻译、解释，以辅助普通话教学，课后与学生及家长交流用乡话或客话。

新派发音人杨泽龙（1993年生）在家讲乡话，但从小就会说客话，在校读书时一般讲客话。

2013年我们在梁家潭中心完小调查了12个会说乡话的孩子，这些孩子在学校都不说乡话，而是说普通话或客话，同学之间常用客话，与我们交流时，用普通话，他们的老师一般用普通话教学，有时也会用客话解释。

从调查中可以看到，老派发音人的客话一般都是读书后学会的，入学前一般不会说客话，而新派发音人从小就会说客话。学校的教学用语，从早期会说客话的老师少，到后来一般用客话教学，再到现在用普通话教学，用客话翻译，乡话已经完全退出了教学舞台，甚至退出了校园，而主要用于家庭、族群之间的交流了。

曾文青（2017）在考察古丈高峰乡话的语言活力时也指出，乡话的使用范围大多集中在家庭域中。

徐世璇（2001）认为，语言从衰退到消失的过程可分为三个阶段：只使用本族语的单语阶段；本族语和即将转用的新语言并用的双语阶段；只使用新语言的单语阶段。

就乡话来说，差不多整个群体都同时兼用两种方言，有的人尤其是年轻人甚至已不再使用乡话，只使用客话，呈现出新的单方言阶段。

第三，客话对乡话的影响不仅表现在语言地位和社会功能上，同时还表现在语言的自身结构上。

乡话的语言结构受客话的影响很大，在语音、词汇、语法上都有表现。同语言一样，每一种方言都产生于一个特定的社会群体，都是一个自足的系统，可以满足使用群体的社会交际需要，并且能够随着社会的发展变化，不断进行自我调整来满足社会对语言的新的需求。但是，当一种方言受另一种方言的强烈影响，语言地位不断下降，甚至危及生存条件时，这种弱势方言就会转用或借用强势方言的语言特点，使得自身的语言再生能力减弱，甚至消失，这样，这种方言就很危险了。现在，乡话的语言结构正受到客话的强烈影响。例如在词汇方面，客话中的不少词进入了乡话的核心词系统。吸收他方言的词是方言接触的普遍现象，也是语言丰富发展的一个普遍使用的手段，但就多数方言来说，借用的词大多是本方言中所缺少的词,吸收他方言的词是为了补充自己词汇的不足。但是,乡话词汇系统中,不仅一些新词借用了客话,一些基本词,很多人也习惯用客话,只有当提醒时才会想起乡话。在语法上,乡话的一些语法结构已不再具有再生性,而是转用客话的语法结构了。例如人称代词复数的表示方法,乡话本身有自己的特有形式,但很多人都习惯使用客话中通过加"们"来表达复数这样一种形式,尤其是年轻人,很多已经完全使用客话表达复数的形式了。

总之,乡话的使用人数正在不断减少,使用者的年龄段明显居高,很多青少年对乡话只有听的能力而没有说的能力。原来连成一片的乡话区域也不断被分成若干孤立的地区,加之客话对乡话的影响越来越大,乡话的语音、词汇、语法特征极大地消失,语言的再生能力及语言的社会地位明显降低,使用现状及使用前景不容乐观,是一种正在萎缩的濒危方言。

第四节

研究现状

关于乡话的研究，20世纪80年代以前，主要是县志、府志中的一些零星记载，20世纪80年代以后才开始乡话的系统研究。

（一）20世纪80年代以前关于乡话的零星记载

1. 县志、府志中关于乡话名称及分布的描写和记录

清同治《沅陵县志》（守忠等修，许光曙等纂）："沅陵郡多杂蛮俗，其与夏人杂居者则与诸夏不别，其僻处山居者则言语不通，嗜好居处全异，颇与巴渝同俗。（《隋书地理志》）按：隋之沅陵郡不仅一县今三百里内不独无蛮俗并无蛮户。所谓言语不通即四乡乡话。能乡话亦能客话，其说乡话城市人亦不解。"

清乾隆《泸溪县志》（顾光奎修、李涌纂）记载："五方之风土不齐言语亦异。同一楚语而郡之音异于邑，邑之音异于乡，沅泸相隔不远，其乡谈谜语佶屈聱牙令人不可晓。泸人亦有能言之者，兹不赘载。"

清乾隆《永顺府志》（张天如修）："客户（笔者按："客户"即说乡话的人）多辰沅民，江右闽广人亦贸易于此，衣冠华侨与土苗异，亦安分守己。土人能官话，苗人亦间有学官话者，客户则杂，各从其乡谈土音也。"

民国十九年（1930年）《沅陵县志》（修承浩主编，石印本）："城区吐字发音皆得其正，与官音纯近，惟尾音梢带儿音。县东近桃源各地声轻滑多舌上音，县西南近辰溪各地声重浊多喉音，县南如舒溪、杨溪、荔溪，县西如后岗界、棋坪、芦坪，县北如深溪口、爆木堡一带，各有一种乡话，聱牙佶屈，不知其所自始，大约当时土人所遗传至于今者也，故谓官话为客话以系客居者所说之话也。"

《古丈坪厅志》（董鸿勋 1907）关于乡话的名称及分布记载得较为详细。例如：

"方言相异编"

"客籍方言谓之小客乡语,亦谓之土客话,以其别于官音而为土,又以其异于土籍、章籍、苗籍而为客也,又自谓乡音,以勿忘其为客中之土也……"（笔者按:"小客乡语""土客话""乡音"指的都是"乡话"）

"土族姓编"

"……以上西英保土族姓六寨皆用土话,惟长潭以下四寨杂用土客话,土客话者即所谓小客乡音,对官音客话称土也,故官音客话又谓之客客话,以其对土客话而客之也。"

"客族姓编"

"客族姓者,民之介乎民姓土姓之间,其时代大抵后土籍、先民籍,而与章、苗相习久,而自成风气言语、自成一种乡音,谓之小客乡话。且习于苗者能为苗语,习于章、土者能为章、土语,其语或时杂焉。对官音客话,亦谓之土客话,亦民、亦土、亦章、亦苗,其实非土、非章、非苗,亦与凡所谓民籍者有异,土著数百年矣。"

"客族姓编"多处列举了乡话的分布。例如:

"本城保"

"杉木岭寨,张杨二姓;乔子庄,杨姓;田麻寨,杨姓,以上本城保客姓三寨皆用乡话,所谓小客乡语也。"

"内功全保"

"岩它分水界,杂姓;染家寨,杂姓;老师坪寨,杂姓,以上三寨均系乡话。

长沙洞,杂姓;磨刀冲,杂姓;枞山人界,杂姓;棕溪,杂姓,以上四寨亦用乡话。

大溪田家,杂姓;猫儿潭,杂姓;岩觜寨,杂姓;棕园,杂姓;老寨,杂姓;姤皮寨,宋姓,以上除老寨用客话外余五寨皆用乡话。

……以上除棉花寨系用客话,即民籍之官音,其余十三寨均系乡话云。

……以上除瓦厂靠袍、拱寨两寨用客话外,余六寨皆用乡话。

……以上除别州一寨用客话,余七寨皆用乡话。

……以上龚家一寨张、莫二姓惟莫姓用乡话,与七寨同。"

"外功全保"

"……以上罗依保客姓六寨惟龙潭坪寨兼用官音客话,其余九寨半用乡话。"

"以上六保共计客姓九十六寨,皆以乡话为主而兼习于苗、章语者有之,业著于编。"

2. 关于乡话词汇的零星记录

《古丈坪厅志》（董鸿勋 1907）"方言相异编"分天文地理、伦族、外亲、动物、食物、器用、衣服等7类记录了47条乡话词汇,分别"以官音列于上,以乡音旁注"。例如:天文地理类:天（胎）、地（透）、日（瓮打）、月（曰林）、风（灰）、云（怨）、雷（堆）、雨（洼）

伦族类：父（阿捕）、母（阿良）、叔（卧）、伯（播）、兄（孤）、弟（哈）、嫂（造）、祖父（阿培）、祖母（阿忙）

外亲类：外祖父（哥培）、外祖母（哥忙）、母舅（葛勾）、舅母（葛妈）、姑父（姑厅）、姑母（仍曰姑母）、姐夫（祭厅）、姐（仍曰姐）

动物类：马（暮）、牛（欧）、羊（惹）、鸡（栅）、犬（快）、豕（丢）

......

民国十九年（1930年）《沅陵县志》（修承浩主编，石印本）记载："乡话之中亦有分别，大抵发音清浊之差耳。俗谓舒、杨、荔三溪之话为乡话生长其地者，操其土音，反以说官话为难。"该县志中提供了39条乡话词语，分官话，舒、杨、荔三溪乡话，后岗界、棋枰、芦坪乡话，檪木堡乡话对照排列。例如：

官话	舒、杨、荔三溪	后岗界、棋枰、芦坪	檪木堡
落雨	锄 上声 袜 去声	锄 上声 勿 去声	同
天晴	胎空	同	同
打雷	可推	同	同
父	爹	同	同
母	阿母	同	侬
姨	恶斯桶	同	姨
舅	各勾	同	恶格 平声

......

早期县志、府志中的这些材料虽然零散，记音方法也不够科学准确，但依然是我们研究乡话不可多得的宝贵史料。

在反映20世纪30年代湖南方言情况的《湖南方言调查报告》（杨时逢 1974）、20世纪50年代中后期的《湖南省汉语方言普查总结报告》（1960）中，未提及乡话。

（二）20世纪80年代以后的乡话研究

对乡话进行系统的描写和研究，始于20世纪80年代，其研究内容主要涉及乡话的性质与系属、乡话的分布与分片、乡话的语言特点、乡话与其他语言或方言的比较、乡话区民俗和文化的研究等方面。

1. 关于乡话性质与系属的研究

关于乡话的语言属性问题，曾有过系列讨论。

王辅世1982年发表了"湖南泸溪瓦乡话语音"一文。该文是以1956年原中国科学院少数民族语言调查第二工作队调查的泸溪县红土溪乡话为材料撰写的。当时工作队"正忙于调查苗语，粗略地看过那份记录材料之后，知道瓦乡话不是苗语，也就未加研究。"（王辅世 1982）。这篇文章重点从语音的角度提出乡话是一种汉语方言。

1983年，鲍厚星、伍云姬两位先生为绘制湖南省方言地图准备资料，到沅陵县麻溪铺调查沅陵乡话，并发表了"沅陵乡话记略"（1985），文章提供了同音字表、声韵调配合关系表、古今音韵比较、词汇和语法例句等翔实语料，并指出"通过与中古音韵的比较以及词汇、语法的调查，我们了解到这种'聱牙佶屈'的乡话，实际上是汉语的一种方言"。

1984年，瓦乡人张永家、侯自佳发表了"关于瓦乡人的调查报告"，主张乡话是一种少数民族语言，认为乡话中和汉语相同的词，不过是借词而已。据杨蔚（2010）、明跃玲（2007）介绍，持类似观点的还有瞿湘周、石如金等先生。

1985年，王辅世发表了"再论湖南泸溪瓦乡话是汉语方言"，从语音尤其是词汇的角度再次论证乡话是汉语方言。

1992年，鲍厚星撰写"沅陵乡话和沅陵客话"，再次说明沅陵乡话和泸溪瓦乡话属于同一种汉语方言，并把它们统称为"乡话"。

目前学界基本认同乡话是一种汉语方言，《中国语言地图集》（第1版）（1987）、《中国语言地图集》（第2版）（2012）都把乡话放在"湖南省的汉语方言"图。

瞿建慧（2007）在"湖南泸溪（白沙）乡话的性质和归属"中认为"似湘非湘，似闽非闽，似赣非赣，似客非客"的乡话是"具有混合色彩的湘语"。杨蔚在《湘西乡话语音研究》（2010）和"从音韵现象看湘西乡话与湘语的关系"（2011）中认为："湘西乡话是一种保留着古湘楚语的许多特征，兼具现代湘语的一些特点，同时杂糅客赣等方言成分的特殊的汉语方言。"

2. 关于乡话分布与分片的研究

乡话的分布与分片问题在鲍厚星、伍云姬（1985），陈晖（2016），向海洋（2009），郑焱霞（2010），任溪（2017）等先生的论著中有所描述。曹志耘在"湘西方言概述"（2007）中对乡话的分布地域进行了详细介绍。杨蔚、詹伯慧（2009）"湘西乡话的分布与分片"介绍了乡话在湘西地区的分布情况，并提取了8条区别特征，把乡话分为麻高、渭木、白八、丑溪口、深溪口等五片，介绍了各片的语音特点。

3. 关于乡话语言特点的描写和研究

通过对乡话语言事实的记录、描写及分析，揭示乡话的语言特点，这方面的研究成果相对来说较丰富。我们从语音、词汇、语法的综合研究以及语音、词汇、语法的专项研究进行介绍。

（1）语音、词汇、语法的综合研究

《湖南省志·方言志》（2001）介绍了沅陵乡话的语音系统、常用词汇、语法例句和标音举例；《汉语方言地图集》（曹志耘 2008）收录了沅陵（麻溪铺）、古丈（岩头寨）、泸溪

(梁家潭)、辰溪(船溪)四个点的乡话语音、词汇、语法材料。

单点著作《沅陵乡话研究》(杨蔚 1999)、《湘西古丈瓦乡话调查报告》(伍云姬,沈瑞清 2010)、《湖南泸溪梁家潭乡话研究》(陈晖 2016)、《湖南城步巡头乡话研究》(郑焱霞,彭建国 2016)从语音、词汇、语法等方面对某一具体地点的乡话进行了系统的描写和研究,并提供了丰富的语料记音。

任溪(2017)博士学位论文"湘西乡话地理语言学研究"采用地理语言学的方法,对乡话的语音、词汇、语法进行了调查,绘制了方言地图,在此基础上对乡话的语言特征进行研究。

邓婕(2017)博士学位论文"泸溪李家田乡话研究"系统地考察了泸溪李家田乡话的语音、词汇,并对"子"尾和"倒"及其语法化两个语法专题进行了研究。

郑焱霞(2010)博士学位论文"湘桂边界南山乡话研究"在南山乡话与湘西乡话比较的基础上,总结出南山乡话在语音、词汇上和湘西乡话的共性,同时也概括了它们由于周边语言环境的影响而产生的个性化演变。

(2)语音的专项研究

杨蔚发表了"沅陵乡话、湘南几种土话的韵母研究"(2002)、"沅陵乡话、湘南土话、粤北土话的韵母演变"(2002)、"沅陵乡话声母的历史语音层次"(2002)、"湘西乡话的语音特点"(2009)、"湘西乡话韵母的存古现象"(2009)、"湘西乡话古心生书邪禅母读塞擦音现象探析"(2010)、"湘西乡话韵母的动态演变"(2011)等多篇论文,并撰写了"湘西乡话语音研究"(2010),全面介绍了湘西乡话的语音特点、内部关系等情况,从共时类型和历时演变的角度对湘西乡话的一些重要语音特点进行了研究和探讨,认为湘西乡话的共时体系是由古音遗存、发展演变、方言渗透等多种成分交织而成。

"湖南古丈瓦乡话的音韵初探"(2000)是伍云姬早期研究古丈乡话音韵特点的成果。

蒋冀骋(2006)"沅陵乡话z声母的形成及其所反映的语音历史层次"讨论了沅陵乡话"z"声母的来源、"z"声母形成的音变机制和所反映的历史层次。

瞿建慧发表了"湖南泸溪(白沙)乡话音系"(2008)、"湘西乡话声调的特殊演变"(2015)、"湘西乡话古全浊声母今读塞音、塞擦音的类型和层次"(2016)、"湘西乡话来母读擦音塞擦音的研究"(2016)、"湘西乡话遇摄字的历史层次"(2017)等一系列论文,着重探讨了乡话声韵调的演变规律。

庄初升、邹晓玲(2013)讨论了"湘西乡话中古知组读如端组的类型和性质"。邹晓玲(2015)对乡话古全浊声母今读的类型和层次进行了探讨。

李姣雷(2014)撰写了博士学位论文"乡话语音层次及演变研究",并发表了"湘西乡话来母读擦音塞擦音现象——兼论闽语来母读S声母的来源"(2016)、"湘西乡话咸山摄阳声韵的语音层次"（2017）、"湘西乡话止摄合口三等的语音层次——兼论止摄合口[y]介音的形成"（2017）、"湘西乡话支脂之韵开口的语音层次——兼谈乡话对湘语研究的意义"（2018）等论文，对乡话的声母、韵母的层次问题进行了专题探讨。

赵日新、李姣雷（2014），陈晖（2016），邓婕（2018）分别对沅陵清水坪、泸溪梁家潭、泸溪李家田等地乡话的语音系统进行了描写，并提供了翔实的同音字汇。

夏俐萍、胡方、李爱军（2016）从实验语音学角度研究了泸溪红土溪乡话浊音声母的发音特点。

（3）词汇的专项研究

关于乡话的词汇研究，伍云姬发表了系列成果，如论文"谈雌雄动物名称的演变"（1995）、"再论雌雄动物性别标志的演变——从湘西瓦乡话雌雄动物称谓系统所引起的思索"（2004），专著《湘西瓦乡话风俗名物彩图典》（2007）。《湘西瓦乡话风俗名物彩图典》（2007）旨在抢救即将消失的文化和词语，共收照片389幅，方言词语479个。每张照片的名物都包括名物的名称和注释，其中，名物的名称用汉字和国际音标记录，注释不仅限于名物本身，还尽可能地涉及了有关的背景材料。

邓婕（2017）出版了《中国语言文化典藏·泸溪》，该图册收录泸溪乡话文化图片约600幅，既有图片，又有方言名称、读音、解说，一图一文，图文并茂，在展现乡话地区风俗文化的同时，记录了乡话的词汇。

（4）语法的专项研究

伍云姬（2007）"湖南瓦乡话'子'尾[tsa]的语法化过程"、任溪（2017）"语法化视域下乡话中的'子'及其变体"、邓婕（2017）"湖南泸溪乡话的'倒'及其语法化"等论文对乡话某一词尾或某一虚词的语法化进行了研究。蒋冀骋（2004）对沅陵乡话词缀"立"[li]的来源进行了探讨。

伍云姬、曹茜蕾（2008）对乡话表处置的"跟"进行了研究。

张萍（2013）硕士学位论文对溆浦乡话的疑问句进行了研究。

陈晖（2016，2017）对泸溪梁家潭乡话的人称代词、否定词进行了探讨。

4. 关于乡话与其他语言或方言的比较研究

鲍厚星（1992）对比了沅陵乡话与沅陵客话的异同。

杨蔚（2011）通过考察湘西乡话与湘语一些相同的音韵现象以及湘西乡话古老音韵现象的性质，探讨湘西乡话与湘语的关系。

瞿建慧（2017）从语言要素、族群认同等角度探讨了湘西乡话与湘西苗语的关系，认为湘西乡话不是苗语的分支。

杨美满（2005）将厦门同安、沅陵乡话、湖南双峰荷叶、温州等四地方言的声母、韵母、声调系统进行了比较。

5. 关于乡话使用状况方面的研究

邓婕撰写了"泸溪乡话濒危现象研究"（2013）、"泸溪白沙瓦乡人的语言态度与乡话的濒危"（2013）、"文化生态视野下瓦乡文化的传承与保护"（2017）等系列论文探讨泸溪乡话的濒危现状。

瞿建慧、姚刚（2015）从语言认知、情感态度和行为倾向、学习和保护乡话的态度等方面考察了古丈瓦乡人群的语言态度，分析了乡话衰退、濒危的原因，寻求保护乡话的对策。

曾文青（2017）对古丈高峰瓦乡话的濒危现象进行了研究。

6. 其他

有些成果虽然不是直接研究乡话，但对我们了解乡话及乡话的形成有帮助。这些成果较多集中在对乡话区风俗与文化的研究。

侯自佳（2005）出版了《瓦乡人风俗风情》。

明跃玲（2007）出版了专著《边界的对话：漂泊在苗汉之间的瓦乡文化》，并发表了系列论文："重访红土溪——关于瓦乡人的田野调查"（2006），"也论族群认同的现代含义——瓦乡人的民族识别与族群认同的变迁兼与罗树杰同志商榷"（2006），"族群认同与互动：兼论苗族瓦乡人的族群意识"（2006），"民族文化多样性与和谐社会的建构——以瓦乡文化变迁为例"（2007），"论族群认同的情境性——瓦乡人族群认同变迁的田野调查"（2007），"论生态环境置换与族群认同的变迁——以湘西地区的瓦乡为例"（2011），"文化互动与仪式变迁——'武陵民族走廊'跳香仪式的田野调查"（2015），"族群认同与文化建构——辰沅流域瓦乡人盘瓠神话的人类学考察"（与田红合著2013）。

刘兴禄的"湘西瓦乡人民间狩猎习俗初探"（2009）、"愿傩回归——当代湘西用坪瓦乡人还傩愿重建研究"（2010）、"'跳香'：还愿仪式的别样展演——湘西用坪'跳香'习俗调查"（2011）、"湘西'瓦乡人'及其研究现状考察"（2013），张芳（2014）的"'落阳腔'与'瓦乡人'"，刘纯（2018）的"湘西瓦乡人习俗变迁研究"等论文，对"瓦乡人"及其习俗进行了考察。

也有从伦理学、生物学等方面对乡话族群进行研究的。

李升兴（2007）"瓦乡民族伦理观研究"对瓦乡族伦理思想形成的背景、伦理特征、伦理观进行了探讨，对瓦乡人的文化习俗、族源传说略有介绍。

皮建辉等从生物学角度对瓦乡人进行了研究，"湖南瓦乡人红细胞血型研究"（2010）通过对沅陵县230名父母均系瓦乡人而彼此无血缘关系的学生的四种红细胞血型进行研究，认为湖南瓦乡人的红细胞血型分布具有我国南方民族的特点，与湖南土家族的遗传距离最近而和贵州的仡佬族最远。其后，皮建辉等又发表"湖南瓦乡人体质特征研究"（2011），通过对308例世居沅陵县的瓦乡人70项体质人类学指标进行调查，（观察项目25项，测量项目45项），指出湖南瓦乡人体质特征与云南独龙族及拉祜族最接近，与广西傈僳族、广西侗族及湘西土家族次之。

总之，关于乡话的研究，从地域上看，沅陵、古丈、泸溪乡话的研究成果相对丰富一些，辰溪、溆浦等县市的乡话暂未见到系统的研究报告。从研究内容上看，乡话语言本体的研究成果，尤其是语音的研究成果相对来说较丰富、深入，同时，人们开始从文化学、伦理学，甚至生物学等角度关注乡话。

第五节

调查说明

一 泸溪乡话调查的大致过程

泸溪县说乡话的人有的滨水而居，居住在沅水及其支流附近，白沙乡话是其代表，王辅世（1982，1985），张永家、侯自佳（1984），瞿建慧（2007，2008，2012）等先生曾对白沙乡话有过报道；有的靠山而住，居住在深山中，梁家潭乡话是其代表。一般认为，深居山中的人所说的方言有比较强的保守性，因此本书选择梁家潭乡话进行重点调查和研究，本书所说的泸溪乡话，如未做特别说明，实际上指的是泸溪梁家潭乡话。2015年泸溪县乡镇调整后，原梁家潭乡撤乡并入洗溪镇，书中仍按2015年前的行政建置，用"梁家潭乡"表述。

2004年8月19日至30日，笔者依据《方言调查字表》（中国社科院语言研究所）对梁家潭乡话的单字音进行了调查，依据《汉语方言地图集调查手册》（北京语言大学语言研究所）对梁家潭乡话的词汇及语法进行了调查，并初步整理了同音字汇，当时发音人是梁家潭乡灯油坪村杨民梓先生。2013年7月15日至31日，再次到梁家潭调查乡话时，发音人杨民梓先生已因病过世，我们找到了其堂弟杨明家先生。为了解两位杨先生语音系统是否有差异，我们先利用《方言调查简表541》（中国科学院语言研究所）对杨明家先生进行初步调查，然后请他核实2004年整理的同音字汇，通过反复比对，确认杨民梓、杨明家两位先生语音系统一致，只有个别字读音有差异，对于有差异的这些字音，我们另找发音人核实，确认都为乡话说法的，两人读音都如实记录并随文说明或处理为又音。在确认两人音系一致后，我们依据《汉语方言词语调查条目表》（《方言》2003年第1期）对乡话词汇进行了全面调查，对部分语法问题进行了专项调查，并以此次的调查资料，对此前的同音字汇做了补充。2015年1月30日至2月11日，对乡话去声、阳平的分混、调值分韵、否定词、数词的用法等问题进行专项调查，并再次核对和补充了同音字汇。字表的调查及词汇的调查均有完整的录音文档。为了了解新老差异及乡话内部差异，此次调查还找了新派发音人杨泽龙、杨林，白沙发音人张大亮、张结文。为完成中国语言资源保护工程濒危汉语方言项目的调查摄录及濒危语言方言志的撰写，2015年10月3日至8日、2016年1月5日至14日、2017年8月10日至18日、2018年9月27日至30日，笔者先后四次对泸溪乡话进行调查。2015年、2016年重点依据《中国语言资源调查手册·汉语方言》进行调查，主要发音人为梁家潭乡的杨明家先生（老派）、向和英女士（老派），杨礼（又名杨海平）先生（新派）、李水方女士（新派）。2017年主要调查泸溪乡话的语法，同时补充了部分词条，除重点调查梁家潭乡话外，还对白沙乡话进行了简单调查。2018年主要针对连读变调和轻声进行了调查。

在调查梁家潭乡话之前，笔者曾于2002年10月28日至11月6日对泸溪老城关武溪话（讲乡人的客话）进行了为期10天的调查，整理并核对了同音字汇。2004年6月7日至9日、8月31日至9月3日，对古丈县岩头寨乡白竹坪村乡话进行了调查。2006年7月23日至30日，对沅陵麻溪铺镇四方头村乡话进行了调查。

二　发音人简况

杨民梓，男，1944年生，小学文化，家住泸溪梁家潭乡灯油坪村枞岭小组，灯油坪村小学退休教师。未在外地长时间居住过。在家一直讲乡话，课堂教学时以乡话为主，兼用客话。

杨明家，男，1953年生，小学文化，家住泸溪梁家潭乡灯油坪村李家岭组，除在广西服兵役六年外，未在外地长时间居住过，在家一直讲乡话，曾在村小学担任民办教师两年，课堂教学时用客话，课后与学生及家长交流用乡话。

杨清田，男，1949年生，初小文化，家住泸溪梁家潭乡梁家潭村杨家寨组，村干部，未在外地长时间居住过，在家一直讲乡话。

杨清付，男，1938年生，高小文化，家住泸溪梁家潭乡梁家潭村杨家寨组，未在外地长时间居住过，在家一直讲乡话。

向和英，女，1959年生，高中文化，家住泸溪梁家潭乡灯油坪村枞岭小组，村妇女主任，未在外地长时间居住过，在家一直讲乡话。

杨礼，又名杨海平，男，1988年生，大专文化，出生于泸溪梁家潭乡灯油坪村溪边小组，在梁家潭乡读小学、初中，2005年至2007年在吉首读中专、大专，2008年开始在泸溪武溪镇元门溪村私企工作。

李水方，女，1990年生，高中文化，家住泸溪梁家潭乡灯油坪村李家岭组，除2012年至2014年在衡阳务工两年外，未在外地长时间居住过。

杨林，女，1988年生，家住泸溪梁家潭乡布条坪村三组，村小学教师。在吉首读书三年。在家一直讲乡话。

杨泽龙，男，1993年生，家住泸溪梁家潭乡布条坪村三组，在校大学生，2011年前一直居住在泸溪。在家一直讲乡话。

张大亮，男，1943年生，高小文化，泸溪白沙镇屈望社区居委会居民。在家一直说乡话，未在外地长时间居住过。

张结文，男，1963年生，泸溪白沙镇屈望社区居委会居民，在家一直说乡话，未在外地长时间居住过。

杨大贵，男，1947年生，泸溪白沙镇屈望社区居委会居民，初中文化，其母亲屈望社区人，其祖父泸溪梁家潭人，后搬至屈望社区。在家一直说乡话。

侯周兴，男，1953年生，泸溪白沙镇红土溪村（原侯家大队）人，农民，在家一直说乡话。

侯长军，男，1987年生，出生于泸溪白沙镇红土溪村（原侯家大队），2005～2018年在部队服兵役，现在泸溪县政府工作，在家说乡话。

文体忠，男，1933年生，中专文化，小学教师，原住泸溪武溪镇西正街，1997年搬迁到白沙镇。只会说武溪话。

杨源礼，男，1938年生，中专文化，居民，原住泸溪武溪镇东正街，1997年搬迁到白沙镇。只会说武溪话。

李正常，男，1925年生于古丈县岩头寨乡白竹坪村，在白竹坪村读私塾4年，在泸溪、沅陵读初中、高中，毕业后一直在古丈县一中教书至退休，在家一直说乡话。

黄伯灏，男，1952年生，沅陵麻溪铺镇四方头村人，高中文化，在本村读小学6年，本镇读中学5年，未到外地长时间居住过，在家及在村里工作，一直说乡话。

第二章 语音

第一节

声韵调

一 声母

声母33个，包括零声母在内。

p 赔补闭伯	pʰ 屁帕炮扑	b 坡陪抱负	m 媒帽雾密	f 皮白肺伙法	v 远舞雨网
t 对抬顶答	tʰ 天兔侄脱	d 塘铜袋碟			l 蓝南肠糖
ts 姐栽租鲫	tsʰ 铛取蛆七	dz 竖斜袖湿		s 笑写薪粟	z 来纱
tʂ 置汁主水白	tʂʰ 吹拾齿出	dʐ 厨		ʂ 试屎时鼠	ʐ 儿芋日文入文
tɕ 纸树砖竹	tɕʰ 劝称石赤	dʑ 棋茄留舌	ɲ 燃让女捏	ɕ 瘦深晓血	ʑ 夜友绒药
k 跟歌解夹	kʰ 敲空犬阔	g 呆葵嗝	ŋ 饿艾我硬	x 灰寒好吓	ɦ 人行运木白
∅ 乌晏瓦压					

说明：

（1）[b、d、g、dz、dʐ、dʑ]发音时浊音明显，具有辨义功能。

（2）含[ɦ]的音节听感上近似零声母，但有浊流，与相应的零声母构成对立。

（3）舌尖后音[tʂ、tʂʰ、dʐ、ʂ、ʐ]从拼合关系上看，只拼单元音韵母[ʅ]和[u]；从来历上看，主要来源于古章组、日组和知组三等韵母今读[ʅ]和[u]的字，个别字来源于精组一等。所以[tʂ]组声母所辖字较少。在听感上，[tʂ]组声母明显不同于[ts]组，个别字词中[tʂ][ts]存在对立，例如，指文，动词tʂʅ⁵¹ ≠ 子文，~梗：脖子tsʅ⁵¹ | 屎ʂʅ⁵¹ ≠ 事文，当大~：办丧事sʅ⁵¹。

（4）[tɕ、tɕʰ、dʑ、ɕ、ʑ]与[iou、iɑu、yi]拼合时，有舌尖色彩，近似舌叶音。

（5）[l]在鼻音韵母或鼻化韵母前实际读音为[n]，[n]与[l]互补分布，本书统一记为[l]。

二　韵母

韵母37个。

ɿ 司祠磁字文事文	i 比飞啼地接	u 布雾苦炉出	
ʅ 置汁十屎儿			
a 披买开豆插	ia 抽九收鸡绿	ua 腿催瓜块刮	
o 耙帕麻白白麦	io 谢石舍夜炙	uo 叉杂牙哑腊	
ɷ 坡带锣禾擦	iu 爹书礼鱼肉		
ai 盆远田问戒		uai 拐淮外怀	
ɛ 篷等同肯动	iɛ 变连亲染深	uɛ 轮孙笋犬横	yɛ 准圈熏匀闰
ei 杯笼梦冻塞		ui 堆绝最亏雪白	yi 柜虚橘缺玉
ɑu 淘条宝草好	iɑu 庙料招少尿		
ɔu 包毛到灶告			
ou 扣醋剥壳	iou 虫削流融鹊		
ə̃ 能青请性根	ĩ 冰民轻镜影		
an 瞒帆探男汉	ian 鞭线钳炎演	uan 端观欢怨	yan 愿冤
aŋ 媒平钉南缸	iaŋ 杖常嚷降江	uaŋ 栓狂光湾旺	
oŋ 盘放胆床五	ioŋ 帐粮抢想羊		

说明：

（1）[ɷ]发音不稳定，有时有动程，音值接近[ɤu]。

（2）关于元音[a]与[ɑ]，做韵腹无韵尾时，实际音值为[ʌ]，在[-ŋ、-u]前实际音值为[ɑ]，在[-i、-n]前实际音值为[a]。[ʌ]与[ɑ]听感上差别较小，本书记为[ɑ]；[a]与[ɑ]在听感上差别明显，同时，考虑到[ai]韵主要元音开口度大小随声调不同而有变化（详见本章第七节），[-i、-n]前的[a]不做宽式处理，与[ɑ]分别记为两个不同的音位。

（3）[o]拼唇音声母时有一个不太明显的介音[u]，实际音值为[ᵘo]，本书记为[o]，拼非唇音声母（含零声母）时介音[u]明显，本书记为[uo]。

（4）[iɷ] ≠ [iu] ≠ [iou]，例如：對 ziɷ³¹ ≠ 藓~毛ziu⁵¹ ≠ 褥~子ziou⁵¹ ｜ □蚯~：蚯蚓zio²⁴ ≠ 食白,吃ziu²⁴ ≠ 融ziou²⁴。[ɔu] ≠ [ou]，例如：坳ɔu¹³ ≠ 凹ou¹³ ｜ 靠kʰɔu¹³ ≠ 扣~子kʰou¹³。

（5）各地乡话都受到周围强势方言（即讲乡者的"客话"）的影响，泸溪乡话亦然。以下几个韵母往往跟"客话"语音的影响有关。

[ui]主要出现在阴平、去声、入声中；出现在阳平、上声中时，其实际音值为[uei]，且多为客话音，我们一律记为[ui]。[ui] ≠ [uɛ]，例如，堆tui⁴⁴ ≠ 墩tuɛ⁴⁴ ｜ 绝tsʰui⁴⁴ ≠ 寨tsʰuɛ⁴⁴。

[uan][yan][uai]所辖字少，且主要来源于客话，但已在乡话中使用，单独列举如下：

[uan]：tuan^{44} 端~午｜kuan^{44} 观~音菩萨｜kuan^{51} 管气~炎；厨~：红白喜事的大厨｜xuan^{44} 欢喜~｜xuan^{13} 还~愿｜uan^{51} □□dzian^{24} ~：宁可｜uan^{13} 怨闷~：抱怨。

[yan]：yan^{44} 冤~枉｜yan^{51} 愿还~。

[uai]：kuai^{51} 拐手~子：胳膊肘，又称手节骨｜kuai^{13} □狡猾｜xuai^{24} 淮~盐：精盐，又称粉粉盐｜xuai^{24} 怀疑~：怀疑｜uai^{44} 外~国人。

三　声调

声调5个，不包括轻声。

阴平　[44]　多风鸡煤鹅十　　　　阳平　[24]　抬横桃羊派滑
上声　[51]　想取挤是五瓦　　　　去声　[13]　对靠树饿袜袍
入声　[41]　八铁歇读麦捏

说明：

（1）阴平的实际音高介于[33]与[44]之间，记为[44]。在词语中阴平有时变读为[45]。

（2）上声与入声存在对立。例如：取 tsʰɑ^{51} ≠ 插 tsʰɑ^{41}。

（3）去声的实际调值为[23]，与阳平[24]调值相近，为区别清晰起见，本书宽式记为[13]。去声与阳平是对立的，如：梨 dzɑ^{24} ≠ 竖 dzɑ^{13}｜抬 tɑ^{24} ≠ 豆 tɑ^{13}｜肠 liŋ^{24} ≠ 亮 liŋ^{13}。

（4）同一声调内，听感上感觉差不多的一些字，浊音声母字声调起点语图上显示比清声母字略低一些，这种情况在上声调中表现更加突出。

第二节

单字音表

下面是泸溪乡话的单字音表。表左是声母，表端是韵母和声调，表中是例字。表中例字同一横行表示声母相同，同一竖行表示韵母和声调相同。空格表示没有声韵调配合关系。有意义而无适当字可写的，表里用圆圈数码表示，并在表下加注。有的例字用黑体，它们有的是生僻字、方言字，有的是在同一个表里出现的多音异义字，还有的可能是其他需要做特别说明的，这些黑体字也在表下加注说明。另外，表里的韵母一共34个，[uan][yan][uai]所辖字词少，且主要来源于客话，韵母分析中已单列，此表不再列入。

表 2-1　单字音表之一

	ɿ					ʅ					i					u				
	阴平 44	阳平 24	上声 51	去声 13	入声 41	阴平 44	阳平 24	上声 51	去声 13	入声 41	阴平 44	阳平 24	上声 51	去声 13	入声 41	阴平 44	阳平 24	上声 51	去声 13	入声 41
p											蜱 **别**	枇	比	鼻	憋 屁		杷 **铺**	补 普	布 **铺**	
pʰ												疲		屁			蒲 菩			
b																				
m											篾	米	味	迷			蜈 肤	雾 浮	斧	富
f											飞	肥	匪 未	肺			壶	**舞**	学	**舞**
v																				
t											多 **拖**	滴 提 啼	抵 体	第 替	摘 踢	都 独	毒 ①	肚 杜	赌 兔 图	
tʰ																				
d																				

续表

	ɿ					ʅ					i					u				
	阴平 44	阳平 24	上声 51	去声 13	入声 41	阴平 44	阳平 24	上声 51	去声 13	入声 41	阴平 44	阳平 24	上声 51	去声 13	入声 41	阴平 44	阳平 24	上声 51	去声 13	入声 41
l												犁离	履	地	栗		炉芦	鸬	露	读
ts tsʰ dz s z			梓	子								餈自	姐齐	砌牸	接七节湿					
		祠																		
	司		事								西	席	死	四	锡					
tʂ tʂʰ dʐ ʂ ʐ						枝十	十	指时	痣屎	汁齿室儿						朱吹舒	厨	卒素	水处鼠	注出人
																			薯	
tɕ tɕʰ dʑ ɲ ɕ ʑ											机折棋泥稀	骑是舌你戏	纸气你喜	极赤疑世	只热月页					
k kʰ g ŋ x ɦ																箍枯呼	湖	古苦	故	谷
∅											衣	乙	椅	意	噎	乌		捂	吴	午

子 tsɿ⁴¹ 文读音。时辰：～时
事 sɿ⁵¹ 文读音。当大～：办丧事
指 tʂɿ⁵¹ 动词，另见 tsa⁵¹
十 tʂʰʅ⁴⁴ 白读音。既可做系数词，又可做位数词
十 sʅ⁴⁴ 文读音。主要做位数词，如三～，四～
室 ʂɿ⁴¹ 文读音。教～
蜱 pi⁴⁴ ～虫：臭虫
拖 tʰi⁴⁴ 白读音。另见 tʰuo⁴⁴

啼 di²⁴ 鸡～
牸 dzi⁵¹ ～牛：母牛（未生育）
节 dzi⁴¹ 节省
只 tɕi⁴¹ 量词
折 tɕʰi⁴⁴ ～本
热 dzi⁴¹ 天气热，另见 ziɛ¹³
你 ni²⁴ 第二人称复数
你 ni⁵¹ 第二人称单数

月 ɲi⁴¹ 正～，另见 ɲiɛ⁴¹，ɲyi⁴¹，yi⁴¹
铺 pʰu⁴⁴ 床～
铺 pʰu¹³ 店～
舞 vu⁵¹ 白读音。扔；舞弄

舞 vu⁴¹ 文读音。跳～
学 vu¹³ ～古：讲故事
入 zu¹³ ～殓，另见 oŋ⁴¹
① du²⁴ 蹲

表2-2 单字音表之二

	a					ia					ua					o				
	阴平 44	阳平 24	上声 51	去声 13	入声 41	阴平 44	阳平 24	上声 51	去声 13	入声 41	阴平 44	阳平 24	上声 51	去声 13	入声 41	阴平 44	阳平 24	上声 51	去声 13	入声 41
p pʰ b m f v	掰披妈	排明	摆背买匹	拜负火贩	八法雨				⑤⑥							疤白麻	把扒蚂	把妇趴马	坝帕	伯拍麦袜
t tʰ d l	逗梯楼	抬头癫	底剃喇	豆铁大		绸抽刘	⑦柱柳	缔六			⑧	腿摺	对退							
ts tsʰ dz s z	栽猜梨丝	财取扯数	指字竖数	①插②虱		酒秋泗杀	像				扎催	岁罪	捉洒							
tʂ tʂʰ dʐ ʂ ʐ																				
tɕ tɕʰ dʑ ɲ ɕ ʑ						家丘岩收油	求球纽赎	久寿碍手	树捏											

续表

	ɑ					iɑ					uɑ					o				
	阴平 44	阳平 24	上声 51	去声 13	入声 41	阴平 44	阳平 24	上声 51	去声 13	入声 41	阴平 44	阳平 24	上声 51	去声 13	入声 41	阴平 44	阳平 24	上声 51	去声 13	入声 41
k kʰ g ŋ x ɦ	街开	③	改	**锯**	掐 艾	鸡溪	解	够口	**结**		瓜	⑨	寡块	挂	刮窟					
		哈喉	海厚								花		化							
∅	阿		矮	沤			押				挖	滑	瓦							

背 pʰɑ⁵¹ ～书；～耳朵：耳背
妈 mɑ⁴⁴ 饮～：吃奶
明 mɑ²⁴ ～朝：明天
大 dɑ¹³ 阿～：父亲，另见 lɷ¹³
指 tsɑ⁵¹ 手～，另见 tsʅ⁵¹
字 tsɑ¹³ 讲～：说话
数 sɑ⁵¹ 动词
数 sɑ¹³ 名词
锯 kɑ¹³ 动词
哈 xɑ²⁴ 玩
缔 tʰiɑ⁴¹ ～履带子：系鞋带
家 tɕiɑ⁴⁴ 败～子，另见 kuo⁴⁴

结 kiɑ⁴¹ 编、织，另见 tɕiɛ⁴¹
妇 pʰo⁵¹ 媳～：儿媳，又读 pʰai¹³
① tsɑ⁴¹ 补～：补丁
② dzɑ⁴¹ 老鼠啃
③ kɑ²⁴ □lai⁴⁴ ～：这些
④ kʰɑ⁵¹ 打
⑤ piɑ¹³ 涂抹
⑥ miɑ⁵¹ 面煮～了：面煮糗了
⑦ tiɑ⁵¹ ～餈：做糍粑时将糯米饭打碎
⑧ tʰuɑ⁴⁴ 跑
⑨ kuɑ²⁴ ～壳：蚌

表2-3 单字音表之三

	io					uo					ɷ					iu				
	阴平 44	阳平 24	上声 51	去声 13	入声 41	阴平 44	阳平 24	上声 51	去声 13	入声 41	阴平 44	阳平 24	上声 51	去声 13	入声 41	阴平 44	阳平 24	上声 51	去声 13	入声 41
p pʰ b m f v											⑪ 婆 **磨**	坡	**磨**	薄 庙	拨 泼					

续 表

	io					uo					ɯ					iu				
	阴平 44	阳平 24	上声 51	去声 13	入声 41	阴平 44	阳平 24	上声 51	去声 13	入声 41	阴平 44	阳平 24	上声 51	去声 13	入声 41	阴平 44	阳平 24	上声 51	去声 13	入声 41
t tʰ d l						⑥ 拖	沓 萝	⑦ 獭		答 ⑧ 腊	朵 着 ⑫ 屠 锣		带 着 ⑬	脱 带 大 ⑭		猪 直 龙		礼	凝	住 力
ts tsʰ dz s z			② 斜 谢 写			楂 叉 查 沙	杂 ⑩ 塑	左 岔 纱	炸 ⑨ 萨		租 搓 ⑯ 蓑		⑮ 错 擦 锁	祖 落 索		蛆 须			袖 绣 粟	
tʂ tʂʰ dʐ ʂ ʐ																				
tɕ tɕʰ dʑ ɲ ɕ ʑ	遮 车 黏 赊 ⑤	角 ③ 野	炙 尺 留 咬 ④ 舍 夜													书 熟 鱼 胸	食	丑 秤 女 食		竹 畜 肉 瘦 绒
k kʰ g ŋ x ɦ						家 舅 牙 虾	果 昨 恶 盒 下	嫁 课 和 下	割 客 瞎		哥 稞 鹅 缚 河	裹 可 我 活	过 贺 祸	各 阔 蕴						
∅		约	爷			丫	鸦	哑	狭	压	窝	禾	⑰		鸭	又	由		酉	

角 tɕio²⁴ 一～钱，另见 kou⁴¹
拖 tʰuo⁴⁴ ～把，另见 tʰi⁴⁴
萝 luo²⁴ 文读音
家 kuo⁴⁴ 亲～：岳父，另见 tɕia⁴⁴
下 xuo⁵¹ ～酒

下 ɦuo⁵¹ ～种
婆 bɯ²⁴ 家～：外祖父
磨 mɯ⁴⁴ ～刀
磨 mɯ¹³ 石磨
带 tɯ¹³ ～子

带 dɷ¹³ 动词
着 tɷ⁴¹ ～衣：穿衣
着 tʰɷ⁴⁴ 用在动词后，表示已经达到目的或有了结果：射～了（射中了）；表被动：～嚷（被骂）
大 lɷ¹³ 与小相对，另见 dɑ¹³
落 dzɷ⁴¹ ～雨：下雨
食 ȵiu²⁴ 猪～
食 ʑiu²⁴ ～糜：吃饭
① lio⁴⁴ ～手：手残者
② tsʰio¹³ 躲藏
③ dʑio⁵¹ 虎口
④ ɕio¹³ 油～～：山蜥蜴
⑤ ʑio²⁴ 蚯～：蚯蚓
⑥ tuo⁴⁴ 拿；使：～箸（使筷子）；表处置，与"把"相当
⑦ tuo⁵¹ ～屄：交合
⑧ luo⁵¹ ～□duo²⁴：叨唠
⑨ tsuo⁴¹ 塞紧
⑩ tsʰuo⁵¹ ～子：垃圾
⑪ pʰɷ²⁴ 量词，一～：一瓣
⑫ dɷ⁴⁴ ～行～讲：边走边说
⑬ tsɷ²⁴ ～菜：择菜
⑭ lɷ⁴¹ ～横：横着
⑮ tsɷ¹³ 高粱
⑯ dzɷ⁴⁴ ～口：亲吻
⑰ ɷ⁵¹□kʰɑ⁵¹ ～过秋：荡秋千

表2-4 单字音表之四

	ai					ɛi					iɛ					uɛ				
	阴平 44	阳平 24	上声 51	去声 13	入声 41	阴平 44	阳平 24	上声 51	去声 13	入声 41	阴平 44	阳平 24	上声 51	去声 13	入声 41	阴平 44	阳平 24	上声 51	去声 13	入声 41
p pʰ b		盆 派 缝	本	笨 妇 埋		朋 配	簸					偏	便 辫	变 片						
m f v	门 分	尾 坟	问 反 远	喷 物		脉	妹 腐	密			棉									
t tʰ d l	颠 天 年	顶 态 田	店 垫 沉 簟			台 土 同 拢	等	①			伸 尘 镰	特 舔 连	贴 殓	③		蹲 团 轮	摇 困	⑤		
ts tsʰ dz s z	尖 签 山	钱 浅 才 来	剪 铲	箭		曾 层	② 在 动				亲 前 仙		戚 信			村 孙	毵 ⑥	喘	寸 转 选	全
tʂ tʂʰ dʐ																				

续表

	ai					εi					iε					uε				
	阴平 44	阳平 24	上声 51	去声 13	入声 41	阴平 44	阳平 24	上声 51	去声 13	入声 41	阴平 44	阳平 24	上声 51	去声 13	入声 41	阴平 44	阳平 24	上声 51	去声 13	入声 41
ʂ ʐ																				
tɕ tɕʰ dʑ ȵ ɕ ʑ											针 牵 银 身 神	劇 缠 ④	枕 闪	见 近 染 扇 热	结 月					
k kʰ g ŋ x ɦ	跟 呆 爱 核		戒 眼 害	恨			讲 呆 红	肯	哄							裈 跪 荤		滚	棍 困 获 运	⑦
∅	还			厌			饮				阉	也		燕	叶	温	云	稳	咽	

妇 pʰai¹³ 媳~：儿媳，又读 pʰo⁵¹
反 fai⁵¹ 白读音。另见 fan⁵¹
呆 gai²⁴ 发~
呆 ŋɛi²⁴ 钝，不锋利；笨：~手~脚
眼 ŋai⁵¹ 白读音。~角，另见 ian⁵¹
还 ai⁴⁴ ~有
籭 pɛi⁵¹ 动词，~一~
缝 bɛi²⁴ 裁~，另见 vei¹³，fẽ²⁴
埋 bɛi⁵¹ 又读 mei⁴⁴
劇 tɕiɛ²⁴ ~羊：阉过的羊
结 tɕiɛ⁴¹ 巴~，另见 kiɑ⁴¹

月 ȵiɛ⁴¹ 先个~：上个月，另见 ȵi⁴¹，ȵyi⁴¹，yi⁴¹
热 ʑiɛ¹³ ~闹，另见 dʑi⁴¹
圐 luɛ²⁴ 整个的
① tɛi⁴¹ ~使：骗
② tsɛi⁵¹ 雨~了：雨停了
③ tiɛ²⁴ ~儿：男阴
④ ɕiɛ²⁴ ~下：下葬
⑤ tuɛ¹³ 往~头行：往回走
⑥ suɛ²⁴ 菜~：菜薹
⑦ ɣuɛ⁴¹ 难~：谢谢

表2-5 单字音表之五

	yε					ei					ui					yi				
	阴平 44	阳平 24	上声 51	去声 13	入声 41	阴平 44	阳平 24	上声 51	去声 13	入声 41	阴平 44	阳平 24	上声 51	去声 13	入声 41	阴平 44	阳平 24	上声 51	去声 13	入声 41
p pʰ b m f v						杯批陪埋风	罷	北	辈破梦	捧墨缝										
t tʰ d l						灯通笼		冻洞	② ③	得	堆 驴		旅							
ts tsʰ dz s z						聋粗梳		做菜痛		塞渠	绝 绪		嘴脆戌	醉 雪						
tʂ tʂʰ dʐ ʂ ʐ																				
tɕ tɕʰ dʑ ɲ ɕ ʑ	砖春熏	裙菌船匀	卷劝润雪顺	① 蠢												居柜虚	菊	鬼 ⑥	贵勺月血药	举缺月钥
k kʰ g ŋ x ɦ						公空牛灰		渠空	急黑嚼饿	④	规亏葵		鬼葵	癸慧						
∅			院			淹		瓮	忆		威		⑤	为				玉	于	月

雪 ɕyɛ⁴¹ 节气：大～
雪 sui⁴¹ 融～：化雪
羆 bɛi²⁴ 熊
埋 mei⁴⁴，又读 bɛi⁵¹
缝 vei¹³ 一条～，另见 bɛi²⁴, fẽ²⁴
渠 zei¹³ 他；他们
渠 kei¹³ 沟：水渠
空 kʰei⁴⁴ ～箱子
空 kʰei¹³ 空闲
鬼 kui⁵¹ 小气～

鬼 tɕyi⁵¹ 有～
月 ȵyi⁴¹ 坐～，另见 ȵiɛ⁴¹, ȵi⁴¹
月 yi⁴¹ ～亮，另见 ȵiɛ⁴¹, ȵi⁴¹
① tɕyɛ¹³ ～水：凉水
② tʰei¹³ ～命：拼命
③ lei⁴¹ 食～了：(太油腻) 吃伤了
④ gei¹³ ～田：割稻子；～猪：阉割猪
⑤ ui⁵¹ 洋～：马铃薯
⑥ dzyi⁵¹ 砍

表2-6 单字音表之六

	αu 阴平 44	阳平 24	上声 51	去声 13	入声 41	iαu 阴平 44	阳平 24	上声 51	去声 13	入声 41	ɔu 阴平 44	阳平 24	上声 51	去声 13	入声 41	ou 阴平 44	阳平 24	上声 51	去声 13	入声 41
p			宝	饱		膘			表		包			报						剥
pʰ		刨				飘			票		抛			炮						
b				卯										抱			父			
m								秒	庙		毛			帽			蟆			
f																				
v																				
t		淘	到			雕	调		钓		刀			倒		砣		斗		
tʰ		道				挑			窠					盗				②		
d																		③		
l		跳				燎		了	料		牢			涝				④		
		桃	老																	
ts		槽	早			焦			嚼		糟			灶				助		
tsʰ			草			锹		邀	剿		抄			躁		醋	⑤		⑦	
dz																				
s		扫	潲			消			小		骚			笑				⑥	⑧	
z																				
tʂ																				
tʂʰ																				
dʐ																				
ʂ																				
ʐ																				

续 表

	ɑu					iɑu					ɔu					ou				
	阴平 44	阳平 24	上声 51	去声 13	入声 41	阴平 44	阳平 24	上声 51	去声 13	入声 41	阴平 44	阳平 24	上声 51	去声 13	入声 41	阴平 44	阳平 24	上声 51	去声 13	入声 41
tɕ tɕʰ dʑ ɲ ɕ ʑ						浇 烧窑	桥 苕摇	少 晓	照 轿 撬 尿 鹞											
k kʰ g ŋ x ɦ		搞	烤 好								高 敲 熬 蒿		告 靠 孝 号			鸽	⑨ 扣 恓 候	角 壳 藕		
ø		拗				腰	舀	要			坳					凹				

到 tau⁵¹ 文读音
扫 sau⁵¹ ～地
了 liau⁵¹ 不得～
角 kou⁴¹ 眼～，另见 tɕio²⁴
父 bou⁵¹ 阿～：祖父
① dʑiau²⁴ ～鼓：晒衣竿
② tʰou¹³ ～树：构树
③ dou¹³ 眼～：眼眶
④ lou⁵¹ 找、寻
⑤ tsʰou⁵¹ ～铜钱：赚钱（与"赔钱"相对）
⑥ dzou²⁴ 一种竹篓
⑦ dzou⁴¹ 犬～：狗叫
⑧ sou⁵¹ ～花：绣花
⑨ kou¹³ 薪～：柴火

表 2-7 单字音表之七

	iou					ẽ					ĩ					an				
	阴平 44	阳平 24	上声 51	去声 13	入声 41	阴平 44	阳平 24	上声 51	去声 13	入声 41	阴平 44	阳平 24	上声 51	去声 13	入声 41	阴平 44	阳平 24	上声 51	去声 13	入声 41
p pʰ b m											冰 名	⑦ 民	扁 面	瓶 边 ⑧		班 瞒	盘 满	办		

续表

声母	iou 阴平44	iou 阳平24	iou 上声51	iou 去声13	iou 入声41	ẽ 阴平44	ẽ 阳平24	ẽ 上声51	ẽ 去声13	ẽ 入声41	ĩ 阴平44	ĩ 阳平24	ĩ 上声51	ĩ 去声13	ĩ 入声41	an 阴平44	an 阳平24	an 上声51	an 去声13	an 入声41
f / v							缝	粉									帆	反		
t / tʰ / d / l	①	除 虫	重	叠	斛		停	⑥ 领	⑤		丁	灵		定 另		⑪	谈 男	毯	探	
ts / tsʰ / dz / s / z		② 松	鹊		削	精 青 腥	橙	请 醒	清 净	纫							蚕	⑫	站	
tʂ / tʂʰ / dʐ / ʂ / ʐ																				
tɕ / tɕʰ / dʑ / ɲ / ɕ / ʑ	③	穷 流 雄 融	煮 首	臭 ④ 糯							巾 轻 声	成 壬 赢	⑨	镜 庆 ⑩ 念 圣 肾						
k / kʰ / g / ŋ / x / ɦ						根		亘	更	擤						干	寒	减	汉	
∅											英		影	荫						

重 tʰiou⁵¹ 轻～
斛 tʰiou⁴¹ 调换

松 dziou²⁴ ～树
缝 fẽ²⁴ ～纫机，另见 bɛi²⁴，vei¹³

粉 fẽ⁵¹ 文读音
清 tshẽ¹³ ～水：冷水
更 kẽ¹³ ～好
擤 xẽ⁵¹ ～鼻：擤鼻涕
边 phĩ¹³ 一～：一半儿（局限于分边的物体）；一旁
面 mĩ¹³ 脸
定 tĩ⁵¹ ～亲：订婚
盘 ban²⁴ 一～：一遍，一趟
满 man⁵¹ 小～，节气
反 fan⁵¹ 文读音
站 tsan¹³ 车～
干 kan⁴⁴ 饼～，另见 khoŋ⁴⁴

① tiou⁴⁴ 镰～：镰刀
② tsiou⁵¹ 榨油
③ tɕhiou⁵¹ 耙～：耙齿
④ dʑiou⁵¹ ～谷子：壮实的稻谷
⑤ dẽ⁵¹ ～脚：跺脚
⑥ lẽ²⁴ 量词：一～□mɯ⁴¹子：一只蚊子
⑦ pĩ²⁴ 罐子；坛子
⑧ bĩ⁵¹ ～么：这么
⑨ tɕĩ⁵¹ ～子：虮子
⑩ dʑĩ⁵¹ ～头：以上（方位）
⑪ tan⁴⁴ ～池：天井
⑫ san⁴⁴ 蜈蚣～：蜈蚣

表 2-8 单字音表之八

	ian					aŋ					iaŋ					uaŋ				
	阴平 44	阳平 24	上声 51	去声 13	入声 41	阴平 44	阳平 24	上声 51	去声 13	入声 41	阴平 44	阳平 24	上声 51	去声 13	入声 41	阴平 44	阳平 24	上声 51	去声 13	入声 41
p	鞭					帮		绑	**把**											
pʰ									④					袢						
b																				
m						**糜**	芒		命											
f						方	平		病											
v																				
t			电			单	痰	鼎	担											
tʰ		①				听		挡						杖						
d									⑤											
l		联 ②				蓝	郎							⑧						
ts						争	馋		葬											
tsʰ	千					铛		鏨	撑					⑨						
dz								⑥											
s			线			牲		嗓								闩			涮	
z																				
tʂ																				
tʂʰ																				
dʐ																				
ʂ																				
ʐ																				

续表

	ian 阴平44	ian 阳平24	ian 上声51	ian 去声13	ian 入声41	aŋ 阴平44	aŋ 阳平24	aŋ 上声51	aŋ 去声13	aŋ 入声41	iaŋ 阴平44	iaŋ 阳平24	iaŋ 上声51	iaŋ 去声13	iaŋ 入声41	uaŋ 阴平44	uaŋ 阳平24	uaŋ 上声51	uaŋ 去声13	uaŋ 入声41
tɕ tɕʰ dʑ ɲ ɕ z	鼽	钳 闲	③	锵							江 框	常 娘 嚷	⑩	降						
k kʰ g ŋ x ɦ						缸 坑 庵	行	䪨	界 硬 喊							光	狂	咣	惯	
∅	炎		眼			⑦			杏			洋				湾	王		旺	

② lian⁵¹净～：干净
③ ɲian²⁴阿～：奶奶
④ pʰaŋ⁵¹□kʰa⁵¹～声：发抖，颤抖
⑤ daŋ¹³□tsʰio¹³□lou⁵¹□kou¹³～～：藏老蒙儿
⑥ dzaŋ⁵¹～犬：蝗虫
⑦ aŋ⁴⁴～桃：樱桃
⑧ liaŋ⁴⁴～杖：连枷
⑨ tsʰiaŋ⁴⁴泥～：泥鳅
⑩ tɕiaŋ⁵¹～筋：调皮

千 tsʰian⁴⁴～里眼：望远镜
眼 ian⁵¹文读音。千里～：望远镜，另见 ŋai⁵¹
把 paŋ¹³柄
糜 maŋ⁴⁴饭
䪨 kʰaŋ⁵¹咳嗽
娘 ɲian²⁴阿～：母亲，另见 ɲioŋ²⁴
嚷 zian⁵¹相～：吵架
王 uaŋ²⁴文读音
① tʰian⁵¹□lian²⁴～：脾

表2-9 单字音表之九

	oŋ					ioŋ						
	阴平 44	阳平 24	上声 51	去声 13	入声 41	阴平 44	阳平 24	上声 51	去声 13	入声 41		
p pʰ b m f v	搬	盘 兄	板 母 纺 房	半 望 放 网								
t tʰ d l	裆 汤 拦	潭 弹 糖	胆 断 氽	炭 淡		张 粮	场 肠	涨 两	帐 丈 亮			
ts tsʰ dz s z	装 仓 桑	床 闯 藤	① 懒 伞	钻 乱 蒜 ②		浆 枪 箱	墙 象	酱 抢 想	③ 匠 相			
tʂ tʂʰ dʐ ʂ ʐ												
tɕ tɕʰ dʑ ɲ ɕ ʑ						姜 腔 ④ 乡 扬	强 娘 鳙 羊	掌 上 痒 响 养	种 唱 让 嗅 样			
k kʰ g ŋ	肝 干		敢 塂	贡 炕								

续表

	oŋ					ioŋ						
	阴平 44	阳平 24	上声 51	去声 13	入声 41	阴平 44	阳平 24	上声 51	去声 13	入声 41		
x ɦ	欢	红 人	黄	五 汗	木							
ø			碗	苋	入	秧				日		

干 kʰoŋ⁴⁴～湿，另见 kan⁴⁴

红 xoŋ²⁴ 文读音

木 ɦoŋ⁴¹～匠

入 oŋ⁴¹～伏，另见 zu¹³

两 lioŋ⁵¹ 斤～

相 sioŋ¹³～貌

种 tɕioŋ⁴¹ 芒～：节气

娘 ȵioŋ²⁴，另见 ȵiɑŋ²⁴

日 ioŋ⁴¹ 后～：后天

① tsoŋ⁵¹～娘：姨（比母大）

② zoŋ¹³ 他们；别人，人家

③ tsʰioŋ¹³～鸭：经常潜入水中的一种鸭子，体型很小

④ ȵioŋ⁴⁴～头：里面

第三节

连读变调及轻声

一 两字组连读变调规律

泸溪乡话的变调与词语的轻重音关系密切，变调主要发生在轻读或弱读音节中，是一种轻读变调。泸溪乡话中的5个单字调，只要处于轻读或弱读位置，都可以发生变调，而一旦重读，这些音节又可不变调。没有具体的语境，单个词语轻重音的改变一般不影响意义，例如："煤油 mei⁴⁴ziɑ⁴⁴"后字一般轻读，声调由44变为22，但是，也可以重读，前后字都不变调；又如"挂坟 kuɑ¹³fai²⁴"前字音强明显弱于后字时，会发生变调，调值由13变为21，前字也可以重读，此时前后字都可以不变调。无论是轻读时的变调还是重读时恢复本调，一般都不影响词语的意义。在具体语境中，轻重音位置不同，表意的重点会有变化。例如"不有没有 pɑ²⁴vɑ⁵¹、不在 pɑ²⁴tsʰɛi⁵¹"中的"不"可以弱读，弱读时会发生变调，调值由24变为21，此时表意重点在后字"有"和"在"；"不"也可以重读，重读时"不"仍读本调24，此时表意重点在否定。

虽然同一词语的轻重音格式可以有所变化，但多数情况下还是较为稳定的，我们根据发音人自然状态下最习惯的轻重格式来总结变调规律。

泸溪乡话5个单字调，变调形式主要有两种：21和22。很多时候，21和22可以自由变读，与调类组合类型关系不大。例如，同样是"阴平44+入声41"，"冬至"发音人更习惯后字变读为21，而"生日"则更习惯后字变读为22；同样是"阳平24+去声13"，"红豆"等词后字变读为21，而"松树、田菜、芹菜"等词后字变读为22。同样是"去声13+阳平24"，"拜堂"前字变读为21，而"做田"则前字变读为22。同一个词，21、22也可自由变读，例如"苞谷"（44+41）、"雀儿"（41+24）后字轻读时都可以变为21，也都可变为22。轻读变为21还是22，似乎与发音人读这个音节的时长有一定关系，变为21时，音节的时长较22更短，所以同一个词的轻读音节，若发音人发得较轻短，则变为21，若略有所延长，则变为22。

相对来说，两字组连读，后字为阴平时，变为22更为常见，也相对稳定，我们把阴平的变调记为22，其他调类变读为21还是22较为自由，本节统一记为21。

1. 两字组连读后字变调情况

泸溪乡话两字组连读时，后字常容易轻读，因而后字变调居多。后字变调情况见下面表格，表格表端和表头分别是前后字的调类及调值，表中是后字的变调调值。

表2-10　泸溪乡话两字组连读后字变调表

后字　后字调 　变调 前字调	阴平 44	阳平 24	上声 51	去声 13	入声 41
阴平　44	22	21	21	21	21
阳平　24	22	21	21	21	21
上声　51	22	21	21	21	21
去声　13	22	21	21	21	21
入声　41	22	21	21	21	21

两字组连读后字变调举例如下。举例时，先列调类组合，再列调值，变调处用横杠"-"分别本调和变调调值，最后列例词。如有需要特别说明的地方，紧随例词后。例词多的表示该种组合变调相对较多，例词少的表示该种组合变调较少。

（1）阴平＋阴平（44＋44-22）：今年 ti^{44}lai$^{44-22}$｜先年 sai^{44}lai$^{44-22}$｜秋天 tsʰiu^{44}tʰai$^{44-22}$｜青瓜 tsʰẽ^{44}kua$^{44-22}$｜丝瓜 sa^{44}kua$^{44-22}$｜媒人 maŋ^{44}ɦoŋ$^{44-22}$｜东西 tei^{44}siɛ$^{44-22}$｜新鲜 sai^{44}siɛ$^{44-22}$｜秧篓 ioŋ$^{44-45}$la$^{44-22}$_{盛猪草、秧苗、牛粪等的筐}｜杯杯_{无把儿的杯子}pei^{44}pei$^{44-22}$｜缸缸_{带把儿的杯子}kaŋ^{44}kaŋ$^{44-22}$。

"东西 tei^{44}siɛ$^{44-22}$""新鲜 sai^{44}siɛ$^{44-22}$"等个别词语发音人更习惯变调21，但也可变读为22。"秧篓 ioŋ$^{44-45}$la$^{44-22}$"等个别词语重读位置的前字也发生了变调。

（2）阴平＋阳平（44＋24-21）：□时时лai^{44}ʂʅ$^{24-21}$。

（3）阴平＋上声（44＋51-21）：牙齿 ŋuo^{44}tsʰʅ$^{51-21}$｜门路 mai^{44}lu$^{51-21}$。

（4）阴平＋去声（44＋13-21）：豇豆 koŋ^{44}ta$^{13-21}$｜毛薯 mou^{44}su$^{13-21}$｜杉树 suo^{44}tɕia$^{13-21}$｜白菜 pʰo^{44}tsʰei$^{13-21}$｜香菜 tɕʰioŋ^{44}tsʰei$^{13-21}$｜分菜 fai^{44}tsʰei$^{13-21}$｜天气 tʰai^{44}tɕʰi$^{13-21}$｜肝肺 koŋ^{44}fi$^{13-21}$｜冰雹 pĩ^{44}pʰɔu$^{13-21}$｜交代 tɕiau^{44}tai$^{13-21}$｜笋□_{挑谷用的笋筐}lɵ$^{44-45}$su$^{13-21}$。

"箩□挑谷用的箩筐lω⁴⁴⁻⁴⁵ʂu¹³⁻²¹"等个别词语重读位置的前字也发生了变调。

（5）阴平+入声（44+41-21）：冬至tei⁴⁴tʂʅ⁴¹⁻²¹｜苞谷pɔu⁴⁴ku⁴¹⁻²¹｜生日saŋ⁴⁴ɦoŋ⁴¹⁻²¹｜亲戚tsʰiɛ⁴⁴tsʰiɛ⁴¹⁻²¹｜阴历ĩ⁴⁴li⁴¹⁻²¹。

（6）阳平+阴平（24+44-22）：前年dziɛ²⁴lai⁴⁴⁻²²｜豵猪fai²⁴tiu⁴⁴⁻²²｜葵花gui²⁴xua⁴⁴⁻²²｜松毛dziou²⁴mɔu⁴⁴⁻²²｜黄瓜ɦoŋ²⁴kua⁴⁴⁻²²｜朋友pei²⁴zia⁴⁴⁻²²｜盘勾毽子pɔŋ²⁴kia⁴⁴⁻²²｜你人n̠i²⁴ɦoŋ⁴⁴⁻²²｜洋葱iaŋ²⁴tsʰoŋ⁴⁴⁻²²｜猢狲vu²⁴suɛ⁴⁴⁻²²。

（7）阳平+阳平（24+24-21）：迟田晚稻li²⁴lai²⁴⁻²¹｜橘红tɕyi²⁴xoŋ²⁴⁻²¹｜核桃xai²⁴dau²⁴⁻²¹｜勤移＝勤快tɕiɛ²⁴dzi²⁴⁻²¹｜盘盘碟子；盘子pɔŋ²⁴pɔŋ²⁴⁻²¹｜□奶奶n̠ian²⁴n̠ian²⁴⁻²¹。

（8）阳平+上声（24+51-21）：芦苇lu²⁴uɛ⁵¹⁻²¹｜昨几kʰuo²⁴tɕi⁵¹⁻²¹。

（9）阳平+去声（24+13-21）：红豆ɦei²⁴ta¹³⁻²¹｜□豆黄豆luo²⁴ta¹³⁻²¹｜红薯xoŋ²⁴ʂu¹³⁻²¹｜肥皂fi²⁴tsou¹³⁻²¹｜松树dziou²⁴tɕia¹³⁻²¹｜田菜lai²⁴tsʰei¹³⁻²¹｜芹菜diɛ²⁴tsʰei¹³⁻²¹。

（10）阳平+入声（24+41-21）：皮尺bi²⁴tɕʰio⁴¹⁻²¹｜阳历iaŋ²⁴li⁴¹⁻²¹｜螃夹螃蟹pɔŋ²⁴kuo⁴¹⁻²¹。

（11）上声+阴平（51+44-22）：后年ɦa⁵¹lai⁴⁴⁻²²｜好天xau⁵¹tʰai⁴⁴⁻²²｜草烟tsʰau⁵¹iɛ⁴⁴⁻²²｜纸烟tɕi⁵¹iɛ⁴⁴⁻²²｜老司lau⁵¹ʂʅ⁴⁴⁻²²｜女孙n̠iu⁵¹suɛ⁴⁴⁻²²｜板车pɔŋ⁵¹tɕʰio⁴⁴⁻²²｜苦瓜kʰu⁵¹kua⁴⁴⁻²²｜后门ɦa⁵¹mai⁴⁴⁻²²｜□家女婿tai⁵¹kuo⁴⁴⁻²²。

（12）上声+阳平（51+24-21）：考试kʰau⁵¹ʂʅ²⁴⁻²¹。

（13）上声+上声（51+51-21）：子梗脖子tsʅ⁵¹kɛi⁵¹⁻²¹｜姐丈姐夫tsi⁵¹tʰiaŋ⁵¹⁻²¹｜老鼠lau⁵¹⁻²⁴ʂu⁵¹⁻²¹｜父父爷爷bou⁵¹bou⁵¹⁻²¹｜子子男孩儿tsa⁵¹tsa⁵¹⁻²¹。

"老鼠"处于重读位置的前字"老"也发生了变调，由上声51变为阳平24。

（14）上声+去声（51+13-21）：柳树lia⁵¹tɕia¹³⁻²¹｜韭菜tɕi⁵¹tsʰei¹³⁻²¹。

（15）上声+入声（51+41-21）：板栗pɔŋ⁵¹li⁴¹⁻²¹｜斗笠ta⁵¹li⁴¹⁻²¹。

"板栗""斗笠"发音人自然状态下更习惯变调22，但也可变调21。

（16）去声+阴平（13+44-22）：大风lω¹³fei⁴⁴⁻²²｜树木tɕia¹³ɦoŋ⁴⁴⁻²²｜正梁tɕĩ¹³lioŋ⁴⁴⁻²²｜酱瓜西红柿tsioŋ¹³kua⁴⁴⁻²²｜去年kʰei¹³lai⁴⁴⁻²²｜荷花xuo¹³xua⁴⁴⁻²²｜大门lω¹³mai⁴⁴⁻²²｜尼姑n̠i¹³ku⁴⁴⁻²²。

（17）去声+阳平（13+24-21）：快活kʰua¹³xω²⁴⁻²¹｜木耳moŋ¹³ʐʅ²⁴⁻²¹｜院场yɛ¹³dioŋ²⁴⁻²¹｜菜□菜薹tsʰei¹³suɛ²⁴⁻²¹｜疑怀n̠i¹³xuai²⁴⁻²¹。

（18）去声+上声（13+51-21）：扫帚sɔu¹³tʂu⁵¹⁻²¹｜靠椅kʰɔu¹³i⁵¹⁻²¹｜惯侍kuaŋ¹³ʂʅ⁵¹⁻²¹。

（19）去声+去声（13+13-21）：半夜pɔŋ¹³zio¹³⁻²¹｜雾露mu¹³lu¹³⁻²¹｜运气ɦuɛ¹³tɕʰi¹³⁻²¹｜□燕老鹰mω¹³iɛ¹³⁻²¹｜袋袋口袋dei¹³dei¹³⁻²¹｜棍棍棍子kuɛ¹³kuɛ¹³⁻²¹。

（20）去声+入声（13+41-21）：树叶tɕia¹³ɕi⁴¹⁻²¹｜豆角ta¹³kuo⁴¹⁻²¹｜照□蜻蜓tɕiau¹³n̠iu⁴¹⁻²¹。

（21）入声+阴平（41+44-22）：热天dzi⁴¹tʰai⁴⁴⁻²²｜葛根kω⁴¹kẽ⁴⁴⁻²²｜每年mei⁴¹lai⁴⁴⁻²²｜谷筛ku⁴¹sa⁴⁴⁻²²｜□年＝冬天kuo⁴¹lai⁴⁴⁻²²。

（22）入声＋阳平（41＋24-21）：麦李 mo⁴¹dzia²⁴⁻²¹｜雀儿 tsω⁴¹ʐʅ²⁴⁻²¹｜□耙 四齿耙 tuo⁴¹po²⁴⁻²¹。

（23）入声＋上声（41＋51-21）：霍闪 xω⁴¹ɕie⁵¹⁻²¹｜日牯 ɦoŋ⁴¹ku⁵¹⁻²¹｜阔敞 宽敞 kʰω⁴¹tʰaŋ⁵¹⁻²¹。

（24）入声＋去声（41＋13-21）：竹树 tɕiu⁴¹tɕia¹³⁻²¹｜黑豆 kʰei⁴¹tɑ¹³⁻²¹｜麦豆 mo⁴¹tɑ¹³⁻²¹。

（25）入声＋入声（41＋41-21）：每日 mei⁴¹ioŋ⁴¹⁻²¹｜腊肉 luo⁴¹niu⁴¹⁻²¹｜日日 ioŋ⁴¹ioŋ⁴¹⁻²¹｜壳壳 秕谷 kʰou⁴¹kʰou⁴¹⁻²¹。

从上面所举例词可以看到泸溪乡话两字组连读后字变调的一些特点：

（1）词性上，后字变调主要是体词，谓词较少，上面所举例词中，只有"交代、疑怀、惯侍、勤移＝勤快、阔敞宽敞"等少数几个。

（2）结构上，偏正结构占绝对优势。

（3）调类上，不管与哪个调类组合，后字为阴平的，变调词语最多，其次是去声。

（4）调类组合上，阴平＋阳平、阴平＋上声、阳平＋上声、上声＋阳平、上声＋去声、上声＋入声等变调词语较少。

（5）两字重叠，前字读本调，后字既可读本调，又可变读为22或21，变调规律与非叠字组相同。

2. 两字组连读前字变调情况

泸溪乡话两字组连读时，前字变调较少。少数词语前字音强明显弱于后字时，前字也会发生变调，这种情况多为述宾结构，调类多为阳平、去声、入声，变读调值21或22可自由变读，统一记为21。两字组连读前字变调举例如下。

（1）阳平＋阴平（24-21＋44）：行亲 走亲戚 ɦiaŋ²⁴⁻²¹tsʰie⁴⁴｜缝衣 bɛi²⁴⁻²¹i⁴⁴。

（2）阳平＋阳平（24-21＋24）：耙田 po²⁴⁻²¹lai²⁴｜跳河 dau²⁴⁻²¹ɦω²⁴｜扒船 bo²⁴⁻²¹dzyɛ²⁴｜停食 dẽ²⁴⁻²¹ʂʅ²⁴。

（3）阳平＋上声（24-21＋51）：抬轿 ta²⁴⁻²¹tɕʰiau⁵¹｜跳板 dau²⁴⁻²¹poŋ⁵¹｜跳远 dau²⁴⁻²¹vai⁵¹。

（4）阳平＋去声（24-21＋13）：捶背 tuɛ²⁴⁻²¹pei¹³｜识字 ʂʅ²⁴⁻²¹dzɑ¹³｜和面 xuo²⁴⁻²¹mĩ¹³。

（5）去声＋阳平（13-21＋24）：做田 tsei¹³⁻²¹lai²⁴｜挂坟 kuɑ¹³⁻²¹fai²⁴｜探脉 tʰan¹³⁻²¹mei²⁴｜拜堂 pɑ¹³⁻²¹toŋ²⁴｜划拳 xua¹³⁻²¹tɕyɛ²⁴。

（6）去声＋去声（13-21＋13）：顺亮 zye¹³⁻²¹lioŋ¹³｜送葬 sei¹³⁻²¹tsaŋ¹³｜放药 foŋ¹³⁻²¹zyi¹³｜怄气 ŋou¹³⁻²¹tɕʰi¹³。

（7）入声＋上声（41-21＋51）：发火 fa⁴¹⁻²¹fa⁵¹。

（8）入声＋入声（41-21＋41）：落雪 dzω⁴¹⁻²¹sui⁴¹｜出血 tsʰu⁴¹⁻²¹ɕyi⁴¹｜发墨 fa⁴¹⁻²¹mei⁴¹。

极个别偏正结构的词语也会发生前字变调，例如：羊娘 母羊 zioŋ²⁴⁻²¹ȵioŋ²⁴、□大 我爸 ɑ²⁴⁻²¹dɑ¹³、不在 pɑ²⁴⁻²¹tsʰɛi⁵¹、不有 没有 pɑ²⁴⁻²¹vɑ⁵¹。

两字组连读，前字变调不仅较少，而且不稳定，以上例词，当音节之间连接不紧密或者慢说时，都可以不变调。

二 三字组连读变调规律

泸溪乡话三字组连读时，变调同样与轻重音密切相关，轻读音节一般变读为21或22，轻读位置及变调规律与三字组内部的结构有关，三字组一般可以分成两个部分，一个部分为两字组，另一个部分为独立的一个单字，形成单双格和双单格两种形式。一般情况下，作为独立的单字，无论在前或在后都不变调，作为两字组的部分，无论在前或在后，若发生变调都遵循两字组的变调规律，略有不同的是，变读为21还是22，与轻读音节的位置密切相关，两字组在前（即"双单格"）轻读一般在中间的第二个音节，此时不管原调类是什么，都以变为21为常，两字组在后（即"单双格"）轻读一般在第三个音节，此时以变为22为常。例如：

1. 双单格（两字组在前）

三十夜除夕 soŋ⁴⁴tʂʅʰ⁴⁴⁻²¹zio¹³　　星期日 sẽ⁴⁴tɕʰi⁴⁴⁻²¹zʅ²⁴　　背心衣背心 pei¹³siɛ⁴⁴⁻²¹i⁴⁴
油煎条油条 zia⁴⁴tɕiɛ⁴⁴⁻²¹tiau²⁴　　荸圈子荸荠 bu²⁴tɕʰyɛ⁴⁴⁻²¹tsa⁵¹　　松柏树柏树 soŋ⁴⁴pʰɛi²⁴⁻²¹tɕia¹³
手指壳指甲 ɕiou⁵¹tsʅ⁵¹⁻²¹kʰou⁴¹　　□豆浆豆浆 luo²⁴ta¹³⁻²¹tsioŋ⁴⁴　　阿鹊娘喜鹊 uo⁴⁴tsʰiou⁴¹⁻²¹ȵioŋ²⁴
□□娘蜘蛛 tsʅ¹³tsʅ¹³⁻²¹ȵioŋ²⁴

作为单独的两字组，"三十""星期""油煎""背心"等后字为阴平的音节轻读以变为22为常，但作为三字组的一部分，处于中间轻读位置则以变为21为常。若发音人略微延长音长，则21也可变读为22。

2. 单双格（两字组在后）

着天毛中暑 tʰω⁴⁴tʰai⁴⁴mou⁴⁴⁻²²　　□银针针灸 kʰa⁵¹niɛ⁴⁴tɕiɛ⁴⁴⁻²²　　食朝糜吃早饭 ziu²⁴tiau⁴⁴maŋ⁴⁴⁻²²
食晌糜吃午饭 ziu²⁴ɕioŋ⁵¹maŋ⁴⁴⁻²²　　食夜糜吃晚饭 ziu²⁴zio¹³maŋ⁴⁴⁻²²　　双胞胎 soŋ⁴⁴pou⁴⁴tʰa⁴⁴⁻²²
躬阿娘继母 ȵian⁴⁴a⁴⁴ȵian²⁴⁻²²　　拆＝伢崽分娩 tsʰa⁴⁴ŋuo²⁴tsai²⁴⁻²²　　麻雀儿麻雀 mo⁴⁴tsω⁴¹zʅ²⁴⁻²²
做门路干活儿 tsei¹³mai⁴⁴lu⁵¹⁻²²　　大白菜 la¹³pʰo⁴⁴tsʰei¹³⁻²²　　做生日 tsei¹³saŋ⁴⁴ɦoŋ⁴¹⁻²²
油□□山蜥蜴 zia⁴⁴ɕio¹³ɕio¹³⁻²²　　得囵囵零分 tei⁴¹loŋ²⁴loŋ²⁴⁻²²

需注意的是，"麻雀儿"中的"雀儿"指鸟，"麻/雀儿"是单双格。

个别三音节词语，音变情况有些特殊，例如："檐老鼠""黄老鼠"可以按照单双格的规律发生变调，变为"檐老鼠蝙蝠 iɛ²⁴lau²⁴ʂu⁵¹⁻²²""黄老鼠黄鼠狼 ɦoŋ²⁴lau²⁴ʂu⁵¹⁻²²"，此时，两字组的后字"鼠"轻读，变调22；也可以是两字组的前字"老"轻读，变调22，变为"檐老鼠蝙蝠 iɛ²⁴lau²⁴⁻²²ʂu⁵¹""黄老鼠黄鼠狼 ɦoŋ²⁴lau²⁴⁻²²ʂu⁵¹"。

个别三音节词语，两字组变调的同时，另一个单字也发生了变调，例如：手艺人 ɕiou⁵¹ȵi⁵¹⁻²¹ɦoŋ⁴⁴⁻²² ｜ 包心菜 pou⁴⁴siɛ⁴⁴⁻²¹tsʰei¹³⁻²² ｜ 长豆角豇豆 dioŋ²⁴ta¹³⁻²¹kuo⁴¹⁻²²。

还有个别三音节词语，连读时三个音节都发生了变调，例如：油毛油香油ʑia⁴⁴⁻⁴⁵mɔu⁴⁴⁻²¹ʑia⁴⁴⁻²²。

三　其他变调规律

泸溪乡话的连读变调，绝大多数都是轻读位置上的音节发生变调，有少数词重读音节也发生变调，一般是阴平44变读为高升调45（45为音系外调值）。例如：

梁家潭地名lioŋ⁴⁴⁻⁴⁵kɤ⁰toŋ²⁴　　□杖连枷liaŋ⁴⁴⁻⁴⁵tʰiaŋ⁵¹　　秧篓ioŋ⁴⁴⁻⁴⁵la⁴⁴⁻²²盛猪草、秧苗、牛粪等的筐

箩□挑谷用的箩筐lɤ⁴⁴⁻⁴⁵su¹³⁻²¹　　泥□泥鳅n̩i⁴⁴⁻⁴⁵tsʰiaŋ⁴⁴⁻²²　　娘室娘家n̩ioŋ⁴⁴⁻⁴⁵tsi⁴¹

油毛油香油ʑia⁴⁴⁻⁴⁵mɔu⁴⁴⁻²¹ʑia⁴⁴⁻²²　　　　　　娘媳妇婆媳俩n̩ioŋ⁴⁴⁻⁴⁵si¹³pʰai⁰

耙娘支撑在地上用来和牛鞅的绳索相连的部分po²⁴n̩ioŋ⁴⁴⁻⁴⁵

椑□子野生小柿子pi⁴⁴⁻⁴⁵pu⁰tsa⁵¹

个别上声有时也变读为高升调45，例如：雨水va⁵¹⁻⁴⁵tʂu⁵¹。

这种变调有一定的不稳定性，当放慢语速，音节之间连接不紧密时，也可不变调。

此外，还有个别上声或入声在重读位置变读为阳平24。例如：

老鼠lau⁵¹⁻²⁴su⁵¹⁻²¹　　苦胆kʰu⁵¹toŋ⁵¹⁻²⁴　　何里哪里xoŋ⁵¹n̩i⁴¹⁻²⁴

铰剪kɔu⁴⁴tsai⁵¹⁻²⁴　　伢崽ŋuo⁴⁴tsai⁵¹⁻²⁴

需说明的是，"里"本是上声字，但是在"河里ɦɤ²⁴n̩i⁴¹""城里tɕʰi²⁴n̩i⁴¹""□里这里lan⁴⁴n̩i⁴¹""□里那里uaŋ²⁴n̩i⁴¹"等词语中都读为入声，所以"何里哪里"中的"里"我们看作是入声变读为阳平。

上声、入声变读为阳平，与词义密切相关，这种变调往往只出现在固定的词语里，同样的调类组合，一般不发生这种变调，例如，"老鼠""苦胆"是上声与上声组合形成的变调，同样是上声与上声组合，"老表表兄弟lau⁵¹piau⁵¹""老墈尽头lau⁵¹kʰoŋ⁵¹"等其他词语不发生变调；"何里"是上声入声组合形成的变调，同样是上声入声组合，"手里ɕiou⁵¹n̩i⁴¹""道里路上sau⁵¹n̩i⁴¹"等其他词语不发生变调。上声与上声组合，"老鼠"前字变调为阳平，"苦胆"后字变调为阳平，语音上无明显规律可循。因而，这类声调的变化是否属于连读上的变调还可进一步探讨，"剪、伢"等音节读阳平是变调还是声调的特殊演变，也值得进一步研究。

还有一类变调，不仅与词语的轻重音有关，同时也和它在词中的位置有关。这一类别主要是指"一"的变调。"一"单念时一般读入声41，也可念阳平24，例如："一i⁴¹/i²⁴、二、三"；位于词末重读，一般念入声41，例如："初一tsʰei⁴⁴i⁴¹""十一tsʰɿ⁴⁴i⁴¹"；位于前字重读，一般读阳平24，例如："一分i²⁴fai⁴⁴""一条i²⁴lau²⁴""一块i²⁴kʰua¹³""一两i²⁴lioŋ⁵¹""一百i²⁴po⁴¹"；无论是位于词末还是前字，如果弱读，都变调为21或22。

四 轻声

泸溪乡话的轻声与连读变调中的后字轻读变调关系密切，甚至不好截然分开。与连读中的轻读变调一样，轻声的调值主要也是21和22两种形式，21和22可自由变读。我们依据读21或22的字是否可以恢复成本调来区分是轻声还是连读时的轻读变调。一般来说，若是连读时的轻读变调，该变调的音节也可以不轻读，不轻读时声调可以恢复成本调而不影响词语的基本意思。轻声情况不同，轻声音节一般无法恢复成本调，或者恢复成本调会影响词语意思的表达。轻声音节的调值我们统一记为0。

泸溪乡话的轻声可以分为语法轻声和习惯轻声两大类。

1. 语法轻声

语法上读轻声的主要是一些虚词或虚语素。

（1）虚词。例如：

语气词：哒 ta⁰ ｜ 啰 lω⁰ ｜ 唻 lai⁰ ｜ 噻 sai⁰ ｜ 嘞 lei⁰

助词：了 表结果；表完成；表将然；表已然等 liɑu⁰ ｜ 倒 表状态或动作持续；表经历等 tɔu⁰ ｜ 的 结构助词 ti⁰ ｜ 得 结构助词 tei⁰ ｜ 把 表概数：百把条（百把个）pu⁰/pɑ⁰

（2）虚语素。例如：

"子 ti⁰/li⁰/tsɿ⁰/tsɑ⁰" 缀：

枣子 枣 tsau⁵¹ti⁰　　茄子 dʑyɛ²⁴ti⁰　　蜂子 蜜蜂 fei⁴⁴ti⁰　　兔子 tʰu¹³ti⁰　　哑子 哑巴 uo⁵¹ti⁰

矮子 a⁵¹ti⁰　　婆子 mo²⁴li⁰　　厨子 厨师 dzu²⁴tsɿ⁰　　瓶子 pĩ¹³tsɿ⁰　　包子 pou⁴⁴tsɿ⁰

□摆子 患疟疾 kʰa⁵¹pɛi⁵¹tsɿ⁰　　左撇子 tsuo⁵¹pʰiɛ¹³tsɿ⁰　　歇□子 歇歇 ɕi⁴¹ka¹³tsɑ⁰

"子" 读轻声 [ti⁰]/[li⁰] 时，主要做词缀，一般不能恢复成本调。"子" 读轻声 [tsɿ⁰] 时，主要做词缀，若读本调 [tsɿ⁵¹] 或 [tsɿ⁴¹]，则往往有实义，是词根。"子" 读轻声 [tsɑ⁰] 时，一般是做某些量词的后缀，表示时间短。

"头 da⁰/ta⁰" 缀：

日头 太阳 ɦoŋ⁴¹da⁰　　枕头 tɕiɛ⁵¹da⁰　　钵头 钵 pω⁴¹da⁰　　高头 上面 kou⁴⁴da⁰　　边头 跟前 piɛ¹³da⁰

拳头 tɕyɛ²⁴ta⁰　　芋头 zu¹³ta⁰　　场头 集市 dioŋ²⁴ta⁰　　朝头 上午 tiau⁴⁴ta⁰　　今头 今天 ti⁴⁴ta⁰

"头 [da⁰]/[ta⁰]" 缀声母有的读浊音，有的读清音，声调一般为轻声。有的词可以读轻声，也可以读本调，但所表达的意义不同。例如：

尾头 末名 mai⁵¹da²⁴——尾头 ①后边、以后（方位）；②后来；③从今以后（将来）mai⁵¹da⁰

山头 山的顶部 sai⁴⁴da²⁴——山头 山上 sai⁴⁴ta⁰

此外还有一些虚语素也读轻声。例如：

兄弟家 爷儿们 foŋ⁴⁴xa⁵¹ka⁰　　做什家 做什么 tsei¹³ɕi²⁴ka⁰　　□么 这么 laŋ⁴⁴moŋ⁰

苕里苕气 ɕiɑu¹³li⁰ɕiɑu²⁴tɕʰi¹³　　蠢里蠢气 tɕʰyɛ⁴¹li⁰tɕʰyɛ⁴¹tɕʰi¹³

2. 习惯轻声

有些词，发音人习惯上读轻声。其中，有的轻声音节本字不明，不知道本调是什么。例如：

□□脏 ɑ¹³sɑ⁰　　　　　□□底下；地下 tɑŋ⁵¹xɑŋ⁰　　　　　松□□松球 dziou²⁴bu²⁴lu⁰

夜□夜晚 ʑio¹³foŋ⁰　　　哈□玩 xɑ²⁴ti⁰

有的轻声音节虽然有明确的本调，但是在该词中发音人一般不读本调。例如：

麦棉棉花 mo⁴¹mi⁰　　豆腐 tɑ¹³fu⁰　　猢蟆青蛙 vu²⁴mou⁰　　枇杷 pi²⁴pu⁰　　萝卜 lω⁴⁴pʰei⁰
翅拍翅膀 tʂɿ¹³pu⁰　　尾巴 mai⁵¹pu⁰　　面巴脸 mĩ¹³pu⁰　　嘴巴下巴 tsui⁵¹pu⁰　　肩背肩膀 tɕiɛ⁴⁴pei⁰
屁股 pʰi¹³kʰu⁰　　耳朵 ȵiu⁵¹tu⁰　　脑壳 lɑ⁵¹kʰu⁰　　师傅 sɑ⁴⁴fu⁰　　媳妇儿媳妇 si¹³pʰai⁰
菩萨 bu²⁴suo⁰　　和尚 ɦω²⁴tɕʰiaŋ⁰　　时间时候 dziɛ²⁴kɑ⁰　　时候 ʂɿ²⁴xou⁰　　谜得谜语 mi¹³tei⁰
□扮打扮 kʰɑ⁵¹pu⁰　　服侍照顾 fu¹³ʂɿ⁰　　舒服 su⁴⁴fu⁰　　聪明 tsʰei⁴⁴mi⁰　　糊涂 xu²⁴tʰu⁰
老实 lɑu⁵¹ʐɿ⁰　　自□自己 tsʰi⁴⁴kɛi⁰　　被□被子 fɑ⁵¹ʂu⁰　　亮□门窗户 lioŋ¹³ʂu⁰mai⁴⁴
椑□子柿子 pi⁴⁵pu⁰tsɑ⁵¹

第四节

其他音变现象

一 弱化

有的轻声音节韵母发生弱化，韵母弱化的形式之一是都变读为[u]。例如：

尾巴 mai⁵¹pu⁰<pɑ⁴⁴　　面巴脸 mĩ¹³pu⁰<pɑ⁴⁴　　乡巴佬乡下人 ɕioŋ⁴⁴pu⁰<pɑ⁴⁴lau⁵¹

翅拍翅膀 tʂʅ¹³pu⁰<pʰo⁴¹　　耳朵 ȵiu⁵¹tu⁰<tɤ⁴⁴　　□扮打扮 kʰɑ⁵¹pu⁰<poŋ¹³

脑壳头 lɑ⁵¹kʰu⁰<kʰou⁴¹

韵母弱化的另一形式是复元音韵母中的某一元音脱落。例如：

麦棉棉花 mo⁴¹mi⁰<miε⁰　　脑壳头 lɑ⁵¹<lau⁵¹kʰu⁰

"脑壳头 lɑ⁵¹kʰu⁰"中，"脑"和"壳"韵母都发生了变化，"脑"处于非轻读位置，有的发音人常脱落韵尾读成[lɑ⁵¹]，有的发音人仍读[lau⁵¹]，"脑毛头发 lɑ⁵¹mou⁴⁴""脑门囟门 lɑ⁵¹mai⁴⁴""开脑开头 kʰɑ⁴⁴lɑ⁵¹"等词语情况相类似。"壳 kʰou⁴¹"读为[kʰu⁰]，既可以看作是弱化的第一种形式，即都变读为[u]，又可看作是复元音韵母中的某一元音脱落。

此外，"股 ku⁵¹"在轻声音节中由不送气音变为送气音，可看作声母的一种弱化。例如："屁股"[pʰi¹³kʰu⁰<ku⁵¹]。

二 同化

有些音节受前面或后面鼻音或鼻化音的影响，发生同化现象。例如：

□里这里 lan⁴⁴<lai⁴⁴nĩ⁴¹　　□里那里 uan²⁴<ua²⁴nĩ⁴¹　　何里哪里 xoŋ⁵¹<xɤ⁵¹nĩ²⁴

□么这么 laŋ⁴⁴<lai⁴⁴moŋ⁰　　□么那么 uaŋ²⁴<ua²⁴moŋ⁰

以上指示代词，前字的鼻音尾是受后字鼻音同化所致。同样的音节[lai⁴⁴]，后面的音节为[n̠i⁴¹]时，同化为前鼻音韵母[lan⁴⁴]，后面的音节为[moŋ⁰]时，同化为后鼻音韵母[laŋ⁴⁴]；同样位于[n̠i⁴¹]之前，主要元音舌位前后的不同，同化结果也不同，[lai⁴⁴]主要元音为前元音，受[n̠i⁴¹]同化后变为前鼻音韵母[lan⁴⁴]，[uɑ²⁴][xɷ⁵¹]主要元音为后元音，受[n̠i⁴¹]同化后变为后鼻音韵母[uɑŋ⁴⁴][xoŋ⁵¹]。

有的词，后字韵母的变化是受前字或自身声母影响所致。例如，"做生意 tsei¹³sẽ⁴⁴ĩ¹³＜i¹³"中"意"韵母鼻化是受前字鼻化韵影响所致。上面指示代词中"里 n̠i⁴¹"的韵母鼻化，可能是受自身声母及前字鼻音韵尾同化所致，不过，同样的音变条件，有的词语中并不发生这种同化音变。试对比：

[n̠i⁴¹]：湾里 uɑŋ⁴⁴n̠i⁴¹　　乡里 ɕioŋ⁴⁴n̠i⁴¹　　城里 tɕʰi²⁴n̠i⁴¹

[nĩ⁴¹]：□里这里 lan⁴⁴nĩ⁴¹　　□里那里 uɑŋ²⁴nĩ⁴¹　　何里哪里 xoŋ⁵¹nĩ²⁴

三　合音

少数音节是由两个音节合音而来。例如[lɑŋ⁵¹kuo⁴⁴]，其中[lɑŋ⁵¹]是"lau⁵¹老"与"ɦoŋ⁴⁴人"的合音。记录合音的汉字用原形加[　]表示，[lɑŋ⁵¹kuo⁴⁴]记为"[老人]家"。

四　语法性音变

有些词通过语音的变化表达不同的语法意义或具有不同的语法功能。例如：
第二人称代词"你"声调为上声[n̠i⁵¹]时表示单数，变为阳平"你[n̠i²⁴]"时表复数；"带"做动词时读[dɷ¹³]，在名词"带子"里读[tɷ¹³]。

第五节 异读

一 新老异读

泸溪乡话新老异读突出表现在古全浊声母的今读、阳平和去声字的读音上。

（一）古全浊声母的今读

新派老派古全浊声母的今读差异主要体现在是否保留浊音上。老派保留浊音的一些字，有的新派发音人已经清化或不知道用乡话如何表达。例如：

	菩	笓	负背负	头~伏	塘	堂祠~	澄把水澄清	碟	尘	叠	重~复
老派	bu²⁴	bi²⁴	ba¹³	da²⁴	doŋ²⁴	doŋ²⁴	dai⁵¹	diɛ²⁴	diɛ²⁴	diou²⁴	diou²⁴
新派	pu²⁴	pi²⁴	pa¹³	ta²⁴	toŋ²⁴	toŋ²⁴	tai⁵¹	tiɛ²⁴	tiɛ²⁴	tiɛ²⁴	tsoŋ²⁴

	谢	厨	瞿	荷	合	焊	县	下~种	橡	褥
老派	dzio¹³	dʐu²⁴	dzyi¹³	ɦω²⁴	ɦω²⁴	ɦioŋ¹³	ɦuɛ¹³	ɦuo⁵¹	dʐyɛ²⁴	ziou⁵¹
新派	ɕiɛ¹³	tʂu²⁴	tɕyi¹³	xω²⁴	ω²⁴	xoŋ¹³	ɕian¹³	uo⁵¹	无	无

也有个别字老派清化了，但新派仍读浊音。例如，並母平声字"枇、排"老派读不送气清音[p]，新派读浊音[b]。

有的字新派老派读音都已清化，但送气、不送气等情况有所不同。例如：

	雹	背~书	道~理	杜地名:~家寨	沓	盗	绝	橡~胶	常	成	城
老派	pʰɔu¹³	pʰa⁵¹	tʰau⁵¹	tʰu⁵¹	tʰuo²⁴	tʰau⁵¹	tsʰui⁴⁴	tsʰioŋ⁵¹	tɕʰiaŋ²⁴	tɕʰĩ²⁴	tɕʰĩ²⁴
新派	pɔu¹³	pei⁵¹	tau⁵¹	tu⁵¹	tuo²⁴	tau⁵¹	tsui²⁴	sioŋ¹³	tʂaŋ²⁴	tʂẽ²⁴	tʂẽ²⁴

（二）阳平和去声字的读音差异

泸溪乡话阳平和去声调型、调值相近，但能别义，新派、老派发音人在阳平和去声字的读音上存在差异，尤其在别义功能方面。我们以老派发音人杨明家阳平去声存在对立的81对字组为考察对象，列表对比新派老派读音的异同。表格说明中的"不说"，表示该字或该词新派不说，"不同"表示新派声母、韵母或声调与老派不同，"同音"表示老派阳平去声对立的字组新派读音相同了，由于阳平去声调值非常接近，同音后是同读为阳平，还是同读为去声，有时不好分辨。

表 2-11 老派、新派发音人阳平、去声对比表

老派阳平、去声最小对立字组及其读音	新派读音情况	新派差异说明
枇 [pi²⁴]—鼻闭 [pi¹³]	枇 [bi²⁴]—鼻闭 [pi¹³]	"枇"声母读浊音
疲笓~梳: 笓子 [bi²⁴]—屁 [bi¹³]	疲 [bi²⁴]	"笓、屁"不说
肥费 [fi²⁴]—肺痱 [fi¹³]	肥费 [fi²⁴] = 肺 [fi²⁴]	"痱"不说，其余同音
迟离 [li²⁴]—地粒 [li¹³]	迟离 = 地粒 [li¹³]	同音
齐 [dzi²⁴]—湿 [dzi¹³]	齐 [dzi²⁴]	"湿"不说
□蹲 [du²⁴]—图徒 [du¹³]	□蹲 [du²⁴]—图 [du¹³]	"徒"不说
卒 [tʂu²⁴]—注用针~ [tʂu¹³]	卒 [tʂu²⁴]	"注用针~"不说
素尿~ [ʂu²⁴]—薯 [ʂu¹³]	素尿~ [sou²⁴]—薯 [ʂu¹³]	"素"新老声韵不同
匹 [fɑ²⁴]—贩 [fɑ¹³]	匹 [fɑ²⁴]	"贩"不说
床 [tsoŋ²⁴]—钻木工用具 [tsoŋ¹³]	床 [tsoŋ²⁴]	"钻木工用具"不说
头~伏 [dɑ²⁴]—大阿~ [dɑ¹³]	头~伏 [tɑ²⁴]—大阿~ [dɑ¹³]	"头"新派声母清化
求 [tɕia²⁴]—树甲 [tɕia¹³]	求 [tɕy²⁴]—树甲 [tɕia¹³]	"求"新老韵母不同
耙 [po²⁴]—坝堤 [po¹³]	耙 [po²⁴]	"坝堤"不说
斜 [dzio²⁴]—谢花~ [dzio¹³]	斜 [dzio²⁴]—谢花~ [ɕiɛ¹³]	"谢"新老声韵不同
□蚯~: 蚯蚓 [zio²⁴]—夜 [zio¹³]	□蚯~: 蚯蚓 [tɕio²⁴]—夜 [zio¹³]	"□蚯~: 蚯蚓"声母不同
沓一~纸 [tʰuo²⁴]—獭水~ [tʰuo¹³]	沓一~纸 [tuo²⁴]	"沓"新派声母不送气；"獭"不说
盒 [xuo²⁴]—和~气荷~花 [xuo¹³]	盒和~气 [xuo²⁴]—荷~花 [xuo¹³]	新派"和"与"盒"同音
屠 [dɯ²⁴]—带动词 [dɯ¹³]	屠 [dɯ²⁴]	"带动词"不说
□~菜: 择菜 [lɯ²⁴]—大 [lɯ¹³]	□~菜: 择菜 [lɯ¹³] = 大 [lɯ¹³]	同音
百~货店盆 [pai²⁴]—笨 [pai¹³]	盆 [pai²⁴]	"百~货店、笨"不说
劕~羊: 阉过的羊 [tɕiɛ²⁴]—见 [tɕiɛ¹³]	见 [tɕiɛ¹³]	"劕"不说

续表

老派阳平、去声最小对立字组及其读音	新派读音情况	新派差异说明
锤顿 [tuɛ²⁴]—□回来 [tuɛ¹³]	锤 [tuɛ²⁴]—□回来 [tuɛ¹³]	"顿"不说
铅云 [uɛ²⁴]—咽胃 [uɛ¹³]	铅 [yɛ²⁴] 云 [uɛ²⁴]—咽 [uɛ¹³]	"胃"不说,"铅"新老韵母不同
北 [pei²⁴]—辈 [pei¹³]	北 [pei²⁴]	"辈"不说
橘菊 [tɕyi²⁴]—贵句 [tɕyi¹³]	橘菊贵 [tɕyi²⁴]—句 [tɕyi¹³]	"贵"与"橘菊"同音
摇 [ziau²⁴]—□~子：蝴蝶 [ziau¹³]	摇 [ziau²⁴]	"□~子：蝴蝶"不说
□罐子，坛子殡 [pĩ²⁴]—瓶苹 [pĩ¹³]	□罐子，坛子 [pĩ²⁴]—瓶苹 [pĩ¹³] ∣ 殡 [pĩ⁵¹]	"殡"新老声调不同
成城 [tɕʰĩ²⁴]—庆 [tɕʰĩ¹³]	成城 [tɕĩ²⁴]—庆 [tɕʰĩ¹³]	"成、城"新派声母不送气
赢 [zĩ²⁴]—壬时辰 [zĩ¹³]	赢 [zĩ²⁴]	"壬时辰"不说
芒~种 [maŋ²⁴]—命 [maŋ¹³]	芒~种 [maŋ²⁴]＝命 [maŋ¹³]	同音
馋~犬：狼 [tsaŋ²⁴]—葬 [tsaŋ¹³]	馋~犬：狼 [tsaŋ²⁴]＝葬 [tsaŋ²⁴]	同音
平坪 [faŋ²⁴]—病 [faŋ¹³]	平坪 [faŋ²⁴]—病 [faŋ¹³]	新老无差异
痰 [taŋ²⁴]—担~水 [taŋ¹³]	痰 [taŋ²⁴]—担~水 [taŋ¹³]	新老无差异
螃~夹：螃蟹 [poŋ²⁴]—半 [poŋ¹³]	螃~夹：螃蟹 [poŋ²⁴]—半 [poŋ¹³]	新老无差异
房 [voŋ²⁴]—返~去 [voŋ¹³]	房 [voŋ²⁴]—返~去 [voŋ¹³]	新老无差异
弹 [doŋ²⁴]—淡 [doŋ¹³]	弹 [doŋ²⁴]—淡 [doŋ¹³]	新老无差异
抬头~边 [ta²⁴]—豆 [ta¹³]	抬头~边 [ta²⁴]—豆 [ta¹³]	新老无差异
滴动词敌 [ti²⁴]—第 [ti¹³]	滴动词敌 [ti²⁴]—第 [ti¹³]	新老无差异
席 [si²⁴]—细四 [si¹³]	席 [si²⁴]—细四 [si¹³]	新老无差异
骑 [tɕi²⁴]—极~图吉 [tɕi¹³]	骑 [tɕi²⁴]—极~图吉 [tɕi¹³]	新老无差异
棋移 [dzi²⁴]—舌奇稀~ [dzi¹³]	棋移 [dzi²⁴]—舌奇稀~ [dzi¹³]	新老无差异
你第二人称复数 [ȵi²⁴]—尼疑 [ȵi¹³]	你第二人称复数 [ȵi²⁴]—尼疑 [ȵi¹³]	新老无差异
戏什~家：什么 [ɕi²⁴]—世先~ [ɕi¹³]	戏什~家：什么 [ɕi²⁴]—世先~ [ɕi¹³]	新老无差异
乙 [i²⁴]—意 [i¹³]	乙 [i²⁴]—意 [i¹³]	新老无差异
不嚼~动 [pu²⁴]—布 [pu¹³]	不嚼~动 [pu²⁴]—布 [pu¹³]	新老无差异
蜈 [mu²⁴]—雾 [mu¹³]	蜈 [mu²⁴]—雾 [mu¹³]	新老无差异
浮 [fu²⁴]—富服 [fu¹³]	浮 [fu²⁴]—富服 [fu¹³]	新老无差异

续表

老派阳平、去声最小对立字组及其读音	新派读音情况	新派差异说明
壶[vu²⁴]—芋学~古[vu¹³]	壶[vu²⁴]—芋学~古[vu¹³]	新老无差异
芦瓠子[lu²⁴]—露[lu¹³]	芦瓠子[lu²⁴]—露[lu¹³]	新老无差异
牌赔[pɑ²⁴]—拜[pɑ¹³]	牌赔[pɑ²⁴]—拜[pɑ¹³]	新老无差异
财[tsɑ²⁴]—字讲~[tsɑ¹³]	财[tsɑ²⁴]—字讲~[tsɑ¹³]	新老无差异
梨[dzɑ²⁴]—竖漏[dzɑ¹³]	梨[dzɑ²⁴]—竖漏[dzɑ¹³]	新老无差异
□些[kɑ²⁴]—锯动词[kɑ¹³]	□些[kɑ²⁴]—锯动词[kɑ¹³]	新老无差异
啄~木官官：啄木鸟扎[tsuɑ²⁴]—岁[tsuɑ¹³]	啄~木官官：啄木鸟扎[tsuɑ²⁴]—岁[tsuɑ¹³]	新老无差异
□~壳：蚌[kuɑ²⁴]—怪挂[kuɑ¹³]	□~壳：蚌[kuɑ²⁴]—怪挂[kuɑ¹³]	新老无差异
杂[tsuo²⁴]—炸扎~实[tsuo¹³]	杂[tsuo²⁴]—炸扎~实[tsuo¹³]	新老无差异
舅[kuo²⁴]—嫁价[kuo¹³]	舅[kuo²⁴]—嫁价[kuo¹³]	新老无差异
昨[kʰuo²⁴]—课[kʰuo¹³]	昨[kʰuo²⁴]—课[kʰuo¹³]	新老无差异
鸦老~：乌鸦[uo²⁴]—狭[uo¹³]	鸦老~：乌鸦[uo²⁴]—狭[uo¹³]	新老无差异
婆家~：外祖父[bω²⁴]—薄[bω¹³]	婆家~：外祖父[bω²⁴]—薄[bω¹³]	新老无差异
活[xω²⁴]—货[xω¹³]	活[xω²⁴]—货[xω¹³]	新老无差异
派[pʰai²⁴]—妇媳~[pʰai¹³]	派[pʰai²⁴]—妇媳~[pʰai¹³]	新老无差异
坟[fai²⁴]—喷~水[fai¹³]	坟[fai²⁴]—喷~水[fai¹³]	新老无差异
坐钱[tsai²⁴]—箭[tsai¹³]	坐钱[tsai²⁴]—箭[tsai¹³]	新老无差异
便~宜[piɛ²⁴]—变[piɛ¹³]	便~宜[piɛ²⁴]—变[piɛ¹³]	新老无差异
神盐[ziɛ²⁴]—热~闹[ziɛ¹³]	神盐[ziɛ²⁴]—热~闹[ziɛ¹³]	新老无差异
黢~黑[tsʰuɛ²⁴]—寸[tsʰuɛ¹³]	黢~黑[tsʰuɛ²⁴]—寸[tsʰuɛ¹³]	新老无差异
拳裙[tɕyɛ²⁴]—□~水：凉水[tɕyɛ¹³]	拳裙[tɕyɛ²⁴]—□~水：凉水[tɕyɛ¹³]	新老无差异
匀[zyɛ²⁴]—顺闰[zyɛ¹³]	匀[zyɛ²⁴]—顺闰[zyɛ¹³]	新老无差异
调~大小[tiau²⁴]—钓吊[tiau¹³]	调~大小[tiau²⁴]—钓吊[tiau¹³]	新老无差异
桥[tɕiau²⁴]—照[tɕiau¹³]	桥[tɕiau²⁴]—照[tɕiau¹³]	新老无差异
民[mĩ²⁴]—面脸[mĩ¹³]	民[mĩ²⁴]—面脸[mĩ¹³]	新老无差异
镇[tɕĩ²⁴]—镜[tɕĩ¹³]	镇[tɕĩ²⁴]—镜[tɕĩ¹³]	新老无差异
寒小~[xan²⁴]—汉[xan¹³]	寒小~[xan²⁴]—汉[xan¹³]	新老无差异

续表

老派阳平、去声最小对立字组及其读音	新派读音情况	新派差异说明
从~另[dzoŋ²⁴]—乱[dzoŋ¹³]	从~另[dzoŋ²⁴]—乱[dzoŋ¹³]	新老无差异
黄王[ɦoŋ²⁴]—汪二[ɦoŋ¹³]	黄王[ɦoŋ²⁴]—汪二[ɦoŋ¹³]	新老无差异
肠[lioŋ²⁴]—亮[lioŋ¹³]	肠[lioŋ²⁴]—亮[lioŋ¹³]	新老无差异
墙[tsioŋ²⁴]—酱[tsioŋ¹³]	墙[tsioŋ²⁴]—酱[tsioŋ¹³]	新老无差异
娘鸡~:母鸡[ȵioŋ²⁴]—让[ȵioŋ¹³]	娘鸡~:母鸡[ȵioŋ²⁴]—让[ȵioŋ¹³]	新老无差异
鯗[ɕioŋ²⁴]—向[ɕioŋ¹³]	鯗[ɕioŋ²⁴]—向[ɕioŋ¹³]	新老无差异
羊[zioŋ²⁴]—样[zioŋ¹³]	羊[zioŋ²⁴]—样[zioŋ¹³]	新老无差异

二 语义异读

有些字词，词形相同，来历相同，文白语体相同，但读音不同，意义也不同。例如：

啼 di²⁴——啼 li²⁴　前者指鸡叫，后者指人哭，通过声母异读区别语义；

日头 ɦoŋ⁴¹da⁰——日头 ioŋ⁴¹da⁰　前者指太阳，后者指白天，通过"日 ɦoŋ⁴¹—ioŋ⁴¹"声母异读区别语义；

亲娘 tsʰiɛ⁴⁴ȵioŋ²⁴——阿娘 ai⁴⁴ȵiaŋ²⁴　前者指岳母，后者指母亲，通过"娘 ȵioŋ²⁴—ȵiaŋ²⁴"韵母异读区别语义；

蜂子 fei⁴⁴ti⁰——蜂子 fei⁴⁴tsɑ⁵¹　前者指蜜蜂，后者指蜂蛹，通过"子 ti⁰—tsɑ⁵¹"整个音节异读区别语义。

第六节

古今语音比较

这一节进行古音今音的比较。所谓古音指以《广韵》为代表的切韵音系，声母韵摄声调的分类如《方言调查字表》（修订本）。今音指泸溪乡话的今读音。古今比较是从古音出发，看从古到今泸溪乡话语音的演变。

一　声母的古今比较

声母的古今比较看表2-12。表左和表右把声母分为帮组、非组、端泥组、精组、知组、庄组、章组、日母、见晓组、影组等10组，表端按发音方法把古声母分为清、全浊、次浊三类，表心是古声母的今读法。表中有文白异读的，白读写在斜线前头，文读写在斜线后头。

表2-12 古今声母比较表

			清			全浊	
						平	仄
帮组		帮	拜 pɑ¹³	滂	披 pʰɑ⁴⁴ 匹 fɑ²⁴	并	排 pɑ²⁴ 疲 bi²⁴ 皮白 fɑ²⁴	菢 pʰɑu⁵¹ 箆 bi²⁴ 病白 faŋ¹³
非组		非	分 fai⁴⁴ 粉 pai⁵¹	敷	肺 fi¹³ 捧 pʰei⁴¹	奉	坟 fai²⁴ 房 voŋ²⁴ 缝白,裁~ bɛi²⁴	服 fu¹³ 缝文,一条~ vei¹³ 负 bɑ¹³
端泥组		端	刀 tɔu⁴⁴	透	讨 tʰɔu¹³ 痛 sei¹³	定	淘 tau²⁴ 跳 dau²⁴	豆 ta¹³ 断 tʰoŋ⁵¹ 淡 doŋ¹³
精组	今洪	精	栽 tsɑ⁴⁴ 姐 tsi⁵¹	清	取 tsʰɑ⁵¹ 砌 tsʰi¹³	从	钱 tsai²⁴ 裁白,~缝 dzɛi²⁴ 前 dziɛ²⁴ 墙 tsioŋ²⁴	箭 tsai¹³ 罪 dzuɑ⁵¹ 贼 tsʰei⁴⁴ 嚼 tsiau⁴¹ 匠 dzioŋ¹³ 自 tsʰi⁴⁴
精组	今细							
知组		知	猪 tiu⁴⁴ 罩 tsɔu¹³ 竹 tɕiu⁴¹	彻	拆 tsʰɑ⁴⁴ 丑 tɕʰiu⁴¹ 抽 tʰiɑ⁴⁴	澄	绸 tiɑ²⁴ 重重复 diou²⁴ 肠 lioŋ²⁴	直 tʰiu⁴⁴
庄组		庄	装 tsoŋ⁴⁴ 邹 tɕiu⁴⁴	初	疮 tsʰoŋ⁴⁴	崇	床 tsoŋ²⁴	寨 tsʰuɛ⁴⁴
章组		章	痣 tʂʅ¹³ 纸 tɕi⁵¹ 趾 tsɑ⁵¹	昌	吹 tʂʰu⁴⁴ 尺 tɕʰio⁴¹ 喘 tsʰuɛ⁵¹	船	船 dʑyɛ²⁴	食 ziu²⁴/ʂʅ²⁴ 舌 dʑi¹³
日母								
见晓组	今洪	见	高 kɔu⁴⁴	溪	敲 kʰɔu⁴⁴	群	葵 gui²⁴ 渠沟~ kei¹³ 穷 dziou²⁴ 桥 tɕiau²⁴	跪 kʰuɛ⁵¹ 轿 tɕʰiau⁵¹
见晓组	今细		卷 tɕyɛ⁵¹ 鸡 kia⁴⁴		劝 tɕʰyɛ¹³ 溪 kʰia⁴⁴			
影组		影	饮 ɛi⁵¹ 爱 ŋai²⁴					

次浊		清	全浊 平	全浊 仄		
明	麻 mo⁴⁴ 苗 bei²⁴					帮组
微	问 mai¹³ 网 voŋ⁵¹					非组
泥	脑 lau⁵¹ 浓 ȵiu⁴⁴	来	老 lau⁵¹ 龙 liu⁴⁴ 聋 tsei⁴⁴ 来 zai²⁴			端泥组
		心	丝 sɑ⁴⁴ 嫂 tsʰau⁵¹	邪	祠 dzɿ²⁴	今洪	精组
			四 si¹³ 酸 dziou²⁴		斜 dzio²⁴	袖 dziu¹³	今细	
							知组
		生	数 sɑ⁵¹ 瘦 ɕiu¹³				庄组
		书	屎 ʂɿ⁵¹ 收 ɕiɑ⁴⁴ 少 tɕiau⁵¹	禅	成 tɕʰĩ²⁴ 时 ʂɿ²⁴	熟 tɕʰiu⁴⁴ 十 tʂʰɿ⁴⁴/ʂɿ⁴⁴		章组
日	肉 ȵiu⁴¹ 嚷 ziaŋ⁵¹ 人 ɦioŋ⁴⁴ 入 oŋ⁴¹/zu¹³					日母
疑	牛 ŋei⁴⁴ 五 ɦioŋ⁵¹ 瓦 uɑ⁵¹	晓	喊 xaŋ¹³ 兄 foŋ⁴⁴ 黑 kʰei⁴¹	匣	禾 ɷ²⁴ 壶 vu²⁴	贺 xɷ⁵¹ 合 ɦɷ²⁴	今洪	见晓组
	咬 ȵio⁵¹		嗅 ɕioŋ¹³ 香 tɕʰioŋ⁴⁴				今细	
云	云 uɛ²⁴ 远 vai⁵¹ 友 zia⁴⁴	以	摇 ziɑu²⁴ 移 dzi²⁴ 也 iɛ⁵¹				影组

有些字与上述古今声母对应规律不相符合,且所辖字数很少,今按声母顺序排列如下:

帮母　　　别~针pʰi⁴⁴｜柏pʰɛi²⁴｜边一~:一半儿(局限于分边的物体);一旁pʰĩ¹³

滂母　　　坡bɷ⁵¹

並母　　　婆~子mo²⁴

明母　　　木~匠ɦoŋ⁴¹｜木椿~树ɦoŋ⁴⁴

奉母　　　妇媳~pʰo⁵¹又pʰai¹³｜缚xɷ⁴⁴

端母　　　挡tʰaŋ⁵¹｜带动词dɷ¹³

透母　　　托tɷ⁴⁴｜舔diɛ⁵¹｜讨la¹³

定母　　　道sau⁵¹｜弟xɑ⁵¹

来母　　　里乡~ȵi⁴¹

精母　　　躁tsʰɔu¹³｜剿tsʰiau⁵¹｜节~省dzi⁴¹｜卒tʂu²⁴

清母　　　情人~tsẽ⁴⁴

从母　　　净sẽ¹³｜就tɕiu⁴⁴｜蹲tuɛ⁴⁴｜昨kʰuo²⁴

邪母　　　徐sui¹³｜绪sui⁵¹｜席si²⁴｜巳tsʅ⁵¹｜橡~胶tsʰioŋ⁵¹

知母　　　转dzuɛ¹³｜蜇si⁴¹｜置tʂʅ¹³

澄母　　　术白~ʂu¹³

生母　　　纱zuo²⁴

昌母　　　丑tɕiu¹³｜扯dza⁵¹｜焯~菜liau⁴⁴｜齿马~苋ʂʅ⁵¹

船母　　　射不自主地大小便dzɑ²⁴

书母　　　伸tʰiɛ⁴⁴

禅母　　　树tɕia¹³

日母　　　热天气热dzi⁴¹

见母　　　干干湿kʰoŋ⁴⁴｜扛xaŋ⁵¹｜今ti⁴⁴

群母　　　及来不~tʰi⁴¹｜芹diɛ²⁴｜渠他;他们zei¹³

疑母　　　凝汤~成冻了liu¹³｜业家~ziɛ⁴¹

晓母　　　昏uɛ⁴⁴

匣母　　　茎tɕiɛ⁴⁴｜咸dziou²⁴

影母　　　邀tsʰiau²⁴

云母　　　运ɦuɛ¹³｜芋zu¹³｜雄ɕiou²⁴

以母　　　叶ɕi⁴¹｜页ɕi⁴¹

二 韵母的古今比较

韵母的古今比较看表2-13至表2-17。表左和表右是古音十六摄，各摄先开口后合口，有舒入相对的摄，舒声在前，入声在后；有文白异读的，白读在前，文读在后。表头是一二三四等和古声母的系组。表中是例字和泸溪乡话的读音。

表2-13 古今韵母比较表之一

		一等			二等			
		帮系	端系	见系	帮系	泥组	知庄组	见系
果开	例字		多 搓	荷 饿 阿				
	白读		ti⁴⁴tsʰɤ⁴⁴	ɦɤ²⁴ŋei¹³ɑ⁴⁴ ai⁴⁴				
	文读			xuo¹³				
果合	例字	磨 破	锁 坐	火 和				
	白读	mɤ⁴⁴pʰei¹³	sɤ⁵¹tsai²⁴	fɑ⁵¹ ɦɤ²⁴				
	文读			xuo¹³				
假开	例字				麻		沙	家
	白读				mo⁴⁴		suo⁴⁴	kuo⁴⁴ kɑ⁴⁴
	文读							tɕiɑ⁴⁴
假合	例字							瓜
	读音							kuɑ⁴⁴
遇合	例字	布	粗 土 屠	苦				
	白读		tsʰei⁴⁴tʰɛi⁵¹					
	文读	pu¹³	tʰu⁵¹dɤ²⁴	kʰu⁵¹				
蟹开	例字		戴 栽 来 太	开 呆 盖	拜 埋		筛 戒	矮
	白读		tei¹³tsɑ⁴⁴zai²⁴tʰɑ¹³	kʰɑ⁴⁴gai²⁴kuɑ¹³	pa¹³mei⁴⁴		sɑ⁴⁴kai¹³	ɑ⁵¹
	文读		tʰai²⁴					
蟹合	例字	坯 赔	腿 堆	灰 块 会				乖
	白读	pʰei⁴⁴pɑ²⁴	tʰuɑ⁵¹	xei⁴⁴kʰuɑ¹³xɑ⁵¹				kuɑ⁴⁴
	文读		tui⁴⁴					
止开	例字							
	白读							
	文读							

帮系	端组	泥组	精组	庄组	知章组	日母	见系		
三四等									
							茄	例字	果开
							dzyε²⁴	白读	
								文读	
								例字	果合
								白读	
								文读	
			斜 借		遮 社	惹	夜 也	例字	假开
			dzio²⁴tsi⁴¹		tɕio⁴⁴	ʑio⁵¹	ʑio¹³	白读	
					ɕiε⁵¹		iε⁵¹	文读	
								例字	假合
								读音	
雾		女	絮 取	梳 数	猪 柱 鼠		鱼 渠 雨 举	例字	遇合
mu¹³		ȵiu⁵¹	siu¹³tsʰa⁵¹	sei⁴⁴sa⁵¹	tiu⁴⁴tʰia⁵¹		ȵiu⁴⁴kei¹³va⁵¹	白读	
					ʂu⁵¹		tɕyi⁵¹	文读	
米	提 剃	泥 礼	齐		世		艺 鸡	例字	蟹开
mi⁵¹	di⁴⁴tʰa¹³	ȵi⁴⁴ liu⁵¹	dzi²⁴		ɕi¹³		ȵi⁵¹ kia⁴⁴	白读	
								文读	
肺			岁 脆				桂	例字	蟹合
fi¹³			tsua¹³					白读	
			tsʰui¹³				kui¹³	文读	
皮 鼻	地	履 梨 理	刺 子	事	纸 指 迟	耳	起	例字	止开
fa²⁴pi¹³	li¹³	li⁵¹dza²⁴liu⁵¹	tɕʰi⁵¹tsa⁵¹	tsa⁵¹	tɕi⁵¹ tsa⁵¹ li²⁴	ȵiu⁵¹	tɕʰi⁵¹ kʰεi⁵¹	白读	
			tsɿ⁵¹	sɿ⁵¹	tʂʅ⁵¹	zʅ²⁴		文读	

表2-14 古今韵母比较表之二

		一等			二等			
		帮系	端系	见系	帮系	泥组	知庄组	见系
止合	例字							
	读音							
效开	例字	抱 宝	刀 桃	高 好	包 刨		罩 吵	交 搞
	白读	bɔu¹³pau⁵¹	tɔu⁴⁴lau²⁴	kɔu⁴⁴xau⁵¹	pɔu⁴⁴bau²⁴		tsɔu¹³tsʰau⁵¹	kɔu⁴⁴kau⁵¹
	文读							tɕiau⁴⁴
流开	例字	亩	头	沟 藕 厚 吼				
	白读		da²⁴	kia⁴⁴ ɦa⁵¹				
	文读	mɯ⁴¹		ŋou⁴¹ xɯ⁴¹				
咸舒开	例字		潭 南 三 男	甘 喊			馋 杉	咸
	白读		toŋ²⁴laŋ⁴⁴suo⁴⁴	koŋ⁴⁴xaŋ¹³			tsaŋ²⁴suo⁴⁴	dʑiou²⁴
	文读		lan²⁴					
咸舒合	例字							
	读音							
深舒开	例字							
	白读							
	文读							
山舒开	例字		栏	干	扮 办	铲		眼 晏
	白读		loŋ⁴⁴	kʰoŋ⁴⁴	poŋ¹³	tsʰai⁴¹		ŋai⁵¹oŋ¹³
	文读		lan²⁴	kan⁴⁴	pan⁵¹			
山舒合	例字	满	团	官 完			闩	还
	白读	moŋ⁵¹	duɛ²⁴ doŋ²⁴	koŋ⁴⁴uɛ⁴⁴			suaŋ⁴⁴	voŋ²⁴ ai⁴⁴
	文读	man⁵¹						
臻舒开	例字			跟 根				
	白读			kai⁴⁴				
	文读			kẽ⁴⁴				

			三四等						
帮系	端组	泥组	精组	庄组	知章组	日母	见系	例字	
飞			醉		吹 锤		喂 跪 贵	例字	止合
fi⁴⁴					tʂʰu⁴⁴ duɛ²⁴		kʰuɛ⁵¹ tɕyi¹³	白读	
			tsui¹³				ui¹³	文读	
膘	挑 跳	尿	锹 笑		朝		桥	例字	效开
piau⁴⁴	tʰiau⁴⁴ dau²⁴	n̩iau¹³	tsʰiau⁴⁴ sɔu¹³		tiau⁴⁴		tɕiau²⁴	白读	
								文读	
负 副		柳 流	酒 袖	搜 瘦	手 帚 抽		球 有 又	例字	流开
ba¹³		lia⁵¹	tsia⁵¹	sa⁴⁴	ɕia⁵¹ tʰia⁴⁴		dʑia²⁴ va⁵¹	白读	
fu²⁴		dziou²⁴	dziu¹³	ɕiu¹³	ɕiou⁵¹ tʂu⁵¹		tɕiu¹³ iu⁴⁴	文读	
	添 舔	镰	尖		闪	染	盐	例字	咸舒开
	tʰai⁴⁴ diɛ⁵¹	liɛ⁴⁴	tsai⁴⁴		ɕiɛ⁵¹	n̩iɛ¹³	ziɛ²⁴	白读	
								文读	
帆								例字	咸舒合
fan⁴⁴								读音	
			心	参	针	壬	金	例字	深舒开
			siɛ⁴⁴	siɛ⁴⁴	tɕiɛ⁴⁴		tɕiɛ⁴⁴	白读	
			ɕĩ⁴⁴			zĩ¹³	tɕĩ⁴⁴	文读	
偏 麵面	天	碾 连	剪 前 线		缠	燃	件 见	例字	山舒开
pʰiɛ⁴⁴ mi¹³	tʰai⁴⁴	lai⁵¹ liɛ⁴⁴	tsai⁵¹ dziɛ²⁴		dziɛ²⁴	n̩i⁴⁴	tɕʰiɛ⁵¹ tɕiɛ¹³	白读	
mĩ¹³			sian¹³				tɕĩ¹³	文读	
反			全		船 转		拳 犬 远	例字	山舒合
fai⁵¹			tsuɛ²⁴		dzyɛ²⁴ dzuɛ¹³		tɕyɛ²⁴ kʰuɛ⁵¹ vai⁵¹	读音	
民		邻	亲		真 镇	认	银	例字	臻舒开
			tsʰiɛ⁴⁴		tɕiɛ⁴⁴	n̩iɛ¹³	n̩iɛ⁴⁴	白读	
mĩ²⁴		li⁴⁴			tɕĩ²⁴			文读	

表2-15 古今韵母比较表之三

		一等			二等			
		帮系	端系	见系	帮系	泥组	知庄组	见系
臻舒合	例字	门	孙	棍				
	读音	mai⁴⁴	suɛ⁴⁴	kuɛ¹³				
宕舒开	例字	螃 帮	烫	钢 刚				
	白读	poŋ²⁴	tʰoŋ¹³	koŋ⁴⁴				
	文读	paŋ⁴⁴	tʰaŋ⁵¹	ŋaŋ⁴⁴				
宕舒合	例字			慌 光				
	白读			xoŋ⁴⁴				
	文读			kuaŋ⁴⁴				
江舒开	例字				胖	双		腔 扛
	白读					soŋ⁴⁴		tɕʰioŋ⁴⁴
	文读				pʰaŋ¹³			xaŋ⁵¹
曾舒开	例字	崩 朋	等 灯	肯				
	读音	pei⁴⁴pɛi²⁴	tei⁵¹tei⁴⁴	kʰɛi⁵¹				
曾舒合	例字							
	读音							
梗舒开	例字				棚	生	争 等	硬 更
	白读				pɛi²⁴	saŋ⁴⁴	tsaŋ⁴⁴tsei⁴⁴	ŋaŋ¹³
	文读					sẽ⁴⁴		kẽ⁴⁴
梗舒合	例字							横
	读音							uɛ²⁴
通舒合	例字	蓬 篷	冻 同 综	公 红				
	白读	pʰei⁴⁴pɛi²⁴	tei¹³dɛi²⁴	kei⁴⁴ɦɛi²⁴				
	文读		tsoŋ¹³	xoŋ²⁴				

帮系	端组	泥组	精组	庄组	知章组	日母	见系		
									三四等
分 粪 fai⁴⁴fi²⁴			榫 suɛ⁵¹		准 tɕyɛ⁵¹	闰 zyɛ¹³	匀 云 zyɛ²⁴uɛ²⁴		臻舒合
		梁 lioŋ⁴⁴	将 tsioŋ⁴⁴	霜 soŋ⁴⁴	张 tioŋ⁴⁴	让 ȵioŋ¹³	阳 zioŋ⁴⁴	例字 白读	宕舒开
			tɕiaŋ¹³	suaŋ⁴⁴	tɕiaŋ⁴⁴		iaŋ²⁴	文读	
方 foŋ⁴⁴ faŋ⁴⁴							王 旺 ɦioŋ²⁴ uaŋ⁵¹	例字 白读 文读	宕舒合
								例字 白读 文读	江舒开
冰 pĩ⁴⁴					称 tɕʰiu⁴⁴		凝 应 liu¹³ ei¹³	例字 读音	曾舒开
								例字 读音	曾舒合
平 名 faŋ²⁴ mĩ⁴⁴	听 定 tʰaŋ⁴⁴tʰai⁵¹ tĩ⁵¹	零 领 灵 laŋ⁴⁴ lẽ⁵¹lĩ⁵¹	姓 性 星 siɛ¹³ si¹³ saŋ⁴⁴ sẽ⁴⁴		声 ɕĩ⁴⁴		轻 tɕʰĩ⁴⁴	例字 白读 文读	梗舒开
							兄 foŋ⁴⁴	例字 读音	梗舒合
风 缝 fei⁴⁴bei²⁴		浓 ȵiu⁴⁴	松 dziou²⁴ soŋ⁴⁴		中 虫 tiu⁴⁴liou²⁴ tɕioŋ⁴⁴	绒 ziu⁵¹	穷 弓 嗅 dziou²⁴tɕiu⁴⁴ ɕioŋ¹³	例字 白读 文读	通舒合

表2-16 古今韵母比较表之四

		一等			二等			
		帮系	端系	见系	帮系	泥组	知庄组	见系
咸入开	例字		答 踏	合 盒			炸	夹 鸭
	读音		tuo⁴¹tʰω⁴¹	ɦω²⁴xuo²⁴			tsuo¹³	kuo⁴¹ω⁴¹
咸入合	例字							
	读音							
深入开	例字							
	读音							
山入开	例字		辣 擦	割 渴	八 抹		扎 杀	瞎
	白读		lo⁴¹tsʰω⁴¹	kuo⁴¹kʰω⁴¹	pa⁴¹mo⁴¹		tsuo¹³siɑ⁴⁴	xuo⁴¹
	文读							
山入合	例字	钵	脱	阔				挖
	白读	pω⁴¹	tʰω⁴¹	kʰω⁴¹				uɑ⁴⁴
	文读	po²⁴						
臻入开	例字							
	白读							
	文读							
臻入合	例字	不	卒	骨				
	白读	pɑ²⁴		kuɑ⁴¹				
	文读	pu²⁴	tʂu²⁴					

帮系	端组	泥组	精组	庄组	知章组	日母	见系		
				三四等				例字	
	碟	镰	接		摺		叶	例字	咸入开
	diɛ²⁴	liɛ⁴⁴	tsi⁴¹		tɕi²⁴		ɕi⁴¹	读音	
法								例字	咸入合
fɑ⁴¹								读音	
			笠		十 湿	入~伏	及	例字	深入开
			li⁴¹		ʂʅ⁴⁴dzi¹³	oŋ⁴¹	tʰi⁴¹	读音	
憋	铁	捏	切		舌	热	揭 孽	例字	山入开
pi⁴¹	tʰɑ⁴¹	ȵiɑ⁴¹	tsʰi⁴¹		dʑi¹³	dʑi⁴¹	tɕi⁴⁴	白读	
							ȵiɛ¹³	文读	
发			雪				血	例字	山入合
fɑ⁴¹			sui⁴¹				ɕyi⁴¹	白读	
			ɕyɛ⁴¹					文读	
笔		栗	七	虱	侄 实		一	例字	臻入开
pɑ⁴¹		li⁴¹	tsʰi⁴¹	sɑ⁴¹	tʰi⁴⁴		i²⁴	白读	
					ʂʅ²⁴			文读	
物			黢		出		橘	例字	臻入合
vai¹³			tsʰuɛ²⁴		tʂʰu⁴¹		tɕyi²⁴	白读	
								文读	

表2-17 古今韵母比较表之五

		一等			二等			
		帮系	端系	见系	帮系	泥组	知庄组	见系
宕入开	例字	摸 莫	错 昨	各 恶				
	白读	mɷ⁴⁴	tsʰɷ¹³	kɷ⁴¹				
	文读	mo⁴¹	kʰuo²⁴	ŋuo²⁴				
宕入合	例字			霍				
	读音			xɷ⁴¹				
江入开	例字				剥		捉 戳	角 学
	读音				pou⁴¹		tsuɑ⁴¹tsʰou²⁴	kou⁴¹ɦɔu¹³
曾入开	例字	墨	塞	黑				
	读音	mei⁴¹	sei⁴¹	kʰei⁴¹				
曾入合	例字			国				
	读音			kuɛ¹³				
梗入开	例字				白 脉		拆 摘	吓
	读音				pʰo⁴⁴mei²⁴		tsʰɑ⁴⁴ti⁴¹	xuo⁴¹
梗入合	例字							获 划
	读音							xuɛ¹³uɑ²⁴
通入合	例字	木	读	谷				
	读音	ɦoŋ⁴¹	lu⁴¹	ku⁴¹				

帮系	端组	泥组	精组	庄组	知章组	日母	见系		
			三四等						
			雀 嚼		着 勺		脚 药	例字	宕入开
			tsɷ⁴¹tsiɑu⁵¹		tɷ⁴¹dzyi¹³		kɷ⁴¹zyi¹³	白读	
								文读	
缚								例字	宕入合
xɷ⁴⁴								读音	
								例字	江入开
								读音	
逼	力	媳	测 色		织		极	读音	曾入开
pi⁴¹	liu⁴¹	si¹³	tsʰɑ⁵¹siɛ¹³		tɕiu⁴¹		tɕi¹³	例字	
								例字	曾入合
								读音	
闭	踢	历	惜 席		炙 赤			例字	梗入开
pi¹³	tʰi⁴¹	lio⁴¹	siɛ⁴⁴si²⁴		tɕio⁴¹tɕʰi⁴¹			读音	
								例字	梗入合
								读音	
服		六	粟	缩	竹 赎	肉	曲	例字	通入合
fu¹³		liɑ⁴¹	siu⁴¹	sɷ⁴¹	tɕiu⁴¹ɕiɑ⁴⁴	ȵiu⁴⁴	tɕʰiou¹³	读音	

有些字与上述古今韵母对应规律不相符合，今按古韵摄顺序排列如下：

果合一	婆~子：已婚女人 mo²⁴
假开二	杷枇~ pu²⁴ ｜ 洒 suɑ⁴¹
假开三	爹 tiu⁴⁴ ｜ 扯 dzɑ⁵¹
遇合一	脯胸~ bɑ¹³ ｜ 渡 toŋ⁵¹ ｜ 五伍 ɦoŋ⁵¹
遇合三	去出~ tɕʰi¹³
蟹开一	带~子 tɯ¹³ ｜ 带动词 dɯ¹³ ｜ 碍 ȵiɑ¹³
蟹开二	寨 tsʰuɛ⁴⁴ ｜ 解~衣 kiɑ⁵¹
蟹开四	涕 tʰiɛ⁵¹
蟹合一	媒 mɑŋ⁴⁴
止开三	糜 mɑŋ⁴⁴ ｜ 二 ɦoŋ¹³
止合三	尾 mai⁵¹
效开二	咬 ȵio⁵¹
效开三	苗 bei²⁴
流开三	妇媳~ pʰo⁵¹ pʰai¹³ 又读 ｜ 牛 ŋei⁴⁴
咸舒开三	黏 ȵio⁴⁴ ｜ 淹 ei⁴⁴
咸入开二	插~进去 tsʰɑ⁴¹ ｜ 甲 tɕiɑ¹³
咸入开三	怯怕 tɕʰyi⁴¹
咸入开四	叠 diou²⁴
深舒开三	今 ti⁴⁴ ｜ 沉 dai⁵¹ ｜ 饮 ɛi⁵¹
深入开三	急 kei⁴¹
山舒合一	酸 dzi̯ou²⁴
山入合一	撮一~米 tsuɛ²⁴ ｜ 撮一~毛 tsuɑ²⁴
山入合三	袜 vo¹³
臻舒开三	薪 sai⁴⁴ ｜ 人 ɦoŋ⁴⁴
臻舒合一	褪 tʰuɑ¹³
臻入开三	密 mei⁴¹ ｜ 日~头 ɦoŋ⁴¹
臻入合一	核 xai²⁴
宕舒开一	忙 mei⁴⁴
宕舒开三	两~条 tsuo⁵¹ ｜ 像 dziɑ⁴¹
宕入开三	鹊 tsʰiou⁴¹ ｜ 约 io²⁴
江舒开二	讲 kɛi⁵¹

江入开二　　　学~古vu¹³
曾舒开一　　　藤dzoŋ²⁴｜澄dai⁵¹
曾入开一　　　特tʰiɛ²⁴
梗舒开二　　　茎tɕiɛ⁴⁴
梗舒开三　　　明~朝mɑ²⁴
梗入开三　　　射dzɑ²⁴
通入合一　　　扑pʰo⁴¹｜卜pʰei⁴⁴｜族tsʰou²⁴
通入合三　　　玉yi⁵¹

三　声调的古今比较

泸溪乡话声调的古今比较见表2-18。表中例字分两种字号，大的表示基本情况，小的表示字数较少，跟古今声调对应规律不相符合的例外字另列于表后。

表2-18　古今声调比较表

		阴平44	阳平24	上声51	去声13	入声41
古平声	清	多风鸡披				
	次浊	鹅煤楼燃	梨移摇羊			
	全浊		抬横排桃		渠袍	
古上声	清			苦久解想		挤洒
	次浊			我雨瓦五		每里
	全浊			柱厚是跪		
古去声	清		戏派		对冻到靠	
	次浊			妹	饿梦望万	
	全浊			败被萢轿	豆匠苋树	
古入声	清	杀挖	席不	测叔	湿错	黑八铁阔
	次浊	落篾	业脉	绿褥	热袜立药	麦捏月日
	全浊	十直绝石	杂合叠滑		舌学勺获	读烛

古四声和泸溪乡话声调的对应关系如下：

古平声清声母字今读阴平。古平声次浊声母字大部分今读阴平，少部分今读阳平。古平声全浊声母字今主要读阳平，少部分今读去声，读去声的多为文读音或从客话借入的字词。

古上声清上、次浊上、全浊上今主要读上声，有部分上声字今读入声，主要是清入和次浊入声字。

古去声清去、次浊去、全浊去今主要读去声，有部分字今读上声，多为全浊去声字。还有少部分字今读阳平，主要是古清去字，且多为文读音或从客话借入的字词。

古入声清入、次浊入绝大部分字今仍读入声，少部分字读如舒声，阴平、阳平、上声、去声都有，无明显规律，相对来说，次浊入读入去声的稍多一些。古全浊入基本上读如舒声，只有"及 tʰi⁴¹、蛰 tʂʅ⁴¹、着~衣：穿衣 tʰɷ⁴¹、读 lu⁴¹、烛 tɕiu⁴¹"等极少数字仍读入声，全浊入今读舒声的，以读阴平和阳平居多，其次是去声，今读上声的，只有一个字"嚼"。总体来说，古入声今读上声的字数最少。

第七节

语音特点

泸溪乡话的音韵特点,我们在《湖南泸溪梁家潭乡话研究》(陈晖 2016)中已有论述,本节介绍泸溪乡话的语音特点,就浊音声母、浊音声母与声调的关系、调值分韵等几个重要问题进行专项研究。

一 泸溪乡话的浊音声母

本节以今读浊音的字词为研究对象,从音系地位、声学特征两方面对浊音声母进行考察,主要考察浊塞音、塞擦音、擦音,不涉及鼻音、边音等响音声母;主要探讨单音节层面的浊音,不涉及浊音在音节间或语流中的表现。

(一)泸溪乡话浊音声母的音系地位

乡话中的浊音声母可以与清音声母出现在同一声调中,形成最小对立,无论老派还是新派,浊音声母都具有独立的音系学地位。

1.泸溪乡话各调类都存在清浊最小对立

泸溪乡话5个声调,每个声调中都存在清浊声母的最小对立。例如:

阴平:陪 bei⁴⁴ ≠ 杯 pei⁴⁴ | 提 di⁴⁴ ≠ 多 ti⁴⁴ | □ ~行~讲,边走边说 dɔ⁴⁴ ≠ 朵 tɔ⁴⁴ | □ 口:亲吻;吮吸 dzɤ⁴⁴ ≠ 租 tsɤ⁴⁴ | 油 ʑiɑ⁴⁴ ≠ 收 ɕiɑ⁴⁴ | 窑 ziɑu⁴⁴ ≠ 烧 ɕiɑu⁴⁴ | 阳重~ ziɔŋ⁴⁴ ≠ 乡 ɕiɔŋ⁴⁴

阳平:塘~水:水井 dɔŋ²⁴ ≠ 潭 tɔŋ²⁴ | 啼~鸡 di²⁴ ≠ 敌 ti²⁴ | 齐 dzi²⁴ ≠ 餈糍粑 tsi²⁴ | 流 dziou²⁴ ≠ 穷 tɕiou²⁴ | 河 ɦɤ²⁴ ≠ 禾 ɤ²⁴ | 摇 ziɑu²⁴ ≠ 茗 ɕiɑu²⁴

上声:氽 dɔŋ⁵¹ ≠ 懂 tɔŋ⁵¹ | 澄把水澄清 dai⁵¹ ≠ 点 tai⁵¹ | 扯 dza⁵¹ ≠ 子 tsa⁵¹ | 痒 dziɔŋ⁵¹ ≠ 掌 tɕiɔŋ⁵¹ | 雨 vɑ⁵¹ ≠ 伙 fɑ⁵¹ | 厚 ɦiɑ⁵¹ ≠ 矮 ɑ⁵¹

去声：抱 bou¹³ ≠ 报 pou¹³ ｜ 负 ba¹³ ≠ 拜 pa¹³ ｜ 带 动词 dɷ¹³ ≠ 带~子 tɷ¹³ ｜ 匠 dzioŋ¹³ ≠ 酱 tsioŋ¹³ ｜ 舌 dʑi¹³ ≠ 吉 tɕi¹³ ｜ 勺 dʑyi¹³ ≠ 贵 tɕyi¹³ ｜ 县 ɦuɛ¹³ ≠ 咽 uɛ¹³

入声：热 dʑi⁴¹ ≠ 只 量词 tɕi⁴¹ ｜ 节 节省 dʑi⁴¹ ≠ 借 tsi⁴¹ ｜ □ 老鼠啃 dza⁴¹ ≠ □ 补：补丁 tsɑ⁴¹ ｜ 木~匠 ɦoŋ⁴¹ ≠ 入~伏 oŋ⁴¹ ｜ 钥~匙 zyi⁴¹ ≠ 血 ɕyi⁴¹

5个声调中，阳平、上声、去声这3个声调所含清浊对立对子较多，入声和阴平较少，其中入声最少。

2. 泸溪乡话清浊对立的不同情况

泸溪乡话中的浊音与清音可以形成最小对立，这种共时的清浊对立有的类似存古，有的则是后来形成的。

（1）类似存古的清浊对立

这种清浊对立与古汉语平上去入各有清浊情况相类似。清浊声母字不仅在今乡话中同调，在以《切韵》为代表的中古音系中也是同一调类，清浊对立。例如，陪 bei⁴⁴ ≠ 杯 pei⁴⁴ ｜ 厚 ɦa⁵¹ ≠ 矮 ɑ⁵¹ ｜ 匠 dzioŋ¹³ ≠ 酱 tsioŋ¹³ ｜ 舌 dʑi¹³ ≠ 吉 tɕi¹³。

（2）后来形成的清浊对立

由于声调的分合演变、部分全浊声母字清化、浊音声母来源多样等原因，一些原本不构成清浊对立的音节变为了清浊对立。

①中古音系中是不同调类，由于声调的分合演变，现在的乡话已经同调，形成了清浊对立。例如，部分入声字归入去声，形成"勺 dʑyi¹³ ≠ 贵 tɕyi¹³"；部分阳平、去声互混，形成"袍 bou¹³ ≠ 报 pou¹³ ｜ 才 dzai²⁴ ≠ 再 tsai²⁴"；个别全浊上声字归入去声，形成"抱 bou¹³ ≠ 报 pou¹³"。

②同是古全浊声母字，乡话中有的已经清化，有的仍保留浊音，形成了清浊对立。例如：缝 裁~ bɛi²⁴ ≠ 棚 pɛi²⁴ ｜ 塘 水~：水井 doŋ²⁴ ≠ 潭 toŋ²⁴ ｜ 球 dʑia²⁴ ≠ 求 tɕia²⁴。

③少数古清声母和次浊声母字在乡话中读为了浊塞音、塞擦音、擦音，从而与清音形成对立。例如，"扯、带 动词、趴、酸"等古清声母字今乡话读为了浊音：扯 dza⁵¹ ≠ 子 tsa⁵¹ ｜ 带 动词 dɷ¹³ ≠ 带~子 tɷ¹³ ｜ 趴 bo⁵¹ ≠ 把一~刀 po⁵¹ ｜ 酸 dziou²⁴ ≠ 穷 tɕiou²⁴；"埋、流、落、雨、友"等次浊声母字今乡话读为了浊塞、塞擦、擦音：埋 bɛi⁵¹ ≠ 摆 pɛi⁵¹ ｜ 流 dziou²⁴ ≠ 穷 tɕiou²⁴ ｜ 落~雨 dzɷ⁴¹ ≠ 雀 tsɷ⁴¹ ｜ 雨 va⁵¹ ≠ 伙 fa⁵¹ ｜ 友 ʑia⁴⁴ ≠ 收 ɕia⁴⁴。

（3）本字暂未考证的清浊对立

乡话中有一些浊声母字，其本字暂未考证。例如：□~行~讲：边走边说 dɷ⁴⁴ ≠ 朵 tɷ⁴⁴ ｜ □~口：亲吻；吮吸 dzɷ⁴⁴ ≠ 租 tsɷ⁴⁴ ｜ □ 蹲 du²⁴ ≠ 毒 tu²⁴ ｜ □ ~么：这么 bĩ⁵¹ ≠ 扁 pĩ⁵¹ ｜ □~谷子：壮实的谷子 dziou⁵¹ ≠ 种~子 tɕiou⁵¹ ｜ □□ tsai²⁴ ~：肘子 ba¹³ ≠ 拜 pa¹³ ｜ □猪：猪圈 ɦuɛ¹³ ≠ 咽 uɛ¹³。

尽管清浊对立具体情况不同，但清、浊是区别意义的最小特征，乡话中的浊音声母具有独立的音系地位。

（二）泸溪乡话浊音声母的声学特征

本书重点介绍老派发音人杨明家浊音声母的声学特征。我们选取发音人有清浊最小对立的188个浊音声母字进行声学实验。实验录音使用Lenovo Thinkpad E470笔记本装载Adobe Audition和SAMSON C03U麦克风，音频采样率44100Hz，背景噪音小于−48dB。调查时请发音人将今读浊声母的字以及对立的清声母字逐一念出，每个字每次重复念五遍获得五个测量样本。调查结果显示，发音人的浊音声母绝大多数都是声带颤动的真浊音，其中的浊塞音绝大多数都是常态爆音，少数字呈现内爆音变体。浊声母音节都伴有弛声。

1. 声带颤动的真浊音

发音人杨明家有清浊最小对立的188个浊声母字中，160个字是声带颤动的真浊音。

（1）塞音、塞擦音冲直条前低频噪音十分明显，有清晰的浊音横杠，冲直条后没有送气乱纹，是声带颤动的不送气的典型浊音。如下图2-1至2-4：

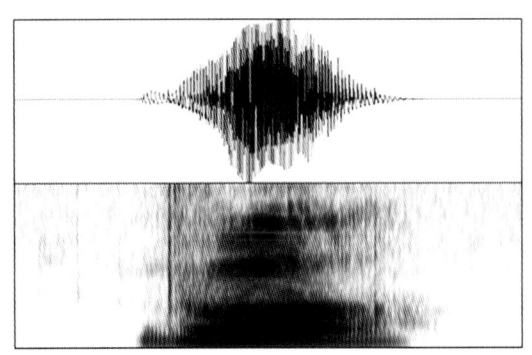

图2-1 "趴 bo⁵¹"的声波图和宽带语图

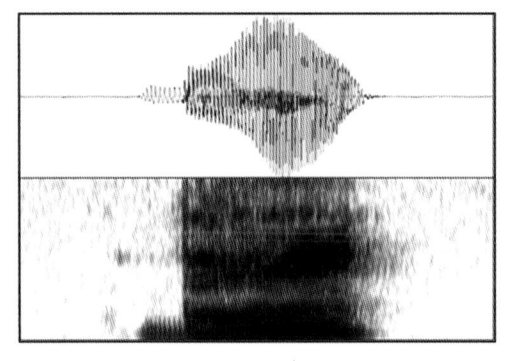

图2-2 "停 dẽ²⁴"的声波图和宽带语图

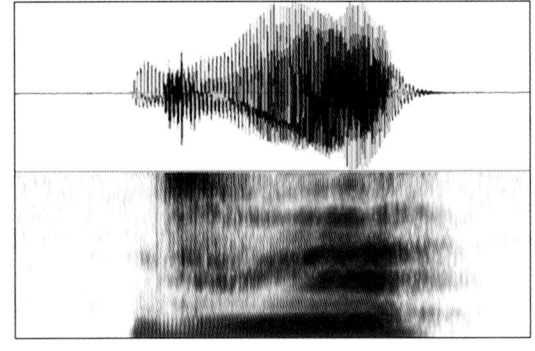

图2-3 "旋 dzuɛ¹³"的声波图和宽带语图

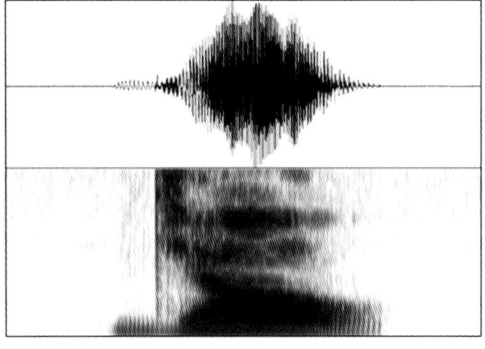

图2-4 "撬 dʑiɑu⁵¹"的声波图和宽带语图

需说明的是，发音人的浊塞音，绝大多数都是"浊音横杠"渐消减的常态爆音，如下图：

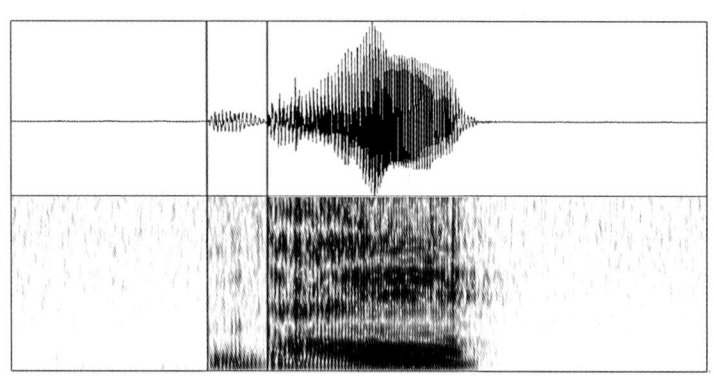

图2-5 常态浊音字"铜dɛi²⁴"的声波图和宽带语图,竖线框出区域为成阻阶段波形

但有少数浊塞音呈现为内爆形态,其"浊音横杠"在冲直条前呈现出逐渐增大的形状。如下图:

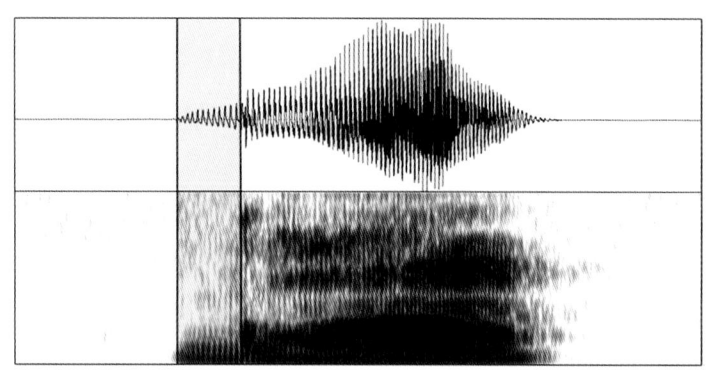

图2-6 内爆音字"狂guaŋ²⁴"的声波图和宽带语图,竖线框出区域为成阻阶段波形

发音人杨明家所有浊塞音字中,只有10个字呈现内爆现象,而且并非每个字的5个样本都呈现内爆,内爆只在部分样本中呈现,是常态浊爆音的一个变体。呈现内爆现象的10个字是:陪bei⁴⁴、长dioŋ²⁴、狂guaŋ²⁴、罴bei²⁴、刨bau⁵¹、坡bɷ⁵¹、埋bɛi⁵¹、丞doŋ⁵¹、薄bɷ¹³、带dɷ¹³。

(2)擦音有浊音共振峰。如图2-7至2-9:

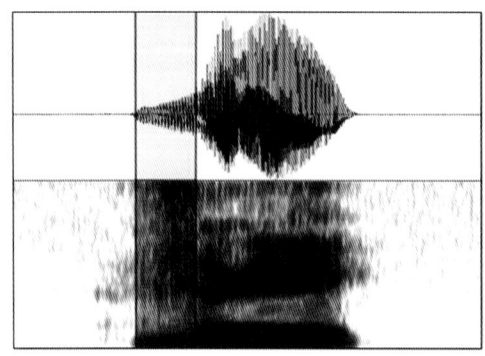   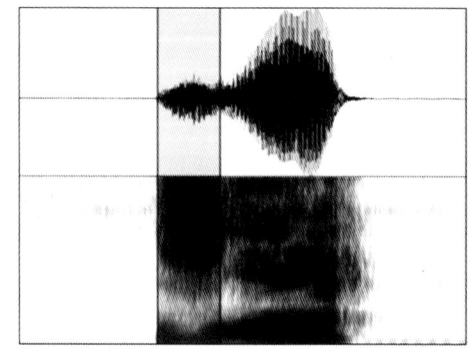

图2-7 "缝vei¹³"的声波图和宽带语图　　图2-8 "盐zie²⁴"的声波图和宽带语图

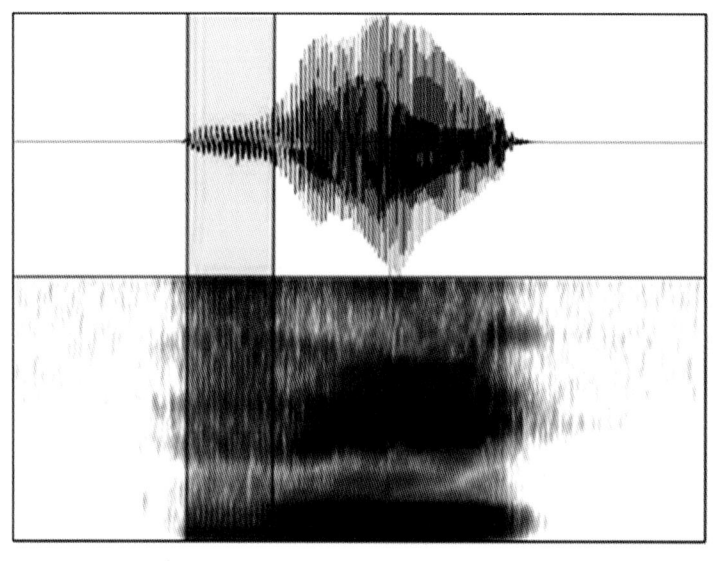

图 2-9 "渠 zei[13]"的声波图和宽带语图

2. 弛声

发音人杨明家的浊音声母，不仅绝大多数是带音的真浊音，而且后接元音气化，有明显的弛声特征。弛声是软骨声门打开，韧带声门微开而冲击声带气流并不强的一种发声态，其声谱特征表现为第一谐波的能量一般大于第二谐波（H1-H2＞0）（乡话中清音字也存在H1-H2＞0的情况，但差值明显小于弛声H1-H2之间的差值），第一谐波（H1）与第一共振峰区域内最强谐波（F1）的能量差一般也大于零（H1-F1＞0）。我们对存在清浊最小对立的188个浊声母字的H1、H2及F1进行了观察，同时还进行了弛声相关数值均值的统计学分析，结果显示，发音人杨明家188个浊音字中，160个是声带颤动的真浊音并且都伴有弛声（即真浊音＋弛声），另有28个不是真浊音，其浊感及辨义功能主要来自弛声，其中，有6个是"清音＋弛声"，22个"零声母＋弛声"。我们分别举语图如下：

（1）"真浊音＋弛声"

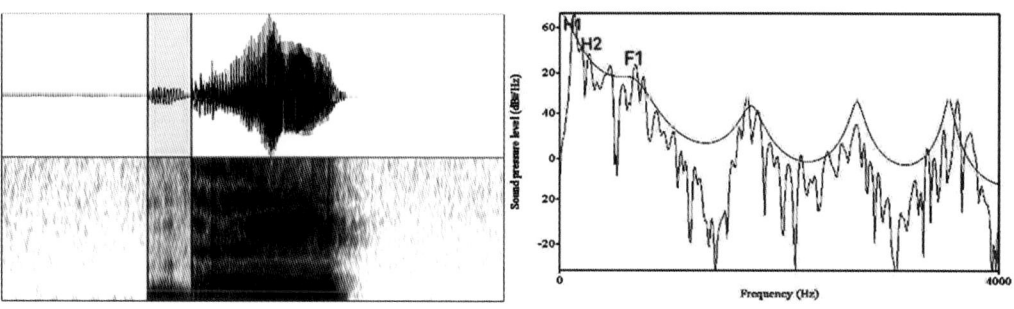

图 2-10 "铜 dɛi[24]"声波图、宽带语图（左）及元音起始 35ms 处瞬时频谱图（右），
右图上端曲线为 LPC 平滑处理后显示的共振峰

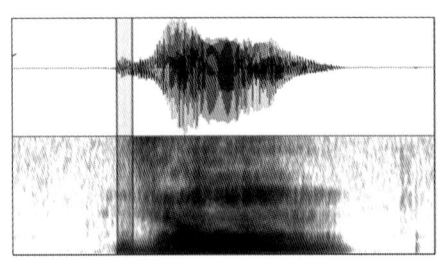 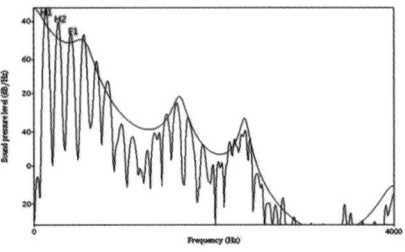

图2-11 "懒 ʣoŋ⁵¹"声波图、宽带语图（左）及元音起始35ms处瞬时频谱图（右），
右图上端曲线为LPC平滑处理后显示的共振峰

图2-10浊塞音字"铜 dɛi²⁴"及图2-11浊塞擦音字"懒 ʣoŋ⁵¹"冲直条前有明显的浊音横杠，同时H1-H2＞0，H1-F1＞0，也就是说，其浊音是声带颤动的真浊音，同时伴有弛声。

（2）"清音 + 弛声"

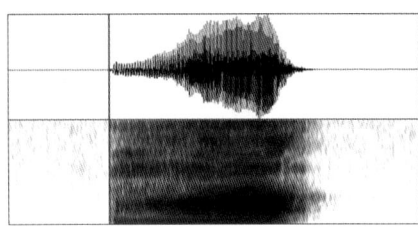 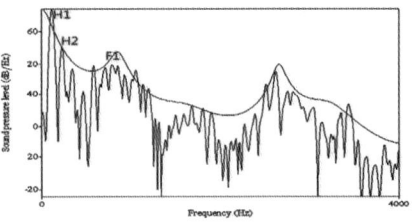

图2-12 "负 bɑ¹³"声波图、宽带语图（左）及元音起始35ms处瞬时频谱图（右），
右图上端曲线为LPC平滑处理后显示的共振峰

浊塞音"负 bɑ¹³"听感上记为浊音，实验语图上，冲直条前没有浊音横杠，其浊感主要来自元音前部气声带来的浊流，也就是说，其浊音不是声带颤动的真浊音，而是"清音 + 弛声"。

（3）零声母 + 弛声

这里的"零声母 + 弛声"实际上指的是"喉擦音 ɦ + 弛声"。泸溪乡话中喉擦音字听感上近似零声母，但有浊感，与相应的零声母字形成对立，例如：厚 ɦɑ⁵¹ ≠ 矮 ɑ⁵¹ ｜ 日~头：太阳 ɦoŋ⁴¹ ≠ 入~伏 oŋ⁴¹。从实验语图观察，这些字不像浊擦音那样能够区分出明显的摩擦段及浊音共振峰，也不像零声母那样元音前完全空白，其浊感及辨义功能主要来自元音前部气声带来的浊流，其实质是"零声母 + 弛声"。如下图：

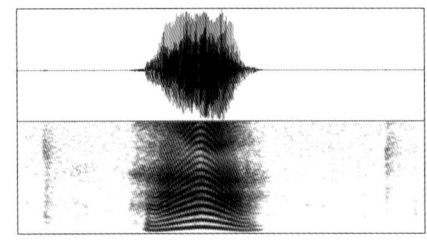 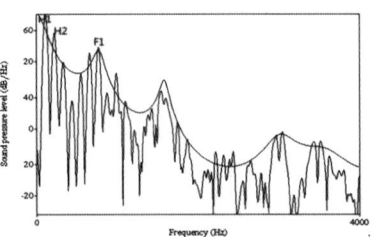

图2-13 "厚 ɦɑ⁵¹"声波图、宽带语图（左）及元音起始35ms处瞬时频谱图（右），
右图上端曲线为LPC平滑处理后显示的共振峰

总的来说，老派发音人杨明家浊音声母的声学特征主要呈现两种形式：声带颤动的真浊音＋弛声、清音或零声母＋弛声。老派发音人向和英情况略有不同，其有清浊对立的浊音字173个，其中132个是"真浊音＋弛声"，20个是"零声母＋弛声"，另有21个是声带颤动的真浊音，但不伴有弛声。也就是说，泸溪乡话中，浊音声母以"带音＋弛声"、弛声、带音几种形式与清音对立，其中，"带音＋弛声"是最主要的形式。

二 泸溪乡话浊音声母与声调的关系

声母的清浊与声调的分化演变关系密切，尤其是在声调的阴阳分化上。这部分重点观察浊音声母对平声分化演变的影响。

（一）浊音声母与次浊平的阴阳分化

乡话一般有5个声调，上去入各自成调，不分阴阳，古平声分为阴平和阳平，清声母平声字主要归阴平，全浊平声字主要归阳平，次浊平绝大部分归阴平，也有部分归阳平，归阴平还是阳平，与今浊音声母的不同发音方式密切相关。

《湖南泸溪梁家潭乡话研究》（陈晖 2016）对梁家潭乡话次浊平的今读进行过统计、分析，发现除了从其他方言借入的词或者文读词外，古次浊平声字今声母为鼻音、边音的，一般归阴平，其同音字汇收录今读阴平的次浊平声字61个，声母为鼻音、边音的占53个。例如：

毛 mou⁴⁴ ｜ 门 mai⁴⁴ ｜ 浓 ȵiu⁴⁴ ｜ 鱼 ȵiu⁴⁴ ｜ 燃 ȵi⁴⁴ ｜ 牛 ŋei⁴⁴ ｜ 牙 ŋou⁴⁴ ｜ 锣 lɤ⁴⁴ ｜ 粮 lioŋ⁴⁴

今声母为浊塞音、塞擦音、擦音的，一般归阳平。例如：

苗 bei²⁴ ｜ 来 zai²⁴ ｜ 梨 dza²⁴ ｜ 流 dziou²⁴ ｜ 呆 发~gai²⁴ ｜ 儿 雀~：鸟 zʅ²⁴ ｜ 王 ɦoŋ²⁴ ｜ 羊 zioŋ²⁴ ｜ 移 dzi²⁴

古次浊平阴阳分化受今浊音声母不同发音方式的影响不仅表现在梁家潭乡话中，在泸溪境内白沙、红土溪、李家田等乡话中也如此，沅陵、古丈等其他县市乡话中的表现也较为一致。

（二）阴平调中的浊音声母字

乡话阴平调中主要是清音和鼻音、边音声母字，也有少量浊塞音塞擦音擦音声母字，我们通过分析阴平调中的浊声母字来观察乡话平声的阴阳分化。

乡话阴平调中的浊声母字有的来自古平声，有的由上去入声派入，还有个别字本字不详。我们重点关注来自古平声的浊声母字，主要包括以下两类（以下李家田乡话语料来自邓婕，2018；白沙乡话语料来自瞿建慧，2008）：

（1）古全浊平声少数字声母保留浊音，声调却未与清声母字分化，仍保留在阴平调中。例如：

泸溪（梁家潭）：陪 bei⁴⁴ ≠ 杯 pei⁴⁴ ｜ 提 di⁴⁴ ≠ 多 ti⁴⁴ ‖ 蒲 bu⁴⁴

泸溪（李家田）：提~东西 di⁵⁵ ≠ 多 ti⁵⁵

泸溪（白沙）：陪 bei³⁵ ≠ 杯 pei³⁵

（2）明母、来母、以母等次浊声母平声字今读浊塞音或浊擦音、塞擦音的，有少数字未与全浊平一起读阳平，而是与清声母平声字同读阴平，有的还形成了清浊最小对立。例如：

泸溪（梁家潭）：苗又读 bei⁴⁴ ≠ 杯 pei⁴⁴ ｜ 阳重~；阴~扬浮 ʑioŋ⁴⁴ ≠ 乡 ɕioŋ⁴⁴ ｜ 油 ʑiɑ⁴⁴ ≠ 收 ɕiɑ⁴⁴ ｜ 窑 ʑiɑu⁴⁴ ≠ 烧 ɕiɑu⁴⁴

泸溪（李家田）：油右 ʑiɑ⁵⁵ ≠ 收 ɕiɑ⁵⁵ ｜ 瓤穰~~毛；胎毛 ʑiaŋ⁵⁵ ≠ 香~蕉 ɕiɑ⁵⁵ ｜ 阳麻~，地名 zoŋ⁵⁵ ≠ 双 soŋ⁵⁵

泸溪（白沙）：油 zɑ³⁵ ≠ 收 sɑ³⁵ ｜ 林 dzai³⁵ ≠ 钱 tsai³⁵ ｜ 阳扬 zoŋ³⁵ ≠ 双 soŋ³⁵

这些未按规律演变的浊声母平声字，是平声阴阳分化未彻底完成的表现，我们从泸溪红土溪乡话平声的历时变化可以看到这一点。

据《湖南泸溪瓦乡话语音》（王辅世 1982）："中古清声母平声字基本上读˥调，只有极少数字读˦调……中古浊声母平声字大半读˦调，小半读˥调……由清声母平声字有少数读˦调，浊声母平声字有小半读˥调来看，很难说瓦乡话的˥调是阴平调，˦调是阳平调。瓦乡人并不把˥调和˦调看作两个声调，事实上这两个调值是同一个平声的两个变体。例如：'鸡'单读时读作 kɑ˦，但在'鸡蛋''鸡公'（公鸡）'鸡娘'（母鸡）等复音词中都读作 kɑ˥；'牛'单读时读作 ŋɯɯ˦，但在'牛牯子'（公牛）'牛娘'（母牛）'牛栏房子'（牛圈）等复音词中都读作 ŋɯɯ˥。这并不是连读变调，而是因出现环境不同有不同的读法……不过阴平读作˥调，似乎已经固定下来，阳平调值还未固定。由统计数字来看，阳平将来颇有固定为˦的可能。这也可以说是瓦乡话正处在阴平、阳平分立的过程中。"

王辅世先生的这篇文章是以1956年原中国科学院少数民族语言调查第二工作队调查的泸溪县红土溪乡话为材料撰写的，也就是说，在20世纪50～60年代，泸溪红土溪乡话阴平、阳平正处在分立的过程中，一些全浊声母平声字读˦调（调值24），例如，耙 bɑ˦ ｜ 盆 bɤ˦ ｜ 驼（背）dɔ˦ ｜（赶）场 doŋ˦ ｜ 橙 dzeŋ˦；一些全浊声母平声字读˥调（调值55），例如，瓶 bjeŋ˥ ｜ 提 di˥ ｜ 藤 dzeŋ˥ ｜ 长（工）doŋ˥。半个多世纪过去后，红土溪乡话阳平的调值已经固定且明显有别于阴平，夏俐萍（2016）对红土溪乡话单字调做过实验分析，认为"清平和次浊平绝大部分归入第1调[334]，全浊平绝大部分归入第2调[113]，但有少量归入[334]。第1调和第2调调型一致，都是微升调。但前者调头高，后者调头低。照此，完全可以将第1调和第2调命名为阴平和阳平两个调类"。我们的调查结果相类似。各地乡话中，平声分阴阳都已经固定下来。

从20世纪50～60年代到现在，阴平调中这些浊声母字的声调少数字已发生变化，多数仍未变化。例如，据我们对红土溪乡话的调查，20世纪50～60年代保留在阴平调中的古全浊声母字"长（工）doŋ˧"当今的红土溪乡话已经读为了阳平"长（工）˨doŋ"，"瓶 bĩ˨ ｜藤 ˨dzoŋ ｜提 ˨di"仍读阴平。在有的乡话点，读阴平还是阳平有新老差异，例如泸溪（李家田）："提~桶"老派读阴平 ˨di，新派读阳平 ˨di。

20世纪50～60年代声母为浊擦音的次浊声母字，有的与全浊平一起读阳平，如"摇 zɑ˧˥、来 ze˧˥（或 zuɛ˧˥）、梨 zɑ˧˥"，有的仍保留在阴平调中，如"油 zɑ˨｜窑 zɑɔ˨"。据我们的调查，半个多世纪过去后，这些字的声调未发生变化。

这些未按规律演变的浊声母平声字虽然数量不多，但各地乡话中都存在，有两个问题值得我们特别关注和思考：

①关于来母、以母等次浊声母擦音化的时间和层次问题值得我们再重新思考。

各地乡话都存在来母、以母等次浊声母读浊擦音、塞擦音的现象，按乡话次浊平的演变规律，今读浊擦音、塞擦音的次浊声母字其声调一般读阳平，但是各地都有"油""窑""羊""林"等少数字例外读阴平，是不是这些字擦化时间较其他字晚，在平分阴阳之后才擦音化，因而仍与读鼻音边音的次浊声母字一起保留在阴平调中？王辅世先生记录的材料不支持这一假设。在20世纪50～60年代阳平调值未固定之时，"油 ˨zɑ｜窑 ˨zɑɔ"声母已读为了浊擦音，但声调仍为阴平而未像今读浊擦音的大部分次浊平声一样进入阳平。

②为什么少数这些字未按规律或暂未按规律完成演变？其演变趋势是怎样的？

未按规律演变的这些字有的可能与周边的民族语言有关，据云南师范大学余金枝告知，在湘西矮寨、吉卫、阳孟、中心等西部苗语，小章、丹青、蹬上等东部苗语中，"油 ɕɛ⁵³"声母都为擦音，声调都为阴平。但"陪、提、查""羊、阳"等字，在周边苗语及湘语、西南官话中，都不读阴平。其原因还需再调查。

阴平调中除今读浊音声母的字值得我们密切关注外，古全浊声母字也值得我们关注。在20世纪50～60年代王辅世先生记录的红土溪乡话中，有的古全浊声母字声母清化，声调却为阴平，例如"抬 tɔ˧｜头 tɑ˧"。在我们最近对红土溪乡话的调查中，"抬、头"声母为清音，但声调变为了阳平，而同样读清音的"聋 tsəɯ˧"，声调却仍保留在阴平。这与周边客话影响不无关系。

（三）阳平调中定母澄母字的声调问题

各地乡话都有定母、澄母读边音 [l] 的现象，其中的平声字值得我们特别关注。例如梁家潭乡话：

定母读边音 [l]：啼哭 li²⁴ ｜田 lai²⁴ ｜桃水果 lau²⁴ ｜条量词 lau²⁴ ｜糖 loŋ²⁴

澄母读边音 [l]：迟 li²⁴ ｜肠 lioŋ²⁴ ｜虫 liou²⁴

这些字今声母读边音[l]，声调为阳平，与来自古次浊声母、今读阴平的[l]声母字不同，例如：

粮 lioŋ⁴⁴——肠 lioŋ²⁴｜年 lai⁴⁴——田 lai²⁴｜栏 loŋ⁴⁴——糖 loŋ²⁴

这种情况在乡话区具有较大的一致性，伍云姬、沈瑞清（2010）指出，古丈乡话"定母、澄母今读[l]的中古平声字声调都是阳平，与来自次浊声母而归入阴平的平声字不同……这说明读[l]的定母、澄母在平声分化时还是浊塞音，和归阴平的来母[l]声母不同，在平声分化之后[d]才变成[l]"。我们曾认同这种观点，但王辅世先生记录的红土溪乡话及近年来我们对红土溪乡话的调查使我们开始重新思考这一观点。

从王辅世先生记录的红土溪乡话来看，乡话平声分阴阳是较晚近的事，在20世纪50～60年代，阳平的调值没有固定、阴平阳平没有完全分立，但那时的红土溪乡话定母、澄母已读边音（或鼻音变体），而部分字声调却为阳平，例如，田 lɛˊ｜桃 nɑuˊ，与当今的红土溪乡话及其他乡话演变规律一样；有的字读阴平，例如，肠 noŋˊ｜糖 noŋˊ，在当今的红土溪乡话中，"肠"已读阳平，"糖"在不同词语中声调有不同，在"冰糖"中，老派读"糖₋doŋ"，新派读"糖₋loŋ"，声调都读阴平；在"红糖"中，老派新派都读"糖₋loŋ"，声调都为阳平。当今红土溪乡话"糖"的读音差异及变化应该与周边客话的影响有关系。

关于乡话定母、澄母边音化，来母、以母等次浊声母擦音化等问题的时间和层次问题，还需要做广泛的社会语言学调查，同时，还应注意从语言接触的角度进行考察。总之，乡话平声中不合演变规律的这些例外字值得我们特别关注。

三　泸溪乡话的调值分韵

乡话韵母演变复杂，不仅同一个韵摄的字在乡话里有多种读法，古与今一对多的现象非常突出，体现了不同的层次，而且来自同一韵摄的字，主要元音开口度大小随声调不同而有所变化，这种现象与曹志耘（2012）提到的汉语方言中的调值分韵及瞿建慧（2010）讨论的湘语辰溆片"异调变韵"相类似，本书用"调值分韵"来表述。

乡话的调值分韵主要表现在效摄、通摄、曾摄、梗摄，主要涉及[ɛi]与[ei]、[au]与[ou]、[ai]与[æi]、[iau]与[iou]四对韵母。例如：

铜 dɛi²⁴（通合一定母东韵平声）——洞 dei¹³（通合一定母送韵去声）

拢 lɛi⁵¹（通合一来母董韵上声）——笼 lei⁴⁴（通合一来母东韵平声）

肯 kʰɛi⁵¹（曾开一溪母等韵上声）——黑 kʰei⁴¹（曾开一晓母德韵入声）

粉₋白 pai⁵¹（臻合三非母吻韵上声）——问 mæi¹³（臻合三微母问韵去声）

刨 bau²⁴（效开二并母肴韵平声）——袍 bou¹³（效开一并母豪韵平声）

扫～地 sau⁵¹（效开一心母晧韵上声）——扫～帚 sou¹³（效开一心母号韵去声）

摇 ziɑu²⁴（效开三宵韵以母平声）——窑 ziɔu⁴⁴（效开三宵韵以母平声）

从以上对比例子可以看出，来自同一韵摄的字，主要元音开口度大小随声调不同而有所变化。[ɛi][ɑu][ai][iɑu]元音开口度分别比 [ei][uɔ][æi][iɔu]来得大一些。前者今声调主要为阳平、上声，后者今声调主要为阴平、去声、入声。其中，"摇"和"窑"音韵地位完全相同，其开口度的大小直接受制于今声调："摇"今读阳平，其主要元音开口度比今读阴平的"窑"大。

这种开口度大小随声调不同而有所变化的情况，也可以从语音实验结果中得到证实。今声调为阴平、去声、入声的，主要元音第一共振峰在同一个变化区域内，今声调为阳平、上声的，主要元音第一共振峰同在另一个变化区域内。

泸溪乡话中，主要元音开口度的大小与声调的长短、声调频率的动程有明显关系，阳平（24）、上声（51）音长较长、声调频率的动程大，其主要元音开口度相对来说要大一些，舌位要低一些，阴平（44）、去声（13）、入声（41）音长及动程相对来说短一些，其主要元音开口度则小一些，舌位则高一些。

[ɛi]与[ei]绝大多数情况是互补分布的，[ei]主要出现在阴平、去声、入声中，[ɛi]主要出现在阳平、上声中，但有少数字例外，例如，"蓬河~,地名，在古丈县"今读阳平，韵母却为[ei]，与"缝裁~"形成对立，蓬河~,地名bei²⁴ ≠ 缝裁~ bɛi²⁴；"密"入声，韵母为[ɛi]，与"墨"形成对立，密[mɛi⁴¹] ≠ 墨[mei⁴¹]。

[ɑu]与[uɔ]绝大多数情况也是互补分布的，[uɔ]主要出现在阴平、去声、入声中，[ɑu]主要出现在阳平、上声中，但也有少数例外，例如"潲"今声调为去声，韵母却为[ɑu]，与"笑"形成对立，潲sɑu¹³ ≠ 笑sɔu¹³。

[ai]与[æi]、[uɑi]与[uɔi]这两对韵母完全互补分布，现有的调查资料没有出现例外。

完全互补的[ai]与[æi]、[uɑi]与[uɔi]本书音系上分别合并为[ai、iɑu]两个韵母。[ɑu]与[uɔ]、[ɛi]与[ei]少数字音存在对立（这种对立的形成不排除与客话的影响有关，但存在对立的几组字词在乡话中普遍使用，是乡话的常用说法），同时，听感上差别明显，[ɛi、ei、ɑu、uɔ]分别列为单立的韵母。无论是音系上单列音位，还是合并为一个音位，这种细微的差别和变化值得细致描写和关注。

第三章 同音字汇

说明

1. 本字汇收字依据《方言调查字表》（修订本，商务印书馆，2002年）及口语词汇、语法例句整理而得。先按韵母分类，并以韵母表的次第为序。韵母相同的字按声母表次序排列。声母、韵母相同的再按声调次序排列。

2. 乡话区是双方言区，说乡话的人一般既会讲乡话，又会讲"客话"。本表主要收录乡话。有的事物或现象，人们只能借助"客话"表达，没有相应的乡话说法，而这种事物或现象又进入了人们的日常生活，本书适当收入。

3. 来历未详暂时写不出字形的用方框"□"代替，并注明字义，例如，[tsʰiɑ⁴⁴]是"短"的意思，本字待考，就在[tsʰiɑ⁴⁴]的位置写"□短"。再如，[tɕyɛ¹³]在口语中与"水"组合是"凉水"的意思，本字不详，就在[tɕyɛ¹³]的位置写"□~水:凉水"，浪号"~"代表[tɕyɛ¹³]，冒号后面是对这个例词的释义。

4. 文白异读字下加小字"文""白"表示。新老异读字下加小字"新""老"表示。如果是自由的异读，在字的右下角用数字表示，一般用"1"表示最常用或最口语化的读音，"2"次之，依此类推，例如："私"读[sɿ⁴⁴]，自由变读为[si⁴⁴]，前者更常用，记为"sɿ⁴⁴私₁""si⁴⁴私₂"；再如："ti²⁴□₁~儿:男阴""tie²⁴□₂~儿:男阴"。多音多义字或有条件的异读，在字的右下角标示数字，同时通过例词或释义说明各自的使用条件，例如："去"在"出~"中读[tɕʰi¹³]，在"~年"中读[kʰei¹³]，记为"tɕʰi¹³去₁出~"，"kʰei¹³去₂~年"。

5. 方言常用而又生僻的字，在字的右下角释义或举例词，一个词若有多个义项，不同义项之间用分号隔开。例词中若有同音字，同音字右上角加小等号"="。

6. 乡话口语中常用但《方言调查字表》未收的字，在字的右下角用小字注明《广韵》《集韵》的反切或解释，并用"‖"与前面内容隔开，特殊字音等其他说明也放"‖"后。来源不同的简化字，本书一律写作简化字，若简体、繁体字读音不同，以例词或释义区别。例如：面脸mĩ¹³，面~条mi¹³。

7. 轻声音节实际调值为21或22，同音字表中一律记为0，排在每一类的最后。[uan][yan][uai]虽已在乡话中使用，但主要来源于客话，第二章已将所辖例字单列，此处不再收录。

以下是同音字汇全文。

ɿ

ts [51]子文1，吐~：唾沫字文，八~胡自文，~由棍：手杖巳时辰梓人名 [41]子文2，时辰：~时；私生

s [44]私1司1老一：主持迷信活动的人，一般身着红衣师文，老~ [51]事文，当大~：办丧事

dz [24]祠池慈地名：~利磁

ʅ

tʂ [44]枝树~ [51]指1动词指2文，戒~ [13]只~有痣翅痔置□~~娘：蜘蛛 [41]汁至冬~蛰惊~

tʂʰ [44]十白，既可做系数词，又可做位数词拾摘~手：伸手‖《广韵》平声支韵丑知切，舒也□鸡~：鸡胆 [51]齿1牙~鹚鸬~□~药：搽药□□lu²⁴~：猫头鹰

ʂ [44]十文，主要做位数词，如三~、四~诗 [24]时实1扎~识试食文，粮~ [51]屎齿2马~苋豉豆~势使文，特~：故意视柿~饼士侍惯~：娇惯□脚~头：膝盖□□uo²⁴~：姨（比母小） [41]室文，教~饰首~

ʐ [24]实2老~儿雀~：鸟；两娘~：娘儿俩耳文，木~日文，星期~

i

p [44]蓖~麻椑~□puº子：一种野生的小柿子‖《广韵》平声支韵府移切："椑，木名，似柿。"《集韵》平声支韵宾弥切："椑，木名，实似柿而青。"蜱~虫：臭虫‖《广韵》平声支韵符支切："尔雅曰：蟛蠰，其子蜱蛸。"□~子骨：肋骨；排骨 [24]枇~杷 [51]比 [13]闭鼻笔文，量词：一~款 [41]憋逼~子棋：当地流行的一种棋游戏壁滗~酒，斟酒；~米汁：滗米汤‖《广韵》入声郿密切，去滓

pʰ [44]别~针 [13]屁

b [24]篦~梳：篦子皮文，~球疲软；稀薄（与稠相对） [13]屄

m [44]篾 [51]米蚁明文1，清~，聪~ [13]沕~水：潜水谜面面条儿味口~ [41]迷转~了：转晕了

f [44]非飞 [24]肥粪费~力 [51]匪虺蛇‖《广韵》上声尾韵许伟切，蛇虺 [13]肺痱

v [51]未时辰

t [44]多今□夜毛~~：萤火虫 [24]滴动词敌□1~儿：男阴 [51]抵递弟文，徒~□洋~角：猕猴桃 [13]第 [41]摘嫡 [0]的字白1，名~子名词后缀，柏：桌子‖[tiº]与"子"音义关系密切，姑且记为"子"去哈：去玩

tʰ [44]拖白侄屉1~箱：抽屉 [51]体~材：身材 [13]替~牙齿：换牙屉2~箱：抽屉 [41]及来不~踢

d [44]提堤 [24]啼1鸡~

l [44]犁□表程度深，苦~了：苦极了 [24]啼2~面：哭脸迟离 [51]履鞋荔 [13]地粒厘立~春 [41]笠栗里1长度单位：一~历文，阴~李文，姓~ [0]子名词后缀：婆~：已婚女子‖[liº]和[tiº]应是同一来源，与"子"音义关系密切，姑且记为"子"

ts [24]节1脚~骨：脚腕蔗瓷糍粑 [51]姐阿~：姐姐 [41]借挤~眼接鲫室白，房屋：家，一~人：一家人节2~气

tsʰ [44]自白，~□kɐɪ⁵¹：自己 [13]砌刺~猪：刺猬 [41]切七漆

dz [24]齐 [51]牸~牛：母牛（未生育） [13]湿 [41]节3节省

s [44]西1方位私2 [24]席 [51]死□~□□uo²⁴ʂʅ⁵¹：蝉 [13]细四媳婿熄性1~命 [41]蜥蜜蜂~人锡

tɕ	[44]机箕1筲~基揭~开 [24]折折叠骑 [51]纸几~条己天干 [13]极太~图吉 [41]只量词
tɕʰ	[44]折折本期 [51]是起1~~ [13]气汽去1出~ [41]赤~脚
dʑ	[24]棋移旗 [13]舌奇稀~ [41]热白，天气热
ɲ	[44]泥燃宜 [24]你第二人称复数 [51]艺手~你第二人称单数 [13]尼腻疑 [41]月白1，正~里2方位词
ɕ	稀 [24]戏什~家：什么 [51]喜1红~事 [13]世先~：前世 [41]叶白页歇
ø	[44]医衣 [24]一1瞖乙 [51]椅 [13]意 [41]一2噎~喉了：噎住了

u

p	[51]补部 [24]杷枇~不1用于可能补语的否定式：嚼~动□椑~子：一种野生的小柿子□□kʰa51：~哈：打呼 [13]布
pʰ	[44]铺床~ [51]浦~溪：地名，今浦市 谱普捕 [13]铺店~
b	[44]蒲~扇□物体表面下限：瓶子~了 [24]菩~萨荸~圈子：荸荠□松~□luº：松球□量词，一~葡萄：一嘟噜葡萄
m	[24]蜈 [13]雾
f	[44]夫脚~：挑夫 麸肤 [24]浮 [51]斧府腐1豆~ [13]戽~水富伏副量词幅量词服傅师~复妇文，寡~佛
v	[24]壶胡~子胡白，~椒糊白，浆~猢~狲：猴子 [51]舞白，扔（丢弃；投掷）舞弄戊时辰□~钻：钻子 [13]学白，~古：讲故事芋1 [41]舞文，跳~武
t	[44]都首~ [24]毒 [51]肚鱼肚、人肚 [41]赌
tʰ	[44]独□量词 [51]杜地名：~家寨土文，~塘土地庙 [13]吐~子：唾沫兔涂糊~
d	[24]□蹲 [13]徒图
l	[44]炉 [24]芦瓠子□~tsʰɿ51：猫头鹰□表程度深：肥~了：很肥□~蜂：马蜂 [51]鸬~鹚路~费 [13]露 [41]读 [0]□松□buˆ24~：松球
tʂ	[44]朱 [24]卒 [51]水白，~车主文，~意帚 [13]注用针~：用针扎□绑：凳子的统称
tʂʰ	[44]吹 [51]处~暑 [41]出
dʐ	[24]厨~子：厨师□巴巴~：髻
ʂ	[44]舒 [24]素尿~ [51]鼠暑处~□~米：糯米 [13]嗉鸡~袋：鸡嗉囊薯术白~□亮~门：窗户□被：被子□筝~：笋筐
ʐ	[13]入文，~殓芋2
k	[44]箍姑孤 [51]古估估量牯股1量词鼓 [13]顾故 [41]骨文，~牌谷□蜈~□san44：蜈蚣
kʰ	[44]枯牯‖《集韵》平声模韵空胡切："~，䎳麻泽饼" [51]苦虎股2屁~
x	[44]呼招~：招待 [24]胡文，姓~湖糊文，~涂
ø	[44]乌 [51]捂~眼睛 [13]吴 [41]午~时

ɑ

p	[44]跁跋足掰粑巴1~~□tsu24：髻 [24]排赔牌不2副词，表示"不"或"没有"；动词：~有（没有）[51]摆白，~酒席把2百~条：百把个 [13]拜 [41]八白笔白叭喇~ [0]吧语气词
pʰ	[44]披 [51]背1~书；~耳朵：耳背□两臂平伸两手伸直的长度
b	[13]脯胸~负背负□tsai24~：肘子
m	[44]妈乳汁 [24]明白1，~朝：明天 [51]买包括买和卖 [0]吗语气词
f	[24]皮肉~匹量词 [51]火白，炙~：烤火伙被 [13]贩 [41]法发~气：生气

v [51]雨有

t [44]蔸量词：一～树：一棵树 逗[24]抬头1～边：前边 桮～子：桌子 妖阿～：姑姑 [51]底斗白1，一～米 陡大文，当～事：办丧事 [13]豆斗白，～铜钱：凑钱 斗白2，捞～：一种斗形渔具 [0]哒语气词

tʰ [44]梯胎 [13]太白，～老父：曾祖父之父 剃塔 □～汗：发汗 [41]铁白

d [24]头2～伏：初伏 [13]大白1，阿～：父亲，

l [44]楼篓秧～：盛猪草、秧苗、牛粪等的筐∥声调特殊 [24]讨～糜：讨饭 癩～脑壳：秃顶 呐唢～捼 [51]喇～叭花 [0]啦语气词

ts [44]栽斋 [24]财 [51]子白，女～：女孩 指2白，手～ 趾脚～ 在1实～好事白，红喜～ □门～：外面 [13]字白2，讲～：说话 [41]□补～：补丁

tsʰ [44]拆～花：翻绳 猜搋～屎：把屎 餐搀 [51]取娶测 [41]撤插1铲1

dz [24]梨射不自主地大小便：～屎，～尿 □挠 [51]扯 [13]竖字白3，写～ 漏裂 [41]□老鼠啃

s [44]筛师白，～傅 狮丝搜馊嘶 [51]数1动词 使白，用，使用；用处，派遣，支使 [13]数2名词 晒 [41]虱～娘：虱子 [0]□□ɑ44～：脏

k [44]街间时～家白1，兄弟～：爷们儿 [24]□些 [51]改解1～毒：去毒 [13]锯1动词 □一～子：一刹那

kʰ [44]开 [51]□打 [41]掐

ŋ [13]艾

x [24]哈玩∥《广韵》平声哈韵呼来切，笑也 [51]海会弟白

ɦ [24]喉□我：我们 [51]后～娘厚

ø [44]阿1～大：父亲 [51]矮呕 [13]沤～缚：绕线的工具 ～□saº：脏 [0]啊语气词

ia

p [13]□涂抹

m [51]□面煮糨了

t [24]绸 [51]□~窨：做糍粑时将糯米饭打碎

tʰ [44]抽 [51]柱 [41]缔~鞋带：系鞋带，又说缚鞋带∥《广韵》去声霁韵特计切："结也。"

l [44]刘 [51]柳绿溜1~肩膀 [41]六陆

ts [51]酒

tsʰ [44]秋白，交～：立秋 □短

dz [24]泅～水：游泳 [41]像

s [44]杀修

tɕ [44]加家文，败～子 [24]求 [51]九久韭主白，作～ [13]树犟倔强架文，摆～子 甲毁~紧：拧紧∥《广韵》去声宥韵居祐切："强击。"

tɕʰ [44]丘 [51]寿白，～岁：寿辰 □～子：钹

dʑ [24]球白，大蒜～：大蒜头 李白2，麦～：李子

ɲ [44]揑岩石头 [51]纽 [13]碍 [41]捏

ɕ [44]收 [24]赎 [51]手1～□tɕiou24：毛巾 下文，～课 夏

z [44]油由白~友

k [44]鸡勾钩沟鸠布～：斑鸠 阄抓～：□捆绑人、鸡、牛等有生命的东西 [51]解2脱：～衣冠（脱衣服）[13]够 [41]笱一种捕鱼用具：花～结白，编、织：～脑毛辫子（编辫子）

kʰ [44]溪抠～耳屎：掏耳朵 [51]口喜2欢～：高兴；喜欢（某人）

ø [24]押文，～金

uɑ

t [13]对碓队兑

tʰ [44]□跑□～颗铜：镀上点铜 □作～：做伴儿 [51]腿 [13]退褪

l	[24]擂~辣椒	tɕʰ	[44]车1水~石~灰蚯 [41]尺
ts	[24]撮1量词: 一~毛啄~木官官: 啄木鸟扎 [13]岁 [41]捉	dz	[51]□跨, 迈一~虎口 [13]留□~了字: 落了字
tsʰ	[44]催	ȵ	[44]黏鮎 [41]咬
dz	[51]罪	ɕ	[44]畬~刀: 长柄柴刀赊 [51]舍 [13]□油~~: 山蜥蜴
s	[41]刷洒甩		
k	[44]瓜乖漂亮; 乖巧, 听话 [24]□~壳: 蚌 [51]寡 [13]盖名词怪挂卦 [41]刮骨白	z	[24]□蚯~: 蚯蚓 [51]惹野喏唱~: 作揖 [13]夜
		ø	[24]约~秤: 复秤, 验秤 [51]爷1
kʰ	[13]块快 [41]窟洞~: 地窖		
x	[44]花 [13]划1~拳化		**uo**
ø	[44]挖 [24]划2~手: 招手滑□那 [51]瓦	t	[44]□拿; 使, 用, ~箸: 使筷子; 表处置, 与"把"相当 [51]□~戾: 交合 [41]答搭~早: 趁早□~耙: 四齿耙
	o	tʰ	[44]拖文, ~把 [24]沓一~纸□~柜: 室内存放稻谷的器具 [13]獭水~
p	[44]疤巴2~结; ~水: 很烫的水菠 [24]耙钵文, 椒~: 擂钵 [51]把1一~刀 [13]坝堤笆栏~: 篱笆铍 [41]百白伯	d	[24]坨成块或成团的东西: 煤~（煤球）; 量词: 一~纸（一卷纸）; 人名后: 金~, 银~□luo⁵¹~: 叨唠
pʰ	[44]白白, ~菜 [51]妇白1, 媳~: 儿媳 [13]帕 [41]拍扑	l	[24]萝文, 菠~□~豆: 黄豆□腿: 大腿根儿□爬□楼: 阳台; ~~: 过道, 走廊 [51]□~□duo²⁴: 叨唠 [41]腊蜡辣
b	[24]扒~船爬 [51]趴~倒瞓: 趴着睡; ~脑壳: 低头; ~腰: 弯腰		
m	[44]麻明白3, ~年 [24]婆1~子: 已婚女子蚂~蚁 [51]马码 [41]抹~布莫麦	ts	[44]楂山~ [24]杂 [51]两2左~撇子座 [13]榨油~: 榨油器械炸~弹攒溅水扎~实: 坚固 [41]□塞紧
v	[13]袜	tsʰ	[44]叉鱼~差~不多 [51]□~子: 垃圾 [13]岔三~路插2~字: 插话□室~: 地基
	io	dz	[24]查
l	[44]□~手: 手残者 [51]溜2~肩膀 [41]历白, ~头: 历书栎白~树	s	[44]沙痧三1杉□下~: 着落 [13]塑~像 [41]萨菩~□~贴: 收拾, 打扫
tsʰ	[13]□躲藏	z	[24]纱线
dz	[24]斜 [13]谢花~	k	[44]家白2, 亲~: 岳父鸹鸟啄物 [24]舅 [51]果假真~ [13]嫁价架白, 澡面: 洗脸架个1~郎: 个子 [41]割剪夹隔角2长豆~: 豇豆□~□
s	[51]写		
tɕ	[44]遮 [24]角2一~钱 [41]炙~火: 烤火□~盒□dou¹³: 胳肢窝, 腋下		

	lai⁴⁴：冬天□半~：半天
kʰ	[24]昨 [13]课□鱼~：鱼刺 [41]客
ŋ	[44]伢₁崽：小孩儿 牙芽 [24]恶善恶
x	[44]虾鳃腮~骨头：腮帮子 哈~歇：哈欠 [24]盒 [51]下白1，~酒 [13]和文，~气 荷文，~花 [41]瞎吓惊吓
ɦ	[51]下白2，~种
ø	[44]丫~口：张口 桠~杈 阿2~鹊娘：喜鹊 轭牛~ □跨 [24]下白3，~底 去：下去 鸦老~：乌鸦 □~屎虫：蝉 □~~：叔叔 [51]哑 [13]狭窄 [41]压押白

ɷ

p	[41]钵白，~头：钵拨
pʰ	[24]□量词，一~：一瓣 [41]泼~了：洒了
b	[24]婆2家~：外祖父 [51]坡 [13]薄
m	[44]磨1~刀 摸□~~豆角：扁豆 [13]魔磨2石磨□~燕：老鹰 [41]末宙□蚊
t	[44]朵托 [13]带1~子 [41]着1~衣：穿衣
tʰ	[44]着2用在动词后，表示已经达到目的或有了结果，睏~了：睡着了；射~了：射中了；表被动，~嚷：被骂 [41]踏脱
d	[44]□~行~讲：边走边说 [24]屠□□lɷ⁴¹~：横着，又说"□lɷ⁴¹横" [13]带2动词
l	[44]锣箩胴抒捻；揉；抒烙萝白，~卜 落1~皮：脱皮 [24]~菜：择菜 [13]大白2，与"小"相对 [41]□~横：横着 [0]啰语气词
ts	[44]租 [13]□高粱 [41]祖组雀~儿：鸟儿
tsʰ	[44]搓锉凿子 [13]错 [41]擦
dz	[44]□~口：亲吻 吮吸 [41]落2~雨：下雨；~湿：淋湿
s	[44]蓑梭唢蔬 [51]锁□涩 [41]索~子：绳

	子缩
k	[44]歌哥锅家白3，地名：李~岭 [51]裹 [13]过 [41]各脚葛~根：~手指壳：剪指甲
kʰ	[44]窠□~树：油茶树；~叶：油茶树叶 [51]可颗 [41]渴阔宽
ŋ	[44]鹅欧 [51]我
x	[44]缚系；捆 [24]活 [51]贺户何~条：谁，哪个 [13]货 [41]蠚吼霍~闪：闪电 火文，五行之一
ɦ	[24]河和文，~棋 合荷白，~包卵：荷包蛋 [51]祸
ø	[44]莴~笋 屙窝 [24]禾稻草 [51]□□kʰa⁵¹~和：吆喝 □□kʰa⁵¹~过秋：荡秋千 [41]鸭

iu

t	[44]中白，~手指 猪爹丢~丑 [13]住箸筷子
tʰ	[44]值直
l	[44]龙垄 [51]礼理李白2，地名：~家岭 鲤里里儿，与面儿相对 岭地名：枞~ □掉落；丢失；落下 [13]凝汤~成冻 了 [41]力
tsʰ	[44]蛆秋文，~天 □架鸭脚~：架二郎腿
dz	[13]袖
s	[44]须苞谷~ [13]絮绣 [41]粟
tɕ	[44]书珠眼~就邹周洲升一~~终送~钟弓春~米□~~：赤子阴 [13]球文，皮：篮球 丑难看 冲1地名：栽家~□田：田埂 [41]织竹烛
tɕʰ	[44]称~重量 熟冲2~过去 属 [13]秤铳 [41]畜~牲：牲口 丑~时
ȵ	[44]鱼渔浓 [24]食白1，猪~ [51]女耳白，~屎 [41]肉□tɕiɑu¹³~：蜻蜓
ɕ	[44]胸 [13]瘦
z	[24]余~~：剩余 食白2，~糜：吃饭 □~~：谷易 [51]绒茸氄~毛
ø	[44]又□中~：中间 [24]由文，自~ 棍：拐杖

[51]西

ai

p	[24]百文，~货店 盆 [51]粉白，麦~：面粉本败 [13]笨
pʰ	[24]派 [13]妇白2，媳~：儿媳
m	[44]门 [51]尾 [13]万闷问
f	[44]分 [24]坟獀~犬：公狗 [51]反白，~手：左边 [13]喷~水
v	[51]远 [13]份物
t	[44]颠癫 [51]点顶□~家：女婿 [13]店代
tʰ	[44]添天 [24]太文，~极图态 [51]垫定白
d	[51]沉澄水~一~：把水澄清
l	[44]年□这 [24]田 [51]簟席子碾 [0]唻语气词
ts	[44]尖煎筝 [24]坐坐；住再钱盏1灯~崽伢~：小孩□家~：家具 辣~：辣椒□~□ba¹³：肘子 [51]盏2量词：一~灯剪 [13]箭
tsʰ	[44]签千白□戳 [51]浅 [41]铲2~分勺：锅铲
dz	[24]才
s	[44]山新薪先籼~米 [0]噻语气词
z	[24]来
k	[44]跟该 [13]戒介芥
g	[24]呆1发~
ŋ	[24]爱 [51]眼白雁
x	[24]核~桃 [51]害亥时辰 [41]恨很
ø	[44]还1~有 阿3~娘：母亲 [13]厌

εi

p	[24]棚朋篷帆 [51]簸动词摆文，□kʰa⁵¹~子：发疟疾□盛放酒或粮食的大坛子
pʰ	[24]柏配
b	[24]缝1白，裁~ [51]埋1
m	[24]脉 [51]妹 [41]密
f	[51]腐破碎；破烂；腐烂‖韵母特殊
t	[24]台戏~，窗~□妈：乳房 [51]等 [41]□~使：骗
tʰ	[51]土白
d	[24]同铜桐茼~蒿
l	[51]拢
ts	[24]曾不~：没有（副词）□厅~：堂屋□一种竹背篓 [51]□雨~了：雨停了
tsʰ	[51]在2介词
dz	[24]层裁□踩 [51]动用
k	[51]讲梗子~：脖子梗~米羹调~□舅~：舅父□白~：自己
kʰ	[51]肯起2~雾露：下雾□碓~：白
ŋ	[24]呆2（刀子）钝，不锋利；笨：~手~脚
x	[51]哄~小孩□~汁：溃脓
ɦ	[24]红白，~豆
ø	[51]饮~水，~酒□~血：淤血□□zu¹³：庄稼

iε

p	[24]便1~宜 [13]变边1近：附近鳊1~鱼
pʰ	[44]偏篇便2方~ [51]羼□liou²⁴：围嘴儿 [13]骗撇片鳊2~鱼□~子：簪子
m	[44]棉
t	[24]□~了：涝了□2~儿：男阴
tʰ	[44]伸 [24]铁文，磁~帖特 [41]涕鼻~嚏喷~贴
d	[24]尘芹碟 [51]舔
l	[44]镰连 [24]莲 [51]殓
tsʰ	[44]亲 [41]戚
dz	[24]前

s	[44]西₂东~ 参人~ 仙鲜新~ 心白,手~ 辛白,~苦惜司 ₂官~ [13]信色姓
tɕ	[44]茎针金白,~银肩真斤筋经谈~:聊天惊~蛰箕₂筲砧~板占~米:籼米 [24]勤劇~羊:阉过的羊‖《广韵》元韵居言切:"以刀去牛势。或作犍。" [51]碱枕笕紧整~田 [13]见白,望~ [41]结白,巴~
tɕʰ	[44]牵 [51]件遣~事:跳香程序之一 近尽任凭,随□~牯:犍牛 □挂~:挂念 □~想:沉思
dʑ	[24]缠
ɲ	[44]银 [13]染孽造~认 [41]月白₂,先个~:上个月聂
ɕ	[44]深身 [24]□下~:下葬 [51]闪社 [13]扇蛇生肖
ʑ	[24]神盐檐业家~□马~:虹 [13]热文,~闹
ø	[44]阴白,~阳奄腌烟₁纸~餍饱‖《广韵》去声豔韵於豔切"饱也,又於廉切"乡话与平声鹽韵於廉切合。[51]也爷₂掩关□~豆腐:魔芋豆腐 [13]印燕□量长短 [41]叶文,百~肚:牛肚儿（带毛状物的那种）

uɛ

t	[44]蹲墩敦~犬:阉狗‖《广韵》魂韵都昆切:"敦,去畜势。出《字林》" [24]锤捶槌顿 [13]□回来,归;往~头行:往回走
d	[24]团₁~桌:圆桌
l	[44]轮 [24]囵₁整个的
ts	[24]撮₂~起;量词:一~米全
tsʰ	[44]村寨 [24]黢~黑:很黑 □kʰa⁵¹ ~:打盹 [51]揣按喘 [13]寸
dz	[13]转打转旋脑壳~:头发旋儿
s	[44]孙孙子;外孙;外甥狲 [24]□菜~:菜薹
	[51]髓选笋榫
k	[44]裈裤子‖《广韵》魂韵古浑切,袭衣也。《方言》卷四:"~,陈、楚、江、淮之间谓之褌。"钱绎笺疏:"裈即今之合当绔也。" [51]滚 [13]灌棍国
kʰ	[51]跪犬 [13]睏困
x	[44]浑~水荤 [13]获 [41]□难~:谢谢
ɦ	[13]运县□猪:猪圈
ø	[44]烟₂~除眼:烟肉温昏宛~家瘟完 [24]铅围丸魂云横 [51]稳苇芦~ □~了脚:踒了脚 [13]咽胃

yɛ

tɕ	[44]砖军 [24]拳量词:一~米裙传 [51]卷准□~子:结巴 [13]□~水:凉水
tɕʰ	[44]穿~针圈椿春 [51]菌蘑菇莼茶 [13]劝 [41]蠢
dʑ	[24]船茄橡~皮:橡子
ɲ	[13]润
ɕ	[44]熏 [41]雪文,节气:大~
ʑ	[24]匀 [13]顺闰
ø	[13]院月文,~饼

ei

p	[44]杯碑崩山~□肩~:肩膀 [24]白文,~果:银杏北 [13]辈背₂背心:背部
pʰ	[44]坯蓬₁松松 批卜蓼~ [13]破破裂,破损;劈开 [41]捧
b	[44]陪苗₂讲~:说苗语 [24]苗₁讲~:说苗语蓬₂河~,地名,在古丈县罴‖《广韵》彼为切,平声支韵帮母:"尔雅口~,如熊,黄白文。"《说文》:"~,如熊,黄白文。从熊,罷省声。羆,古文从皮",乡话声母读同並母

m	[44]埋₂煤霉忙梅 [13]梦 [41]墨每
f	[44]风枫疯封蜂
v	[13]缝₂一条~
t	[44]灯东冬 [13]戴冻得₁动词,给予,赠送;介词,把,替 [41]得₂得到,使役,可能 [0]得结构助词
tʰ	[44]通桶推 [13]□马~:台阶儿□~命:拼命
d	[13]袋洞
l	[44]笼□表程度深,疲~了:很软□~日:白天□慢 [41]□食~了:吃伤了
ts	[44]聋棕粽鬃甑蒸笼 [13]做□~帕:蒸食物、罩饭菜用的布
tsʰ	[44]粗初聪贼 [13]菜蔡□推
s	[44]梳松蓬~ [13]痛送 [41]塞
z	[13]渠₁他;他们‖《集韵》写作"佢",平声鱼韵求於切"吴人呼彼称。通作渠。"乡话存在阳平读同去声的现象。
k	[44]公工功□眼~:眼泪□簸箕 [13]锯₂名词个₂量词,一~渠₂沟~:水渠 [41]急
kʰ	[44]空₁[13]空₂空闲去₂~年□量词,一~室:一间房 [41]黑□酒曲
g	[13]□~田:割稻子;~猪:阉割猪 [41]嗝
ŋ	[44]牛 [13]饿
x	[44]灰烘
∅	[44]淹臃肿‖《集韵》於容切,《说文》肿也。[13]瓮水~:水缸应应答 [41]忆记,记忆

ui

t	[44]堆靁雷‖《广韵》平声知母止合三脂韵陟佳切:"雷也,出韩诗"。
l	[44]驴 [51]旅
ts	[51]嘴鸟类之嘴 [13]醉最
tsʰ	[44]绝 [13]脆翠人名
s	[51]绪人名 [13]戌时辰徐 [41]雪白
k	[44]规龟 [51]鬼文,小气~ [13]癸时辰桂
kʰ	[44]亏
g	[24]葵
x	[51]惠人名慧人名
∅	[44]萎气萎威 [51]□洋~:马铃薯 [13]为~什家:为什么卫~生纸喂招呼的声音

yi

tɕ	[44]居车₂象棋棋子的一种 [24]橘菊 [51]鬼白 [13]贵句 [41]举蕨
tɕʰ	[44]柜蛆区 [41]怯怕缺
dʑ	[51]□砍 [13]勺水~:水瓢瞿
ɲ	[41]月白3,坐~
ɕ	[44]虚 [41]血水文,~泥许
ʑ	[13]药 [41]钥~匙
∅	[51]玉 [13]于 [41]越月白4,~亮

au

p	[51]宝堡地名:六~山保
pʰ	[51]菢铇~屎:刨花
b	[24]刨~地
m	[51]卯时辰貌相~
t	[24]淘鋾锉刀 [51]到文,认得~:认识□九~宗:蛇的一种,背上有花纹□累
tʰ	[51]道₁~理盗文,强~
d	[24]跳桃文,核~逃□~起:起来
l	[24]桃白,水果条白,量词□用烙铁烫□捅 [51]脑恼老佬闹
ts	[24]槽猪~腈因缺少油水而腹饥‖《集韵》平声毫韵财劳切:"~,腹鸣。" [51]早枣蚤澡洗爪

tsʰ	[51] 草嫂吵炒	pʰ	[44] 抛泡1灯~蔗桑~：桑葚儿‖《广韵》豪韵普袍切："醋莓，可食。"□一种竹背篓 [13] 炮泡2~在水里雹
s	[51] 扫1~地道2路 [13] 潲~水		
k	[51] 搞稿草~		
kʰ	[51] 烤~烟考	b	[13] 抱袍
x	[51] 好□和，连词或介词	m	[44] 毛茅猫 [13] 帽□天~：天阴；~天：阴天
∅	[51] 拗折断	t	[44] 刀 [13] 到白倒道~水；颠倒道3量词 [0] 倒表状态或动作持续；表经历

iɑu

p	[44] 膘 [51] 表老~婊	tʰ	[13] 盗白，偷套萄
pʰ	[44] 飘 [13] 嫖票	l	[44] 劳~空：很空牢痨~病：结核病捞1~薪刀：柴刀 [13] 涝~疮：癣捞2~斗：捕鱼捞虾的斗形渔具□~胡蟆：癞蛤蟆
m	[51] 秒 [13] 庙		
t	[44] 雕朝 [24] 调~大小条文，粉~ [13] 钓吊		
tʰ	[44] 挑~边：缲边 [41] 粜~米	ts	[44] 糟酒~ [13] 皂灶罩
l	[44] 撩~菜 [51] 了1不得~ [13] 料~树：木料了2擦~：擦掉钌门~子：钌铞儿 [0] 了表结果：食餍~（吃饱了）；表完成：我食~糜（我吃了饭了）；表将然：天快亮~；表已然：天亮~	tsʰ	[44] 抄 [13] 躁脾气~糙
		s	[44] 艄筲~箕骚臊 [13] 扫2扫帚笑哨~子
		k	[44] 高膏篙教白，~书交白，~秋：立秋铰~剪：剪子茭~笋：茭白‖《广韵》平声看韵古肴切 [13] 告觉睏~：睡觉叫~花子
ts	[44] 焦椒胡~ [51] 嚼		
tsʰ	[44] 锹锄头 [24] 邀缲~边 [51] 剿		
s	[44] 消箫 [51] 小~暑	kʰ	[44] 敲 [13] 靠
tɕ	[44] 交文郊浇招胶 [24] 桥 [51] 少多~绞绕赵饺 [13] 照教文，~室	ŋ	[44] 熬~不过燠~菜
		x	[44] 蒿茼~ [13] 孝戴~薅除田草
		ɦ	[13] 学文，~生号~数
tɕʰ	[51] 轿	∅	[13] 坳
dʑ	[24] □~鼓：晒衣竿 [51] 撬翘		
ȵ	[13] 尿		ou
ɕ	[44] 烧□推 [24] 㟃 [51] 晓	p	[41] 剥
z	[44] 窑 [24] 摇 [13] 鹞岩~：鹞鹰□~子：蝴蝶	b	[51] 父阿~：祖父
		m	[44] 蟆胡~：青蛙
		t	[24] 砣秤~：秤锤驼~背斗文，~鸡 [51] 斗文，烫~：熨斗
∅	[44] 腰□带 [51] 舀 [13] 要		
		tʰ	[13] □~树：构树
	ɔu	d	[13] □人工挖的小坑□坟~：坟堆□炙"盒~：胳肢窝，腋下□~眼：眼眶
p	[44] 包胞苞~谷 [13] 报暴豹□凸		

l	[51]□找、寻
ts	[51]助
tsʰ	[24]戳~道棍：手杖 族醋□刹 [51]□~铜钱：赚钱（与"赔钱"相对）
dz	[24]□一种竹篓 [41]□追赶；撵□犬吠
s	[51]□~花：绣花
k	[51]鸽佝腰~~：腰弯弯 [13]□薪~：柴火 [41]角₃眼~
kʰ	[13]扣~子 [41]壳
ŋ	[13]怄~气 [41]藕
x	[51]候时~
∅	[13]凹

iou

t	[44]□镰~：镰刀 [24]除□水~：水瓢的一种 □柱木~：寿木
tʰ	[51]重₁轻~ [41]斢调换‖《广韵》上声厚韵天口切："斢斛，兵夺人物也。"
d	[24]叠重₂白，~复
l	[24]虫□~水：口水
ts	[51]□榨油
tsʰ	[41]鹊
dz	[24]枞地名：~岭松白，~树‖《广韵》钟韵邪母祥容切，人们一般写作"枞"，"枞"钟韵清母七恭切，与dziou²⁴音不合，地名"枞岭"中暂用俗写
s	[41]削
tɕ	[24]穷□钥~：钥匙□眼~：眼睛□帐钩~：帐钩□手~：毛巾□腰~碗：海碗 [51]种₁~子共共用煮守~孝
tɕʰ	[51]□耙~：耙齿 [13]臭曲
dʑ	[24]流~水重₂文，~阳节 酸咸□~糜：盛饭 [51]□~谷子：壮实的稻谷

ɕ	[24]雄鸡~：鸡很雄威 [51]寿文，庆~手₂叔俩佺~：叔侄俩首~饰
z	[24]融容~不得 [51]褥~子

ẽ

f	[24]缝₁文，~纫机 [51]粉文，米~
tʰ	[51]□到尽头：行~（走到尽头）□~着：碰倒 □重重地往下放
d	[24]停 [51]□~脚：跺脚
l	[24]棱能□量词 [51]领
ts	[44]精情人~□坛子，罐子：酒~
tsʰ	[44]清青 [51]请 [13]清~水：冷水 歇~：乘凉‖《广韵》去声映韵楚敬切："冷也"
dz	[24]橙~子：柚子
s	[44]星文，鱼~：鱼鳞 腥生文，花~ [51]醒 [13]净性₂礼~□生：生锈
z	[51]纫缝~机
k	[44]更₁三~ 庚根 [51]梗麦~亘~年：整年 [13]更₂副词
x	[51]擤~鼻：擤鼻涕
∅	[51]□攒劲~：用力排解大便

ĩ

p	[44]冰 [24]殡□罐子，坛子：酸菜~ [51]扁担脚~：扁担 饼丙 [13]瓶苹
pʰ	[13]聘边₂一~：一半儿（限于分边的物体）；一旁
b	[51]□~么：这么
m	[44]名明文，~白 [24]民 [13]面脸
t	[44]丁 [51]定文，~亲：订婚
l	[44]灵邻 [13]另□taŋ⁵¹~：另外 磷~肥
tɕ	[44]正₁~月 金文，押~巾围~ [24]镇 [51]□逗厌~：讨人嫌□~子：虮子□~下：左右（表概数）

	[13]正₂摆~见文, ~面镜
tɕʰ	[44]轻年轻; 轻重□糠[24]成城[13]庆
dz	[51]□~头: 以上（方位）
ɲ	[13]念砚
ɕ	[44]声申时辰辛文, 时辰心文, 小~[24]圣辰时辰[51]肾幸
ʑ	[24]嬴[13]壬时辰
∅	[44]阴文, 背~英音[51]影[13]荫天色~过来了: 天色暗了寅时辰

an

p	[44]班文, 一~车[51]办~菜: 做菜
b	[24]盘1一~: 一趟, 一遍
m	[24]瞒馒~坨: 馒头[51]满文, 节气; 小~
f	[44]帆~布[51]反文, ~扣: 合页
t	[44]□~池: 天井
tʰ	[51]毯[13]探~脉: 把脉
d	[24]谈~经: 聊天
l	[24]栏文, ~杆男篮
ts	[24]蚕[13]站车~
s	[44]衫□蜈谷"~: 蜈蚣
k	[44]干文, 饼~[51]减杆栏~
x	[24]寒文, 节气: 小~[13]汉

ian

p	[44]鞭
t	[51]电
tʰ	[51]□□lian²⁴ ~: 脾
l	[24]□~□tʰian⁵¹: 脾联[51]链□净~: 干净
tsʰ	[44]千文, ~里眼: 望远镜
s	[13]线~车: 自行车
tɕʰ	[13]锵~~: 钹

dz	[24]钳~子□~□uan⁵¹: 宁可
ɲ	[44]钚小[24]□阿~: 奶奶
ɕ	[24]闲谈~: 聊天
∅	[44]炎[51]眼文, 千里~: 望远镜演

ɑŋ

p	[44]班白, ~辈帮□~场: 赶集; ~早: 赶早[51]绊~一跤: 摔一跤绑[13]把柄
pʰ	[51]□□kʰɑ⁵¹ ~声: 发抖, 颤抖[13]袢门~: 门把手
m	[44]糜糜饭‖《广韵》支韵靡为切, 粥. 乡话无论干饭、稀饭统称"糜"."糜"韵母受鼻音声母影响带上鼻尾, 与"媒"等字情况类似。[24]芒节气: ~种[13]命
f	[44]方文, 大~[24]平坪[13]病
t	[44]当₁文, 正~: 正在钉1名词: ~子; 动词, ~~子单~数□扔[24]潭~溪, 地名痰钉2动词, ~扣子[51]鼎□~另: 另外□~□xɑŋ⁰: 底下, 地下[13]担~水: 挑水
tʰ	[44]听嗅觉; 听觉; 听任厅[51]挡烫文, ~斗: 熨斗
d	[13]□□tsʰio¹³□lou⁵¹□kou¹³ ~~: 藏老蒙儿
l	[44]蓝铃零南楠~竹[24]郎文, 新~那~么, 连词
ts	[44]争簪[24]馋~犬: 狼[13]葬
tsʰ	[44]铛锅窗[51]螯~花[13]撑~腰掺~水
dz	[51]□~犬: 蝗虫
s	[44]生白, 接~牲星白, 零~[51]嗓□~子裤: 裤衩儿□一~砖: 一截砖
k	[44]缸柑甘1~蔗□~~: 一种类似汤圆的食品[13]界
kʰ	[44]坑[51]謦咳嗽‖《广韵》上声迥韵去挺切,

罄欬也。□~里：地方

ŋ　[44]庵刚才~：刚才 [13]硬

x　[51]扛~脑壳：抬头项~圈：项链 [13]喊 [0]□
　　□taŋ⁵¹~：底下；地下

ɦ　[24]行行走

∅　[44]□~桃：樱桃 [13]杏

iaŋ

tʰ　[51]丈₂姑~杖

l　[44]□~杖：连枷

tsʰ　[44]□泥~：泥鳅

tɕ　[44]江张文，开~败~家：败家子~刚：刚才
　　[51]□~筋：调皮 [13]降节气；霜~将文，麻~

tɕʰ　[44]框门~：门坎儿 [24]常

n̠　[24]娘₁阿~：母亲

z̠　[51]嚷相~：吵架

∅　[24]阳文，~历洋文，出~相

uaŋ

s　[44]闩栓霜文，节气；~降 [13]涮用清水漂洗

k　[44]光 [51]咣拟声词 [13]惯

g　[24]狂~风

∅　[44]湾~里：山与山之间的坡地 [24]王文 [51]旺
　　往枉

oŋ

p　[44]搬 [24]螃~夹：螃蟹盘₂~子 [51]板磅
　　~秤 [13]扮半

m　[51]满白懵~懂母家~：外祖母 [13]忘望明
　　白₂，~朝：明天模~子木文，啄~官官：啄木鸟 [0]么
　　□lai⁴⁴~：这么

f　[44]方白，方形；容量单位，十斗为一~兄~弟

[51]纺 [13]放 [0]□夜~：夜晚

v　[24]房还₂~价 [51]网 [13]返~去：回去

t　[44]当₁白，~官裆箪~鼓：盛饭用的圆形小竹篓‖
　　《广韵》平声寒韵都寒切，箪筒小篋。[24]潭堂₂
　　神~：神龛；学~当₂典当 [51]胆渡懂

tʰ　[44]滩摊汤□~头：先前 [51]断 [13]炭烫
　　白，~衣裤：熨衣服□量词，一~人：一伙人

d　[24]弹塘水~：水井堂₁祠~团₂~鱼：鳖 [51]
　　氹 [13]淡垱童~养媳

l　[44]难拦栏白，牛~：牛圈郎白，药~：郎中
　　[24]暖农圆₂~柏：圆桌糖

ts　[44]妆嫁~装宗 [24]床□犬~：跳蚤□皱纹
　　[51]~娘：姨（比母大）[13]钻木工用具综~机：
　　织布机纵放纵

tsʰ　[44]仓室外存放粮食的器具葱疮状 [51]撞闯

dz　[24]藤□量词，一~履：一双鞋~月：腊月 [51]懒
　　[13]乱□菜~：菜园

s　[44]桑丧霜白，白~双松文，~柏树：柏树三₂
　　[51]散散开伞磉~底岩：柱下石搡[13]散分散算蒜

z　[13]□他们；别人，人家

k　[44]肝官冠鸡冠钢虹~豆：一种短豆荚甘₂甜
　　[51]敢拱卵蛋~鸡；鸡巴（男阴）‖声母特殊
　　[13]贡供上供□□tie²⁴~：橡子

kʰ　[44]干白，干湿 [51]塄地~：荒林 [13]炕

x　[44]寒白，~毛欢荒慌 [24]红文，~薯

ɦ　[44]人木白₁，椿~树：椿树 [24]黄皇王白
　　[51]五伍旱 [13]岸汗焊二 [41]日白₁，
　　~头：太阳木白₂，~匠

∅　[51]碗 [13]晏苋 [41]入白，~伏

ioŋ

t　[44]张白，量词 [51]长生长涨 [13]帐账胀

tʰ	[51]丈₁—~
d	[24]长长短场
l	[44]粮梁辆 [24]肠 [51]两₁斤两 □向~：作料 [13]亮
ts	[44]浆将白，~娘：将，帅 [24]墙 □~倒睏：侧着睡 [13]酱
tsʰ	[44]枪 [51]抢橡₁~胶 [13]呛 □~鸭：经常潜入水中的一种鸭子，体型很小
dz	[51]象橡₂~皮 [13]匠
s	[44]相₁~信箱厢镶 [51]想 [13]相₂相貌
tɕ	[44]姜章中文，~秋 [24]强~盗 [51]掌~家：一家之主 □扶 [41]种₂节气：芒~
tɕʰ	[44]腔香₂~气 [51]上~半年尚和~ □一~子：一会儿 [13]唱
dʑ	[51]痒
ɲ	[44]娘₂把~：支撑在地上用来和牛鞅的绳索相连的部分 □~头：里面 [24]娘₃鸡~：母鸡 [13]让
ɕ	[44]商伤香₁烧~乡 [24]鲔~鱼 [51]晌~糜：午饭响 [13]向嗅
ʑ	[44]扬浮阳白，重~；阴~ [24]羊洋~锹：镐杨 [51]养 [13]样
∅	[44]秧 [41]日白₂，后~：后天

第四章 词汇特点

第一节

特别词

本节所说的特别词语，主要指各地乡话说法较为一致，能较好地体现乡话特征的词语。它们既包括口语中的常用基本词，又包括语素组合及语素用字较有特色的词语。这些词语未见或少见于其他周边方言。

一 以古语词作为构词语素的特别词语

这些词，在古代汉语中较常用，在现代汉语尤其是北京话口语中很少使用或很少单独成词，但在乡话中却仍是基本词或常用词，这些词语不仅出现在泸溪乡话，在各地乡话具有较强的统一性。例如：把"雷"叫"霆"，有的地方叫"霆公"；把"茶"叫"荈"；称"蛇"为"虺"；把"裤子"统称为"裈"；把"鞋"叫"履"；说"甜"为"甘"、"宽"为"阔"、"窄"为"狭"、"洗"为"澡"、"吃"为"食"，"喝（水、酒）、吃（奶）、抽（烟）"为"饮"；把"关门"叫"闭门、掩门"，等等，类似的古语词在乡话中较多，也较常用，我们在第二节"古语词"中详细介绍。

这些古语词不仅能单独成词，同时还有较强的能产性，可作为语素构成一系列新的词。例如：

履 li^{51}，《广韵》上声旨韵力几切："鞋也。"含"履"的词很多，如拖履 拖鞋 $t^hi^{44}li^{51}$ | 絮履 棉鞋 $siu^{13}li^{51}$ | 布履 布鞋 $pu^{13}li^{51}$ | 皮履 ①皮鞋；②靴子 $fa^{24}li^{51}$ | 雨履 雨鞋 $va^{51}li^{51}$ | 钉子履 钉鞋 $taŋ^{44}ti^0li^{51}$ | 阔口履 女子穿的一种布鞋 $k^hω^{41}k^hia^{51}li^{51}$ | 对口履 男子穿的一种布鞋 $tua^{13}k^hia^{51}li^{51}$ | 老人履 寿鞋 $lau^{51}ɦoŋ^{44}li^{51}$ | 履底 鞋底儿 $li^{51}ta^{51}$ | 履耳朵 旧式布鞋的鞋襻 $li^{51}ȵiu^{51}tu^0$ | 履面子 鞋帮儿 $li^{51}mĩ^{13}ti^0$ | 履模子 鞋楦 $li^{51}moŋ^{13}ti^0$ | 履样子 鞋样 $li^{51}zioŋ^{13}ti^0$ | 履带子 鞋带 $li^{51}tω^{13}ti^0$。

需特别指出的是，"草鞋"类不用"履"用"箍"。"箍"《广韵》平声模韵古胡切"以篾束物"。《朱子语类·论语》："如一个桶，须是先将木来做成片子，却将一个箍来箍敛。若无片子，便把一个箍去箍敛，全然盛水不得，"此处"箍"指"围束器物的圈"。乡话中"箍"的意义有引申。

草箍 草鞋 tsʰau⁵¹ku⁴⁴

禾草箍 草鞋的一种，以稻草为主要材料 ω²⁴tsʰau⁵¹ku⁴⁴

麻草箍 草鞋的一种，以麻为主要材料 mo⁴⁴tsʰau⁵¹ku⁴⁴

布草箍 草鞋的一种，用绳将六块布穿在一起，一般夏天赶场时穿 pu¹³tsʰau⁵¹ku⁴⁴

荈 tɕʰyɛ⁵¹，《广韵》昌兖切。《玉篇》"荈，茶叶老者"。《类篇》"茶晚取者多荈"。以下这些词语在泸溪乡话口语中是常说的：荈树 茶树 tɕʰyɛ⁵¹tɕia¹³｜荈叶 茶叶 tɕʰyɛ⁵¹ɕi⁴¹｜荈盘 盖装礼物等的长条形盘子 tɕʰyɛ⁵¹poŋ²⁴kua¹³｜荈壶 茶壶 tɕʰyɛ⁵¹vu²⁴｜泡荈 泡茶 pʰɔu¹³tɕʰyɛ⁵¹ 倒荈 倒茶 tɔu¹³tɕʰyɛ⁵¹｜饮荈 喝茶 ɛi⁵¹tɕʰyɛ⁵¹｜荈店 茶馆 tɕʰyɛ⁵¹tai¹³。

需特别指出的是，"茶叶""茶树"的说法，泸溪乡话内部有差异，有些地方的发音人，例如白沙一带，"茶叶"与"油茶树叶"不分，都叫"槚⁼叶 kʰω⁴⁴ɕi⁴¹"，"茶树"与"油茶树"不分，都叫"槚⁼树 kʰω⁴⁴tɕia¹³"，如果一定要区分，则把"茶树"叫"槚⁼叶树 kʰω⁴⁴ɕi⁴¹tɕia¹³"，以别于"槚⁼树 油茶树 kʰω⁴⁴tɕia¹³"，虽然这些发音人"茶叶"与"油茶树叶"不分，但在表示"用茶叶做成的饮料（茶水）"及相关概念时，都用"荈 tɕʰyɛ⁵¹"，各地乡话一致，如"饮荈 喝茶 ɛi⁵¹tɕʰyɛ⁵¹"不能说"饮槚⁼ ɛi⁵¹kʰω⁴⁴"，"荈壶 茶壶 tɕʰyɛ⁵¹vu²⁴"不能说"槚⁼壶 kʰω⁴⁴vu²⁴"。梁家潭一带的发音人，"荈树 茶树 tɕʰyɛ⁵¹tɕia¹³"和"槚⁼树 油茶树 kʰω⁴⁴tɕia¹³"、"荈叶 茶叶 tɕʰyɛ⁵¹ɕi⁴¹"和"槚⁼叶 油茶树叶 kʰω⁴⁴ɕi⁴¹"分得很清楚。

说乡话的人见"茶"字有两种训读音，在"茶溪、茶坪"（这些地方以种有较多油茶树而得名）等地名中训读为"kʰω⁴⁴"，在"茶店、茶壶"等词语中训读为"tɕʰyɛ⁵¹"。

瓮 ei¹³，《广韵》去声送韵乌贡切："《说文》罋也。"（按："罋"指小口大肚的瓶子）例如：水瓮 水缸 tʂu⁵¹ei¹³｜水瓮架 放水桶或水缸的架子 tʂu⁵¹ei¹³kuo¹³｜潲水瓮 泔水缸 sau¹³tʂu⁵¹ei¹³｜瓮鼎 放在灶边用来热水的铁锅 ei¹³taŋ⁵¹｜瓮肚 缸底儿 ei¹³tu⁵¹。

窟 kʰua⁴¹，《广韵》入声没韵苦骨切："窟穴。"例如：洞窟 地窖 dei¹³kʰua⁴¹｜通窟 窟窿 tʰei⁴⁴kʰua⁴¹｜眼窟 眼眶 ŋai⁵¹kʰua⁴¹｜鼻窟 鼻孔 pi¹³kʰua⁴¹｜耳朵窟 耳朵眼儿 n̠iu⁵¹tu⁰kʰua⁴¹｜纽子窟 扣襻 n̠ia⁵¹ti⁰kʰua⁴¹。

澡 tsau⁵¹，《广韵》上声皓韵子皓切："洗涤。"例如：澡手 洗手 tsau⁵¹ɕiou⁵¹｜澡面 洗脸 tsau⁵¹mĩ¹³｜澡口 漱口 tsau⁵¹kʰia⁵¹｜澡脚 洗脚 tsau⁵¹kω⁴¹｜澡身梗 洗澡 tsau⁵¹ɕiɛ⁴⁴kei⁵¹｜澡衣服 tsau⁵¹i⁴⁴｜澡面水 洗脸水 tsau⁵¹mĩ¹³tʂu⁵¹｜澡脚盆 ①脚盆；②澡盆 tsau⁵¹kω⁴¹pai²⁴｜澡衣粉 洗衣粉 tsau⁵¹i⁴⁴pai⁵¹｜澡衣板 洗衣板 tsau⁵¹i⁴⁴poŋ⁵¹｜澡衣槌 洗衣服用的棒槌 tsau⁵¹i⁴⁴tuɛ²⁴。

二 反映当地生活习俗或生活特色的特别词语

当地人习惯用篓盛东西或背东西,篓或背篓叫[dzou²⁴]或[tsɛi²⁴],本字待考。乡话口语里包含这个语素的词语很多,分得很细致。例如:□□一种竹篓dzou²⁴dzou²⁴ | 负□(背小孩的)背椅ba¹³dzou²⁴ | 花□一种背篓,多用于背婴幼儿xua⁴⁴dzou²⁴ | 鱼□鱼篓ȵiu⁴⁴dzou²⁴ | 箪鼓(□)盛饭用的圆形小竹篓toŋ⁴⁴ku⁵¹(dzou²⁴) | □一种竹背篓tsɛi²⁴ | 花□赶集或背小孩儿的竹背篓xua⁴⁴tsɛi²⁴。

当地人喜欢吃糍粑等糯米制品,称作"餈",乡话口语里含语素"餈"的词语很多。例如粽餈粽子tson¹³tsi²⁴ | 粉餈用米粉(一般用糯米粉和籼米粉)做的饼pai⁵¹tsi²⁴ | 麦餈用面粉做的饼mo⁴¹tsi²⁴ | 葛餈用葛根粉做的饼kω⁴¹tsi²⁴ | 蒿菜餈用蒿子做的饼xɔu⁴⁴tsʰei¹³tsi²⁴ | 油餈油炸糍粑zia⁴⁴tsi²⁴ | 餈槌做糍粑的木槌tsi²⁴tuɛ²⁴ | 餈□做糍粑用的石臼tsi²⁴kʰɛi⁵¹ | 餈岩做糍粑用的石板tsi²⁴ȵia⁴⁴ | □餈做糍粑时将糯米饭打碎tia⁵¹tsi²⁴ | 抛餈抛散糍粑,建房上梁时的一种仪式pʰɔu⁴⁴tsi²⁴。

对于生活中常见家畜,在雌雄、阉割方式等方面,用字、用词分工很细致。雌雄方面,像马、驴这些当地不常见家畜,雌雄用"娘、公"表示,但是对于常见家畜,雌性的有"娘、母、种、草、牸、女"等多种叫法,雄性的有"公、牯、豶"等多种叫法,但使用上有区别,用字也很讲究。例如常见雌性家畜:

牛娘母牛,已生育ŋei⁴⁴ȵioŋ²⁴/娘牛ȵioŋ²⁴ŋei⁴⁴ | 黄牛娘黄牛,雌性,已生育ɦoŋ²⁴ŋei⁴⁴ȵioŋ²⁴ | 水牛娘水牛,雌性,已生育tʂu⁵¹ŋei⁴⁴ȵioŋ²⁴ | 猪娘母猪,已生育tiu⁴⁴ȵioŋ²⁴/娘猪ȵioŋ²⁴tiu⁴⁴ | 鸡娘母鸡kia⁴⁴ȵioŋ²⁴ | 菢鸡娘正在孵蛋的母鸡pʰau⁵¹kia⁴⁴ȵioŋ²⁴;

母牛没有生育能力,或者生育能力差moŋ⁵¹ŋei⁴⁴ | 母猪没有生育能力,或者生育能力差moŋ⁵¹tiu⁴⁴;

种猪母猪,配种用的tɕiou⁵¹tiu⁴⁴ | 草猪母猪,阉过的tsʰau⁵¹tiu⁴⁴;

牸牛母牛,未生育dzi⁵¹ŋei⁴⁴ | 黄牸黄牛,雌性,未生育ɦoŋ²⁴dzi⁵¹ | 水牸(牛)水牛,雌性,未生育tʂu⁵¹dzi⁵¹(ŋei⁴⁴) | 鸡女未生蛋的母鸡kia⁴⁴ȵiu⁵¹。

再如常见雄性家畜:

牛牯未阉过的公牛ŋei⁴⁴ku⁵¹ | □牯阉割过的公牛,偏正结构tɕʰiɛ⁵¹ku⁵¹ | 黄牯黄牛,雄性,未阉ɦoŋ²⁴ku⁵¹ | 水牯(牛)水牛,雄性,未阉tʂu⁵¹ku⁵¹(ŋei⁴⁴) | 猪牯公猪,配种用的tiu⁴⁴ku⁵¹ | 豶猪公猪,阉过的fai²⁴tiu⁴⁴ | 鸡公公鸡kia⁴⁴kei⁴⁴ | 阉鸡阉过的公鸡,偏正iɛ⁴⁴kia⁴⁴。

家畜阉割方面,不同家畜阉割方式不同,不同阉割方式称说不同。凡阉割用刀的,称"阉"或"□gei¹³",不用刀的称"骟"或"□tɕʰiɛ⁵¹"。例如,"阉割鸡"说"阉鸡iɛ⁴⁴kia⁴⁴";"阉割猪"说"阉猪iɛ⁴⁴tiu⁴⁴"或"□猪gei¹³tiu⁴⁴";"阉割羊"可以用刀,说"阉羊iɛ⁴⁴zioŋ²⁴"或"□羊gei¹³zioŋ²⁴",阉割时不用刀说"骟羊tuɛ⁴⁴zioŋ²⁴";"阉割牛"用刀阉割说"□牛gei¹³ŋei⁴⁴",阉割时不用刀则说"骟牛tuɛ⁴⁴ŋei⁴⁴"或"□牛tɕʰiɛ⁵¹ŋei⁴⁴";"阉割狗"一般不用刀,说"骟犬tuɛ⁴⁴kʰuɛ⁵¹"。

三 称说或表述有特色的词语

有些词语在称说或表述上有特色。例如，周边客话（湘语、西南官话）称作"八月炸"的一种植物，说乡话的人称"牛卵□ŋei⁴⁴koŋ⁵¹tɛi²⁴"。再如，把"葱"叫"细蒜si¹³soŋ¹³"；把"蚕"称作"虫liou²⁴"，"蚕沙"称作"虫屎liou²⁴ʂʅ⁵¹"；通用量词除了与周边的客话一样用"条"外，还用有特色的"□tʰu⁴⁴""□lẽ²⁴"等。类似的词还有一些，如：

毛瓜 冬瓜 mɔu⁴⁴kuɑ⁴⁴｜大蒜球 大蒜头 lɔ¹³soŋ¹³dziɑ²⁴｜大蒜枪 大蒜苗 lɔ¹³soŋ¹³tsʰioŋ⁴⁴｜白粉笔 pʰo⁴⁴｜油点子 雀斑 ziɑ⁴⁴tai⁵¹ti⁰｜行雨 雷阵雨 fiaŋ²⁴vɑ⁵¹｜树船 小木船 tɕia¹³dzyɛ²⁴｜树室 木房 tɕiɑ¹³tsi⁴¹｜禾树 稻草堆 ɷ²⁴tɕiɑ¹³｜山木 山 sai⁴⁴fioŋ⁴⁴｜树木 树林 tɕiɑ¹³fioŋ⁴⁴｜椿木树 椿树 tɕʰyɛ⁴⁴fioŋ⁴⁴tɕiɑ¹³｜鼻岭 鼻梁儿 pi¹³liu⁵¹｜牙屎 牙垢 ŋuo⁴⁴ʂʅ⁵¹｜先年钱 压岁钱 sai⁴⁴lai¹⁴tsai²⁴｜同履 结拜兄弟 dɛi²⁴li⁵¹｜半竹粉 半瓶醋（比喻性说法）poŋ¹³tɕiu⁴¹pai⁵¹｜六八手 六指儿 liɑ⁴¹pɑ⁴¹ɕiou⁵¹｜馋犬狼 tsaŋ²⁴kʰuɛ⁵¹｜黄鸡 麂子 fioŋ²⁴kiɑ⁴⁴｜油壳虫 蟑螂 ziɑ⁴⁴kʰou⁴¹liou²⁴｜一平分 一半；一倍 i²⁴faŋ²⁴fai⁴⁴｜大平分 一大半儿 lɔ¹³faŋ²⁴fai⁴⁴｜觖平分 一少半 ȵian⁴⁴faŋ²⁴fai⁴⁴｜应口 顶嘴 ei¹³kʰiɑ⁵¹｜屙屁 放屁 ɷ⁴⁴pʰi¹³｜□（狗）叫 dzou⁴¹｜喊（猪、牛、鸭、鸟）叫 xaŋ¹³｜啼（鸡）叫 di²⁴。

有些亲属称谓在乡话内部一致性较高，与汉语其他方言相比显得很有特色。例如，阿父 祖父 ɑ⁴⁴bou⁵¹/父父 bou⁵¹bou⁵¹｜老父 曾祖父 lau⁵¹bou⁵¹｜太老父 曾祖父之父 tʰɑ¹³lau⁵¹bou⁵¹。祖父、曾祖父、曾祖父之父等父辈以上的称谓，各地乡话都含有一个共同的语素"父"，而称父亲则不用"父"，泸溪乡话一般用"大dɑ¹³"称父亲。再如，家婆 外祖父 kuo⁴⁴bɷ²⁴｜家母 外祖母 kuo⁴⁴moŋ⁵¹。表示"外祖父、外祖母"的词，都含语素"家"，以"家x"来称呼外祖母、外祖父，这在乡话周边的湘语、西南官话都如此，在汉语其他方言中也存在，乡话有特色的是，"外祖父"用"家婆"表示，与"家母 外祖母"相对。又如，称"姑姑"为"妖妖tɑ²⁴tɑ²⁴"，称"叔父"为"阿□ɑ⁴⁴uo²⁴/□□uo²⁴uo⁰"，称"姨妈"为"□娘tsoŋ⁵¹ȵiaŋ²⁴（比母大）""□□uo²⁴ʂʅ⁵¹（比母小）"，虽然各地读音略有差异，有的本字不详，但来源一样，内部一致性很高。

有些词，词序与北京话不同，但与周边方言一致。例如：

青篾 篾青 tsʰẽ⁴⁴mi⁴⁴｜人客 客人，一般在一人以上 fioŋ⁴⁴kʰuo⁴¹｜牛娘 母牛，已生育 ŋei⁴⁴ȵioŋ²⁴｜鸡娘 母鸡 kiɑ⁴⁴ȵioŋ²⁴｜鸡女 未生蛋的母鸡 kiɑ⁴⁴ȵiu⁵¹｜猪娘 母猪，已生育 tiu⁴⁴ȵioŋ²⁴｜牛牯 未阉过的公牛 ŋei⁴⁴ku⁵¹｜猪牯 公猪，配种用的 tiu⁴⁴ku⁵¹｜鸡公 公鸡 kiɑ⁴⁴kei⁴⁴。

有的则不仅与北京话不同，与周边方言也不同。例如：

花眼 眼花 xuɑ⁴⁴ŋai⁵¹｜疑怀 怀疑 ȵi¹³xuai²⁴｜觖大 大小 ȵian⁴⁴lɔ¹³。

第二节

古语词

乡话保留了不少古语词，杨蔚（1999），伍云姬、沈瑞清（2010）等先生在研究沅陵乡话、古丈乡话中有过论述，我们前面也列举了一些。本节以泸溪乡话为例，列举乡话中较常用的古语词。列举时，先列出乡话的读音、用例或释义，再列韵书中的反切以及折合的今音，后面是韵书字书的释义，最后是文献书证。

1. 虺 fi^{51}，指"蛇"。例如：菜花虺菜花蛇 ts^{h}ei^{13}xuɑ^{44}fi^{51}｜四脚虺壁虎 si^{13}kɵ^{41}fi^{51}

虺，《广韵》许伪切，xuei^{214}，"蛇虺"。《集韵》"虫名"。《说文》"虺以注鸣"，朱骏声《说文通训定声》：虺者，蜥蜴之属。《玉篇》"尸虺，今以注鸣者。亦为蝮虫也"。

"虺"在古文献中既可以指蜥蜴类动物，也可以指蛇名。例如：

哀今之人，胡为虺蜴。（《诗经·小雅·正月》）朱熹集传：虺、蜴，皆毒螫之虫也。马瑞辰通释：虺、蜴同类而异名。

维雄维羆，维虺维蛇。（《诗经·小雅·斯干》）朱熹集传：虺，蛇属，细头，大头，色如文绶，大者长七八尺。

雄虺九首，儵忽焉在？（屈原《天问》）王逸注：虺，蛇别名也。

为虺弗摧，为蛇将若何？（《国语·吴语》）韦昭注：虺小蛇大也。

小不为虺蚳，大不为鲸鲵。（唐柳宗元《武冈铭》）蒋之翘辑注：虺，蝮虫也。

2. 蜱 pi^{44}，蜱虫臭虫 pi^{44}liou^{24}｜茅蜱牛身上的一种小寄生虫 mɔu^{44}pi^{44}

蜱，《广韵》符支切，p^{h}i^{35}，《集韵》"蜱蛸，螳螂卵"。《尔雅》"不过、螳螂，其子蜱蛸"，郭璞注：蜱蛸，一名蟷蟧，螳螂卵也。

"蜱"在古文献中既可以指蜱蛸类动物，也可以指螳螂卵。例如：

东方之馈，四豆、脾析蜱醢。（《仪礼·既夕礼》）郑玄注：蜱，蛑也。

祭祀，共蠯、蠃、蚳，以授醢人。(《周礼·天官·鳖人》)孙诒让正义：蜱，与蠯同。

献鳖蜃与龟鱼，供蜗蠯与菱芡。(《文选·张衡〈东京赋〉》)李善注：蜱，与蠯同。

3. 椑 pi^{44}，椑□子—一种野生的小柿子pi^{45}pu^{0}tsa^{51}

椑，《广韵》部迷切，p^{h}i^{35}，"圆榼也"。《广韵》府移切，"木名，似柿"，《集韵》"木名，实似柿而青"。《玄应音义》卷十四"椑桃"注：椑，似柿，南土有青黄两种，荆州谓之乌椑。

"椑"在古文献中可以指果木名。例如：

宜都出大椑。(《荆州记》)

梁侯乌椑之柿。(《文选·潘岳〈闲居赋〉》)

乌椑不熟还无事，小艇难乘莫载来。(宋杨万里《过长峰径遇雨遣闷》)

土贡：方纹绫、紫布、柑、橙、橘、椑。(《新唐书·地理志》)

柑椑与橙栗，在口亦云可。(宋王安石《甘棠梨》)

4. 羆 bei^{24}，称"熊"为"羆娘 bei^{24}n.ioŋ^{24}"

羆，《广韵》彼为切，p^{h}i^{35}。《说文》"如熊，黄白文"。《尔雅》"如熊，黄白文"，郭璞注：似熊而长头高脚，猛憨多力，能拔树木，关西呼曰貑羆。郝懿行疏：盖羆熊相类，俗人不识羆，故呼为人熊。《玉篇》"似熊，黄白色"。

"羆"在古文献中指熊的一种。例如：

兽多犀兕熊羆。(《山海经·西山经》)郭璞注：似熊而黄白色，猛憨，能拔树。

熊羆对我蹲，虎豹夹路啼。(曹操《苦寒行》)

南驱汉中，张罗罔罝罞，捕熊羆禽兽。(《资治通鉴·汉纪二十四》)胡三省注：羆，似熊，黄白色，披发人立，而绝有力。

5. 靁 tui^{44}，指"雷"。例如：□靁打雷k^{h}a^{51}tui^{44}

靁，《广韵》陟佳切，tʂuei^{55}，"靁，雷也，出韩诗"。《广雅》"靁，雷也"，王念孙疏证：靁之言哼哼然也。

6. 室 tsi^{41}，房子、屋子；家。例如：树室木房tɕia^{13}tsi^{41}｜竖室造房子dza^{13}tsi^{41}｜一室人一家子i^{24}tsi^{41}ɦoŋ^{44}｜娘室娘家n.ioŋ$^{44-45}$tsi^{41}｜老室生前预制的棺材lau^{51}tsi^{41}

室，《广韵》式质切，ʂ̩^{51}，"房也"。《释名》"实也，人物实满其中也"。《说文》"实也"，徐锴系传：堂之内人所安止也；段玉裁注：室，引申之，则凡所居皆曰室。《尔雅》"宫谓之室，室谓之宫"。

"室"在古文献中既可以指房间、房屋，也可以指家，还可以指坟墓。例如：

入室又弗见也。(《礼记·问丧》)

由也，升堂矣，未入于室也。(《论语·先进》)

户庭无尘杂，虚室有余闲。（晋陶渊明《归园田居》）

我入自外，室人交遍谪我。（《诗经·邶风·北门》）

富家之商，必夺贫室之财。（《论衡·偶会》）

曩与吾祖居者，今其室十无一焉。（唐柳宗元《捕蛇者说》）

室中更无人，惟有乳下孙。（唐杜甫《石壕吏》）

渔商数十室，门巷隐桑麻。（宋王安石《东门》）

题凑之室，棺椁数袭，积石积炭，以环其外。（《吕氏春秋·节丧》）高诱注：室，椁藏也。

7. 荈 tɕʰyɛ⁵¹，指"茶、茶水"。例如：饮荈喝茶 ɕi⁵¹tɕʰyɛ⁵¹

荈，《广韵》昌兖切，tsʰuan²¹⁴。《尔雅》"槚，苦荼"，郭璞注：早采者为荼，晚取者为茗，一曰荈。陆德明《经典释文》引张揖《杂字》"荈，茗之别名也"。《玉篇》"荈，茶叶老者"，《类篇》"茶晚取者多荈"。

"荈"在古文献中指茶的老叶，即粗茶，也泛指茶。例如：

或密赐茶荈以当酒。（《三国志·吴志·韦曜传》）

姜桂茶荈出巴蜀，椒橘木兰出高山。（唐陆羽《茶经·事》）

蓉荈雪滞。（元姚燧《兴元行省夹谷公神道碑》）

柘浆茶荈作银气，红尘四合城郭圜。（清黄遵宪《乙未二月二十七日公祭沉文肃公祠》）

冬不裘，夏不绤，食不肴，饮不荈。（清纪昀《阅微草堂笔记·如是我闻四》）

8. 糜 maŋ⁴⁴，指"饭"。例如：食糜吃饭 ʑiu²⁴maŋ⁴⁴｜煮糜煮饭 tɕiou⁵¹maŋ⁴⁴｜朝糜早饭 tiau⁴⁴maŋ⁴⁴｜牛糜牛食 ŋei⁴⁴maŋ⁴⁴

糜，《广韵》靡为切，mi³⁵，"糜粥"。《说文》"糜，糁也"，段玉裁注：以米和羹谓之糁，专用米粒为之谓之糁糜，亦谓之鬻。《尔雅》"鬻，糜也"，郝懿行义疏：盖以米和羹为糁，以米煮鬻为糜，糜、鬻通名。《释名》"煮米使糜烂也"。《广雅》"糜，糊也"，王念孙疏证：糜之言靡细也，米麦屑谓之糜。

"糜"在古文献中可以指稠粥，也可以指米、麦的碎粒。例如：

是月也，养衰老，授几杖，行糜粥饮食。（《礼记·月令》）

帝令侍御史侯汶出太仓米豆为贫人作糜。（《资治通鉴·汉纪五十三》）

夫釜鬲而爨者，必涌溢蒸郁以糜百物。（唐柳宗元《三川震》）

那老人筛下两碗白酒，盛一碗糕糜，叫石秀吃了。（《水浒全传》第四十七回）

9. 箸 tiu¹³，指"筷子"

箸，《广韵》迟倨切，tsu⁵¹，"匙箸"。《说文》"饭攲也"，段玉裁注：饭攲也；王筠句读：攲，持去也。《通俗文》以箸取物曰攲。《广雅》"筴谓之箸"，《玉篇》"筴也，饭具也"。

"箸"在古文献中指筷子。例如：

饭黍勿以箸。(《礼记·曲礼上》)陆德明释文：箸，饭敁也。

独置大胾，无切肉，又不置櫡。(《史记·绛侯周勃世家》)司马贞索隐：櫡，汉书作箸。箸者，食所用也。

昔者纣为象箸而箕子怖。(《韩非子·喻老》)

何必怀故乡，下箸厌雁鹜。(宋陆游《野饭》)

分明军令，杯前借箸题筹。(明汤显祖《牡丹亭·闹宴》)

众媳妇另行擦桌整果，更杯洗箸，陈设一番。(《红楼梦》第七十六回)

10. 簟 lai^{51}，指"席子"。例如：晒谷簟用来晒谷物的竹席 sɑ^{13}ku^{41}lai^{51}｜麦禾簟草席 mo^{41}ɯ^{24}lai^{51}

簟，《广韵》徒玷切，tian^{51}，"竹席也"。《说文》"竹席也"，《广雅》"席也"。《释名》"簟，覃也，布之覃覃然平正也"。《方言》卷五"簟，宋魏之间谓之笙，或谓之籧苗，自关而西或谓之簟"。

"簟"在古文献中既指竹席，也指竹名。例如：

载驱薄薄，簟茀朱鞹。(《诗经·齐风·载驱》)毛传：簟，方文席也；车之蔽曰茀。

君以簟席，大夫以蒲席。(《礼记·丧大记》)郑玄注：簟，细苇席也。

簟竹既大，薄且空中，节长一丈，其直如松。(南朝宋沈怀远《博罗县簟竹铭》)

珍簟清夏室，轻扇动凉飔。(《文选·谢朓〈在郡卧病呈沉尚书〉》)

枕簟入林僻，茶瓜留客迟。(唐杜甫《巳上人茅斋》)

11. 筲箕 sou^{44}tɕie^{44}，用来撮粮食、垃圾的器具；引申指簸箕形的指纹

筲，《广韵》所交切，ʂau^{55}，"斗筲，竹器"。《玉篇》"筲，斗筲，竹器"。《方言》卷五"箸筲，陈楚宋魏之间谓之筲"。《广雅》"筲，箸筲也"，王念孙疏证：箸筲谓之筲，犹刀室谓之削也。《篇海类编》"筲，饭器，筲箕也"，《字汇》"筲，饭器，俗谓筲箕"。

"筲"在古文献中既指畚箕一类的竹器，也指淘米一类的竹器。例如：

斗筲之徒，何足选也。(《汉书·公孙刘田等传赞》)颜师古注：筲，竹器也，容一斗。

斗筲之人何足算也。(《论语·子路》)何晏集解引郑玄曰：筲，竹器，容斗二升者也。

而屑屑从斗筲之役乎？(《文选·潘岳〈闲居赋〉》)

筲八盛，容三升。(《后汉书·礼仪下》)

白菌盈枯枿，黄精满绿筲。(唐陆龟蒙《奉和袭美新秋言怀》)

12. 薪 sai^{44}，指"柴"。例如：薪草柴草 sai^{44}tsʰɑu^{51}

薪，《广韵》息邻切，ɕin^{55}，"柴也"。《说文》"荛也"，《玉篇》"柴也"。

"薪"在古文献中指作燃料的木材，特指大木。例如：

析薪如之何？匪斧不克。(《诗经·齐风·南山》)

某有负薪之忧。(《礼记·曲礼下》)孔颖达疏：薪，樵也，大樵曰薪。

则是农夫得居装而卖其薪荛。(《管子·轻重甲》) 尹知章注：大曰薪，小曰荛。

薪之薪蒸，虞候守之。(《左传·昭公二十年》) 陆德明释文：粗曰薪，细曰蒸。

卖炭翁，伐薪烧炭南山中。(唐白居易《新乐府·卖炭翁》)

13. **窟** k^hua^{41}，指"窟窿，洞"。例如：洞窟 地窖 $dei^{13}k^hua^{41}$｜通窟 窟窿 $t^hei^{44}k^hua^{41}$｜鼻窟 鼻孔 $pi^{13}k^hua^{41}$｜纽子窟 中式的扣襻 $nia^{51}ti^0k^hua^{41}$

窟，《广韵》苦骨切，k^hu^{55}，"窟穴"。《玉篇》"窟，窟室也"。《小尔雅》"兔之所息谓之窟"，《类篇》"窟，兔窟也"。《慧琳音义》卷三十七"仙窟"注引《说文》：窟，窠也。

"窟"在古文献中指洞穴，也指土室。例如：

狡兔有三窟，仅得免其死耳。(《战国策·齐策四》)

夏不失复，冬不离窟，父子夫妇内藏于专室土圜之中。(《盐铁论·轻重》)

珍怪之所化产，傀奇之所窟宅。(《文选·郭璞〈江赋〉》)

里人石工猎龙尾山，因窟入见，文塊然居其间。(宋苏轼《万石君罗文传》)

郑伯有耆酒，为窟室而夜饮酒。(《左传·襄公三十年》) 杜预注：窟室，地室。

14. **鼎** $taŋ^{51}$，指"做饭或烧水用的铁锅"。例如：瓮鼎 放在灶边用来热水的铁锅 $ei^{13}taŋ^{51}$

鼎，《广韵》都挺切，$tiŋ^{214}$。《说文》"鼎，三足两耳，和五味之宝器也"。《玉篇》"鼎，所以熟食器也"。《玄应音义》卷十"调鼎"注：鼎者，所以烹饪饮食也。

"鼎"在古文献中常指器物。例如：

鼎折足，覆公餗，其形渥。(《周易·鼎》)

鼎，宗庙之器。(《汉书·五行志中之下》)

鼎簋十有二。(《周礼·秋官·掌客》)

秦磨利剑斩李斯，齐烧沸鼎烹郦其。(唐白居易《咏史》)

大紫檀雕螭案上，设着三尺来高青绿古铜鼎。(《红楼梦》第三回)

15. **铛** $ts^haŋ^{44}$，指"锅"。例如：铛盖 锅盖 $ts^haŋ^{44}kua^{13}$｜铛墨屎 锅底烟子 $ts^haŋ^{44}mei^{41}ʂʅ^{51}$

铛，《广韵》楚庚切，$tʂ^həŋ^{55}$。《集韵》"铛，釜属"。《玉涵山房辑佚书·通俗文》"鬴有足曰铛"。

"铛"在古文献中可以指器物。例如：

(陈遗)母好食铛底焦饭。(《世说新语·德行》)

乃自出酒，以铁铛温之。(《北史·孟信传》)

鼎铛玉石，金块珠砾，弃掷逦迤。(唐杜牧《阿房宫赋》)

榻下无儿孙，铛中无药饵。(清吴嘉纪《哭王水心》)

16. **甑** $tsei^{44}$，指"蒸笼"

甑，《广韵》子孕切，$tsəŋ^{51}$。《说文》"甗也"，段玉裁注：《考工记》陶人为甑，实二䎽，厚半寸，唇寸，七穿。按甗所以炊烝米为饭者，其底七穿，故必以箅蔽甗底而加米于上，而馇之，而馏之。《方言》卷五"甗，自关而东谓之甗"，钱绎笺疏：甗之言蒸也，蒸饭之器也。底有穿，必有竹席蔽之，米乃不漏。章炳麟《新方言·释器》："湖南谓釜曰甗，浙西鄙人谓小甕曰甗。"

"甗"在文献中指蒸食炊器。例如：

甗，实二䎽，厚半寸，唇寸，七穿。（《周礼·考工记·陶人》）

璋珪杂于甑窒兮，陇廉与孟娵同宫。（《楚辞·哀时命》）

许子以釜甑爨，以铁耕乎？（《孟子·滕文公上》）

朝甗米空烹芋粥，夜缸油尽点松明。（宋陆游《杂题六首》之二）

他在灶屋抓了一把甗边饭。（周立波《扫盲志异》）

18. 瓮 ei¹³，指"水缸"。例如：水瓮水缸 tʂu⁵¹ei¹³ ｜ 潲水瓮泔水缸 sɑu¹³tʂu⁵¹ei¹³

瓮，《广韵》乌贡切，uoŋ⁵¹。《说文》"罂也"，段玉裁注：罂之大口者也。《方言》卷五"瓮，甖也。自关而东，赵魏之郊谓之瓮，或谓之甖"。《玉篇》"瓮，大甖"，《类篇》"瓮，甖类"。《广雅》"瓶也"，王念孙疏证：通作甕、罋。

"瓮"在古文献中指腹部较大盛东西用的陶器。例如：

醯醢百瓮。（《礼记·檀弓上》）

凿隧而入井，抱瓮而出灌。（《庄子·天地》）

桔槔俯仰妨何事，抱瓮区区者此身。（宋王安石《赐也》）

此计大妙，却似瓮中捉鳖，手到拿来！（《水浒全传》第三十三回）

好事者信之，没日至，或取以酿酒，或开楔泉茶馆，或瓮而卖及馈送有司。（清张岱《陶庵梦忆》）

18. 履 li⁵¹，指"鞋"。例如：絮履棉鞋 siu¹³li⁵¹ ｜ 布履布鞋 pu¹³li⁵¹

履，《广韵》力几切，ly²¹⁴，"鞋也"。《说文》"足所依也"，朱俊声《说文通训定声》：履，此字本作屨，转注为所以践之具也。《小尔雅》"履，具也，在足谓之履"。《玉篇》"履，皮曰履"。《方言》"自关而东丝作之者谓之履"。

"履"在古文献中可以指鞋。例如：

登台而履薪焉，使以免服衰绖逆。（《左传·僖公十五年》）

原宪华冠縰履，杖藜而应门。（《庄子·让王》）

唐尊衣敝履空，以瓦器饮食。（《汉书·鲍宣传附唐尊》）

乃使邵康公赐齐太公履。（《文选·潘勖〈册魏公九锡文〉》）

谓当收桑榆，华发看剑履。（宋苏轼《送周朝议守汉州》）

19. 裤 kuɛ⁴⁴，指"裤子"。例如：裤裆裤裆 kuɛ⁴⁴toŋ⁴⁴ ｜ 衣裤衣服，总称内外衣、内外裤 i⁴⁴kuɛ⁴⁴

裈，《广韵》古浑切，kʰuən⁵⁵，"裦衣"。《说文》"幝，幒也。从巾，军声。裈，幝或从衣"，段玉裁注：今之套裤，古之绔也；今之满裆裤，古之裈也。自其浑合近身言曰幝，自其两襱孔穴言曰幒。《玉篇》"裈，或作幝"。《方言》卷四"裈，陈楚江淮之间谓之㮣"，戴震疏证：裈亦作幝，钱绎笺疏：裈即今之合当绔也，亦谓之裈。

"裈"在古文献中指裤子。例如：

刑部侍郎辛亶尝衣绯裈。（《资治通鉴·隋纪二》）胡三省注：裈，裦衣也。

袍襦表里曲领裙，襜褕袷複褶袴裈。（《急就篇》卷二）颜师古注：合裆谓之裈，最亲身者也。

人宁可使妇无裈邪？（《世说新语·德行》）

袭亦庸鄙，在郢州，暑月露裈上听事。（宋书·长沙景王道怜传）

20. 籯 lɛi⁵¹，装衣服的大箱子

籯，《广韵》力董切，loŋ²¹⁴，"竹器"。元戴侗《六书故·植物三》："籯，今人不言匦笥而言箱籯，浅者为箱，深者为籯也。"

"籯"在古文献中可以指竹箱。例如：

若自忧而足，则臣亦之周负籯耳。（《战国策·燕策一》）鲍彪注：籯，竹器也。

盻箱籯以揭骄，睆骁媒之变态。（《文选·潘岳〈射雉赋〉》）徐爰注：箱籯，竹器，盛媒者也；凡竹器，箱方而密，籯圆而疏。

间壁大官人家失火，有箱籯什物搬来寄顿。（《水浒全传》第四十一回）

21. 枱 ta²⁴，枱子桌子 ta²⁴ti⁰

枱，《广韵》徒哀切，tʰai³⁵。《玉篇》"木名"。

"枱"在古文献中指桌子。例如：

几，汉李尤《〈几铭〉序》曰："黄帝轩辕作……今曰燕几、曰檯、曰书卓。"（《三才图会·器用·臺》）

一日，上御讲筵，足加于檯楞上，意有惰容。（明文秉《烈皇小识》卷二）

今天跟着抚台去拜俄罗斯武官，不懂话，当面坍了一个枱，大为扫兴。（清李伯元《文明小史》第四十五回）枱，同"檯"，桌类。

22. 箪 toŋ⁴⁴，箪鼓盛饭用的圆形小竹篓 toŋ⁴⁴ku⁵¹

箪，《广韵》都寒切，tan⁵⁵，"箪笥，小篋"。《说文》"笥也"，段玉裁注：箪笥有盖，如今之箱盒。《玉篇》"苇器也"。《广雅》"筐也"，王念孙疏证：箪与笥对文则异，散文则通。

"箪"在古文献中可以指盛饭食的圆形竹器。例如：

而为之箪食与肉，寘诸橐以与之。（《左传·宣公二年》）杜预注：箪，笥也。

一箪食，一瓢饮，在陋巷，人不堪其忧，回也不改其乐。（《论语·雍也》）皇侃疏：箪，竹笪之属也，用贮饭。

凡以弓剑苞苴箪笥问人者，操以授命，如使之容。（《礼记·曲礼上》）郑玄注：箪笥，盛饭食者，圆曰箪，方曰笥。

饥餐一箪饭，闷酌一卮酒。吟哦从所好，贫贱亦何有？（宋陆游《久无暇近书卷慨然有作》）

于是发其箪，取盎浆，跪而进之。（明冯梦龙《东周列国志》第七十三回）

23. 麩 k^hu^{44}，指"渣饼"。例如：桐麩桐籽榨油后渣滓压成的饼状物 $dei^{24}k^hu^{44}$｜菜麩菜籽榨油后渣滓压成的饼状物 $ts^hei^{13}k^hu^{44}$

麩，《类篇》空胡切，k^hu^{55}，"䴷饼"。

24. 珓 kou^{13}，占卜用具，用有正反面的两片竹片或木片制成。例如：问珓打卦、占卜 $mai^{13}kou^{13}$｜阴珓 $i^{44}kou^{13}$｜阳珓 $iaŋ^{24}kou^{13}$｜圣珓 $ɕi^{24}kou^{13}$

珓，《广韵》古孝切，$tɕiau^{51}$，"杯珓，古者以玉为之"。《集韵》"杯珓，巫以占吉凶之器者"。《类篇》"巫以占吉凶者"。

"珓"在古文献中指占卜吉凶的器具。例如：

手持杯珓导我掷，云此最吉余难同。（唐韩愈《谒衡岳庙遂宿岳寺题门楼》）

建炎中，大盗张遇号"一窝蜂"，拥兵过庙下，相率卜珓。（宋陆游《入蜀记》）

太祖在皇觉寺，时天下兵乱，寺僧散避，太祖祝伽蓝，以珓卜吉凶。（明郎瑛《七修类稿·国事类·伽蓝珓》）

音书此时不到家，老亲听之思天涯，掷珓问卜愁转加。（清江湜《龙岩州除夕醉后赋长句》）

25. 索 $sɤ^{41}$，索子绳子 $sɤ^{41}ti^0$

索，《广韵》苏各切，suo^{214}，"又绳索"。《说文》"艸有茎叶可作绳索"。《小尔雅》"大者谓之索，小者谓之绳"。《玉篇》"纠绳曰索"。

"索"在古文献中可以指大绳。例如：

昼尔于茅，宵尔索綯。（《诗经·豳风·七月》）朱熹集传：索，绞也。

伤诚是之不察兮，并纫茅丝以为索。（《楚辞·惜誓》）王逸注：单为纫，合为索。

予临兆民，懔乎若朽索之驭六马。（《尚书·五子之歌》）

孔子游于太山，见荣启期行乎郕之野，鹿裘带索，鼓琴而歌。（《列子·天瑞》）

其次关木索被箠楚受辱。（汉司马迁《报任安书》）

26. 大 da^{13}，指父亲。例如：阿大 $a^{44}da^{13}$

大，《广韵》徒盖切，ta^{51}。"大"在字韵书中没有记载"父亲"义，但在文献中的意义可以指父亲。例如：

父曰爹，又曰别，又曰大。（明沈榜《宛署杂记·民风二·方言》）

俺大叫俺来上海看看你，你这些年都没有回去，俺大想得什么似的。（蒋光慈《弟兄夜话》）

去年年底，我大因还不起阎王债，眼看日子没过头，上吊死了。（姚雪垠《李自成》第二卷第十五章）

27. 妖，称姑母为"妖妖 tɑ²⁴tɑ²⁴"

妖，《字汇补》同奈切，tɑ⁵¹，"妖，姊称也"。宋范成大《桂海虞衡志·杂志》："妖，音大，大女及姊也。"宋赵与时《宾退录》卷五也有同样记录。据《汉语大词典》（罗竹风，1989，第四卷，P269）：浙江绍兴呼姐为"妖妖"。亦以称父之姐妹。据《汉语方言大字典》（中华书局，第二卷，P2309）：今浙江海宁称姑妈为"妖妖"。

28. 牸 dzi⁵¹，牸牛母牛（未生育） dzi⁵¹ŋei⁴⁴｜黄牸黄牛（雌性，未生育） ɦoŋ²⁴dzi⁵¹

牸，《广韵》疾置切，tsɿ⁵¹，"牝牛"。《玉篇》"母牛也"。《广雅》"雌也"，王念孙疏证：牸之言字，生子之名。牛母谓之牸，犹麻母谓之芋矣。《慧琳音义》卷五十三"牸牛"注引《文字释要》：凡牛羊之雌者曰牸。

"牸"在古文献中多指母牛。例如：

牸牝入陈。（《盐铁论·未通》）张之象注：牸，牝牛也。凡兽育子曰牸。

曾不若一羸牸。（《资治通鉴·晋纪二十二》）胡三省注：牸，牝牛也。

臣故畜牸牛，生子而大，卖之而买驹。（《说苑·政理》）

有詹氏子，十九岁，牧一牸坟侧。（宋岳珂《桯史》卷八）

牸之舐犊，鸟之餔雏，以我之所生，故不自知不自解而惟恐伤之。（清李塨《真定黄氏家谱序》）

29. 牯 ku⁵¹，黄牯黄牛（雄性，未阉） ɦoŋ²⁴ku⁵¹

牯，《广韵》公户切，ku²¹⁴，"牯牛"。《集韵》"牛名"。《玉篇》"牯，牝牛"。《正字通》"俗称牡牛曰牯"。

"牯"在古文献中多指公牛。例如：

四牸三牯，中一去乳。（唐陆龟蒙《祝牛宫辞》）

常山长蛇一断尾，即墨怒牯齐奔踊。（明杨维桢《毗陵行》）

远远的有个牧童，倒骑水牯牛，从山嘴边转了出来。（《儒林外史》第一回）

30. 豶 fai²⁴，豶猪公猪（阉过的） fai²⁴tiu⁴⁴｜豶犬公狗 fai²⁴kʰuɛ⁵¹

豶，《广韵》符分切，fən³⁵，"豕也"。《说文》"羠豕也"，段玉裁注：羠，骟羊也；骟，犗马也；犗，骟牛也，皆去势之谓也。《玉篇》"豶，犗也"。《广雅》"犗也"。

"豶"在古文献中多指阉割后的猪。例如：

豶豕之牙，吉。（《周易·大畜》）陆德明释文引刘表注：豕去势曰豶。

六畜蕃息豚豕猪，貑豱狡犬野鸡雏。(《急就篇》卷三) 颜师古注：豱，辖豕，亦谓之豵。

游豱蹂稼而莫之禁也。(汉朱穆《绝交论》)

郡界有豕生数子，经旬而死，其家又有豱，遂乳养之，诸豚赖之以活。(《北史·陆通传附陆逞》)

31. 劇 tɕiɛ²⁴，劇羊_{阉过的羊}偏正结构 tɕiɛ²⁴ziɔŋ²⁴

劇，《广韵》居言切，tɕian⁵⁵，"以刀去牛势也"。《玄应音义》卷十一"犍割"注引《通俗文》"以刀去阴曰劇"。《玉篇》"剔也"。

32. 骰 tuɛ⁴⁴，阉割方式之一，"骰"这种方式阉割时，一般不使用刀。骰羊_{阉割羊} tuɛ⁴⁴ziɔŋ²⁴｜骰牛_{阉割牛} tuɛ⁴⁴ŋei⁴⁴｜骰犬_{阉割狗} tuɛ⁴⁴kʰuɛ⁵¹

骰，《广韵》都昆切，tuən⁵⁵，引《字林》"骰，去畜势"。

"骰"在古文献中指割掉家畜、家禽的睾丸。例如：

骰鸡肥脆聊供膳，筜酒甘浓可荐杯。(宋梅尧臣《重送袁世弼》)

童贯这骰狗，作恶异常，教我那里按捺得定。(清李玉《清忠谱·书闹》)

33. 食 ziu²⁴，指"吃"时读 [ʑiu²⁴]；在"零星食_{零食} lɔŋ⁴⁴sɔŋ⁴⁴ȵiu²⁴｜猪食 tiu⁴⁴ȵiu²⁴"中读 [ȵiu²⁴]

食，《广韵》乘力切，ʂʅ³⁵，"饮食"。《说文》"一米也"，段玉裁注：亼米也。亼，集也，集众米而成食也。引申之人用供口腹亦谓之食，此其相生之名义也。朱俊声《说文通训定声》：六谷之饭曰食。《尔雅》"食饐谓之餲"，邢昺疏：食，饭也。《玉篇》"饭食"。《古今韵会举要·职韵》引《增韵》：食，茹也，啗也。《正字通》"饮酒亦曰食"。

"食"在古文献中既可以做名词，指"饭食""粮食"，也可以做动词"吃"。例如：

膳夫掌王之食饮膳羞。(《周礼·天官》)

有酒食先生馔。(《论语·为政》)

一箪食。(《论语·雍也》) 朱熹集注：食，饭也。

执食兴辞。(《礼记·曲礼上》) 煎醢加于黍上。(《内则》) 士疏食水饮。(《丧大记》) 孔颖达疏：食，饭也。

薛公以齐为韩、魏攻楚，又与韩、魏攻秦，而藉兵乞食于西周。(《战国策·西周策》) 高诱注：食，粮也。

适见犊子食于其死母者。(《庄子·德充符》) 郭象注：食，乳也。

食谓农殖嘉谷可食之物。(《汉书·食货志上》)

硕鼠硕鼠，无食我麦。(《诗经·魏风·硕鼠》)

撷亭下之茶，烹而食之。(宋苏轼《遗爱亭记》)

34. 竖 dzɑ¹³，指"站立"，可引申为"竖立"等义。例如：竖室_{造房子} dzɑ¹³tsi⁴¹｜倒竖_{倒立} tɔu¹³dzɑ¹³

竖，即豎，《广韵》臣庾切，ʂu⁵¹，"豎，竖俗"，"立也"。《慧琳音义》卷八十一"双竖"注：竖，俗字，正体作豎。《说文》"豎，豎立也"，《广雅》《玉篇》"豎，立也"。

"竖"在古文献中可以为立，直立。例如：

粲风飞而飚豎，郁云起乎翰林。（《文选·陆机〈文赋〉》）吕向注：豎，立也。

使豎一白眊。（《资治通鉴·晋纪四十》）胡三省注：豎，立也。

此即起化偃为豎，化尸为人矣。（《三国志·魏志·钟繇传》）

君王城上豎降旗，妾在深宫那得知。（五代花蕊夫人《述国王》）

35. 负 bɑ¹³，指"背负"

负，《广韵》房久切，fu⁵¹，《释名》"负，背也，置项背也"。《玉篇》"负，担也，置之于背也"。

"负"在古文献中有以背载物的意思。例如：

恒之糜苣，是任是负。（《诗经·大雅·生民》）朱熹集传：负，背负也。孔颖达疏：以任、负异文，负在背，故任为抱。

天子负斧依南乡而立。（《礼记·明堂位》）郑玄注：负之言背也。

王寿负书而行。（《韩非子·喻老》）

颁白者不负戴于道路矣。（《孟子·梁惠王上》）

碓声惊破五更梦，岁负玉粒输官仓。（宋陆游《游昭牛图》）

36. 着 tɵ⁴¹，指"穿"。例如：着衣裤穿衣服 tɵ⁴¹i⁴⁴kuɛ⁴⁴

著，《广韵》张略切，tʂuo³⁵，"著，服衣于身"。《慧琳音义》卷十二"就著"注引《桂苑珠丛》云：著，附也。《玄应音义》卷三"坚著"注引《字书》：著，相附著也。

"着"的穿上义在古文献中写作"著"。例如：

著以长相思，缘以结不解。（《文选·古诗十九首》）李善注引郑玄曰：著，充之以絮也。

著我绣夹裙，事事四五通。（古诗《孔雀东南飞》）

将军角弓不得控，都护铁衣冷难著。（唐岑参《白雪歌送武判官归京》）

忆昔范增碎玉斗，未使吴兵著白袍。（唐杜甫《久雨期王将军不至》）

37. 解 kiɑ⁵¹，指"脱"。例如：解衣裤脱衣服 kiɑ⁵¹i⁴⁴kuɛ⁴⁴｜解履脱鞋 kiɑ⁵¹li⁵¹｜解帽脱帽 kiɑ⁵¹mɔu¹³

解，《广韵》佳买切，tɕiɛ²¹⁴，"脱也"。《慧琳音义》卷六十六"锯解"注引郭璞注《方言》云：解，脱也。

"解"在文献中有脱的意思。例如：

侍坐于长者，履不上于堂，解履不敢当阶。（《礼记·曲礼上》）孔颖达疏：解，脱也。

取竹之解谷生。（《汉书·律历志》）颜师古注引孟康曰：解，脱也。

子墨子解带为城，以牒为械。(《墨子·公输》)

方解缨络，永托兹岭，不任吟想之至，聊奋藻以散怀。(《文选·孙绰〈游天台山赋〉》)

两个来到泊岸边，枯椿上缆的小船解了一只，便扶着吴用下船去了。(《水浒全传》第十五回)

她解下裙子放在床上。(巴金《家》)

38. 澡 tsɑu⁵¹，指"洗"。例如：澡衣 tsɑu⁵¹i⁴⁴｜澡手 tsɑu⁵¹ɕiou⁵¹｜澡口漱口 tsɑu⁵¹kʰiɑ⁵¹ 等

澡，《广韵》子皓切，tsɑu²¹⁴，"澡洗"。《说文》《玉篇》"澡，洒手也"，《广雅》"洒也"。《慧琳音义》卷二十五"漱口澡手"注引《玉篇》云：荡口曰漱，在手曰澡，在头曰沐。《篇海类编》"澡，洗涤也"。

"澡"在文献中有洗义，可以指洗手，也可以指洗浴、洗涤。例如：

溉盥汗濊，澡雪垢滓矣。(《文选·马融〈长笛赋〉》)李善注：澡，洗手也。

澡身沧浪，岂云能补。(《文选·嵇康〈幽愤诗〉》)

澡秋水之涓涓兮，玩游鯈之潋潋。(《文选·潘岳〈秋兴赋〉》)

日三澡漱，然后饮食。(《魏书·西域传·悦般国》)

汝斋戒，疏瀹而心，澡雪而精神。(《庄子·知北游》)

已葬，举家诣水中澡浴，以如练沐。(《三国志·魏志·倭人传》)

39. 熝 ŋou⁴⁴，熝菜把菜放水里煮或火上煨 ŋou⁴⁴tsʰei¹³

字韵书中只有"熝"字，《广韵》於刀切，ɑu³⁵，"埋物灰中令熟"。《广雅》"熝，煴也"，《类篇》"熝，煨也"。

而所见近代文献中写作熝，指一种烹饪方法，熬煮。例如：

有士人，平生好吃熝牛头。(《太平广记》卷二百五十引《传载》)

酒保去不多时，熝一碗豆腐，放两碟菜蔬，连筛三大碗酒来。(《水浒全传》第三十九回)

坊里捧出先生的饭来，一碗熝青菜，两个小菜碟。(《儒林外史》第十三回)

40. 返 voŋ¹³，返去回去 voŋ¹³tɕʰi¹³

返，《广韵》府远切，fan²¹⁴，"还也"。《说文》《玉篇》"还也"，《广雅》"归也"。《尔雅》"迴反也"，邢昺疏：还，返也。《古今韵会举要·阮韵》"返，还也，通作反"。

"返"在文献中有返、回归的意思，也作反。例如：

粟马肉食，军无悬缻，不返其舍者，穷寇也。(《孙子·行军》)

以示田忌之不返齐也。(《战国策·齐策一》)

疾驱而从之，亦死而不返。(《吕氏春秋·离俗》)

秦废帝请服，反高平、根柔于魏。(《史记·赵世家》)

黄鹤一去不复返，白云千载空悠悠。（唐崔颢《黄鹤楼》）

41. 啼，啼人哭 li^{24} ｜ 啼鸡叫 di^{24}

啼，《广韵》杜奚切，t^{h}i^{35}。《说文》"嗁，号也"，段玉裁注：嗁，俗作啼。《慧琳音义》卷十四"啼泣"注引《玉篇》云：啼，哭无常节也。《玉篇》"啼，同嗁"。

"啼"在文献中既可以指人啼哭，又可以指动物鸣叫。例如：

主人啼，兄弟哭。（《仪礼·既夕礼》）

吏呼一何怒，妇啼一何苦。（唐杜甫《石壕吏》）

侧耳闻啼饥，伤心自我辈。（清张丹《涿州城》）

豕人立而啼。（《左传·庄公八年》）

两岸猿声啼不住，轻舟已过万重山。（唐李白《早发白帝城》）

处处鸡啼，大有些丰年瑞雪的景况。（老舍《骆驼祥子》）

42. 掩 iɛ^{51}，关。例如：掩门 关门 iɛ^{51}mai^{44} ｜ 掩手衣 女子穿的大襟衣 iɛ^{51}ɕiou^{51}i^{44} ｜ 掩裆裤 死裆裤（相对开裆裤而言）iɛ^{51}toŋ^{44}kuɛ^{44}

掩，《广韵》衣俭切，ian^{214}，"闭取也"。《说文》"掩，敛也，小上曰掩"。《慧琳音义》卷二"掩泥"注引《桂苑珠丛》"掩，敛也"，注引《字书》"掩，闭也"，注引《方言》"掩，藏也"。

"掩"在古文献中有隐藏、隐蔽义，也有关门、闭合义。例如：

岂隐于众人之言。（《战国策·赵策二》）鲍彪注：掩，犹蔽。

君子斋戒，处必掩身，毋躁。（《礼记·月令》）郑玄注：掩，犹隐翳也。

愁人掩轩卧，高颸时动扉。（《文选·沈约〈学省愁卧〉》）李善注：掩，犹闭也。

若夫陈后失宠，长门掩扉。（唐李白《拟恨赋》）

迎春掩了诗，又向一个小丫头道："你随口说个字来。"（《红楼梦》第三十七回）

43. 闭，闭门 关门 pi^{13}mai^{44}

闭，《广韵》博计切，pi^{51}，"掩闭"。《说文》"阖门也"，朱俊声《说文通训定声》"关"字下注：竖木为闭，横木为关。《玉篇》"闭，阖门也"。

"闭"在文献中可以指关门。例如：

勿使有所壅闭湫底，以露其体。（《左传·昭公元年》）孔颖达疏：闭，谓塞而不得出，若闭关户也。

先王以至日闭关，商旅不行。（《周易·复》）孔颖达疏：关门掩闭，商旅不行。

出公去矣，而门已闭。（《史记·仲尼弟子列传》）

幽闭不聪。（唐柳宗元《与崔连州论石钟乳书》）蒋之翘辑注：闭，诸皆作关。

独有扬执戟，闭关草太玄。（唐李白《古风五十九首》其四十七）王琦辑注：闭关，犹关门也。

44. 摘 tʂʰʅ^{44}，摘手 伸手 tʂʰʅ^{44}ɕiou^{51}

摘，《广韵》丑知切，tʂʰʅ⁵⁵，"舒也"。《说文》"舒也"，徐锴系传：摘，以手舒之也。《广雅》"摘，舒也"。

"摘"在文献中有舒展义。例如：

若摘锦布绣，烛燿乎其陂。（汉班固《西都赋》）

摘朱冠之艳赫，敷藻翰之陪鳃。（《文选·潘岳〈射雉赋〉》）

远而望之，若摘朱霞而耀天文。（《文选·何晏〈景福殿赋〉》）

以示来人。摘之罔极。（《文选·扬雄〈剧秦美新〉》）

属此欣膏露，逢君摘掞才。（南朝梁庾信《和李司录喜雨》）

凤羽摘姿，龙媒骋逸。（唐许敬宗《尉迟恭碑》）

摊碑摘书，弄翰飞素。（康有为《广艺舟双楫·序》）

45. 缔 tʰia⁴¹，①系（鞋带）；②捆（物品）

缔，《广韵》特计切，tʰi⁵¹，"结也"。《说文》"结不解也"，段玉裁注：解者判也，下文曰"纽，结而可解也"，故结而不可解者曰缔。《广雅》"缔，结也"。

"缔"在古文献中多为结合义。例如：

心鞿羁而不形兮，气缭转而自缔。（《楚辞·九章·悲回风》）

以致天下之士，合从缔交，相与为一。（汉贾谊《过秦论》）

缔基纬业，序功攸急；开历阐祚，酬庸为先。（南朝梁江淹《封江冠军等诏》）

缔交合从之谋，周于同列。（唐柳宗元《封建论》）

吾悲夫世之妄生分别也，犁然不可以缔合。（清谭嗣同《仁学一》）

46. 缚 xo⁴⁴，①系（鞋带）；②捆（物品）

按：缚，《广韵》符钁切，fu⁵¹，"系也"。《说文》"束也"，段玉裁注：引申之，所以缚之物亦曰缚。《玉篇》"束也"，《类篇》"缚绳也"。《慧琳音义》卷三"系缚"注引《集训》：缚，系也。《希麟音义》卷四"缠缚"注引《字书》：缚，亦缠也。

"缚"在古文献中可以指用绳索绑物，束缚义。例如：

晋襄公缚秦囚，使莱驹以戈斩之。（《左传·文公二年》）

许男面缚衔璧，大夫衰绖，士舆榇。（《左传·僖公六年》）

昔闻投簪逸海岸，今见解兰缚尘缨。（《文选·孔稚珪〈北山移文〉》）

小奴缚鸡向市卖，鸡被缚急相喧争。（唐杜甫《缚鸡行》）

主缚者亦然，不如所欲，缚时即先折筋骨。（清方苞《狱中杂记》）

47. 揫 tɕia¹³，拧（毛巾）

揫，《广韵》去秋切，tɕiou⁵⁵，"揫屈"。《说文》"揉屈也"，段玉裁注：谓柔而屈之。《玉篇》"揉屈也"。

48. 斢 t^hiou^{41}，调换

斢，《广韵》天口切，t^hou^{214}，引《字书》"斢斛，兵夺之物"。《玉篇》"黄色"。《广雅》"黄也"。

方言中有调换义，如：

十年旱，九年好，下肥还要把种斢。（《中国谚语资料》下）

49. 饜 $i\varepsilon^{44}$，饜了饱了$i\varepsilon^{44}liau^0$ | 食饜了吃饱了；吃完了$ziu^{24}i\varepsilon^{44}liau^0$

饜，《广韵》於艳切，ian^{51}，同猒。《玉篇》饜，饱也。《篇海类编》饜，足也。

"饜"在古文献中有饱义。例如：

主之既已食，愿以小人之腹，为君子之心，属饜而已，是以三叹。（《国语·晋语九》）_{韦昭注：饜，饱也。}

良人出，必饜酒肉而后反。（《孟子·离娄下》）_{朱熹集注：饜，饱也。}

士三食不得饜，而君鹅鹜有余食。（《战国策·齐策四》）

昔马食土，今牛饜菽。（唐欧阳詹《德胜颂二章并序》）

监军李大宜在军中，不治事，与将士樗蒱、饮酒、弹箜篌琵琶为乐，而士米粝不饜。（《新唐书·哥舒翰传》）

况余秋盘中，快啖取饜足。（宋王安石《赋枣》）

50. 慅 ts^hau^{24}，慅了因缺少油水而腹饥$tsau^{24}liau^0$

慅，《广韵》昨劳切，ts^hau^{35}，"慅脆"。《集韵》"慅，腹鸣"。

51. 尽 $t\varepsilon^h i\varepsilon^{51}$，后写作"侭"，任凭，随

尽，《广韵》即忍切，$t\varepsilon in^{214}$，《集韵》"极也，任也"。《慧琳音义》卷二十七"尽"注：尽，任也，穷也。《助字辨略》卷三引《增韵》云"尽，纵令也"，刘淇案：案《曲礼》"虚坐尽后，食坐尽前"，此尽字当读如即忍切，今作侭也。《说文》"器中空也"，段玉裁注：俗作侭，亦空义之引申。

"侭"在文献中的意义可以为任，随。例如：

林家庄近闻鹅鸭，船到闾门侭未关。（宋范成大《入城》）_{自注：侭字俗用已久，据理只合用尽字。}

作寒作暑无处避，开花落花侭他意。（宋杨万里《夜闻风声》）

侭无言，谁会凭高意。（宋柳永《江枫渐老》）

52. 清 $ts^h\tilde{e}^{13}$，歇清乘凉$\varepsilon i^{41}ts^h\tilde{e}^{13}$ | 清水冷水 $ts^h\tilde{e}^{13}ts\mathrm{u}^{51}$

清，《广韵》七政切，$t\varepsilon^h i\eta^{51}$，"温清"。《说文》"寒也"，《玉篇》"冷也"。《广雅》"瀞，寒也"，王念孙疏证：瀞、清、清并通。章炳麟《新方言·释天》"福州谓寒为清，若通语言冷矣"。

"清"在古文献中的意义为冷，凉。例如：

凡为人子之礼，冬温而夏凊。(《礼记·曲礼上》) 陆德明释文：凊，冰冷也。

夏服绤绤之衣，轻且凊，则止。(《墨子·节用中》)

冬则不轻而温，夏则不轻而凊。(《墨子·辞过》)

凊温燠寒，迭出于时。(唐柳宗元《天对》)

第三节

民俗文化词

一 节庆

过鱼正 kɤ¹³ȵiu⁴⁴tɕʅ⁴⁴ 乡话地区每年腊月二十八"过鱼正",这一天,人们会准备丰盛菜肴来庆祝,其中,"鱼"是必不可少的一道菜,人们会在这一天做鱼、烧纸钱敬奉祖先。旧俗这一天人们都去洗溪镇洞底(地名)取鱼庆祝,梁家潭说乡话的人很多是从洗溪镇洞底搬迁过来的,据《杨氏谱牒·四甲系》(2002)记载,"吾祖杨自玄公同兄长杨自义、杨自信分居,于明洪武十三年即1380年移居洞底蝉嘛口过圻火炉坪,新开基立业。……洞底,终究山狭地窄,难于承负不断增户的四甲杨族子孙,为了生存,求得更大发展,村人纷纷迁居邻近边壤外县他乡,开辟新天地"。

三月三 soŋ⁴⁴ȵi⁴¹soŋ⁴⁴ 农历三月初三是当地很隆重的一个节日,这一天人们常走亲访友以庆祝,当地政府一般都会组织盛大活动,主要有"□客联 kʰɑ⁵¹kʰuo⁴¹lian²⁴ 用客话唱山歌"、拦门礼、传统民俗表演等。

六月六 liɑ⁴¹ȵi⁴¹liɑ⁴¹ 农历六月初六也是当地很隆重的一个节日,其活动形式与三月三相同,只是有的区域更重视三月三,如梁家潭乡的芭蕉坪村,有的区域更重视六月六,如梁家潭乡的灯油坪村。此外,农历六月后,天气不再潮湿,便于晒衣物,当地有"六月六,晒龙袍"的习俗。

图1　□客联 kʰɑ⁵¹kʰuo⁴¹lian²⁴
梁家潭村/2017.8.10/梁家潭乡政府　提供

跳香 dau²⁴ɕioŋ⁴⁴　乡话区庆祝五谷丰收的一项传统活动，其热闹程度不亚于春节。一般在农历九月到十月之间举行，具体日期不同乡镇不完全相同。泸溪梁家潭乡一般在农历九月二十六、二十七、二十八这几天，有时也会根据具体情况做适当调整。早年的跳香一般在跳香殿（又名丰登殿）内外举行，有专门的道士主持，有童男童女持香起舞。程序复杂，主要有申法、遣事、发童子、传五谷、旋场等几部分，仪式中繁冗的祝祷辞一般用乡话唱念。跳香活动濒临失传，文化部门已开始保护、传承。

图2　跳香　芭蕉坪村/2019.4.4/赵春华 摄

二　婚丧礼俗

取八字 tsʰa⁵¹pa⁴¹dza¹³　谈婚论嫁时通过媒人要男女双方的生辰八字，看是否相合。

下聘礼 ɦuo⁵¹pʰi¹³liu⁵¹　男女双方合好生辰八字后，男方向女方送去聘礼以确定婚恋关系，称为"下聘礼"，旧时的聘礼一般有酒、腊肉、衣服、鞋、伞、花帕、背篓等物品。

取盘子 tsʰa⁵¹poŋ²⁴ti⁰　新娘嫁入男方家进门时的一种仪式。新娘下轿后，撑一把红伞走向男方家，男方家门口摆有一张桌子，桌上盘子里放了钱，送亲大嫂从盘子里取钱给新娘，叫"取盘子"，新娘"取盘子"后再进门，"取盘子"时不会把盘子里的钱都拿了，一般会留下一部分不取。

啼婆 li²⁴mo²⁴　女子出嫁时哭嫁。一般在出嫁前一天晚上开始哭，主要哭诉父母的养育之恩、对兄弟姐妹众亲人的不舍之情。

陪婆 bei⁴⁴mo²⁴　陪新娘哭嫁。一般由新娘要好的姐妹，或者是嫂子等同辈女性亲戚陪哭，哭诉内容与新娘一致。"陪婆"一词既可以指陪新娘哭嫁，又可以指陪新娘哭嫁的人。

点娶亲稿 tai⁵¹tsʰɑ⁵¹tsʰiɛ⁴⁴kɑu⁵¹　男子迎亲时要带两小把竹条，称"娶亲稿"，进女方家时点燃一把，发亲时点燃另一把。"娶亲稿"一般由娶亲大嫂负责点燃。

□墨 piɑ¹³mei⁴¹　男方去迎亲时，女方的姐妹、姑嫂等亲戚往迎亲大哥、大嫂脸上抹锅灰。

拦门礼 loŋ⁴⁴mai⁴⁴liu⁵¹　男方去迎亲时女方家举办的一种仪式。女方在大门口摆放一张桌子，把迎亲队伍拦在门外，迎亲方派代表出来上香、烧纸钱敬天地、敬祖宗，然后对女方亲友说一些吉祥话，女方才把桌子搬开，让迎亲队伍进去。拦门礼不仅用于婚庆，三月三、六月六等重大节日也举行拦门礼。

负新媳妇 bɑ¹³sai⁴⁴si¹³pʰai⁰　背新娘。男方迎娶新娘回家途中，遇到溪水、河流，新娘由娶亲大哥背着过去。过去背新娘有专门的"负尺布 bɑ¹³tɕio⁴¹pu¹³"，背新娘的娶亲大哥一般由新郎的大哥或男方家有威望的人担任。

图3　拦门礼　梁家潭村/2017.8.10/梁家潭乡政府提供

唱老人歌 tɕʰioŋ¹³lɑu⁵¹ɦoŋ⁴⁴kɯ⁴⁴　逝者遗体停留在家时，会请专人为逝者唱歌、守灵。"唱老人歌"安排在晚上，一般唱到半夜，有的甚至唱到天亮。

带七 dɯ¹³tsʰi⁴¹　当地守孝常以"七"为基数，从逝者下葬的那天开始算起，第一个七天为"头七"，二"七"为14天，三"七"21天，以此类推，共77天，称"带七"。逝者后人要守几个"七"的孝一般由地理先生擅长看风水的人告知。

出丧 tʂʰu⁴¹soŋ⁴⁴　把灵柩抬出大门，称"出丧"。出丧前，道士先要为逝者诵念经文，称"起丧 kʰɛi⁵¹soŋ⁴⁴"。出丧时，直接用双手把灵柩抬出，而不能用棍棒、绳索。灵柩出大门后，开始用棍棒、麻绳等来抬，称"抬丧 tɑ²⁴soŋ⁴⁴"。

啼丧 li²⁴soŋ⁴⁴　送葬途中，逝者的女儿、孙女等亲人为逝者哭丧，称"啼丧"。"啼丧"有固定的调式。

□地 dzɛi²⁴li¹³　下葬时，地理先生根据逝者的生辰、死亡时辰选择埋葬的方位称"□地"。

三 房屋建筑

木屋是乡话地区传统的房屋建筑,现在已为数不多,且基本上没人居住。为便于人们了解木屋的建筑结构及其名称,我们对木屋的主要结构进行了拍摄。

挑扇 $tʰiau^{44}ɕiɛ^{13}$　连接柱子的扁木。

排扇 $pa^{24}ɕiɛ^{13}$　连接柱子的扁木。

桁条 $ɦaŋ^{24}tiau^{13}$　檩。

飞檐 $fi^{44}ziɛ^{24}$　房檐边的木板,又称"飞抬 $fi^{44}ta^{24}$"。

瓜子 $kua^{44}tsa^{51}$　短柱。

正梁 $tɕi^{13}lioŋ^{44}$　横梁之一,一般在中柱上方,上面常画太极图。

子梁 $tsa^{51}lioŋ^{44}$　横梁之一,上面常画八卦图。

照面方 $tɕiau^{13}mĩ^{13}foŋ^{44}$。

橡皮 $dʑyɛ^{24}fa^{24}$　椽子。

图4　①挑扇②排扇③桁条④瓜子⑤飞檐

梁家潭村/2017.8.10/张珺 摄

图5　①正梁②子梁③照面方④桁条⑤橡皮⑥瓜子　梁家潭村/2017.8.10/张珺 摄

图6　①②吊瓜子　梁家潭村/2017.8.10/张珺 摄　　图7　仓　灯油坪村/2016.1.10/陈晖 摄

吊瓜子 tiau¹³kua⁴⁴tsa⁵¹　吊脚楼的外柱，又称"竖瓜子 dza¹³kua⁴⁴tsa⁵¹"，图6①②

四　器物

仓 tsʰoŋ⁴⁴　放在室外存放稻谷的器物。

□柜 tʰuo²⁴tɕʰyi⁴⁴　放在室内存放稻谷的器物。

图8　□柜 tʰuo²⁴tɕʰyi⁴⁴　灯油坪村/2016.1.10/陈晖 摄

餈□tsi²⁴kʰɛi⁵¹ 做糍粑用的石臼。与之配套使用的器物还有"餈槌tsi²⁴tuɛ²⁴做糍粑用的木槌、碓嘴tuɑ¹³tsui⁵¹碓杵、餈岩tsi²⁴ȵiɑ⁴⁴做糍粑用的石板"。

耙po²⁴ 乡话地区主要农具之一。包括"耙手po²⁴ɕiou⁵¹耙上端的木框，又称竖木dzɑ¹³ɦioŋ⁴⁴、耙挡po²⁴tʰaŋ⁵¹耙手下面的横条、耙娘po²⁴ȵioŋ⁴⁵又称耙耳朵po²⁴ȵiu⁵¹tu⁰、耙□po²⁴tɕʰiou⁵¹耙齿"等构造。

图9 餈□tsi²⁴kʰɛi⁵¹、餈槌
灯油坪村/2016.1.10/陈晖 摄

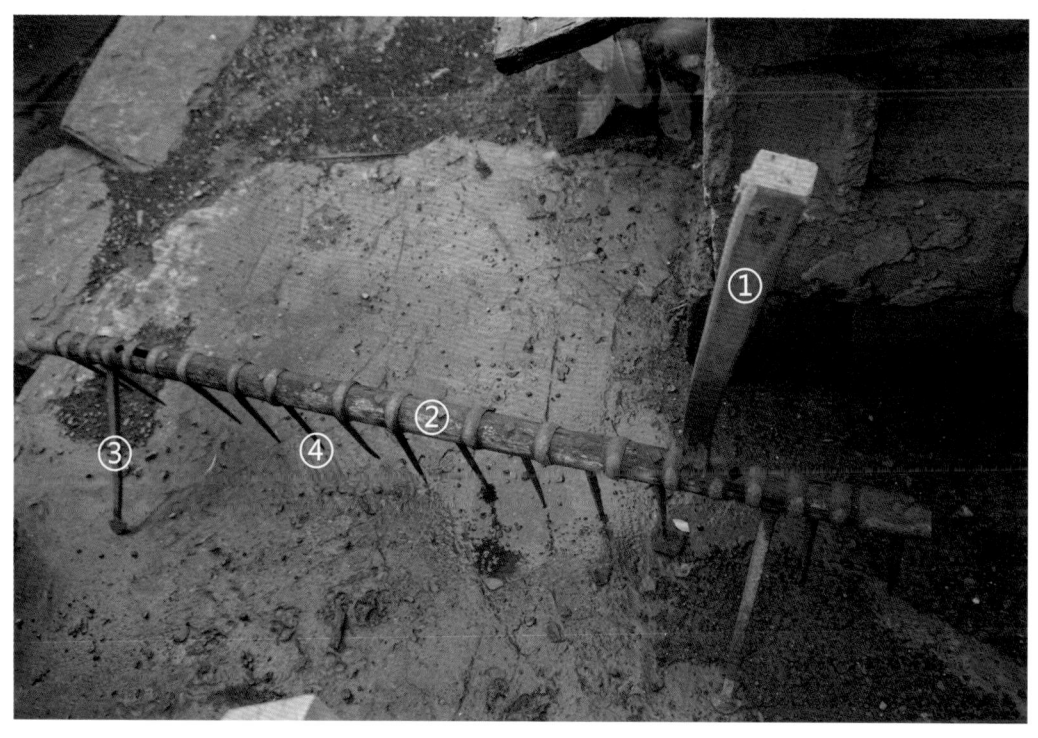

图10 ①耙手②耙挡③耙娘④耙□po²⁴tɕʰiou⁵¹ 梁家潭村/2017.8.10/陈晖 摄

火盆 fɑ⁵¹pai²⁴　家用的、可移动的取暖装置。

铛锅圈 tsʰɑŋ⁴⁴kɯ⁴⁴tɕʰyɛ⁴⁴　放锅的三脚铁架。

火烘 fɑ⁵¹xei⁴⁴　一种可坐的取暖装置，常用炭、茶饼等做燃料。

捞斗 lɔu¹³tɑ¹³　捕鱼捞虾的斗形渔具。

花笱 xuɑ⁴⁴kiɑ⁴¹　一种捕鱼虾的用具。

花□ xuɑ⁴⁴tsɛi²⁴　赶集或背小孩儿的竹背篓。

图11　火盆、铛锅圈　梁家潭村/2017.8.10/陈晖 摄　　图12　火烘　梁家潭村/2017.8.10/陈晖 摄

图13　捞斗　梁家潭村/2016.1.10/陈晖 摄

图14 花筘 梁家潭村/2017.8.11/张珺 摄

图15 花□xuɑ⁴⁴tsɛi²⁴ 梁家潭村/2016.1.10/陈晖 摄

五 服饰及文体活动

掩手衣 iɛ⁵¹ɕiou⁵¹i⁴⁴ 女子穿的大襟衣。

图16 掩手衣 灯油坪村/2016.1.10/陈晖 摄

图17　花帕　梁家潭村/2016.1.10/陈晖 摄

图18　□子棋 $k^ha^{51}tsa^{51}dzi^{24}$

梁家潭村/2017.8.11/陈晖 摄

花帕 $xua^{44}p^ho^{13}$　绣了花的头巾。

□子棋 $k^ha^{51}tsa^{51}dzi^{24}$　当地流行的一种棋游戏，两人下，每人12粒棋子。又称"□锤棋 $k^ha^{51}tuɛ^{24}dzi^{24}$"。

六　食物等

牛卵□ $ŋei^{44}koŋ^{51}tɛi^{24}$　八月炸。

八棱瓜 $pa^{41}lẽ^{24}kua^{44}$　有棱丝瓜。

图19　牛卵□ $ŋei^{44}koŋ^{51}tɛi^{24}$

梁家潭乡/2017.8.12//陈晖 摄

图20　八棱瓜　梁家潭村/2017.8.11/陈晖 摄

糖分 loŋ²⁴fai⁴⁴　糯米制品，可泡水喝。

图21　糖分　梁家潭村/2016.1.11/任溪　摄

苞谷酸 pɔu⁴⁴ku⁴¹dʑiou²⁴　苞谷、糯米、辣椒等腌制而成的食品。

图22　苞谷酸　梁家潭村/2017.8.11/张珺　摄

第五章 分类词表

说明

1. 本章第一节收录《中国语言资源调查手册·汉语方言》"调查表"中"叁 词汇"的词条（原表1200词）。删减了个别泸溪乡话中没有的条目。共14类，均附音频。第二节收词以《汉语方言词语调查条目表》(《方言》2003年第1期）为基础，有增删，按大致意义分为29类，4000条左右，均不附音频。增补的词条排在意义相近或密切相关的词条后面，有的词不好从意义上归类的，临时放在某类词的最后。

有的词，字形相同，但实际是两个不同的词，有的读音上还有区别，我们根据意义排在相应地方，例如："日头 ɦioŋ⁴¹dɑ⁰ 太阳"，排在"一 天文地理"，"日头 ioŋ⁴¹dɑ⁰ 白天"排在"二 时间方位"。

2. 每条词目先写汉字，后标读音，估计一般读者较难理解的条目，在音标后加以注释。有些词不止一个义项，注释时分别用圆圈码①②③表示，并用"；"隔开。举例时用"～"复指条目。有的词有新、旧两种说法，在字下角或音标后加以说明。

3. 词汇表同一条目若换行，缩进两个汉字的距离。同义词或近义词排在一起，第一条顶格排列，其他各条缩进一个汉字的距离另行排列。

4. 条目里可有可无的字和音放在圆括弧里。又读的音，音标前加"～"，并加圆括号，如：明朝 mɑ²⁴（～moŋ¹³）tiɑu⁴⁴，表示"明"可以读[mɑ²⁴]，又可以读[moŋ¹³]。

5. 有些条目本字不详，用方框"□"代替。为避免方框过多，适当使用同音字或训读字，同音字在字的右上角加小等号"="表示，训读字在字的右上角加星号"*"。

6. 第四章里出现的条目，也收入本章，并在条目的左上角加星号"*"表示。

7. 轻读位置上的变调调值主要为21和22，是否轻读有一定的不稳定性，因而是否变调也具有一定的变化，我们一律记本调。必读轻声的，统一记为0。其他音变按实际读音记录，音变规律可参看本书语音章。

8. 有的字音正处在清浊变化之中，同一个字在不同词语中声母清浊不一样，例如："堂"在"拜堂、学堂、土堂土地庙"等多数词语中都已清化读为[toŋ²⁴]，但在"祠堂"中保留浊音，读[doŋ²⁴]。"头"做后缀时一般读浊音[dɑ⁰]，但还有一个读清音的后缀 [tɑ⁰]，根据意义和用法有的应该也是"头"字，例如"骨头 kuɑ⁴¹tɑ⁰"，有的本字是不是"头"还需考证，例如"今头今天ti⁴⁴tɑ⁰""历头历书lio⁴¹tɑ⁰"，我们姑且统一记为"头"。"头"重读时一般为浊音，例如："头伏初伏dɑ²⁴fu¹³""月头月初ȵyi⁴¹dɑ⁰"。但是也有清化的情况，例如："头边前边tɑ²⁴piɛ⁰"。以上情况我们都依据实际读音记录，以便今后进一步研究。

第一节

《中国语言资源调查手册·汉语方言》

一　天文地理　　六　服饰饮食　　十一　动作行为
二　时间方位　　七　身体医疗　　十二　性质状态
三　植物　　　　八　婚丧信仰　　十三　数量
四　动物　　　　九　人品称谓　　十四　代副介连词
五　房舍器具　　十　农工商文

一　天文地理

日头 ɦoŋ⁴¹da⁰ 太阳

月亮 yi⁴¹lioŋ¹³

星 sẽ⁴⁴ 星星

云 uɛ²⁴

风 fei⁴⁴

暴风 pou¹³fei⁴⁴ 台风

霍闪 xɤ⁴¹ɕie⁵¹ 闪电，名词

䨔 tui⁴⁴ 雷

雨 vɑ⁵¹

落雨 dzɤ⁴¹vɑ⁵¹ 下雨

落 dzɤ⁴¹ 淋

晒 sɑ¹³

雪 sui⁴¹

凝钩子 liu¹³kiɑ⁴⁴tsɑ⁵¹ ①冰；②冰锥，挂在屋檐下的

冰雹 pĩ⁴⁴pʰou¹³

白霜 pʰo⁴⁴soŋ⁴⁴ 霜

雾露 mu¹³lu¹³ 雾

露水 lu¹³tʂu⁵¹ 露

马⁼盐⁼mo⁵¹ziɛ²⁴ 虹

天犬子食月亮 tʰai⁴⁴kʰuɛ⁵¹tsɑ⁵¹ziu²⁴yi⁴¹lioŋ¹³ 月食

天气 tʰai⁴⁴tɕʰi¹³

　天星 tʰai⁴⁴sẽ⁴⁴

好天 xɑu⁵¹tʰai⁴⁴ 晴天

□天 mɔu¹³tʰai⁴⁴ 阴天

旱 ɦoŋ⁵¹

□tiɛ²⁴ 涝

天亮 tʰai⁴⁴lioŋ¹³

水田 tʂu⁵¹lai²⁴

荒地 xoŋ⁴⁴li¹³ 旱地

田冲 lai²⁴tɕiu¹³ 田埂

路 sɑu⁵¹ 路，野外的

山木 sai⁴⁴ɦoŋ⁴⁴ 山

山坳 sai⁴⁴ɔu¹³ 山间的平地

大河 lω¹³ɦω²⁴ 江

溪 kʰiɑ⁴⁴ 小河以及溪流

水沟渠 tʂu⁵³kiɑ⁴⁴kei¹³ 水沟儿

山氹 sai⁴⁴doŋ⁵¹ 人工挖的或天然形成的水塘，可养鱼、抗旱蓄水。有时水库也称山氹

水坑 tʂu⁵¹kʰɑŋ⁴⁴ 水坑儿

洪水 ɛi²⁴tʂu⁵¹

□tiɛ²⁴

淹 ei⁴⁴

河墈 ɦω²⁴kʰoŋ⁵¹ 河岸

坝 po¹³

通窟 tʰei⁴⁴kʰuɑ⁴¹ 窟窿

缝 vei¹³ 缝儿

岩脑壳 ȵiɑ⁴⁴lɑ⁵¹kʰu⁰ 石头

土 tʰɛi⁵¹ 干的泥土

泥 ȵi⁴⁴ 湿的泥

洋灰 ʑioŋ²⁴xei⁴⁴ 水泥的旧称

沙子 suo⁴⁴tsɑ⁵¹

砖 tɕyɛ⁴⁴ 整块的砖

瓦 uɑ⁵¹ 整块的瓦

煤 mei⁴⁴

煤油 mei⁴⁴ʑiɑ⁴⁴

炭 tʰoŋ¹³

灰 xei⁴⁴

灰尘 xei⁴⁴diɛ²⁴

火 fɑ⁵¹

烟 uɛ⁴⁴

起火 kʰɛi⁵¹fɑ⁵¹ 失火

水 tʂu⁵¹

□水 tɕyɛ¹³tʂu⁵¹ 凉水，温度低的水，可指生水，也可指凉白开

□水 po⁴⁴tʂu⁵¹ 热水

开水 kʰɑ⁴⁴tʂu⁵¹ 煮沸的水

磁铁 dzʅ²⁴tʰiɛ²⁴

二　时间方位

时间 dziɛ²⁴kɑ⁰ 时候

什家时间 ɕi²⁴kɑ⁰dziɛ²⁴kɑ⁰ ①什么时候；②早晚，随时

□时 lai⁴⁴ʂʅ²⁴ 现在

　□上⁼ lai⁴⁴tɕʰioŋ⁵¹

汤⁼头 tʰoŋ⁴⁴dɑ²⁴

　以前 i⁵¹tsai²⁴

尾头 mai⁵¹dɑ⁰ 以后

一生世 i²⁴sɑŋ⁴⁴ɕi¹³ 一辈子

今年 ti⁴⁴lai⁴⁴

明年 mo⁴⁴lai⁴⁴

后年 ɦɑ⁵¹lai⁴⁴

去年 kʰei¹³lai⁴⁴

前年 dziɛ²⁴lai⁴⁴

先年 sai⁴⁴lai⁴⁴ 往年

年头 lai⁴⁴dɑ²⁴ 年初

年尾 lai⁴⁴mai⁵¹ 年底

今头（日）ti⁴⁴tɑ⁰（ioŋ⁴¹）今天

明朝（日）moŋ¹³（～mɑ²⁴）tiɑu⁴⁴（ioŋ⁴¹）明天

后日 ɦɑ⁵¹ioŋ⁴¹ 后天

老后日 lau⁵¹ɦɑ⁵¹ioŋ⁴¹ 大后天

昨几（日）kʰuo²⁴tɕi⁵¹（ioŋ⁴¹）昨天

前日 dziɛ²⁴ioŋ⁴¹ 前天

老前日 lau⁵¹dziɛ²⁴ioŋ⁴¹ 大前天

亘日 kẽ⁵¹ioŋ⁴¹ 整天

每日 mei⁴¹ioŋ⁴¹ 每天

    日日 ioŋ⁴¹ioŋ⁴¹

□朝 lei⁴⁴tiau⁴⁴ 早晨

朝头 tiau⁴⁴tɑ⁰ 上午

半□ poŋ¹³kuo⁴¹ ①半天；②中午

半□过 poŋ¹³kuo⁰kɯ¹³ 下午

    夜头 ʑio¹³tɑ⁰

煞黑 sɑ⁴¹kʰei⁴¹ 傍晚

□日 lei⁴⁴ioŋ⁴¹ 白天

    日头 ioŋ⁴¹dɑ⁰

□夜 lei⁴⁴ʑio¹³ 夜晚

    夜□ ʑio¹³foŋ⁰

半夜 poŋ¹³ʑio¹³

正月间 tɕi⁴⁴ɲi⁴¹kɑ⁰ 正月

新年初一 sai⁴⁴lai⁴⁴tsʰei⁴⁴i⁴¹ 大年初一

正月十五 tɕi⁴⁴ɲi⁴¹tʂʰʅ⁴⁴ɦoŋ⁵¹ 元宵节

清明 tsʰẽ⁴⁴mi⁵¹

端午 tuan⁴⁴u⁴¹

七月初一 tsʰi⁴¹ɲi⁴¹tsʰei⁴¹ 中元节

中秋 tɕioŋ⁴⁴tsʰiu⁴⁴

    八月十五 pɑ⁴¹ɲi⁴¹tʂʰʅ⁴⁴ɦoŋ⁵¹

冬至 tei⁴⁴tʂʅ⁴¹

□月间 dzoŋ²⁴ɲi⁴¹kɑ⁰ 腊月

三十夜 soŋ⁴⁴ʂʅ⁴⁴（～tʂʰʅ⁴⁴）ʑio¹³ 除夕

历头 lio⁴¹tɑ⁰ 历书

阴历 ĩ⁴⁴li⁴¹

阳历 iaŋ²⁴li⁴¹

星期日 sẽ⁴⁴tɕʰi⁴⁴ʐʅ²⁴

□里 kʰaŋ⁵¹ɲi⁴¹ ①地方；②位置

什家□里 ɕi²⁴kɑ⁰kʰaŋ⁵¹ɲi⁴¹ 什么地方

室头 tsi⁴¹dɑ⁰ 家里

城里 tɕʰĩ²⁴ɲi⁴¹

    大□里 lɔ¹³kʰaŋ⁵¹ɲi⁴¹ 大地方

乡里 ɕioŋ⁴⁴ɲi⁴¹ 乡下

    躬□里 ɲian⁴⁴kʰaŋ⁵¹ɲi⁴¹ 小地方

高头 kɔu⁴⁴dɑ⁰ 上面

□□ taŋ⁵¹xaŋ⁰ 下面

反手 fai⁵¹ɕiou⁵¹ 左边

顺手 ʐyɛ¹³ɕiou⁵¹ 右边

中□ tiu⁴⁴iu⁴⁴ 中间

头边 tɑ²⁴piɛ⁰ 前面

尾头 mai⁵¹dɑ⁰ 后面

煞尾 sɑ⁴¹mai⁵¹ 末尾

对面 tuɑ¹³mĩ¹³

面部头边 mĩ¹³pu⁰tɑ²⁴piɛ⁰ 面前

背尾头 pei¹³mai⁵¹dɑ⁰ 背后

□头 ɲioŋ⁴⁴dɑ⁰ 里面

门子⁼mai⁴⁴tsɑ⁵¹ 外面

边里 piɛ¹³ɲi⁴¹ 旁边

高头 kɔu⁴⁴dɑ⁰ 上

□□ taŋ⁵¹xaŋ⁰ 下

边里 piɛ¹³ɲi⁴¹ 边儿

角 kou⁴¹ 角儿

上高去 tɕʰioŋ⁵¹kɔu⁴⁴tɕʰi¹³ 上去

下底来 uo²⁴tɑ⁵¹zai²⁴ 下来

入□去 oŋ⁴¹ɲioŋ⁴⁴tɕʰi¹³ 进去

出来 tʂʰu⁴¹zai²⁴

出去 tʂʰu⁴¹tɕʰi¹³

□来 tuɛ¹³zai²⁴ 回来

起来 tɕʰi⁵¹zai²⁴ 表起始：热～

三　植物

树 tɕia¹³

树 tɕia¹³ 木头

松树 dziou²⁴tɕia¹³

松柏树 soŋ⁴⁴pʰɛi²⁴tɕia¹³ 柏树

杉树 suo⁴⁴tɕia¹³

柳树 lia⁵¹tɕia¹³

竹树 tɕiu⁴¹tɕia¹³ ①竹子；②竹竿儿

笋 suɛ⁵¹

叶子 ɕi⁴¹ti⁰

花 xua⁴⁴

花苞 xua⁴⁴pou⁴⁴ 花蕾

梅花 mei⁴⁴xua⁴⁴

荷花 xuo¹³xua⁴⁴

草 tsʰau⁵¹

藤 dzoŋ¹³

刺 tsʰi¹³ 名词

水果 ɕyi⁴¹kuo⁵¹

苹果 pĩ¹³kuo⁵¹

桃子 lau²⁴ti⁰

梨 dza²⁴

麦李 mo⁴¹dzia²⁴ 李子

杏子 aŋ¹³ti⁰ 杏

橘红 tɕyi²⁴xoŋ²⁴ 橘子

橙子 dzẽ²⁴tsʅ⁰ 柚子

椑□子 pi⁴⁵pu⁰tsa⁵¹ 野生小柿子，后泛指柿子

枣子 tsau⁵¹ti⁰ 枣

板栗 poŋ⁵¹li⁴¹

核桃 xai²⁴dau²⁴

白果 pei²⁴kuo⁵¹ 银杏

甘蔗 kaŋ⁴⁴tsi²⁴

木耳 moŋ¹³zʅ²⁴

菌子 tɕʰyɛ⁵¹ti⁰ 蘑菇，野生的

松菌 dziou²⁴tɕʰyɛ⁵¹

谷 ku⁴¹ 稻，指植物

谷 ku⁴¹ 稻谷，指籽实，脱粒后是大米

禾 ɷ²⁴ 稻草，脱粒后的

大麦 lɷ¹³mo⁴¹

䴚麦 nian⁴⁴mo⁴¹ 小麦

　细麦 si¹³mo⁴¹

麦梗 mo⁴¹kẽ⁵¹ 麦秸

粟米 siu⁴¹mi⁵¹ 谷子，指植物，籽实脱粒后是小米

□ tsɷ¹³ 高粱，指植物

苞谷 pou⁴⁴ku⁴¹ 玉米，指成株的植物

麦棉 mo⁴¹mi⁰ 棉花，指植物

油菜 zia⁴⁴tsʰei¹³ 油料作物，不是蔬菜

油毛 zia⁴⁴mou⁴⁴ 芝麻

葵花 gui²⁴xua⁴⁴ 向日葵，指植物

蚕豆 tsan²⁴tou¹³

麦豆 mo⁴¹ta¹³ 豌豆

花生 xua⁴⁴sẽ⁴⁴

　罗汉生 luo¹³xan¹³sẽ⁴⁴

□豆 luo²⁴ta¹³ 黄豆

绿豆 lia⁵¹ta¹³ 绿豆

长豆角 dioŋ²⁴ta¹³kuo⁴¹ 豇豆，细长条的

大白菜 lɷ¹³pʰo⁴⁴tsʰei¹³

包心菜 pou⁴⁴siɛ⁴⁴tsʰei¹³

田菜 lai²⁴tsʰei¹³ 菠菜

芹菜 diɛ²⁴tsʰei¹³

莴笋 ɷ⁴⁴suɛ⁵¹

韭菜 tɕia⁵¹tsʰei¹³

香菜 tɕʰioŋ⁴⁴tsʰei¹³

　　芫荽 ian²⁴ɕyi⁵¹

分菜 fai⁴⁴tsʰei¹³ 葱

大蒜 lɷ¹³soŋ¹³ 蒜

姜 tɕioŋ⁴⁴

洋葱 iaŋ²⁴tsʰoŋ⁴⁴

辣□ luo⁴¹tsai²⁴ 辣椒

茄子 dʑyɛ²⁴ti⁰

酱瓜 tsioŋ¹³kuɑ⁴⁴ 西红柿

卜脑壳 pʰei⁴⁴la⁵¹kʰu⁰

　　萝卜 lɷ⁴⁴pʰei⁰

黄瓜 ɦoŋ²⁴kuɑ⁴⁴

丝瓜 sɑ⁴⁴kuɑ⁴⁴ 无棱的

青瓜 tsʰẽ⁴⁴kuɑ⁴⁴ 南瓜

荸圈子 bu²⁴tɕʰyɛ⁴⁴tsɑ⁵¹ 荸荠

　　灯草子 tei⁴⁴tsʰau⁵¹tsɑ⁵¹

红薯 xoŋ²⁴ʂu¹³

洋□ iaŋ²⁴ui⁵¹ 马铃薯

芋头脑壳 ʐu¹³dɑ⁰lɑ⁵¹kʰu⁰ 芋头

毛薯 mɔu⁴⁴ʂu¹³ 山药，圆柱形的

莲藕 liɛ²⁴ŋou⁴¹ 藕

四　动物

虎 kʰu⁵¹ 老虎

猢狲 vu²⁴suɛ⁴⁴ 猴子

虺 fi⁵¹ 蛇

老鼠 lau²⁴ʂu⁵¹ 家里的

檐老鼠 iɛ²⁴lau²⁴ʂu⁵¹ 蝙蝠

雀儿 tsɷ⁴¹ʐʅ²⁴ 鸟儿

麻雀儿 mo⁴⁴tsɷ⁴¹ʐʅ²⁴ 麻雀

阿鹊娘 uo⁴⁴tsʰiou⁴¹ȵioŋ²⁴ 喜鹊

阿鹊 uo⁴⁴tsʰiou⁴¹

老鸦 lau⁵¹uo²⁴ 乌鸦

鸽子 kou⁵¹tsɿ⁰

　　布鸡 pu¹³kia⁴⁴ 野生的鸽子

翅拍 tsʅ¹³pu⁰ 翅膀

爪子 tsau⁵¹ti⁰

尾巴 mai⁵¹pu⁰

窠 kʰɷ⁴⁴ 窝，鸟的

虫子 liou²⁴ti⁰

摇子 ziau¹³ti⁰ 蝴蝶

照□ tɕiau¹³ȵiu⁴¹ 蜻蜓

蜂子 fei⁴⁴ti⁰ 蜜蜂

蜂糖 fei⁴⁴loŋ²⁴ 蜂蜜

死□屎 si⁵¹uo²⁴ʂʅ⁵¹ 知了

　　□屎虫 uo²⁴ʂʅ⁵¹liou²⁴

蚂蚁 mo²⁴mi⁵¹

蚯虫 tɕʰio⁴⁴liou²⁴ 蚯蚓

　　蚯□ tɕʰio⁴⁴zio²⁴

虫 liou²⁴ 蚕

□□娘 tsʅ¹³tsʅ¹³ȵioŋ²⁴ 蜘蛛

□子 mɷ⁴¹ti⁰ 蚊子

□子 mɷ⁴¹ti⁰ 苍蝇

犬床 ⁼kʰuɛ⁵¹tsoŋ²⁴ 跳蚤

　　犬蚤 kʰuɛ⁵¹tsau⁵¹

虱娘 sɑ⁴¹ȵioŋ²⁴ 虱子

鱼 ȵiu⁴⁴

鲤鱼 liu⁵¹ȵiu⁴⁴

鳙鱼 ɕioŋ²⁴ȵiu⁴⁴

鲫鱼 tsi⁴¹ȵiu⁴⁴

塘鱼 doŋ²⁴ȵiu⁴⁴ 甲鱼

鱼星 ȵiu⁴⁴sẽ⁴⁴ 鳞

虾公 xuo⁴⁴kei⁴⁴ 虾

螃夹 poŋ²⁴kuo⁴¹ 螃蟹
胡蟆 vu²⁴mou⁰ 青蛙
□胡蟆 lɔu¹³vu²⁴mou⁰ 癞蛤蟆
马 mo⁵¹
驴 lui⁴⁴
牛 ŋei⁴⁴
牛牯 ŋei⁴⁴ku⁵¹ 公牛，未阉过的
　　牯牛 ku⁵¹ŋei⁴⁴
牛娘 ŋei⁴⁴ȵioŋ²⁴ 母牛，已生育的
　　娘牛 ȵioŋ²⁴ŋei⁴⁴
放牛 foŋ¹³ŋei⁴⁴
羊 ʑioŋ²⁴
猪 tiu⁴⁴
猪牯 tiu⁴⁴ku⁵¹ 公猪，配种用的
豮猪 fai²⁴tiu⁴⁴ 公猪，成年的，已阉的
种猪 tɕiou⁵¹tiu⁴⁴ 母猪，配种用的
　　娘猪 ȵioŋ²⁴tiu⁴⁴ 母猪，已生育的
　　猪娘 tiu⁴⁴ȵioŋ²⁴
猪子 tiu⁴⁴tsa⁵¹ 猪崽
猪□ tiu⁴⁴ɦuɛ¹³ 猪圈
　　猪栏 tiu⁴⁴loŋ⁴⁴
养猪 ʑioŋ⁵¹tiu⁴⁴
猫儿 mɔu⁴⁴ʐʅ²⁴ 猫
猫公 mɔu⁴⁴kei⁴⁴ 公猫
猫娘 mɔu⁴⁴ȵioŋ²⁴ 母猫
犬 kʰuɛ⁵¹ 狗
犬公 kʰuɛ⁵¹kei⁴⁴ 公狗
　　豮犬 fai²⁴kʰuɛ⁵¹
犬娘 kʰuɛ⁵¹ȵioŋ²⁴ 母狗，已生育的
　　草犬 tsʰau⁵¹kʰuɛ⁵¹ 未生育的
□ dzou⁴¹ 狗叫
兔子 tʰu¹³ti⁰

鸡 kia⁴⁴
鸡公 kia⁴⁴kei⁴⁴ 公鸡
鸡娘 kia⁴⁴ȵioŋ²⁴ 母鸡
啼 di²⁴ 叫：鸡公～公鸡打鸣儿
屙 ɷ⁴⁴ 下蛋
菢 pʰau⁵¹ 孵
鸭 ɷ⁴¹
鹅 ŋɷ⁴⁴
阉 iɛ⁴⁴ ～公的猪
阉 iɛ⁴⁴ ～母的猪
阉 iɛ⁴⁴ ～鸡
杀猪 sia⁴⁴tiu⁴⁴
破 pʰei¹³ 杀：～鱼

五　房舍器具

村场 tsʰuɛ⁴⁴dioŋ²⁴ 村庄，村寨
街头 ka⁴⁴ta⁰ 街道
竖室 dza¹³tsi⁴¹ 盖房子
室 tsi⁴¹ 房子，整座的，不包括院子
室 tsi⁴¹ 屋子，房子里分隔而成的
房 voŋ²⁴ 卧室
茅室 mɔu⁴⁴tsi⁴¹ 茅屋
灶房 tsɔu¹³voŋ²⁴ 厨房
灶 tsɔu¹³
铛 tsʰaŋ⁴⁴ 锅
鼎 taŋ⁵¹ 做饭或烧水用的铁锅
菜铛 tsʰei¹³tsʰaŋ⁴⁴ 菜锅
　　铛 tsʰaŋ⁴⁴
茅屎 mɔu⁴⁴ʂʅ⁵¹ 厕所，旧式的
*桁条 ɦiaŋ²⁴tiau¹³
柱 tʰia⁵¹ 柱子
大门 lɷ¹³mai⁴⁴ 堂屋的正门

门框 mai⁴⁴tɕʰiaŋ⁴⁴ 门槛儿
亮□门 lioŋ¹³ʂu⁰mai⁴⁴ 窗，旧式的
　　亮□眼 lioŋ¹³ʂu⁰ŋai⁵¹
梯 tʰɑ⁴⁴ ①梯子，可移动的；②楼梯
扫帚 sou¹³tʂu⁵¹
扫□里 sau⁵¹kʰaŋ⁵¹n̠ʲi⁴¹ 扫地
□子 tsʰuo⁵¹ti⁰ 垃圾
家□ kuo⁴⁴tsai²⁴ 家具
东西 tei⁴⁴siɛ⁴⁴
睏床 kʰuɛ¹³tsoŋ²⁴ 床，木制的，睡觉用
枕头 tɕiɛ⁵¹dɑ⁰
被□ fɑ⁵¹ʂu⁰ 被子
　　罩被□ tsou¹³fɑ⁵¹ʂu⁰ 盖被
絮 siu¹³ 棉絮
垫被□ tʰai⁵¹fɑ⁵¹ʂu⁰ 床单
褥子 ziou⁵¹tʂɿ⁰
睏蕈 kʰuɛ¹³lai⁵¹ 席子
帐子 tioŋ¹³ti⁰ 蚊帐
枱子 tɑ²⁴ti⁰ 桌子
柜 tɕʰyi⁴⁴ 柜子
屉箱 tʰi⁴⁴sioŋ⁴⁴ 抽屉，桌子的
绑□ paŋ⁵¹tʂu¹³ 椅子
绑□ paŋ⁵¹tʂu¹³ 凳子
菜刀 tsʰei¹³tou⁴⁴
水勺 tʂu⁵¹dʑyi¹³ 水瓢
　　水□ tʂu⁵¹tiou²⁴
水瓮 tʂu⁵¹ei¹³ 水缸
□ tsẽ⁴⁴ ①罐子；②坛子
　　□ pĩ²⁴
瓶子 pĩ¹³tʂɿ⁰
盖 kuɑ¹³ 盖子
碗 oŋ⁵¹

箸 tiu¹³ 筷子
调□ diau²⁴kɛi⁵¹ 汤匙
薪□ sai⁴⁴kou¹³ 柴火
洋火 zioŋ²⁴fɑ⁵¹ 火柴
　　火子岩 fɑ⁵¹ti⁰n̠ʲia⁴⁴
　　火柴 ɦuo⁴¹tsai¹³ "火柴" 客话
锁 sω⁵¹
钥穷 ˉzyi⁴¹tɕiou²⁴ 钥匙
面盆 mĩ¹³pai²⁴ 脸盆
澡面水 tsau⁵¹mĩ¹³tʂu⁵¹ 洗脸水
手□ ɕia⁵¹tɕiou²⁴ 毛巾，洗脸用
手□ ɕia⁵¹tɕiou²⁴ 手绢
肥皂 fi²⁴tsou¹³
梳 sei⁴⁴ 梳子，旧式的，不是篦子
针 tɕiɛ⁴⁴ 缝衣针
铰剪 kou⁴⁴tsai²⁴ ①剪子；②理发剪
蜡烛 luo⁴¹tɕiu⁴¹
电筒 tian⁵¹toŋ¹³ 手电筒
伞 soŋ⁵¹ 雨伞
线车 sian¹³tɕʰio⁴⁴ 自行车

六　服饰饮食

衣裤 i⁴⁴kuɛ⁴⁴ 衣服，总称内外衣、内外裤
着 tω⁴¹ 穿
解 kia⁵¹ 脱
缚 xω⁴⁴ 系
衬衣 tsʰɔ̃¹³i⁴⁴ 衬衫
背心衣 pei¹³siɛ⁴⁴i⁴⁴ 背心
　　背心裈子 pei¹³siɛ⁴⁴kuɑ¹³tsɿ⁰
毛衣 mou⁴⁴i⁴⁴
絮衣 siu¹³i⁴⁴ 棉衣
衣袖 i⁴⁴dziu¹³ 袖子

衣袋 i⁴⁴dei¹³ 口袋，衣服上的

裈 kuɛ⁴⁴ 裤子

□裈 tsʰia⁴⁴kuɛ⁴⁴ 短裤，外穿的

裈袖 kuɛ⁴⁴dziu¹³ 裤腿

帽子 mɔu¹³ti⁰

　帽（子）□ mɔu¹³（ti⁰）dou¹³

履 li⁵¹ 鞋子

袜 vo¹³ 袜子

围巾 uɛ²⁴tɕĩ⁴⁴

围裙 uɛ¹³tɕyɛ²⁴ 围裙

　包裙 pɔu⁴⁴tɕyɛ²⁴

尿□ ȵiau¹³tsɑ⁴¹ 尿布

扣子 kʰou¹³tsɑ⁵¹ 扣儿，西式的

纽子 ȵia⁵¹ti⁰ ①纽扣，中式的；②扣儿，西式的

扣 kʰou¹³ ～扣子

戒指 kai¹³tʂʅ⁵¹

手圈 ɕiou⁵¹tɕʰyɛ⁴⁴ 手镯

割脑壳 kuo⁴¹lɑ⁵¹kʰu⁰ 理发

　剃脑壳 tʰɑ¹³lɑ⁵¹kʰu⁰

梳脑壳 sei⁴⁴lɑ⁵¹kʰu⁰ 梳头

糜 maŋ⁴⁴ 饭

疲糜 bi²⁴maŋ⁴⁴ 稀饭

麦粉 mo⁴¹pai⁵¹ 面粉

面 mi¹³ 面条

粉 pai⁵¹ 面儿：苞谷～

馒坨 man²⁴duo²⁴ 馒头

包子 pɔu⁴⁴tsʅ⁰

饺子 tɕiau⁴¹tsʅ⁰

饺子菜 tɕiau⁴¹tsʅ⁰tsʰei¹³ 馅儿

油煎条 zia⁴⁴tɕiɛ⁴⁴tiau²⁴ 油条，长条形的，旧称

□豆浆 luo²⁴tɑ¹³tsioŋ⁴⁴ 豆浆

豆腐子 tɑ¹³fu⁰tsɑ⁵¹ 豆腐脑

□□ kaŋ⁴⁴kaŋ⁰ 正月十五吃的一种食品，与汤圆类似

粽餈 tsoŋ¹³tsi²⁴ 粽子

糖 loŋ²⁴ 点心

菜 tsʰei¹³ ①下饭的菜；②素菜

干菜 kʰoŋ⁴⁴tsʰei¹³

豆腐 tɑ¹³fu⁰

猪血 tiu⁴⁴ɕyi⁴¹

猪爪子 tiu⁴⁴tsau⁵¹ti⁰ 猪蹄

猪舌子 tiu⁴⁴dʑi¹³ti⁰ 猪舌头

猪肝 tiu⁴⁴koŋ⁴⁴

肚里 tu⁵¹ȵi⁴¹ 下水，猪牛羊的内脏

　杂 tsuo²⁴

鸡卵 kia⁴⁴koŋ⁵¹ 鸡蛋

猪油 tiu⁴⁴ʑia⁴⁴

油毛油 ʑia⁴⁴mɔu⁴⁴ʑia⁴⁴ 香油

酱油 tsioŋ¹³ʑia⁴⁴

盐 ziɛ²⁴

醋 tsʰou²⁴

纸烟 tɕi⁵¹iɛ⁴⁴ 香烟

草烟 tsʰau⁵¹iɛ⁴⁴ 旱烟

白酒 pʰo⁴⁴tsia⁵¹

黄酒 ɦoŋ²⁴tsia⁵¹

甘酒 koŋ⁴⁴tsia⁵¹ 江米酒

荈叶 tɕʰyɛ⁵¹ɕi⁴¹ 茶叶

泡 pʰɔu¹³ 沏

冰棒 pĩ⁴⁴paŋ⁵¹ 冰棍儿

煮糜 tɕiou⁵¹maŋ⁴⁴ 做饭

办菜 pan⁵¹tsʰei¹³ 炒菜，和做饭相对

煮 tɕiou⁵¹

煎 tsai⁴⁴

炸 tsuo¹³

气 tɕʰi¹³蒸

揉 lɤ⁴⁴

食朝糜 ʑiu²⁴tiau⁴⁴maŋ⁴⁴ 吃早饭

食晌糜 ʑiu²⁴ɕioŋ⁵¹maŋ⁴⁴ 吃午饭

食夜糜 ʑiu²⁴ʑio¹³maŋ⁴⁴ 吃晚饭

食 ʑiu²⁴ 吃：～糜吃饭

饮 εi⁵¹ 喝：～酒

饮 εi⁵¹ 喝：～荈喝茶

饮 εi⁵¹ 抽：～烟

盛 dʑiou²⁴

夹 kuo⁴¹

倒 tɔu¹³

漰 pi⁴¹

渴 kʰɤ⁴¹

饿 ŋei¹³

嗌喉 i⁴¹ɦɑ²⁴ 噎

鼻涕 pi¹³tʰiε⁴¹

擤 xε̃⁵¹

口 kʰia⁵¹ 嘴巴

口皮 kʰia⁵¹fa²⁴ 嘴唇

虫水 liou²⁴tʂu⁵¹ 口水

舌子 dʑi¹³ti⁰ 舌头

牙齿 ŋuo⁴⁴tʂʰɿ⁵¹

嘴巴 tsui⁵¹pu⁰ 下巴

胡 vu²⁴ 胡子

子梗 tsɿ⁵¹kεi⁵¹ 脖子

喉子骨 ɦɑ²⁴tsɿ⁵¹kuɑ⁴¹ 喉咙

肩背 tɕiε⁴⁴pei⁰ 肩膀

手骨 ɕiou⁵¹kuɑ⁴¹ 胳膊

手 ɕiou⁵¹

反手 fai⁵¹ɕiou⁵¹ 左手

顺手 ʑyε¹³ɕiou⁵¹ 右手

拳头 tɕyε²⁴da²⁴

手指 ɕiou⁵¹tsa⁵¹

手娘 ɕiou⁵¹ȵioŋ²⁴ 大拇指

中手指 tiu⁴⁴ɕiou⁵¹tsa⁵¹ 中指

大尾手指 lɤ¹³mai⁵¹ɕiou⁵¹tsa⁵¹ 无名指

躴尾手指 ȵian⁴⁴mai⁵¹ɕiou⁵¹tsa⁵¹ 小拇指

手指壳 ɕiou⁵¹tsɿ⁵¹kʰou⁴¹ 指甲

腿 tʰuɑ⁵¹

脚 kɤ⁴¹ ①脚；②腿

脚屎头 kɤ⁴¹ʂɿ⁵¹da²⁴ 膝盖

背 pei¹³ 名词

肚子 tu⁵¹ti⁰ 肚子，腹部

肚船眼 tu⁵¹dʑyε⁵¹ŋai⁵¹ 肚脐

妈□ ma⁴⁴tεi²⁴ 乳房

屁股 pʰi¹³kʰu⁰

屎眼 ʂɿ⁵¹ŋai⁵¹ 肛门

七 身体医疗

脑壳 la⁵¹kʰu⁰ 头

脑毛 la⁵¹mɔu⁴⁴ 头发

辫子 pʰiε⁵¹ti⁰

旋 dʑuε¹³ 头发旋儿

麦棉骨 mo⁴¹mi⁰kuɑ⁴¹ 额头

样子 ʑioŋ¹³ti⁰ 相貌

面巴 mĩ¹³pu⁰ 脸

眼□ ŋai⁵¹tɕiou²⁴ 眼睛

眼珠子 ŋai⁵¹tɕiu⁴⁴tsa⁵¹ 眼珠

眼□ ŋai⁵¹kei⁴⁴ 眼泪

眼毛 ŋai⁵¹mɔu⁴⁴ 眉毛

耳朵 ȵiu⁵¹tu⁰

鼻界 pi¹³kaŋ¹³ 鼻子

鸡公 kia⁴⁴kei⁴⁴ 鸡巴，男阴
　　□儿 tie²⁴（～ti²⁴）ʐʅ²⁴
　　卵 koŋ⁵¹
屄 bi¹³ 女阴
□ tuo⁵¹ 肏，动词
水 tsu⁵¹ 精液
澡衣 tsau⁵¹i⁴⁴ 来月经
屙屎 ω⁴⁴ʂʅ⁵¹ 拉屎
屙尿 ω⁴⁴ȵiau¹³ 撒尿
屙屁 ω⁴⁴pʰi¹³ 放屁
病了 faŋ¹³liau⁰
清着了 tsʰẽ¹³tʰω⁴¹liau⁰ 着凉
　　着清 tʰω⁴⁴tsʰẽ¹³
謦 kʰaŋ⁵¹ 咳嗽
发烧 fa⁴¹ɕiau⁴⁴
□□ kʰa⁵¹pʰaŋ⁵¹ 发抖
肚子痛 tu⁵¹ti⁰sei¹³
屙肚 ω⁴⁴tu⁵¹ 拉肚子
　　屙疲屎 ω⁴⁴bi²⁴ʂʅ⁵¹
□摆子 kʰa⁵¹pɛi⁵¹tsŋ⁰ 患疟疾
着天毛 tʰω⁴⁴tʰai⁴⁴mɔu⁴⁴ 中暑
□ ei⁴⁴ 肿
生橐 saŋ⁴⁴kʰω⁴⁴ 化脓
疤 po⁴⁴
涝疮 lɔu¹³tsʰoŋ⁴⁴ 癣
痣 tsʅ¹³
包子 pɔu⁴⁴tsa⁵¹ 疙瘩
□骚 xuɛ²⁴sɔu⁴⁴ 狐臭
望病 moŋ¹³faŋ¹³ 看病
探脉 tʰan¹³mɛi²⁴ 诊脉
□银针 kʰa⁵¹ȵiɛ⁴⁴tɕiɛ⁴⁴ 针灸
□针 kʰa⁵¹tɕiɛ⁴⁴ 打针

□吊针 kʰa⁵¹tiau¹³tɕiɛ⁴⁴ 打吊针
饮药 ɛi⁵¹ʑyi¹³ 吃药
草药 tsʰau⁵¹ʑyi¹³ 汤药
病好颗了 faŋ¹³xau⁵¹kʰω⁵¹liau⁰ 病轻了

八　婚丧信仰

做媒人 tsei¹³maŋ⁴⁴ɦoŋ⁴⁴ 说媒
　　讲亲 kɛi⁵¹tsʰiɛ⁴⁴
媒人 maŋ⁴⁴ɦoŋ⁴⁴
望亲 moŋ¹³tsʰiɛ⁴⁴ 相亲
定亲 ti⁵¹tsʰiɛ⁴⁴ 订婚
　　开亲 kʰa⁴⁴tsiɛ⁴⁴
嫁妆 kuo¹³tsoŋ⁴⁴
成亲 tɕʰĩ²⁴tsʰiɛ⁴⁴ 结婚
娶亲 tsʰa⁵¹tsʰiɛ⁴⁴ 娶妻子
　　娶婆子 tsʰa⁵¹mo²⁴li⁰
问亲 mai¹³tsʰiɛ⁴⁴
　　问婆子 mai¹³mo²⁴li⁰
出嫁 tʂʰu⁴¹kuo¹³
　　出闺 tʂʰu⁴¹kuɛ⁴⁴
拜堂 pa¹³toŋ²⁴
新郎 sai⁴⁴laŋ²⁴
新媳妇 sai⁴⁴si¹³pʰai⁰ 新娘子
双手人 soŋ⁴⁴ɕiou⁵¹ɦoŋ⁴⁴ 孕妇
　　背肚婆子 pʰa⁵¹tu⁵¹mo²⁴li⁰
背肚 pʰa⁵¹tu⁵¹ 怀孕
选食 suɛ⁵¹ȵiu²⁴ 害喜，妊娠反应
拆⁼伢崽 tsʰa⁴⁴ŋuo²⁴tsai²⁴ 分娩
　　生伢崽 saŋ⁴⁴ŋuo⁴⁴tsai²⁴
　　得伢崽 tei⁴¹ŋuo⁴⁴tsai²⁴
崩了了 pei⁴⁴liau¹³liau⁰ 流产
双胞胎 soŋ⁴⁴pɔu⁴⁴tʰa⁴⁴

坐月 tsai²⁴ȵyi⁴¹ 坐月子
饮妈 ɕi⁵¹ma⁴⁴ 吃奶
断妈 tʰoŋ⁵¹ma⁴⁴ 断奶
满月 moŋ⁵¹ȵyi⁴¹
生日 saŋ⁴⁴ɦoŋ⁴¹
做生日 tsei¹³saŋ⁴⁴ɦoŋ⁴¹ 做寿
死 si⁵¹
不在了 pa²⁴tsʰɛi⁵¹liau⁰ 死，婉称
　老了 lau⁵¹liau⁰
　过身了 kɷ¹³ɕiɛ⁴⁴liau⁰
□道死 lou⁵¹sau⁵¹si⁵¹ 自杀
　□死道 lou⁵¹si⁵¹sau⁵¹
□气 liu⁵¹tɕʰi¹³ 咽气
入殓 zu²⁴liɛ⁵¹
　放入老室 foŋ²⁴oŋ⁴¹lau⁵¹tsi⁴¹
老室 lau⁵¹tsi⁴¹ 生前预制的棺材
　千年室 tsʰai⁴⁴lai⁴⁴tsi⁴¹
丧 soŋ⁴⁴ 入殓后装了死人的棺材
出丧 tʂʰu⁴¹soŋ⁴⁴ 出殡
坟包 fai²⁴pɔu⁴⁴ 坟墓
挂坟 kuɑ¹³fai²⁴ 上坟
　拢坟 lɛi⁵¹fai²⁴
香纸 ɕioŋ⁴⁴tɕi⁵¹ 纸钱
天老爷 tʰai⁴⁴lau⁵¹io⁵¹ 老天爷
菩萨 bu²⁴suo⁰
观音菩萨 kuan⁴⁴ĩ⁴⁴bu²⁴suo⁰ 观音
灶菩萨 tsɔu¹³bu²⁴suo⁰ 灶神
庙堂 miau¹³doŋ²⁴ 寺庙
祠堂 dzɿ²⁴doŋ²⁴
和尚 ɦɷ²⁴tɕʰiaŋ⁰
尼姑 ȵi¹³ku⁴⁴
老司 lau⁵¹sɿ⁴⁴ 主持迷信活动的人，一般着红衣，与"青衣道士"相区别
算命 soŋ¹³maŋ¹³
运气 ɦuɛ¹³tɕʰi¹³
保佑 pau⁵¹iou⁴¹

九　人品称谓

人 ɦoŋ⁴⁴
男子 lan²⁴tsŋ⁵¹ 男人
　男的 lan²⁴ti⁰
女的 ȵiu⁵¹ti⁰ 女人
　婆子 mo²⁴li⁰
一条人 i²⁴lau²⁴ɦoŋ⁴⁴ 单身汉
伢崽 ŋuo⁴⁴tsai²⁴ 婴儿
伢崽 ŋuo⁴⁴tsai²⁴ 小孩，三四岁的
子伢崽 tsa⁵¹ŋuo⁴⁴tsai²⁴ 男孩
　子子 tsa⁵¹tsa⁵¹
女伢崽 ȵiu⁵¹ŋuo⁴⁴tsai²⁴ 女孩
　女子 ȵiu⁵¹tsa⁵¹
[老人]家 laŋ⁵¹kuo⁴⁴ 老人。laŋ⁵¹是"老人"的合音
亲戚 tsʰiɛ⁴⁴tsʰiɛ⁴¹
朋友 pɛi²⁴ziɑ⁴⁴
隔壁的 kuo⁴¹pi⁴¹ti⁰ 邻居
客 kʰuo⁴¹ 客人
　人客 ɦoŋ⁴⁴kʰuo⁴¹ 一般在一人以上
农民 loŋ²⁴mĩ²⁴
做生意的 tsei¹³sẽ⁴⁴ĩ¹³ti⁰ 商人
手艺人 ɕiou⁵¹ȵi⁵¹ɦoŋ⁴⁴
泥水匠 ȵi⁴⁴tʂu⁵¹dzioŋ¹³
木匠 ɦoŋ⁴¹dzioŋ¹³
裁缝 dzɛi²⁴bɛi²⁴
剃头匠 tʰɑ¹³dou²⁴dzioŋ¹³ 理发师

割脑壳的 kuo^{41}lɑ^{51}kʰu^{0}ti^{0}

厨子 dzu̧^{24}tsʅ^{0} 厨师

师傅 sɑ^{44}fu^{0}

徒弟 du^{13}ti^{51}

叫花子 kɔu^{13}xuɑ^{44}ti^{0} 乞丐

痞子 pʰi^{51}tsʅ^{0} 流氓

贼头 tsʰei^{44}dɑ^{24} 贼，扒手

瞎子 xuo^{41}ti^{0}

聋子 tsei^{44}ti^{0}

哑子 uo^{51}ti^{0} 哑巴

驼子 tou^{24}ti^{0}

足拜子 pɑ^{44}ti^{0} 瘸子

癫子 tai^{44}ti^{0} 疯子

苕子 ɕiou^{24}ti^{0} 傻子

蠢的 tsʰuɛ^{51}ti^{0} 笨蛋

阿父 ɑ^{44}bou^{51} 爷爷

　父父 bou^{51}bou^{51}

□□ ȵian^{24}ȵian^{24} 奶奶

　阿□ ai^{44}ȵian^{24}

家婆 kuo^{44}bω^{24} 外祖父，叙称

家母 kuo^{44}moŋ^{51} 外祖母，叙称

阿娘大 ai^{44}ȵiaŋ^{24}dɑ^{13} 父母，合称

阿大 ɑ^{44}dɑ^{13} 父亲，叙称

阿娘 ai^{44}ȵiaŋ^{24} 母亲，叙称

阿大 ɑ^{44}dɑ^{13} 爸爸，呼称

阿娘 ai^{44}ȵiaŋ^{24} 妈妈，呼称

觍大 ȵian^{44}dɑ^{13} 继父，叙称

觍阿娘 ȵian^{44}ai^{44}ȵiaŋ^{24} 继母，叙称

亲爹 tsʰiɛ^{44}tiu^{44} 岳父，叙称

亲娘 tsʰiɛ^{44}ȵioŋ^{24} 岳母，叙称

父父 bou^{51}bou^{51} 公公，叙称

□□ ȵian^{24}ȵian^{24} 婆婆，叙称

阿伯 ɑ^{44}po^{41} 伯父

伯伯 po^{41}po^{41}

大大 lω^{13}dɑ^{13}

伯娘 po^{41}ȵiaŋ^{24}（～ȵioŋ^{24}）伯母

　大阿娘 lω^{13}ai^{44}ȵiaŋ^{24}

　大大娘 lω^{13}dɑ^{13}ȵioŋ^{24}

□□ uo^{24}uo^{24} 叔父

阿□ ɑ^{44}uo^{24}

觍大 ȵian^{44}dɑ^{13}

觍□ ȵian^{44}uo^{24} 排行最小的叔父

母母 moŋ^{51}moŋ^{51} 叔母

阿母 ɑ^{44}moŋ^{51}

觍阿娘 ȵian^{44}ai^{44}ȵiaŋ^{24}

妖妖 tɑ^{24}tɑ^{24} 姑

阿妖 ɑ^{44}tɑ^{24}

姑丈 ku^{44}tʰiaŋ^{51} 姑父

舅□ kuo^{24}kɛi^{51} 舅舅

舅母 kuo^{24}moŋ^{51} 舅妈

□娘 tsoŋ^{51}ȵiaŋ^{24} 姨，比母大

□□ uo^{24}ʂʅ^{51} 姨，比母小

□丈 uo^{24}tʰiaŋ^{51} 姨父，母之妹夫

□丈 tsoŋ^{51}tʰiaŋ^{51} 姨父，母之姐夫

兄弟 foŋ^{44}xɑ^{51} 合称

姐弟 tsi^{51}xɑ^{51} ①姊妹，合称；②姐弟

阿哥 ɑ^{44}kω^{44} 哥哥

　哥 kω^{44}

阿嫂 ɑ^{44}tsʰau^{51} 嫂子

　嫂嫂 tsʰau^{51}tsʰau^{51}

弟 xɑ^{51} 弟弟

弟妹 xɑ^{51}mɛi^{51} 弟媳

阿姐 ɑ^{44}tsi^{51}

　姐姐 tsi^{51}tsi^{51}

姐丈 tsi⁵¹tʰiaŋ⁵¹ 姐夫
阿妹 ɑ⁴⁴mɛi⁵¹ 妹妹
　　妹妹 mɛi⁵¹mɛi⁵¹
妹夫 mɛi⁵¹fu⁰
□伯兄弟 uo²⁴po⁴¹foŋ⁴⁴xɑ⁵¹ 堂兄弟
老表 lau⁵¹piau⁵¹ 表兄弟
两伯母 tsuo⁵¹po⁴¹moŋ⁵¹ 妯娌
兄弟 foŋ⁴⁴xɑ⁵¹ 连襟
子 tsɑ⁵¹ 儿子
媳妇 si¹³pʰai⁰（～pʰo⁰）儿媳妇
女 ɳiu⁵¹ 女儿
□家 tai⁵¹kuo⁴⁴ 女婿
孙 suɛ⁴⁴ 孙子
重孙 diou²⁴suɛ⁴⁴
侄子 tʰi⁴⁴tsɑ⁵¹
孙 suɛ⁴⁴ 外甥
孙 suɛ⁴⁴ 外孙
　　女孙 ɳiu⁵¹suɛ⁴⁴
两口子 tsuo⁵¹kʰiɑ⁵¹ti⁰ 夫妻，合称
室头人 tsi⁴¹dɑ⁰ɦoŋ⁴⁴ 丈夫
　　我男的 ŋɯ⁵¹lan²⁴ti⁰
室头人 tsi⁴¹dɑ⁰ɦoŋ⁴⁴ 妻子
　　脚尾人 kɯ⁴¹mai⁵¹ɦoŋ⁴⁴
　　婆子 mo²⁴li⁰
名字 mĩ⁴⁴ti⁰

十　农工商文

做门路 tsei¹³mai⁴⁴lu⁵¹ 干活儿
门路 mai⁴⁴lu⁵¹ 事情
栽田 tsɑ⁴⁴lai²⁴ 插秧
　　栽秧 tsɑ⁴⁴ioŋ⁴⁴
□田 gei¹³lai²⁴ 割稻

□谷 gei¹³ku⁴¹
秧菜 ioŋ⁴⁴tsʰei¹³ 种菜
犁 li⁴⁴ 名词
锹 tɕʰiau⁴⁴ 锄头
镰□ liɛ⁴⁴tiou²⁴ 镰刀
把 paŋ¹³ 把儿
担脚扁 taŋ¹³kɯ⁴¹pĩ⁵¹ 扁担
箩□ lɯ⁴⁴su̩¹³ 箩筐
筛子 sɑ⁴⁴ti⁰
□ kei⁴⁴ 簸箕，簸米用的
滚子 kuɛ⁵¹tsɑ⁵¹ 轮子，旧式的
碓 tuɑ¹³
碓□ tuɑ¹³kʰɛi⁵¹ 臼
磨子 mɯ¹³ti⁰ 磨，名词
年人 lai⁴⁴ɦoŋ⁴⁴ 年成
□门子 ⁼tʰuɑ⁴⁴mai⁴⁴tsɑ⁵¹ 走江湖
□工 kʰɑ⁵¹kei⁴⁴ 打工
　　做门路 tsei¹³mai⁴⁴lu⁵¹
斧刀 fu⁵¹tɔu⁴⁴ 斧子
钳子 dʑian²⁴tsʅ⁰
锤 tuɛ²⁴ 锤子
钉子 taŋ⁴⁴ti⁰
索子 sɯ⁴¹ti⁰ 绳子
棍 kuɛ¹³ 棍子
做生意 tsei¹³sẽ⁴⁴ĩ¹³ 做买卖
百货店 pai²⁴xɯ¹³tai¹³ 商店
糜店 maŋ⁴⁴tai¹³ 饭馆
旅社 lui⁵¹ɕiɛ⁵¹ 旅馆，旧称
贵 tɕyi¹³
便宜 piɛ²⁴ɳi⁴⁴
划得来 xuɑ¹³ti⁰zai¹³ 合算
亏本 kʰui⁴⁴pai⁵¹

折本 tɕʰi⁴⁴pai⁵¹
铜钱 dɛi²⁴tsai²⁴ 钱
零星铜钱 lɑŋ⁴⁴sɑŋ⁴⁴dɛi²⁴tsai²⁴ 零钱
银壳子 niɛ⁴⁴kʰou⁴¹tsa⁵¹ 硬币
本钱 pai⁴¹tsai²⁴
工钱 kei⁴⁴tsai²⁴
车费 tɕʰio⁴⁴fi²⁴ 路费
　道费 sau⁵¹fi²⁴
使 sɑ⁵¹ 花
□ tsʰou⁵¹ 赚
□ lou⁵¹ 挣
欠 tɕʰian¹³
　该 kai⁴⁴
算盘 soŋ¹³poŋ²⁴
秤 tɕʰiu¹³
称 tɕʰiu⁴⁴ 动词
□场 pɑŋ⁴⁴dioŋ²⁴ 赶集
场头 dioŋ²⁴tɑ⁰ 集市
行庵 ɦaŋ¹³ŋaŋ⁴⁴ 庙会
学堂 ɦɔu¹³toŋ²⁴ 学校
上学 tɕʰioŋ⁵¹ɦɔu¹³ ①开始上小学；②去学校
　读书 lu⁴¹tɕiu⁴⁴
放学 foŋ¹³ɦɔu¹³
考试 kʰau⁵¹ʂʅ²⁴
书包 tɕiu⁴⁴pou⁴⁴
本子 pai⁵¹ti⁰
铅笔 yɛ²⁴pɑ⁴¹
钢笔 koŋ⁴⁴pɑ⁴¹
毛笔 mou⁴⁴pɑ⁴¹
墨 mei⁴¹
砚碗 nĩ¹³oŋ⁵¹ 砚台
信 ɕiɛ¹³

伢崽书 ŋuo⁴⁴tsai²⁴tɕiu⁴⁴ 连环画
□□□□ tɕʰio¹³lou⁵¹kou¹³tɑŋ¹³tɑŋ¹³ 捉迷藏
跳索 tau²⁴sɯ⁴¹ 跳绳
盘勾 poŋ²⁴kiɑ⁴⁴ 毽子
飞子 fei⁴⁴ti⁰ 风筝
舞狮灯 vu⁵¹sɑ⁴⁴tei⁴⁴ 舞狮
炮 pʰɔu¹³ 鞭炮
唱歌 tɕʰioŋ¹³kɯ⁴⁴
演戏 ian⁴¹ɕi²⁴
　唱戏 tɕʰioŋ¹³ɕi²⁴
锣鼓 lɯ¹³ku⁵¹
琴 dʑĩ²⁴ 二胡
萧 siau⁴⁴ 笛子
划拳 xuɑ¹³tɕyɛ²⁴
动棋 dzɛi⁵¹dʑi²⁴ 下棋
□牌 kʰɑ⁵¹ba²⁴ 打扑克
□麻将 kʰɑ⁵¹mɯ⁴⁴tɕiaŋ²⁴ 打麻将
耍把戏 sua⁵¹pɑ⁵¹ɕi²⁴ 变魔术
讲古 kɛi⁵¹ku⁵¹ 讲故事
　学古 vu¹³ku⁵¹
猜谜得 tsʰɑ⁴⁴mi¹³tei⁰ 猜谜语
哈□ xɑ²⁴ti⁰ 玩儿
哈□ xɑ²⁴ti⁰ 串门儿
行亲 ɦaŋ²⁴tsʰiɛ⁴⁴ 走亲戚

十一　动作行为

望 moŋ¹³ ①看；②盼望
听 tʰaŋ⁴⁴
嗅 ɕioŋ¹³ 闻，嗅
　听 tʰaŋ⁴⁴
抽 tʰiɑ⁴⁴ 吸
开 kʰɑ⁴⁴ 睁

闭 pi¹³ ～眼
闪 ɕiɛ⁵¹ 眨
丫 uo⁴⁴ 张：～□
闭 pi¹³ ～嘴
咬 ȵio⁴¹
嚼 tsiau⁴¹
咽 uɛ¹³ ～下去
□ dʑi⁵¹
　舔 diɛ⁵¹
鸹 kuo⁴⁴ 含
□口 dzɯ⁴⁴kʰia⁵¹ 亲嘴
□ dzɯ⁴⁴ 吮吸
吐 tʰu¹³ 从嘴里吐出来：把果核儿～掉
呕 a⁵¹ 呕吐
□喷嚏 kʰa⁵¹fai¹³tʰiɛ⁴¹ 打喷嚏
取 tsʰa⁵¹ 拿
得 tei¹³ 给
摸 mɯ⁴⁴
伸 tʰiɛ⁴⁴
　摘 tʂʰʅ⁴⁴
□ dza²⁴ 挠
掐 kʰa⁴¹
毁 tɕia¹³ 拧：～螺丝
毁 tɕia¹³ 拧：～毛巾
捋 lɯ⁴⁴ ①捻；②揉；③捋
掰 pa⁴⁴
剥 pɔu⁴¹
扯 dza⁵¹ 撕
拗 au⁵¹ 折
扯 dza⁵¹ 拔
摘 ti⁴¹
竖 dza¹³ 站，站立

靠 kʰɔu¹³ 倚，斜靠
蹲 tuɛ⁴⁴ 双腿高低不一样
　□ du²⁴ 蹲，双腿高低一样
坐 tsai²⁴
跳 dau²⁴
□ uo⁴⁴ 迈，跨
　□ dʑio⁵¹
□ dzɛi²⁴ 踩
架 kuo¹³ 翘：～脚翘腿
趴 bo⁵¹ 弯：～腰
挺 tʰĩ⁵¹ ～胸
趴 bo⁵¹
爬 bo²⁴
　□ luo²⁴
行 ɦaŋ²⁴ 走
□ tʰua⁴⁴ 跑
□ tʰua⁴⁴ 逃，逃跑
　逃石⁼□ dau²⁴tɕʰio⁴⁴tʰua⁴⁴
□ dzou⁴¹ 追，追赶
抓 tsua⁴¹（～tsua⁴⁴）
抱 bɔu¹³
负 ba¹³ 背
掌 tɕioŋ⁵¹ 搀
□ tsʰei¹³ 推
　□ ɕiau⁴⁴
绊 paŋ⁵¹ 摔，跌
撞 tsʰoŋ⁵¹
挡 tʰaŋ⁵¹
□ tsʰio¹³ 躲
收 ɕia⁴⁴ 藏，藏放，收藏
放 foŋ¹³
码 mo⁵¹ 摞：把砖～起来

埋 bɛi⁵¹（～mei⁴⁴）
罩 tsɔu¹³ 盖
压 uo⁴¹
碾 lai⁵¹ 摁，用手指按
□ lɑu²⁴ 捅
插 tsʰɑ⁴¹
□ tsʰai⁴⁴ 戳
□ dʐyi⁵¹ 砍
□ tsʰou²⁴ 剁
削 siou⁴¹
坼 dzɑ¹³ 裂：木板～开了
□ lei¹³ 皱
　□ ȵiou¹³
　□ luɑ²⁴
腐 fɛi⁵¹ 腐烂
擦 tsʰɷ⁴¹
倒 tɔu¹³
钉 ⁼tɑŋ⁴⁴ ①扔，丢弃；②投掷；③丢失
　甩 suɑ⁴¹ ①扔，丢弃；②投掷
舞 vu⁵¹ ①投掷；②扔，丢弃；舞弄
　甩 suɑ⁴¹ ①扔，丢弃；②投掷
□ liu⁵¹ 掉，掉落，坠落
滴 ti²⁴ 水～下来
□ liu⁵¹ 丢，丢失
□ lou⁵¹ 找
拾 tʂʰʅ⁴⁴ 捡
提 di⁴⁴
担 tɑŋ¹³ 挑
扛 xɑŋ⁵¹
抬 tɑ²⁴
举 tɕyi⁴¹
开 kʰɑ⁴⁴ 撑

撬 dʑiau⁵¹
选 suɛ⁵¹ 挑
□贴 suo⁴¹tʰiɛ⁰ ①收拾：～东西；②打扫
折 tɕi²⁴ 挽：～衣袖 挽袖子
涮 suaŋ¹³ 用清水漂洗
澡 tsɑu⁵¹ 洗
□ lu²⁴ 捞
拴 suaŋ⁴⁴
缚 xɷ⁴⁴ 捆
解 kiɑ⁵¹
移 dʑi²⁴ 挪
端 tuan⁴⁴
□ kʰɑ⁵¹ 摔：碗～碎了
掺 tsʰaŋ¹³
烧 ɕiau⁴⁴
拆 tsʰɑ⁴¹
转 dzuɛ¹³
捶 tuɛ²⁴
□ kʰɑ⁵¹ 打
相□ sioŋ⁴⁴kʰɑ⁵¹ 打架
歇下子 si⁴¹kɑ⁰tsɑ⁵¹ 休息
□哈歇 kʰɑ⁴⁴xuo⁴⁴ɕiɛ⁴¹ 打哈欠
□□ kʰɑ⁵¹tsʰuɛ²⁴ 打瞌睡
睏 kʰuɛ¹³ 睡
□□哈 kʰɑ⁵¹pu²⁴xuo⁰ 打呼噜
做梦 tsei¹³mei¹³
跳 ⁼起 dɑu²⁴tɕʰi⁵¹ 起床
刷牙齿 suɑ⁴¹ŋuo⁴⁴ʂʅ⁰ 刷牙
澡身□ tsɑu⁵¹ɕiɛ⁴⁴kɛi⁵¹ 洗澡
想 sioŋ⁵¹
挂件 ⁼kuɑ¹³tɕʰiɛ⁵¹ 想，想念
□算 kʰɑ⁵¹soŋ¹³ 打算

忆得 ei⁴¹tei⁴¹ 记得
　　忆到 ei⁴¹tau⁵¹
忆不到 ei⁴¹pu²⁴tau⁵¹ 忘记
　　忆忘掩（了）ei⁴¹moŋ¹³iɛ⁵¹（liau⁰）
怯 tɕʰyi⁴¹ 怕
相信 sioŋ⁴⁴siɛ¹³
想不通 sioŋ⁴⁴pu²⁴tʰei⁴⁴ 发愁
细心 si¹³siɛ⁴⁴ 小心
喜欢 ɕi⁵¹xuan⁴⁴ 常指喜欢某物
快活 kʰuai¹³xɯ²⁴ 舒服
难过 loŋ⁴⁴kɯ¹³ 难受，生理的
难受 loŋ⁴⁴tɕʰia⁵¹ 难过，心理的
欢喜 xoŋ⁴⁴kʰia⁵¹ ①高兴；②喜欢某人
胀气 tioŋ¹³tɕʰi¹³ 生气
埋怨 mai²⁴uan⁰ 责怪
眼红 ŋai⁵¹ɦɛi²⁴ 忌妒
怯丑 tɕʰy⁴¹tɕiu¹³ 害羞，腼腆
丢丑 tiu⁴⁴tɕiu¹³ 丢脸
欺负 tɕʰi⁴⁴fu⁰
装 tsoŋ⁴⁴
心痛 siɛ⁴⁴sei¹³ 心疼
要 iau¹³
有 va⁵¹
不有 pa²⁴va⁵¹ 没有
是 tɕʰi⁵¹
不是 pa²⁴tɕʰi⁵¹
在 tsʰɛi⁵¹
不在 pa²⁴tsʰɛi⁵¹
晓得 ɕiau⁵¹ti⁰ 知道
不晓得 pa²⁴ɕiau⁵¹ti⁰ 不知道
懂 toŋ⁵¹
　　省得到 sẽ⁵¹tei⁴¹tau⁵¹
不晓得 pa²⁴ɕiau⁵¹ti⁰ 不懂

会 xɑ⁵¹
不会 pa²⁴xɑ⁵¹
认得到 ȵiɛ¹³tei⁴¹tau⁵¹ 认识
认不到 ȵiɛ¹³pu²⁴tau⁵¹ 不认识
好 xau⁵¹ 行，应答语
不好 pa²⁴xau⁵¹ 不行，应答语
肯 kʰɛi⁵¹
应该 ĩ¹³kai⁴⁴
可以 kʰɯ⁵¹i⁴¹
讲 kɛi⁵¹ 说
字 tsa¹³ 话
谈经 dan²⁴tɕiɛ⁴⁴ 聊天儿
　　谈闲 dan²⁴ɕian²⁴
喊 xaŋ¹³ ①叫：猪～｜牛～｜鸭～｜鸟～；②喊：～你来
□□和 kʰɑ⁵¹ɯ⁵¹ɦɯ²⁴ 吆喝，大声喊
啼 li²⁴ 哭
嚷 ʑiaŋ⁵¹ 骂
相吵 sioŋ⁴⁴tsʰau⁵¹ 吵架，动嘴
　　相嚷 sioŋ⁴⁴ʑiaŋ⁵¹
骗 pʰiɛ¹³ 欺骗
　　□使 tɛi⁴¹ʂʅ⁵¹
哄 xɛi⁵¹
扯谎 dzɑ⁵¹xoŋ⁵¹ 撒谎
扯口 dzɑ⁵¹kʰia⁵¹ 吹牛
拍马屁 pʰo⁴⁴mo⁵¹pʰi¹³
开玩笑 kʰa⁴⁴uan²⁴sou¹³
报 pɔu¹³ 告诉
难□ loŋ⁴⁴xuɛ⁴¹ 谢谢
对不住 tua¹³pu²⁴tʂu⁴¹ 对不起

二　性质状态

大 lɯ¹³

鈿 ɲian⁴⁴ 小

粗 tsʰei⁴⁴

细 si¹³

长 dioŋ²⁴ 线～

□ tsʰia⁴⁴ 短

长 dioŋ²⁴ 时间～

□ tsʰia⁴⁴ 短：时间～

阔 kʰʮ⁴¹ 宽

阔敞 kʰʮ⁴¹tʰaŋ⁵¹ 宽敞

狭 uo¹³ 窄

高 kɔu⁴⁴ 飞机飞得～

矮 ɑ⁵¹ 低：飞机飞得～

高 kɔu⁴⁴ 渠他比我～

矮 ɑ⁵¹ 渠他比我～

远 vai⁵¹

近 tɕʰiɛ⁵¹

深 ɕiɛ⁴⁴

浅 tsʰai⁵¹

清 tsʰẽ⁴⁴

浑 xuɛ⁴⁴

团 duɛ²⁴ 圆

　囵 loŋ¹³

扁 pĩ⁵¹

方 foŋ⁴⁴

尖 tsai⁴⁴

平 faŋ²⁴

肥 fi²⁴ ～肉

精 tsẽ⁴⁴ 瘦：～肉

肥 fi²⁴ 形容猪等动物

肥 fi²⁴ 胖，形容人

　胖 pʰaŋ²⁴

瘦 ɕiu¹³ 形容人和动物

黑 kʰei⁴¹

白 pʰo⁴⁴

红 ɦɛi²⁴

黄 ɦoŋ²⁴

蓝 laŋ⁴⁴

绿 liɑ⁵¹

乌 u⁴⁴ 紫

暗 ɛi⁵¹

灰 xei⁴⁴

多 ti⁴⁴

少 tɕiɑu⁵¹

重 tʰiu⁵¹

轻 tɕʰĩ⁴⁴

直 tʰiu⁴⁴

陡 tɑ⁵¹

曲 tɕʰiou¹³ 弯，弯曲

偏 pʰiɛ⁴⁴ 歪：帽子戴～了

厚 ɦɑ⁵¹

薄 bʮ¹³

糊 xu²⁴ 稠

稀 ɕi⁴⁴ 疲糜稀饭～

密 mɛi⁴¹

稀 ɕi⁴⁴ 稀疏：菜种得～

亮 lioŋ¹³ 指光线，明亮

黑 kʰei⁴¹ 指光线，完全看不见

热 dzi⁴¹

温暖 uɛ⁴⁴loŋ²⁴ 暖和

清 tsʰẽ¹³ 凉：天气～，水～

冻 tei¹³ 冷

□ po⁴⁴ 热

□ tɕyɛ¹³ 凉：水～

干 kʰoŋ⁴⁴ 干燥

湿 dzi¹³

净□ sẽ¹³liaŋ⁰ 干净

□□ ɑ¹³sɑ⁰ 脏

快 kʰuɑ¹³ 锋利：刀子～

呆 ŋei²⁴ 钝

快 kʰuɑ¹³ 坐车比走路～

□ lei⁴⁴ 慢

早 tsau⁵¹

晏 oŋ¹³ 晚

　　迟 li²⁴

夜 io¹³ 天色晚

松 sei⁴⁴ 捆得～

紧 tɕiɛ⁵¹

食⁼食⁼ ʑiu²⁴ʑiu⁰ 容易

难 loŋ⁴⁴

新 sai⁴⁴

故 ku¹³ 旧

老 lau⁵¹

不出老 pa²⁴tʂʰu⁴¹lau⁵¹ 年轻

疲 bi²⁴ 软

硬 ŋaŋ¹³

疲 bi²⁴ 烂：肉煮得～

焦 tsiau⁴⁴ 煳

扎实 tsuo²⁴ʂʅ⁰ 结实

腐 fei⁵¹ 破：衣服～了

富 fu¹³

　　好 xɑu⁵¹

穷 tɕiou²⁴

忙 mei⁴⁴

空 kʰei¹³ 闲

□ tau⁵¹ 累

痛 sei¹³ 疼

痒 dʑioŋ⁵¹

热闹 ʑiɛ¹³lau⁰

熟刷⁼ tɕʰiu⁴⁴suɑ⁴¹ 熟悉

生□ saŋ⁴⁴taŋ⁴¹ 陌生

口味 kʰia⁵¹mi¹³ ①胃口；②味道

气 tɕʰi¹³ 气味

咸 dʑiou²⁴

淡 toŋ¹³

酸 dʑiou²⁴

甘 koŋ⁴⁴ 甜

苦 kʰu⁵¹

辣 luo⁴¹

新鲜 sai⁴⁴siɛ⁴⁴ 鲜

香 tɕʰioŋ⁴⁴

臭 tɕʰiou¹³

馊 sɑ⁴⁴

腥气骚 sẽ⁴⁴tɕʰi¹³sou⁴⁴ 腥

好 xau⁵¹

坏 xuai⁵¹

　　害 xɛi⁵¹

差 tsʰuo⁴⁴

对 tua¹³

错 tsʰɷ¹³

漂亮 pʰiau¹³liaŋ⁰

　　乖 kuɑ⁴⁴

　　体面 tʰi⁵¹mĩ¹³

丑 tɕiu¹³ 难看

勤移⁼ tɕiɛ²⁴dʑi²⁴ 勤快

懒 dzoŋ⁵¹

乖 kuɑ⁴⁴ 乖巧

淘皮 tau²⁴fɑ²⁴ 顽皮

　　□筋 tɕiaŋ⁵¹tɕiɛ⁴⁴

老实 lau⁵¹ʐ̩⁰
苕 ɕiou²⁴ 傻
呆 ŋei¹³ 笨
大方 ta⁵¹faŋ⁴⁴
小气 siau⁵¹tɕʰi¹³
　　米磨 mi⁵¹mɤ⁴⁴
直 tʰiu⁴⁴ 直爽
犟 tɕia¹³ 倔强

十三　数量

一 i²⁴（～i⁴¹）
两 tsuo⁵¹
三 suo⁴⁴
四 si¹³
五 ɦoŋ⁵¹
六 lia⁴¹
七 tsʰi⁴¹
八 pa⁴¹
九 tɕia⁵¹
十 tsʰʅ⁴⁴（～ʂʅ⁴⁴）
二十 ɦoŋ¹³tsʰʅ⁴⁴（～ʂʅ⁴⁴）
三十 soŋ⁴⁴tsʰʅ⁴⁴（～ʂʅ⁴⁴）
一百 i²⁴po⁴¹
一千 i²⁴tsʰai⁴⁴
一万 i²⁴mai¹³
一百零五 i²⁴po⁴¹laŋ⁴⁴ɦoŋ⁵¹
一百五十 i²⁴po⁴¹ɦoŋ⁵¹tsʰʅ⁴⁴
第一 ti¹³i⁴¹
二两 ɦoŋ¹³lioŋ⁵¹
　　两两 tsuo⁵¹lioŋ⁵¹
几条 tɕi⁵¹lau²⁴ 几个
两条 tsuo⁵¹lau²⁴ 俩

三条 suo⁴⁴lau²⁴ 仨
条把 lau²⁴pa⁰ 个把
条 lau²⁴ 个
匹 fa²⁴
条 lau²⁴ 头：一～牛
条 lau²⁴ 头：一～猪
条 lau²⁴ 只：一～犬狗
条 lau²⁴ 只：一～鸡
□lẽ²⁴ 只：一～□mɤ⁵¹子蚊子
条 lau²⁴ 一～鱼
根 kẽ⁴⁴ 条：一～虺蛇
张 tioŋ⁴⁴ 一～嘴
张 lioŋ⁴⁴ 一～枱子桌子
床 tsoŋ²⁴ 一～被□被子
床 tsoŋ²⁴ 领：一～席子
□dzoŋ²⁴ 双：一～履鞋
把 po⁵¹ 一～刀
把 po⁵¹ 一～锁
根 kẽ⁴⁴ 一～索子绳子
只 tɕi⁴¹ 支：一～毛笔
副 fu¹³ 一～眼镜
块 kʰua¹³ 面：一～镜子
块 kʰua¹³ 一～香皂
　　坨 tuo²⁴
辆 lioŋ⁴⁴ 一～车
场 dioŋ²⁴ 座：一～室房子
座 tsuo⁵¹ 一～桥
　　条 lau²⁴
根 kẽ⁴⁴ 条：一～河
根 kẽ⁴⁴ 条：一～道路
蔸 ta⁴⁴ 一～树
朵 tɤ⁴⁴ 一～花

颗 kʰɷ⁴¹

笔 pɑ⁴¹ 粒

    颗 kʰɷ⁵¹

餐 tsʰɑ⁴⁴ 顿：一～糜饭

服 fu¹³ 剂

股 ku⁵¹

连 liɛ⁴⁴ 行：一～字

块 kʰuɑ¹³ 一～钱

角 tɕio²⁴ 毛：一～钱

条 lɑu²⁴ 件

颗 kʰɷ⁵¹ 点儿

□ bu²⁴ 些

一□ i²⁴kɑ¹³ 一下：□kʰɑ⁵¹ ～：打一下

上⁼子 tɕʰioŋ⁵¹tsɑ⁰ 会儿：讲一～

餐 tsʰɑ⁴⁴ 顿：□kʰɑ⁵¹ 一～：打一顿

上⁼tɕʰioŋ⁵¹ 阵：落一～雨 下一阵雨

盘 ban²⁴ 趟

十四　代副介连词

我 ŋɷ⁵¹

    □ ɦɑ²⁴

你 ȵi⁵¹

你[老人]家 ȵi⁵¹laŋ⁵¹kuo⁴⁴ 您，尊称

渠 zei¹³ 他

□ ɦɑ²⁴ 我们，不包括听话人

    □人 ɦɑ²⁴ɦoŋ⁴⁴

□ ɦɑ²⁴ 咱们，包括听话人

    □人 ɦɑ²⁴ɦoŋ⁴⁴

你 ȵi²⁴ 你们

    你人 ȵi²⁴ɦoŋ⁴⁴

渠 zei¹³ 他们

    □人 zoŋ¹³ɦoŋ⁴⁴

大势 tɑ⁵¹sʐ⁵¹ 大家

自□ tsʰi⁴⁴kɛi⁵¹ 自己

□人 zoŋ¹³ɦoŋ⁴⁴ 别人

□大 ɑ⁴⁴dɑ¹³ 我爸

你大 ȵi²⁴dɑ¹³ 你爸

渠大 zei¹³dɑ²⁴ 他爸

□条 lai⁴⁴lɑu²⁴ 这个

□条 uɑ²⁴lɑu²⁴ 那个

何条 xɷ⁵¹lɑu²⁴ 哪个

何条 xɷ⁵¹lɑu²⁴ 谁

□里 lan⁴⁴ȵĩ⁴¹ 这里

□里 uaŋ²⁴ȵĩ⁴¹ 那里

何里 xoŋ⁵¹ȵĩ²⁴ 哪里

□样 lai⁴⁴zioŋ¹³ 这样

□样 uɑ²⁴zioŋ¹³ 那样

每几样 mei⁴¹tɕi⁵¹zioŋ¹³ 怎样，什么样

□么 laŋ⁴⁴moŋ⁰ 这么

每几 mei⁴¹tɕi⁵¹ 怎么：□条这个字～写？

什家 ɕi²⁴kɑ⁰ 什么：□条这个是～字？

什家 ɕi²⁴kɑ⁰ 什么：你找～？

为什家 ui¹³ɕi²⁴kɑ⁰ 为什么

做什家 tsei¹³ɕi²⁴kɑ⁰ 干什么

    搞什家 kɑu⁵¹ɕi²⁴kɑ⁰

好多 xɑu⁵¹ti⁴⁴ 多少

好 xɑu⁵¹ 很

非常 fi⁴⁴tɕʰiaŋ²⁴

    真子⁼tɕiɛ⁴⁴tsɑ⁵¹

更 kẽ¹³

太 tʰai²⁴

最 tsui¹³

通 tʰei⁴⁴ 都

一起 i²⁴tɕʰi⁵¹ 一共

一起 i²⁴tɕʰi⁵¹ 一同，一块儿

只 tsʅ¹³ 我～去过一趟

□ tɕian⁴⁴ 刚：□这双履鞋我穿着～好

才 dzai²⁴ 刚：我～到

    才刚 dzai²⁴ŋaŋ⁴⁴

    □刚 tɕian⁴⁴ŋaŋ⁴⁴

才 dzai²⁴

就 tɕiu⁴⁴

经常 tɕʰĩ⁴⁴tɕʰiaŋ²⁴

又 iu⁴⁴

还 ai⁴⁴

再 tsai²⁴

也 iɛ⁵¹

反正 fai⁵¹tsĩ¹³

不 pɑ²⁴ 没有，副词：昨几我～去

    不曾 pɑ²⁴tsɛi²⁴

    不也 pɑ²⁴iɛ⁵¹

不 pɑ²⁴ 明朝我～去

莫 mo⁴¹ 别

不要 pɑ²⁴iau¹³ 甭，不用，不必

    莫 mo⁴¹

快 kʰuɑ¹³ 天～亮了

差颗 tsʰuo⁴⁴kʰɤ⁵¹ 差点儿

□□ dzian²⁴uan⁵¹ 宁可

故意 ku¹³i¹³

    特使 tʰiɛ²⁴sʅ⁵¹

白 pʰo⁴⁴ ～去一趟

肯定 kʰẽ⁵¹tĩ⁵¹

可能 kʰɤ⁵¹lẽ²⁴

一边 ĩ²⁴pĩ²⁴ ～行走，～讲说

跟 kai⁴⁴ 和：我～渠他通姓王

    □ xɑu⁵¹

跟 kai⁴⁴ 和：我昨几～渠他去城里了

    □ xɑu⁵¹

对 tuɑ¹³ 渠他～我很好

往 uaŋ⁵¹

跟 kai⁴⁴ 向

照 tɕiau¹³ 按：～渠他的要求做

替 tʰi¹³

若是 zio¹³tɕʰi⁵¹ 如果

不管 pɑ²⁴kuan⁵¹

第二节

《汉语方言词语调查条目表》

一	天文	十一	身体	二十一	文体活动
二	地理	十二	疾病医疗	二十二	动作
三	时令时间	十三	衣服穿戴	二十三	位置
四	农业	十四	饮食	二十四	代词等
五	植物	十五	红白大事	二十五	形容词
六	动物	十六	日常生活	二十六	副词介词等
七	房舍	十七	讼事	二十七	量词
八	器具用品	十八	交际	二十八	附加成分等
九	称谓	十九	商业交通	二十九	数字等
十	亲属	二十	文化教育		

一 天文

亮□里 liɔŋ^{13}kʰaŋ^{51}ȵi^{41} 太阳、月亮照到的地方，即光亮的地方

顺亮 ʑyɛ^{13}liɔŋ^{13} 向阳

背阴 pʰa^{51}ɿ^{44}

天黑了 tʰai^{44}kʰei^{41}liau^0 日食

星屙屎了 sẽ^{44}ɷ^{44}ʂɿ^{51}liau^0 流星

扫帚星 sou^{13}tʂu^{51}sẽ^{44} 彗星

月亮生毛 yi^{41}liɔŋ^{13}saŋ^{44}mɔu^{44} 月晕

大风 lɷ^{13}fei^{44}

狂风 guaŋ^{24}fei^{44}

躺风 ȵian^{44}fɛi^{44} 小风

旋风 dzuɛ^{13}fei^{44}

对风 tua^{13}fei^{44} 顶风

顺风 ʑyɛ^{13}fei^{44}

吹风 tʂʰu^{44}fei^{44} 刮风

风停了 fei^{44}dẽ^{24}liau^0

河抱水 ɦɷ^{24}bɷ^{13}tʂu^{51} 银河

乌云 u⁴⁴uε²⁴
　黑云 kʰei⁴¹uε²⁴
鱼星云 ȵiu⁴⁴sẽ⁴⁴uε²⁴ 乌云的一种，形状像鱼鳞
坨坨云 duo²⁴duo²⁴uε²⁴ 白云的一种，呈团状
　菩萨云 bu²⁴suo⁰uε²⁴
□雷 kʰɑ⁵¹tui⁴⁴ 打雷
雷□了 tui⁴⁴kʰɑ⁵¹liɑu⁰ 雷打了
扯霍闪 dzɑ⁵¹xɷ⁴¹ɕiɛ⁵¹ 闪电，动宾结构
落点点雨（了）dzɷ⁴¹tai⁵¹tai⁵¹vɑ⁵¹（liɑu⁰）掉点（了）
落湿 dzɷ⁴¹dzi¹³ 淋湿
觔雨 ȵian⁴⁴vɑ⁵¹ 小雨
毛毛雨 mɔu⁴⁴mɔu⁴⁴vɑ⁵¹
大雨 lɷ¹³vɑ⁵¹
暴雨 pɔu¹³vɑ⁵¹
行雨 ɦaŋ²⁴vɑ⁵¹ 雷阵雨
雨□了 vɑ⁵¹tsɛi⁵¹liɑu⁰ 雨停了
水凝了 tʂu⁵¹liu¹³liɑu⁰ 结冰了
落雪 dzɷ⁴¹sui⁴¹ 下雪
蓬雪 bei²⁴sui⁴¹ 鹅毛雪
雪豆子 sui⁴¹tɑ¹³ti⁰ 雪珠子
雨和雪 vɑ⁵¹ɦɷ²⁴sui⁴¹ 雨夹雪
融雪 ʑiou²⁴sui⁴¹ 化雪
扯露水 dzɑ⁵¹lu¹³tʂu⁵¹ 下露
□霜 kʰɑ⁵¹soŋ⁴⁴ 下霜
起雾露 kʰɛi⁵¹mu¹³lu¹³ 下雾
天□了 tʰai⁴⁴mɔu¹³liɑu⁰ 天阴了
伏天 fu¹³tʰai⁴⁴
入伏 oŋ⁴¹fu¹³
头伏 dɑ²⁴fu¹³ 初伏
二伏 ɦoŋ¹³fu¹³ 中伏
三伏 soŋ⁴⁴fu¹³ 末伏

天旱 tʰai⁴⁴ɦoŋ⁵¹

二　地理

田 lai²⁴
田塝 lai²⁴kʰoŋ⁵¹
地 li¹³
平地 faŋ²⁴li¹³
坪 faŋ²⁴
菜地 tsʰei¹³li¹³
荒地 xoŋ⁴⁴li¹³ ①荒地；②旱地
地塝 li¹³kʰoŋ⁵¹ 荒林
湾里 uaŋ⁴⁴ȵi⁴¹ 山与山之间坡地
沙土地 suo⁴⁴tʰɛi⁵¹li¹³
黄土地 ɦoŋ²⁴tʰɛi⁵¹li¹³
山腰 sai⁴⁴iɑu⁴⁴
山脚 sai⁴⁴kɷ⁴¹
山槽 sai⁴⁴tsɑu²⁴ 山涧，两山夹水
山坡 sai⁴⁴bɷ⁵¹
山头 sai⁴⁴dɑ²⁴ 山顶
山岭 sai⁴⁴liu⁵¹ 山脊
山塝 sai⁴⁴kʰoŋ⁵¹ 山崖
河 ɦɷ²⁴
河里 ɦɷ²⁴ȵi⁴¹
大溪 lɷ¹³kʰia⁴⁴ 大的河流
觔溪 ȵian⁴⁴kʰia⁴⁴ 小溪
沟 kia⁴⁴
阴沟 ĩ⁴⁴kia⁴⁴ 暗沟
沟渠 kia⁴⁴kei¹³ 水渠
阳沟渠 ʑioŋ⁴⁴kia⁴⁴kei¹³ 房前屋后的排水沟
水塘 tʂu⁵¹doŋ²⁴ 饮用水水井
水氹 tʂu⁵¹doŋ⁵¹ 水坑，一般是天然形成
□ dou¹³ 人工挖的小坑

田氹 lai²⁴doŋ⁵¹ 田间的水坑
粪氹 fi²⁴doŋ⁵¹ 田地里沤肥的小坑
潭 toŋ²⁴ 深的，天然的
梁家潭 lioŋ⁴⁵kω⁰toŋ²⁴ 地名
六堡山 liɑ⁴¹pɑu⁵¹sai⁴⁴ 梁家潭旧称
潭溪 taŋ²⁴kʰiɑ⁴⁴ 地名｜"潭"在地名"梁家潭""潭溪"中读音不同
茶*溪 kʰω⁴⁴kʰiɑ⁴⁴ 地名｜地名中的"茶"为训读
旧*寨 ku¹³tsʰuɛ⁴⁴ 地名｜地名中的"旧"为训读，本字为"故"
海 xɑ⁵¹
老墈 lau⁵¹kʰoŋ⁵¹ 尽头
□ tʰẽ⁵¹ 到尽头：行~走到尽头
　□墈 tʰẽ⁵¹kʰoŋ⁵¹ 行~走到尽头
堤 di⁴⁴
洲 tɕiu⁴⁴
河滩 ɦω²⁴tʰoŋ⁴⁴
清水 tsʰẽ⁴⁴tʂu⁵¹
浑水 xuɛ⁴⁴tʂu⁵¹
雨水 vɑ⁴⁵tʂu⁵¹
涨水 tioŋ⁵¹tʂu⁵¹
涨大水 tioŋ⁵¹lω¹³tʂu⁵¹
清水 tsʰẽ¹³tʂu⁵¹ 冷水，比凉水温度低
水氹水 tʂu⁵¹doŋ⁵¹tʂu⁵¹ 泉水，井水
巴水 po⁴⁴tʂu⁵¹ 热水
躲岩脑壳 ȵian⁴⁴ȵiɑ⁴⁴lɑ⁵¹kʰu⁰ 小石块
大岩脑壳 lω¹³ȵiɑ⁴⁴lɑ⁵¹kʰu⁰ 大石块
岩板 ȵiɑ⁴⁴poŋ⁵¹ 石板
鸡卵岩 kiɑ⁴⁴koŋ⁵¹ȵiɑ⁴⁴ 石头的一种，形状像鸡蛋
鸭卵岩 ω⁴¹koŋ⁵¹ȵiɑ⁴⁴ 石头的一种，形状像鸭蛋
鹅卵石 ŋω⁴⁴koŋ⁵¹ȵiɑ⁴⁴ 石头的一种，形状像鹅蛋
沙土 suo⁴⁴tʰɛi⁵¹
沙滩 suo⁴⁴tʰoŋ⁴⁴
土块 tʰɛi⁵¹kʰuɑ¹³
土坯 tʰɛi⁵¹pʰei⁴⁴
砖坯 tɕyɛ⁴⁴pʰei⁴⁴
腐瓦 fɛi⁵¹uɑ⁵¹ 碎瓦，烂瓦
□子 tsʰuo⁵¹ti⁰ 垃圾
浇□子 tɕiau⁴⁴tsʰuo⁵¹ti⁰ 倒垃圾
　倒□子 tɔu¹³tsʰuo⁵¹ti⁰
腐泥 fɛi⁵¹ȵi⁴⁴ 烂泥
金 tɕiɛ⁴⁴
银 ȵiɛ⁴⁴
铜 dɛi²⁴
铁 tʰɑ⁴¹
锡 si⁴¹
汽油 tɕʰi¹³ʑiɑ⁴⁴
石灰 tɕʰio⁴⁴xei⁴⁴
　水泥新 ɕyi⁴¹ȵi⁴⁴
玉 yi⁵¹
县里 ɦuɛ¹³ȵi⁴¹ 特指泸溪县城
府里 fu⁵¹ȵi⁴¹ 特指湘西土家族苗族自治州政府所在地吉首市
城墙 tɕʰĩ²⁴tsioŋ²⁴
城门 tɕʰĩ²⁴mai⁴⁴
农村 loŋ²⁴tsʰuɛ⁴⁴
道 sau⁵¹ 路
大道 lω¹³sau⁵¹ 大路
躲道 ȵian⁴⁴sau⁵¹ 小路

三 时令时间

春天 tɕʰyɛ⁴⁴tʰai⁴⁴

热天 dʑi⁴¹tʰai⁴⁴

夏天 ɕiɑ⁵¹tʰai⁴⁴

收天 ɕiɑ⁴⁴tʰai⁴⁴ 偏正结构

秋天 tsʰiu⁴⁴tʰai⁴⁴

□年 ⁼kuo⁴¹lai⁴⁴ 冬天

冻天 tei¹³tʰai⁴⁴

立春 li¹³tɕʰyɛ⁴⁴

雨水 vɑ⁴⁵tʂu⁵¹

惊蛰 tɕiɛ⁴⁴tʂʅ⁴¹

春分 tɕʰyɛ⁴⁴fai⁴⁴

谷雨 ku⁴¹vɑ⁵¹

立夏 li¹³ɕiɑ⁵¹

小满 siɑu⁵¹man⁵¹

芒种 maŋ²⁴tɕioŋ⁴¹

夏至 ɕiɑ⁵¹tʂʅ⁴¹

小暑 siɑu⁵¹ʂu⁵¹

大暑 tɑ⁵¹ʂu⁵¹

交秋 kau⁴⁴tsʰiɑ⁴⁴ 立秋

处暑 tʂʰu⁵¹ʂu⁵¹

白露 pʰo⁴⁴lu¹³

秋分 tsʰiu⁴⁴fai⁴⁴

寒露 xan²⁴lu¹³

霜降 suaŋ⁴⁴tɕiaŋ¹³

立冬 li¹³tei⁴⁴

小雪 siɑu⁵¹ɕyɛ⁴¹

大雪 tɑ⁵¹ɕyɛ⁴¹

小寒 siɑu⁵¹xan²⁴

大寒 tɑ⁵¹xan²⁴

*过鱼正 kɷ¹³n̠iu⁴⁴tɕĩ⁴⁴

拜正 pɑ¹³tɕĩ⁴⁴ 拜年

九月重阳 tɕia⁵¹n̠i⁴¹dʑiou²⁴ʑioŋ⁴⁴ 当地说乡话的人很重视重阳节，重阳节过后，各类动物开始出没，便于捕猎

*三月三 soŋ⁴⁴n̠i⁴¹soŋ⁴⁴

*□客联 kʰɑ⁵¹kʰuo⁴¹lian²⁴

*六月六 liɑ⁴¹n̠i⁴¹liɑ⁴¹

*跳香 dɑu²⁴ɕioŋ⁴⁴

申法 ɕĩ⁴⁴fɑ⁴¹ 跳香程序之一。老司头戴五佛帽，身穿天师袍，手持绺旗，拜请上天、五方诸神。

谴事 tɕʰiɛ⁵¹sʅ⁵¹ 跳香程序之一。神台摆上坛子或碗，老司施法，将邪气魔障收入坛中，坛口封上黄纸，盖老司印章。祈求上天、五方诸神保佑地方清净，人畜皆安。

发童子 fɑ⁴¹doŋ¹³tsʅ⁴¹ 发童子是跳香最精彩的部分，分"上车""退车"两部分。童子一般从父母、儿女俱全的家庭中选取，可9人、12人或15人。发童子时间持续几个小时。

传五谷 tɕyɛ²⁴ɦoŋ⁵¹ku⁴¹ 跳香的核心内容，各家各户把当年丰收的五谷种子各取一点，放入"五谷坛"内，老司施法，祈求土地菩萨保佑来年五谷丰登，然后密封放入神台下的土洞内，待来年农历三月初五玉皇大帝生日启封。

旋场 dzuɛ¹³dioŋ²⁴ 由老司独舞，跳香的每个环节都有小旋场承上启下，跳香结束前的旋场最精彩，是老司表演真功夫的时候。

老前年 lau⁵¹dʑiɛ²⁴lai⁴⁴ 大前年

老后年 lau⁵¹ɦɑ⁵¹lai⁴⁴ 大后年

每年 mei⁴¹lai⁴⁴

上半年 tɕʰioŋ⁵¹poŋ¹³lai⁴⁴
下半年 ɦuo⁵¹poŋ¹³lai⁴⁴
亘年 kẽ⁵¹lai⁴⁴ 整年
一两年 i²⁴tsuo⁵¹lai⁴⁴
闰月 ʑye¹³ȵyi⁴¹
月头 ȵyi⁴¹dɑ²⁴ 月初
月半 ȵyi⁴¹poŋ¹³
月尾 ȵyi⁴¹mai⁵¹ 月底
一个月 i²⁴kei¹³ȵiɛ⁴¹
先个月 sai⁴⁴kei¹³ȵiɛ⁴¹ 上个月
□个月 lai⁴⁴kei¹³ȵiɛ⁴¹ 这个月
晏个月 oŋ¹³kei¹³ȵiɛ⁴¹ 下个月
　尾个月 mai⁵¹kei¹³ȵiɛ⁴¹
每个月 mei⁴¹kei¹³ȵiɛ⁴¹
月大 yɛ¹³lɤ¹³ 大建，农历三十天的月份
月觩 yɛ¹³ȵian⁴⁴ 小建，农历二十九天的月份
个月大，三十日；个月觩，二十九日 kei¹³ȵiɛ⁴¹lɤ¹³, soŋ⁴⁴sʅ⁴⁴ioŋ⁴¹; kei¹³ȵiɛ⁴¹ȵian⁴⁴, ɦoŋ¹³sʅ⁴⁴tɕiɛ⁵¹ioŋ⁴¹ 月大三十天，月小二十九天
前几日 dziɛ²⁴tɕi⁵¹ioŋ⁴¹ 前几天
一条星期 i²⁴lau²⁴sẽ⁴⁴tɕʰi⁴⁴ 一个星期
一日 i²⁴ioŋ⁴¹ 一天
两日 tsuo⁵¹ioŋ⁴¹ 两天
十几日 tsʅ⁴⁴tɕi⁵¹ioŋ⁴¹ 十几天
大半□ lɤ¹³poŋ¹³kuo⁴¹ 大半天
开天门 kʰa⁴⁴tʰai⁴⁴mai⁵¹ 凌晨，天快亮的时候
清早 tsʰẽ⁴⁴tsau⁵¹ 清晨，日出前后的一段时间
上半夜 tɕʰioŋ⁵¹poŋ¹³ʑio¹³
下半夜 ɦuo⁵¹poŋ¹³ʑio¹³
三脚半夜 soŋ⁴⁴kɤ⁴¹poŋ¹³ʑio¹³
　三更半夜 soŋ⁴⁴kẽ⁴⁴poŋ¹³ʑio¹³

更 kẽ⁴⁴ 时间单位
三更天 suo⁴⁴kẽ⁴⁴tʰai⁴⁴
每日夜□ mei⁴¹ioŋ⁴¹ʑio¹³foŋ⁰ 整夜
天黑 tʰai⁴⁴kʰei⁴¹
个月 kei¹³ȵiɛ⁴¹ 月份，指某一月
日牯 ɦoŋ⁴¹ku⁵¹ 日子
过日牯 kɤ¹³ɦoŋ⁴¹ku⁵¹ 过日子
一上ⁿ子 i²⁴tɕʰioŋ⁵¹tsɑ⁰ 一会儿
　躺上ⁿ子 ȵian⁴⁴tɕʰioŋ⁵¹tsɑ⁰
　躺□子 ȵian⁴⁴kɑ¹³tsɑ⁰
一□子 i²⁴kɑ¹³tsɑ⁰ 一刹那
等上ⁿ子 tɛi⁵¹tɕʰioŋ⁵¹tsɑ⁵¹ 等一会儿
　等□子 tɛi⁵¹kɑ¹³tsɑ⁰
□上 ua²⁴tɕʰioŋ⁵¹ 那阵，那时
　□时 ua²⁴sʅ²⁴
好久 xau⁵¹tɕia⁵¹ 很久
先世 sai⁴⁴ɕi¹³ 前世
几条钟点 tɕiu⁵¹lau²⁴tɕiu⁴⁴tai⁵¹ 几个小时
□尾 tɕiaŋ⁵⁵mai⁵¹ 将来

四　农业

□田 kʰɑ⁵¹lai²⁴ 秋收
□麦 kʰɑ⁵¹mo⁴¹ 割麦，夏收
捋菜子 lɤ⁴⁴tsʰei¹³tsɑ⁵¹ 收油菜，春收
收天 ɕia⁴⁴tʰai⁴⁴ 收割，动宾结构
下种 ɦuo⁵¹tɕiou⁵¹
做田 tsci¹³lai²⁴ 种田
使田 sa⁵¹lai²⁴ 耕田、犁田
耙田 po²⁴lai²⁴
整田 tɕiɛ⁵¹lai²⁴
整地 tɕiɛ⁵¹li¹³
薅田 xɔu¹³lai²⁴ 除草

薅草 xɔu¹³tsʰau⁵¹ 除地里的草
修粟米地 sia⁴⁴siu⁴¹mi⁵¹li¹³ 修整谷子地
谷芋头 ku⁴¹zu¹³ta⁰ 稻穗
□田 gei¹³lai²⁴ 割稻子
晒谷坪 sa¹³ku⁴¹faŋ²⁴
挖地 ua⁴⁴li¹³ 锄地
薅地 xɔu¹³li¹³ 松土
浇粪 tɕiau⁴⁴fi²⁴
粪坑 fi²⁴kʰaŋ⁴⁴
猪屎 tiu⁴⁴ʂʅ⁵¹
牛屎 ŋei⁴⁴ʂʅ⁵¹
拾牛屎 tsʰʅ⁴⁴ŋei⁴⁴ʂʅ⁵¹
化肥 xua¹³fi²⁴
磷肥 lĩ¹³fi²⁴
尿素 ȵiau¹³ʂu²⁴
浇水 tɕiau⁴⁴tʂu⁵¹ ①浇水；②泼水
灌水 kuɛ¹³tʂu⁵¹
放水 foŋ¹³tʂu⁵¹ 排水
提水 di⁴⁴tʂu⁵¹
担水 taŋ¹³tʂu⁵¹ 挑水
担桶 taŋ¹³tʰei⁴⁴ 水桶
水车 tʂu⁵¹tɕʰio⁴⁴
板车 poŋ⁵¹tɕʰio⁴⁴
牛轭 ŋei⁴⁴uo⁴⁴
牛鼻卷 ŋei⁴⁴pi¹³tɕyɛ⁵¹ 牛鼻桊儿
犁箭 li⁴⁴tsai¹³ 犁把，犁的扶手部分
犁围 li⁴⁴uɛ²⁴ 犁上木制的弓形物
犁底 li⁴⁴ta⁵¹ 犁头、犁嘴等部位的统称
犁底木 li⁴⁴ta⁵¹ɦoŋ⁴¹ 犁嘴下面的木头
*耙 po²⁴
*耙手 po²⁴ɕiou⁵¹
　　竖木 dza¹³ɦoŋ⁴⁴
*耙挡 po²⁴tʰaŋ⁵¹
*耙娘 po²⁴ȵioŋ⁴⁵
　耙耳朵 po²⁴ȵiu⁵¹tu⁰
*耙□ po²⁴tɕʰiou⁵¹
□耙 tuo⁴¹po²⁴ 四齿耙
*仓 tsʰoŋ⁴⁴
*□柜 tʰuo²⁴tɕʰyi⁴⁴
风车 fei⁴⁴tɕʰio⁴⁴ 使米粒跟谷壳分离的农具
风车鼓 fei⁴⁴tɕʰio⁴⁴ku⁵¹ 风车主体结构
升子口 tɕiu⁴⁴ti⁰kʰia⁵¹ 风车出稻谷的口子
磨盘 mɷ¹³poŋ²⁴
磨手 mɷ¹³ɕiou⁵¹ 磨把儿
磨心 mɷ¹³siɛ⁴⁴ 磨脐儿，磨扇中心的铁轴
谷筛 ku⁴¹sa⁴⁴
米筛 mi⁵¹sa⁴⁴
□筛 tɕʰĩ⁴⁴sa⁴⁴ 筛粉末状细物用的器具
粉筛 pai⁵¹sa⁴⁴ 筛粉末状细物用的器具，比"□筛 tɕʰĩ⁴⁴sa⁴⁴"更细密
□杖 liaŋ⁴⁵tʰiaŋ⁵¹ 连枷
*碓嘴 tua¹³tsui⁵¹
*𥖧槌 tsi²⁴tuɛ²⁴
*𥖧□ tsi²⁴kʰɛi⁵¹
*𥖧岩 tsi²⁴ȵia⁴⁴
油榨 zia⁴⁴tsuo²⁴ 榨油器械，一般由榨体、榨尖等几部分组成
钉耙 taŋ⁴⁴po²⁴
洋锹 zioŋ²⁴tsʰiau⁴⁴ 镐
锹子 tsʰiau⁴⁴tsa⁵¹ 用来栽秧苗的小锄头
阔口锹 kʰɷ⁴¹kʰia⁵¹tsʰiau⁴⁴ 锄面较宽的锄头，主要用来除草
挖地锹 ua⁴⁴li¹³tsʰiau⁴⁴ 锄面狭而长的锄头，端头成尖形，用来挖硬土

捞薪刀 lou⁴⁴sai⁴⁴tɔu⁴⁴ 柴刀
　畬刀 ɕio⁴⁴tɔu⁴⁴ 长柄柴刀
铲屎 ⁼tsʰɑ⁴¹ʂʅ⁵¹ 铲子
簟 lai⁵¹ 席子
晒谷簟 sa¹³ku⁴¹lai⁵¹ 用来晒谷物的竹席
□簟 kʰɑ⁵¹lai⁵¹ 制作竹席
筲箕 sou⁴⁴tɕiɛ⁴⁴（～tɕi⁴⁴）用来撮粮食、垃圾的器具
秧篓 ioŋ⁴⁵lɑ⁴⁴ 盛猪草、秧苗、牛粪等的筐
箩□ lɷ⁴⁵ʂu¹³ 挑谷用的箩筐
烘箩 xei⁴⁴lɷ⁴⁴ 烘烤茶籽的工具
网 voŋ⁵¹
*捞斗 lou¹³tɑ¹³
□鱼 kʰɑ⁵¹ȵiu⁴⁴ 捕鱼
*花笱 xuɑ⁴⁴kiɑ⁴¹
鱼叉 ȵiu⁴⁴tsʰuo⁴⁴
啄钩 tsuɑ²⁴kiɑ⁴⁴ 放排或从山上放树时钩住树木的工具
水碾 tʂu⁵¹lai⁵¹
碾米 lai⁵¹mi⁵¹
担脚扁 taŋ¹³kɷ⁴¹pĩ⁵¹ 扁担
担担 taŋ¹³taŋ¹³ 挑担子
□□ dzou²⁴dzou²⁴ 一种竹篓
□ tsɛi²⁴ 一种竹背篓
　□ pʰou⁴⁴ 主要用于熟语"男不离刀，女不离□"
负□ bɑ¹³dzou²⁴ 背小孩的背椅
花□ xuɑ⁴⁴dzou²⁴ 一种背篓，多用于背婴幼儿
*花□ xuɑ⁴⁴tsɛi²⁴

五　植物

　□□ ɛi⁵¹zu¹³ 庄稼

粮食 lioŋ⁴⁴ʂʅ²⁴
五谷 ɦoŋ⁵¹ku⁴¹
麦 mo⁴¹
麦芋头 mo⁴¹zu¹³tɑ⁰ 麦穗
苞谷须 pou⁴⁴ku⁴¹siu⁴⁴ 玉米须
　苞谷丝 pou⁴⁴ku⁴¹sɑ⁴⁴
秧 ioŋ⁴⁴ 禾苗
禾树 ɷ²⁴tɕiɑ¹³ 稻草堆
早田 tsau⁵¹lai²⁴ 早稻
　早谷 tsau⁵¹ku⁴¹
迟田 li²⁴lai²⁴ 晚稻
　迟谷 li²⁴ku⁴¹
野谷子 ʑio⁵¹ku⁴¹tsa⁵¹ 稗子
旱谷 ɦoŋ⁵¹ku⁴¹ 秕谷
　壳壳 kʰou⁴¹kʰou⁴¹
□谷子 dʑiou⁵¹ku⁴¹tsa⁵¹ 壮实的稻谷
米 mi⁵¹
□米 ʂu⁵¹mi⁵¹ 糯米
粳米 kɛi⁵¹mi⁵¹
占米 tɕiɛ⁴⁴mi⁵¹ 籼米
籼米 sai⁴⁴mi⁵¹ 乡话根据黏性将米分为籼米、糯米两类。凡是黏性小的都称籼米，与糯米相对。"粳米、占米"是从客话借入的说法
早谷米 tsau⁵¹ku⁴¹mi⁵¹ 早米
迟谷米 li²⁴ku⁴¹mi⁵¹ 晚米
糙米 tsʰou¹³mi⁵¹
麦棉子 mo⁴¹mi⁰tsa⁵¹ 棉花籽
麦（棉）球球 mo⁴¹（mi⁰）dʑiɑ²⁴dʑiɑ²⁴ 棉花桃儿
子花 tsa⁵¹xuɑ⁴⁴ 籽棉，摘下来以后还没有去掉种子的棉花

扁花 pĩ⁵¹xuɑ⁴⁴ 摘下来后去掉了种子的棉花
麦麸子 mo⁴¹fu⁴⁴ti⁰
葛根 kω⁴¹kẽ⁴⁴
麻 mo⁴⁴
树麻 tɕiɑ¹³mo⁴⁴ 麻秆
蓖麻 pi⁴⁴mo⁴⁴
葵花籽 gui²⁴xuɑ⁴⁴tsɑ⁵¹
□ tɕʰĩ⁴⁴ 糠
莲子 liɛ²⁴tsɑ⁵¹
□豆 luo²⁴tɑ¹³ 黄豆
黑豆 kʰei⁴¹tɑ¹³
红豆 ɦɛi²⁴tɑ¹³
滚豆 kuɛ⁵¹tɑ¹³ 一种红色的豆子，形体瘦长，如同米粒
五月豆角 ɦoŋ⁵¹ȵi⁴¹tɑ¹³kuo⁴¹ 四季豆
豇豆 koŋ⁴⁴tɑ¹³ 短豆荚
磨＝磨＝豆角 mω⁴⁴mω⁴⁴tɑ¹³kuo⁴¹ 扁豆
刀豆（角）tɔu⁴⁴tɑ¹³（kuo⁴¹）
苦瓜 kʰu⁵¹kuɑ⁴⁴
肠头 lioŋ²⁴tɑ⁰ 瓜瓢
洋薯 zioŋ²⁴ʂu¹³ 豆薯
黄花菜 ɦoŋ²⁴xuɑ⁴⁴tsʰei¹³
毛瓜 mɔu⁴⁴kuɑ⁴⁴
　冬瓜 tei⁴⁴kuɑ⁴⁴
芦 lu²⁴ 瓠子
细蒜 si¹³soŋ¹³ 一种野葱
大蒜球 lω¹³soŋ¹³dziɑ²⁴ 大蒜头
大蒜枪 lω¹³soŋ¹³tsʰioŋ⁴⁴ 大蒜苗
葱□ tsʰoŋ⁴⁴tɛi²⁴ 葱头
苋菜 oŋ¹³tsʰei¹³
红苋菜 ɦɛi²⁴oŋ¹³tsʰei¹³
青苋菜 tsʰẽ⁴⁴oŋ¹³tsʰei¹³
马齿苋 mo⁵¹ʂʅ⁵¹oŋ¹³
菜辣□ tsʰei¹³luo⁴¹tsai²⁴ 一种辣度不强的辣椒
山辣□ sai⁴⁴luo⁴¹tsai²⁴ 一种辣度很强的辣椒
辣□粉 luo⁴¹tsai²⁴pai⁵¹ 辣椒面儿
胡椒 vu²⁴tsiɑu⁴⁴
木匠花 ɦoŋ⁴¹dzioŋ¹³xuɑ⁴⁴ 山胡椒
白菜 pʰo⁴⁴tsʰei¹³
躰白菜 ȵian⁴⁴pʰo⁴⁴tsʰei¹³ 小白菜
菜□ tsʰei¹³suɛ²⁴ 菜薹
莴笋叶 ω⁴⁴suɛ⁵¹ɕi⁴¹
蒿菜 xɔu⁴⁴tsʰei¹³ 蒿子，野菜的一种
茼蒿 dɛi²⁴xɔu⁴⁴
萝卜干 lω⁴⁴pʰei⁰kʰoŋ⁴⁴
　干卜脑壳 kʰoŋ⁴⁴pʰei⁴⁴lɑ⁵¹kʰu⁰
　卜脑壳干 pʰei⁴⁴lɑ⁵¹kʰu⁰kʰoŋ⁴⁴
红卜脑壳 ɦɛi²⁴pʰei⁴⁴lɑ⁵¹kʰu⁰ 红色的萝卜
红萝卜 ɦɛi²⁴lω⁴⁴pʰei⁰ 胡萝卜
茭笋 kɔu⁴⁴suɛ⁵¹ 茭白
油菜 ziɑ⁴⁴tsʰei¹³
油菜□ ziɑ⁴⁴tsʰei¹³suɛ²⁴ 油菜薹
油菜籽 ziɑ⁴⁴tsʰei¹³tsɑ⁵¹
空心菜 kʰei⁴⁴siɛ⁴⁴tsʰei¹³ 蕹菜
蕨 tɕyi⁴¹
茎 tɕiɛ⁴⁴
树木 tɕiɑ¹³ɦoŋ⁴⁴ 树林
树秧 tɕiɑ¹³ioŋ⁴⁴ 树苗
树身 tɕiɑ¹³ɕiɛ⁴⁴ 树干
树颠 tɕiɑ¹³tai⁴⁴ 树梢
（颠）颠（tai⁴⁴）tai⁴⁴ 尖儿
树蔸 tɕiɑ¹³tɑ⁴⁴ 树根
树叶 tɕiɑ¹³ɕi⁴¹
树枝 tɕiɑ¹³tsʅ⁴⁴

树墩（子）tɕia¹³tuɛ⁴⁴ti⁰ 树墩
栽树 tsa⁴⁴tɕia¹³
□树 dzyi⁵¹tɕia¹³ 砍树
锯树 ka¹³tɕia¹³
松毛 dziou²⁴mɔu⁴⁴ 松针
松□□ dziou²⁴bu²⁴lu⁰ 松球
松脚屎 dziou²⁴kɷ⁴¹ʂʅ⁵¹ 松香
杉毛 suo⁴⁴mɔu⁴⁴ 杉针
虫桑树 liou²⁴soŋ⁴⁴tɕia¹³ 桑树
虫桑藨 liou²⁴soŋ⁴⁴pʰɔu⁴⁴ 桑葚儿
桑叶 soŋ⁴⁴ɕi⁴¹
浮配草 fu²⁴pʰɛi²⁴tsʰau⁵¹ 浮萍
芦苇 lu²⁴uɛ⁵¹
桐树 dɛi²⁴tɕia¹³ 桐油树
白栎树 pʰo⁴⁴lio⁴¹tɕia¹³ 栎树
桐籽 dɛi²⁴tsa⁵¹
桐油 dɛi²⁴zia⁴⁴
椿木树 tɕʰyɛ⁴⁴ɦoŋ⁴⁴tɕia¹³ 椿树
窠ⁿ树 kʰɷ⁴⁴tɕia¹³ 油茶树
荈树 tɕʰyɛ⁵¹tɕia¹³ 茶树，其嫩叶加工后是茶叶的树，不同于油茶树
风屎树 fei⁴⁴ʂʅ⁵¹tɕia¹³ 枫树
棚竹 pɛi²⁴tɕiu⁴¹ 毛竹
楠竹 laŋ⁴⁴tɕiu⁴¹
坟竹 fai²⁴tɕiu⁴¹ 种植在坟头的竹子
冬笋 tei⁴⁴suɛ⁵¹
春笋 tɕʰyɛ⁴⁴suɛ⁵¹
笋壳 suɛ⁵¹kʰou⁴¹
竹叶子 tɕiu⁴¹ɕi⁴¹ti⁰ 竹叶
篾片 mi⁴⁵pʰiɛ¹³
篾屎 mi⁴⁵ʂʅ⁵¹ 篾黄
青篾 tsʰẽ⁴⁴mi⁴⁴ 篾青

藤 dzoŋ²⁴
炮子树 pʰɔu¹³tsa⁵¹tɕia¹³ 女贞树，燃烧时其响声像放鞭炮
勾勾 kia⁴⁴kia⁴⁴ 鸡爪莲
□树 tʰou¹³tɕia¹³ 构树
臭叶子 tɕʰiou¹³ɕi⁴¹ti⁰ 蒲公英
黏黏子树 nio⁴⁴nio⁴⁴tsa⁵¹tɕia¹³ 苍耳
白八树 pʰo⁴⁴pa⁴¹tɕia¹³ 一种灌木，其根和花可入药
公白八树 kei⁴⁴pʰo⁴⁴pa⁴¹tɕia¹³ 雄"白八树"
娘白八树 nioŋ⁴⁴pʰo⁴⁴pa⁴¹tɕia¹³ 雌"白八树"
牛茅草 ŋei⁴⁴mɔu⁴⁴tsʰau⁵¹ 冬茅草
洋□角 zioŋ²⁴ti⁵¹kou⁴¹ 猕猴桃
枇杷 pi²⁴pu⁰
柿饼 ʂʅ⁵¹pĩ⁵¹
柑子 kaŋ⁴⁴ti⁰ 柑
橘丝（丝）tɕyi²⁴sa⁴⁴（sa⁴⁴）橘络
橘子 tɕyi²⁴tsʅ⁵¹ 金橘
荔枝 li⁵¹tʂʅ⁴⁴
杧果 maŋ²⁴kuo⁵¹
白果子树 pei²⁴kuo⁵¹tsa⁵¹tɕia¹³ 银杏树
板栗 poŋ⁵¹li⁴¹
毛板栗 mɔu⁴⁴poŋ⁵¹li⁴¹ 一种颗粒小的野生板栗
骨头 kua⁴¹ta⁰ 核儿
乌藨 u⁴⁴pʰɔu⁴⁴ 莓的一种，呈乌红色
西瓜 si⁴⁴kua⁴⁴
瓜子 kua⁴⁴tsa⁵¹ 瓜的种子
香瓜 ɕioŋ⁴⁴kua⁴⁴ 甜瓜
*八棱瓜 pa⁴¹lẽ²⁴kua⁴⁴
灯草 tei⁴⁴tsʰau⁵¹ 荸荠的植株
花生米 xua⁴⁴sẽ⁴⁴mi⁵¹
花生衣 xua⁴⁴sẽ⁴⁴i⁴⁴ 花生皮

*牛卵□ŋei⁴⁴koŋ⁵¹tɛi²⁴
□子aŋ⁴⁴ti⁰ 樱桃
　　□桃aŋ⁴⁴lau²⁴
桂花kui¹³xuɑ⁴⁴
菊花tɕyi²⁴xuɑ⁴⁴
荷叶xuo¹³iɛ⁴¹
喇叭花la⁵¹pa⁰xuɑ⁴⁴ 牵牛花
燕儿花iɛ¹³ʐ̩²⁴xuɑ⁴⁴ 杜鹃花
花尾xuɑ⁴⁴mai⁵¹ 花瓣儿
花心xuɑ⁴⁴siɛ⁴⁴ 花蕊
鸡屎菌kia⁴⁴ʂ̩⁵¹tɕʰyɛ⁵¹ 菌子的一种，一般生长在桐树树皮上
桐菌dei²⁴tɕʰyɛ⁵¹ 生长在桐树树根下的一种菌子
塘屎doŋ²⁴ʂ̩⁵¹ 青苔
霍闪草xɷ⁴¹ɕiɛ⁵¹tsʰau⁵¹ 一种草，可入药

六　动物

畜牲tɕʰiu⁴¹saŋ⁴⁴ 牲口
马公mo⁵¹kei⁴⁴ 公马
马娘mo⁵¹ɲioŋ²⁴ 母马
□牯tɕʰiɛ⁵¹ku⁵¹ 公牛，阉割过的，偏正结构
牸牛dzi⁵¹ŋei⁴⁴ 母牛，未生育
母牛moŋ⁵¹ŋei⁴⁴ 没有生育能力，或者生育能力差的母牛
黄牛ɦoŋ²⁴ŋei⁴⁴
黄牸ɦoŋ²⁴dzi⁵¹ 黄牛，雌性，未生育
黄牛娘ɦoŋ²⁴ŋei⁴⁴ɲioŋ²⁴ 黄牛，雌性，已生育
黄牯ɦoŋ²⁴ku⁵¹ 黄牛，雄性，未阉
水牛tʂu⁵¹ŋei⁴⁴
水牸（牛）tʂu⁵¹dzi⁵¹（ŋei⁴⁴）水牛，雌性，未生育
水牛娘tʂu⁵¹ŋei⁴⁴ɲioŋ²⁴ 水牛，雌性，已生育
水牯（牛）tʂu⁵¹ku⁵¹（ŋei⁴⁴）水牛，雄性，未阉
牛子ŋei⁴⁴tsa⁵¹ 牛犊
牛糜ŋei⁴⁴maŋ⁴⁴ 牛食
驴公lui⁴⁴kei⁴⁴ 公驴
驴娘lui⁴⁴ɲioŋ²⁴ 母驴
劇羊tɕiɛ²⁴zioŋ²⁴ 阉过的羊，偏正结构
母羊moŋ⁵¹zioŋ²⁴ 没有生育能力，或生育能力差的母羊
羊娘zioŋ²⁴ɲioŋ²⁴ 母羊
羊子zioŋ²⁴tsa⁵¹ 羊羔
骟犬tuɛ⁴⁴kʰuɛ⁵¹ 无论雌雄，凡阉割过的狗都称骟犬，偏正结构
犬子kʰuɛ⁵¹tsa⁵¹ 小狗儿，脱奶后的幼犬
野猫（儿）zio⁵¹mou⁴⁴（ʐ̩²⁴）
猫子mou⁴⁴tsa⁵¹ 小猫
草猪tsʰau⁵¹tiu⁴⁴ 母猪，阉过的
母猪moŋ⁵¹tiu⁴⁴ 没有生育能力，或者生育能力差的母猪
猪子tiu⁴⁴tsa⁵¹ 小猪
猪食tiu⁴⁴ɲiu²⁴
阉鸡iɛ⁴⁴kia⁴⁴ 阉过的公鸡，偏正结构
菢鸡娘pʰau⁵¹kia⁴⁴ɲioŋ²⁴ 正在孵蛋的母鸡
鸡女kia⁴⁴ɲiu⁵¹ 未生蛋的母鸡
鸡子kia⁴⁴tsa⁵¹ 小鸡
鸡子子kia⁴⁴tsa⁵¹tsa⁵¹ 小鸡，比"鸡子"更小
鸡食kia⁴⁴ɲiu²⁴
屙卵ɷ⁴⁴koŋ⁵¹ 下蛋
鸡冠kia⁴⁴koŋ⁴⁴
鸡爪子kia⁴⁴tsau⁵¹ti⁰
鸡嗉袋kia⁴⁴su¹³dei¹³ 鸡嗉囊
□鸭tsʰioŋ¹³ɷ⁴¹ 经常潜入水中的一种鸭子，

体型很小，一般不超过半斤

鸭公 ω⁴¹kei⁴⁴ 公鸭

鸭娘 ω⁴¹ɲioŋ²⁴ 母鸭

鸭子 ω⁴¹tsɑ⁵¹ 小鸭子

鸭卵 ω⁴¹koŋ⁵¹ 鸭蛋

鹅公 ŋω⁴⁴kei⁴⁴ 公鹅

鹅娘 ŋω⁴⁴ɲioŋ²⁴ 母鹅

鹅子 ŋω⁴⁴tsɑ⁵¹ 小鹅儿

阉鸡 iɛ⁴⁴kiɑ⁴⁴ 阉割鸡，动宾结构

阉猪 iɛ⁴⁴tiu⁴⁴ 用刀阉割猪，动宾结构

　□猪 gei¹³tiu⁴⁴

阉羊 iɛ⁴⁴ʑioŋ²⁴ 用刀阉割羊，动宾结构

　□羊 gei¹³ʑioŋ²⁴

骟羊 tuɛ⁴⁴ʑioŋ²⁴ 阉割羊，阉割时不用刀

骟牛 tuɛ⁴⁴ŋei⁴⁴ 阉割牛，阉割时不用刀，动宾结构

　□牛 tɕʰiɛ⁵¹ŋei⁴⁴ 阉割牛，阉割时不用刀

　□牛 gei¹³ŋei⁴⁴ 用刀阉割牛

骟犬 tuɛ⁴⁴kʰuɛ⁵¹ 阉割狗

野物 ʑio⁵¹vai¹³ 野兽

狮灯 sɑ⁴⁴tei⁴⁴ 狮子

红毛虎 ɦei²⁴mou⁴⁴kʰu⁵¹ 红老虎

羆娘 bei²⁴ɲioŋ²⁴ ①熊；②指野人或蓬头垢面的人

羆娘笑竹条 bei²⁴ɲioŋ²⁴sou¹³tɕiu⁴¹lau²⁴ 比喻见识少

豹虎 pou¹³kʰu⁵¹ 豹

馋犬 tsaŋ²⁴kʰuɛ⁵¹ 狼

刺猪 tsʰi¹³tiu⁴⁴ 刺猬

黄鸡 ɦoŋ²⁴kiɑ⁴⁴ 麂子

香子 ɕioŋ⁴⁴tsɑ⁵¹ 麝

黄老鼠 ɦoŋ²⁴lau²⁴su⁵¹ 黄鼠狼

菜花虺 tsʰei¹³xuɑ⁴⁴fi⁵¹ 菜花蛇

九爪岁 tɕiɑ⁵¹tsɑu⁵¹tsuɑ¹³ 蛇的一种，背上有花纹

　九□宗 tɕiɑ⁵¹tɑu⁵¹tsoŋ⁴⁴

　钟道花 tɕiu⁴⁴tʰau⁵¹xuɑ⁴⁴

四脚虺 si¹³kω⁴¹fi⁵¹ 壁虎

燕儿 iɛ¹³ʐ̩²⁴ 燕子

雁鹅 ŋai⁵¹ŋω⁴⁴ 大雁

布鸠 pu¹³kiɑ⁴⁴ 斑鸠

布谷雀儿 pu¹³ku⁴¹tsω⁴¹ʐ̩²⁴ 布谷鸟

啄木雀儿 tsuɑ²⁴moŋ¹³tsω⁴¹ʐ̩²⁴ 啄木鸟

　啄木官（官）tsuɑ²⁴moŋ¹³koŋ⁴⁴（koŋ⁴⁴）

□□ lu²⁴tʂʰʅ⁵¹ 猫头鹰

□燕 mω¹³iɛ¹³ 老鹰

野鸭 ʑio⁵¹ω⁴¹

鸬鹚 lu⁵¹tʂʰʅ⁵¹

白老鸦 pʰo⁴⁴lau⁵¹uo²⁴ 鹭鸶

嘴 tsui⁵¹ 鸟类的嘴

虫屎 liou²⁴ʂʅ⁵¹ 蚕沙

乖脑壳 kuɑ⁴⁴lɑ⁵¹kʰu⁰ ①蜗牛；②田螺

蜈蚣 = 衫 = mu²⁴ku⁴¹san⁴⁴ 蜈蚣

毛虫 mou⁴⁴liou²⁴

霍闪虫 xω⁴¹ɕiɛ⁵¹liou²⁴ 毛毛虫的一种

米虫 mi⁵¹liou²⁴ 肉虫

长脚□（子）dioŋ²⁴kω⁴¹mω⁴¹（ti⁰）长脚蚊

梭脚□（子）sω⁴⁴kω⁴¹mω⁴¹（ti⁰）一种在黑暗地方成群出现的小蚊子

糜□子 maŋ⁴⁴mω⁴¹ti⁰ 常飞绕于饭菜的一种苍蝇

屎□子 ʂʅ⁵¹mω⁴¹ti⁰ 常飞绕于粪便的一种苍蝇

鸡虱 kiɑ⁴⁴sɑ⁴¹ 常在鸡身上生长的一种虱子

□子 tɕĩ⁵¹ti⁰ 虮子

蛆 tsʰiu⁴⁴

蛐蛐 tɕʰyi⁴⁴tɕʰyi⁴⁴
螕虫 pi⁴⁴liou²⁴ 臭虫
牛□子 ŋei⁴⁴mɯ⁴¹ti⁰ 牛虻
茅螕 mɔu⁴⁴pi⁴⁴ 牛身上的一种小寄生虫
油壳虫 ʑia⁴⁴kʰou⁴¹liou²⁴ 蟑螂
□犬 dzaŋ⁵¹kʰuɛ⁵¹ 蝗虫
毛脚刀刀 mɔu⁴⁴kɯ⁴¹tɔu⁴⁴tɔu⁴⁴ 螳螂
油□□ ʑia⁴⁴ɕio¹³ɕio¹³ 山蜥蜴
芦ˉ蜂 lu²⁴fei⁴⁴ 马蜂
鼓芦ˉ蜂 ku⁵¹lu²⁴fei⁴⁴ 马蜂的一种，体形特别大
土芦ˉ蜂 tʰɛi⁵¹lu²⁴fei⁴⁴ 马蜂的一种，蜂窝垒在土里
犬屎蜂 kʰuɛ⁵¹ʂʅ⁵¹fei⁴⁴ 马蜂的一种，蜂窝垒在土里，体形较土芦ˉ蜂小
七芦ˉ蜂 tsʰi⁴¹lu²⁴fei⁴⁴ 六七月份出来的一种马蜂
蛰人 si⁴¹ɦoŋ⁴⁴
芦ˉ蜂窠 lu²⁴fei⁴⁴kʰɯ⁴⁴ 马蜂窝
蜂子 fei⁴⁴tsa⁵¹ 蜂蛹
夜毛□□ ʑio¹³mɔu⁴⁴ti⁴⁴ti⁴⁴ 萤火虫
鳊鱼 pʰiɛ¹³（～piɛ¹³）ȵiu⁴⁴
草鱼 tsʰau⁵¹ȵiu⁴⁴
白高鱼 pʰo⁴⁴kou⁴⁴ȵiu⁴⁴ 白鲦鱼
洋高鱼 ʑioŋ²⁴kou⁴⁴ȵiu⁴⁴
冬鱼 tei⁴⁴ȵiu⁴⁴ 过了冬的鲤鱼，尾巴一般呈红色
春鱼 tɕʰyɛ⁴⁴ȵiu⁴⁴ 没过冬的鲤鱼，尾巴一般不红
金鱼 tɕiɛ⁴⁴ȵiu⁴⁴
泥□ ȵi⁴⁵tsʰiaŋ⁴⁴ 泥鳅
干鱼 kʰoŋ⁴⁴ȵiu⁴⁴ 剖开晒干的鱼

鱼□ ȵiu⁴⁴kʰuo¹³ 鱼刺
鱼泡 ȵiu⁴⁴pʰɔu¹³ 鱼鳔儿
鱼翅 ȵiu⁴⁴tʂʅ¹³ 鱼鳍
鱼鳃 ȵiu⁴⁴xuo⁴⁴
鱼卵 ȵiu⁴⁴koŋ⁵¹ 鱼子，鱼的卵
躲鱼 ȵian⁴⁴ȵiu⁴⁴ 小鱼
鱼秧 ȵiu⁴⁴ioŋ⁴⁴ 鱼苗儿
钓鱼 tiau¹³ȵiu⁴⁴
钓鱼棍 tiau¹³ȵiu⁴⁴kuɛ¹³ 钓鱼竿
钓鱼钩 tiau¹³ȵiu⁴⁴kia⁴⁴
鱼□ ȵiu⁴⁴dzou²⁴ 鱼篓
鱼网 ȵiu⁴⁴voŋ⁵¹
虾肉 xuo⁴⁴ȵiu⁴¹ 虾仁儿
干虾公 kʰoŋ⁴⁴xuo⁴⁴kei⁴⁴ 干虾米
乌龟 u⁴⁴kui⁴⁴
团鱼 doŋ²⁴ȵiu⁴⁴ 鳖
胡毛子 vu²⁴mɔu⁴⁴tsa⁵¹ 蝌蚪
□壳 kua²⁴kʰou⁴¹ 蚌
水獭 tʂu⁵¹tʰuo¹³

七　房舍

室□ tsi⁴¹tsʰuo¹³ 地基
吊瓜楼 tiau¹³kua⁴⁴la⁴⁴ 吊脚楼
室 tsi⁴¹ ①整座房子；②单间屋子；③家
院场 yɛ¹³dioŋ²⁴ 院子
院墙 yɛ¹³tsioŋ²⁴
门子ˉ□ mai⁴⁴tsa⁵¹kʰei¹³ 外间
□头□ ȵiog⁴⁴da⁰kʰei¹³ 里间
厅□ tʰaŋ⁴⁴tsɛi²⁴ 堂屋
火房 fa⁵¹voŋ²⁴ 正房
东火房 tei⁴⁴fa⁵¹voŋ²⁴ 位于东边的正房
西火房 si⁴⁴fa⁵¹voŋ²⁴ 位于西边的正房

厢房 sioŋ⁴⁴voŋ²⁴

砖室 tɕyɛ⁴⁴tsi⁴¹ 砖房

土砖室 tʰɛi⁵¹tɕyɛ⁴⁴tsi⁴¹ 土房

树室 tɕia¹³tsi⁴¹ 木房

楼室 la⁴⁴tsi⁴¹ 楼房，房子若有两层，上面那层叫"楼"，下面那层叫"室"

楼（头）la⁴⁴（da⁰）二层房子的第二层

室（头）tsi⁴¹（da⁰）二层房子的第一层

楼门 la⁴⁴mai⁴⁴

板梯 poŋ⁵¹tʰa⁴⁴ 固定的梯子

楼□ la⁴⁴luo²⁴ 老式阳台

室顶 tsi⁴¹tai⁵¹ 房顶

瓦檐 ua⁵¹ziɛ²⁴ 房檐儿

*飞檐 fi⁴⁴ziɛ²⁴

　　飞抬 fi⁴⁴ta²⁴

梁 lioŋ⁴⁴

*正梁 tɕĩ¹³lioŋ⁴⁴

*子梁 tsa⁵¹lioŋ⁴⁴

*挑扇 tʰiau⁴⁴ɕiɛ¹³

*排扇 pa²⁴ɕiɛ¹³

*瓜子 kua⁴⁴tsa⁵¹

*吊瓜子 tiau¹³kua⁴⁴tsa⁵¹

　　竖瓜子 dza¹³kua⁴⁴tsa⁵¹

*照面方 tɕiau¹³mĩ¹³foŋ⁴⁴

*椽皮 dʐyɛ²⁴fa²⁴

磉底岩 soŋ⁵¹ti⁵¹nia⁴⁴ 柱下石

马□ mo⁵¹tʰei¹³ 台阶儿

马道 mo⁵¹tʰei¹³sau⁵¹ 阶梯路

栏杆 lan²⁴kan⁵¹

栏笆 loŋ⁴⁴po¹³ 篱笆

门 mai⁴⁴

界门 kaŋ¹³mai⁴⁴ 从堂屋到正房的门

正门 tɕĩ¹³mai⁴⁴ 直接进正房的门

后门 ɦia⁵¹mai⁴⁴

门栓 mai⁴⁴suaŋ⁴⁴

门钉子 mai⁴⁴liau¹³ti⁰ 钉锦儿

老鸦眼 lau⁵¹uo²⁴ŋai⁵¹ 门鼻儿

铜锁 dɛi²⁴sɷ⁵¹

牛尾巴锁 ŋei⁴⁴mai⁵¹puº sɷ⁵¹ 锁的一种，其形像牛尾巴，故名

推门 tʰei⁴⁴mai⁴⁴ 一种可以左右推动的门

窗台 tsʰaŋ⁴⁴tɛi²⁴

□□ luo²⁴luo²⁴ ①走廊；②过道；③楼道

楼板 la⁴⁴poŋ⁵¹

抓结 tsua⁴⁴kia⁴¹ 铆钉

牛栏 ŋei⁴⁴loŋ⁴⁴ 牛圈

猪槽 tiu⁴⁴tsau²⁴

羊栏 ʑioŋ⁴⁴loŋ⁴⁴ 羊圈

犬窠 kʰuɛ⁵¹kʰɷ⁴⁴ 狗窝

鸡窠 kia⁴⁴kʰɷ⁴⁴ 鸡窝，鸡下蛋的地方

鸡笼 kia⁴⁴lei⁴⁴ 鸡窝，鸡住的地方

花鸡笼 xua⁴⁴kia⁴⁴lei⁴⁴ 罩鸡的竹制器具

雀儿笼 tsɷ⁴¹ʐ̩²⁴lei⁴⁴ 鸟笼

洞窟 dei¹³kʰua⁴¹ 地窖

菜□ tsʰei¹³dzoŋ¹³ 菜园

天场室 tʰai⁴⁴dioŋ²⁴tsi⁴¹ 带天井的四合院

□池 tan⁴⁴dʐ̩²⁴ 天井

风眼 fei⁴⁴ŋai⁵¹ 房角下的通风口

太极图 tʰai²⁴tɕi⁵¹du¹³ 画在房屋顶梁中间，旧俗用来辟邪

八　器具用品

碗柜 oŋ⁵¹tɕʰyi⁴⁴

拢 lɛi⁵¹ 装衣服的大箱子

柂子 tɑ²⁴tiº 桌子
团柂 duɛ²⁴tɑ²⁴ 圆桌
　　圈柂 lɔŋ²⁴tɑ²⁴
四方柂子 si¹³foŋ⁴⁴tɑ²⁴tiº 方桌
罩布 tsou¹³pu¹³ 台布
高椅 kɔu⁴⁴i⁵¹ 椅子
靠椅 kʰou¹³i⁵¹ 躺椅
靠背 kʰou¹³pei¹³ 椅子背儿
长脚绑□ dioŋ²⁴kω⁴¹paŋ⁵¹tʂu¹³ 长条形的板凳
四方绑□ si¹³foŋ⁴⁴paŋ⁵¹tʂu¹³ 方凳
　　四脚绑□ si¹³kω⁴¹paŋ⁵¹tʂu¹³
舢绑□ ȵian⁴⁴paŋ⁵¹tʂu¹³ 小板凳
绑□子 paŋ⁵¹tʂu¹³tsɑ⁵¹ 比"舢绑□"更小
火坑 fɑ⁵¹kʰaŋ⁴⁴ 蒸饭菜及烤火用的一种设施，一般是人工挖的，固定的
*火盆 fɑ⁵¹pai²⁴
*火烘 fɑ⁵¹xei⁴⁴
火桶 fɑ⁵¹tʰei⁴⁴ 取暖器具，一般比"火烘"大
花窠 xuɑ⁴⁴kʰω⁴⁴ 摇篮
花睏床 xuɑ⁴⁴kʰuɛ¹³tsoŋ²⁴ 一种雕了花的床
床板 tsoŋ²⁴poŋ⁵¹
睏床板 kʰuɛ¹³tsoŋ²⁴poŋ⁵¹ 用来拼搭床铺的木板
棕睏床 tsei⁴⁴kʰuɛ¹³tsoŋ²⁴ 棕绷
竹床 tɕiu⁴¹tsoŋ²⁴
帐钩□ tioŋ¹³kia⁴⁴tɕiou²⁴
垫絮 tʰai⁵¹siu¹³ 垫被
垫板 tʰai⁵¹poŋ⁵¹ 踏板
正被□ tɕĩ¹³fɑ⁵¹ʂuº 新婚第一夜用的被子
絮被□ siu¹³fɑ⁵¹ʂuº 棉被
单被□ taŋ⁴⁴fɑ⁵¹ʂuº 单被
睏床窠 kʰuɛ¹³tsoŋ²⁴kʰω⁴⁴ 被窝儿
被□里子 fɑ⁵¹ʂuºliu⁵¹tiº 被里

被□面子 fɑ⁵¹ʂuºmĩ¹³tiº 被面
包被□ pɔu⁴⁴fɑ⁵¹ʂuº 棉被的一种，棉花胎外缝制了被里被面
袋被□ dei¹³fɑ⁵¹ʂuº 带被套的棉被
（竹）睏簟（tɕiu⁴¹）kʰuɛ¹³lai⁵¹ 睡觉用的竹席
麦禾簟 mo⁴¹ω²⁴lai⁵¹ 草席
结麦禾簟 kia⁴¹mo⁴¹ω²⁴lai⁵¹ 编草席
枕头套 tɕiɛ⁵¹dɑºtʰou¹³ 枕套
枕头芯 tɕiɛ⁵¹dɑºsiɛ⁴⁴ 枕芯
澡面架 tsau⁵¹mĩ¹³kuo¹³ ①洗脸架；②梳妆台
水瓮架 tʂu⁵¹ei¹³kuo¹³ 放水桶或水缸的架子
*铛锅圈 tsʰaŋ⁴⁴kω⁴⁴tɕʰye⁴⁴
照镜 tɕiau¹³tɕĩ¹³ 镜子，偏正结构
箱子 sioŋ⁴⁴tiº
盒子 xuo²⁴tiº
　　盒盒 xuo²⁴xuo²⁴
炕架 kʰoŋ¹³kuo¹³ 挂在火坑上方烘烤东西的架子
粪桶 fi²⁴tʰei⁴⁴
炉 lu⁴⁴ 风箱
煤炉子 mei⁴⁴lu⁴⁴tiº 煤炉
通条 tʰei⁴⁴tiau²⁴
铁夹 tʰa⁴¹kuo⁴¹ 火钳
香屎 ⁼ɕioŋ⁴⁴ʂʅ⁵¹ ①火铲，铲炉灰用；②烙铁
薪草 sai⁴⁴tsʰau⁵¹ 柴草
□梗 tsω¹³kẽ⁵¹ 高粱秆
豆角藤 tɑ¹³kuo⁴¹dzoŋ²⁴ 豆秸
锯墨屎 kɑ¹³mei⁴¹ʂʅ⁵¹ 锯末
刨屎 pʰau⁵¹ʂʅ⁵¹ 刨花
哄火薪 xɛi⁵¹fɑ⁵¹sai⁴⁴ 引火碎物
火条 fɑ⁵¹tiau²⁴ 吹火筒
铛墨屎 tsʰaŋ⁴⁴mei⁴¹ʂʅ⁵¹ 锅烟子

烟除眼 uɛ⁴⁴tiou²⁴ŋai⁵¹ 烟囱
耳朵铛 ȵiu⁵¹tu⁰tsʰaŋ⁴⁴ 带耳的锅
灶铛 tsɔu¹³tsʰaŋ⁴⁴ 无耳的锅
铛盖 tsʰaŋ⁴⁴kua¹³ 锅盖
铲分勺 tsʰai⁴¹fai⁴⁴dʑyi¹³ 锅铲
喷水毛 fai¹³tʂu⁵¹mɔu⁴⁴ 洗刷锅用的竹刷
升子 tɕiu⁴⁴ti⁰ 升，量具
斗 ta⁵¹
方 foŋ⁴⁴ 容量单位，十斗为一方
哨子 sɔu¹³tsa⁵¹
开水壶 kʰa⁴⁴tʂu⁵¹vu²⁴
荈壶 tɕʰyɛ⁵¹vu²⁴ 茶壶
腰□碗 iau⁴⁴tɕiou²⁴oŋ⁵¹ 海碗
𱐄碗 ȵian⁴⁴oŋ⁵¹ 小碗
碗□ oŋ⁵¹dou¹³ 较"𱐄碗"更小的碗
缸缸 kaŋ⁴⁴kaŋ⁴⁴ 带把儿的杯子
杯杯 pei⁴⁴pei⁴⁴ 无把儿的杯子
盘盘 poŋ²⁴poŋ²⁴ ①碟子；②盘子
荈盘盖 tɕʰyɛ⁵¹poŋ²⁴kua¹³ 装礼物等的长条形盘子
糜分勺 maŋ⁴⁴fai⁴⁴dʑyi¹³ 饭勺
粪勺 fi²⁴dʑyi¹³
桶勺 tʰei⁴⁴dʑyi¹³ 舀粮食用的瓢
箸□ tiu¹³dzou²⁴ 筷笼
箪鼓（□）toŋ⁴⁴ku⁵¹（dzou²⁴）盛饭用的圆形小竹篓
酒杯 tsia⁵¹pei⁴⁴
酒壶 tsia⁵¹vu²⁴
酒□ tsia⁵¹tsẽ⁴⁴ 酒坛，可以挑的。女儿出嫁时当地有陪嫁酒坛的习俗，因而生了女儿常说生了个"酒□tsẽ⁴⁴"
酸菜□ dziou²⁴tsʰei¹³pĩ²⁴ 酸菜坛

簸 ˉpɛi⁵¹ 盛酒或粮食的大坛子
酒簸 ˉtsia⁵¹pɛi⁵¹ 酒坛，固定的
菜□ tsʰei¹³dzou²⁴ 菜篮
椒钵 tsiau⁴⁴po²⁴ 擂钵
钵头 pɷ⁴¹da⁰ 钵
瓶盖 pĩ¹³kua¹³
切菜刀 tsʰi⁴¹tsʰei¹³tɔu⁴⁴ 菜刀
砧板 tɕiɛ⁴⁴poŋ⁵¹
甑 tsei⁴⁴ 蒸笼
潲水瓮 sau¹³tʂu⁵¹ei¹³ 泔水缸
瓮鼎 ei¹³taŋ⁵¹ 放在灶边用来热水的铁锅
　印水鼎 iɛ¹³tʂu⁵¹taŋ⁵¹
潲水 sau¹³tʂu⁵¹ 泔水
抹布 mo⁴¹pu¹³
拖把 tʰuo⁴⁴pa¹³
铇子 pʰau⁵¹ti⁰ 刨子
鋾 tau²⁴ 锉刀
锯 kei¹³
锉子 tsʰɷ⁴⁴ti⁰ 凿子
尺 tɕʰio⁴¹ 尺子
米头尺 mi⁵¹da⁰tɕʰio⁴¹ 以米为计量单位的尺子
皮尺 bi²⁴tɕʰio⁴¹ 卷尺
木匠尺 fioŋ⁴¹dzioŋ¹³tɕʰio⁴¹
　硬尺 ŋaŋ¹³tɕʰio⁴¹ 木匠用的一种尺子，一般1.6米长
裁缝尺 dzɛi²⁴bɛi²⁴tɕʰio⁴¹ 裁缝用的尺子，一般为竹制
墨斗 mei⁴¹ta⁵¹
墨斗纱 mei⁴¹ta⁵¹zuo²⁴ 墨线
钉钉子 taŋ⁴⁴taŋ⁴⁴ti⁰
钩□ kia⁴⁴tɕiou²⁴ 钩子
钉锤 taŋ⁴⁴tuɛ²⁴

第五章　分类词表

175

夹子 kuo⁴¹tsɑ⁵¹ 镊子
反扣 fan⁵¹kʰou¹³ 合叶
瓦刀 uɑ⁵¹tɔu⁴⁴
抹子 mo⁴¹tsɑ⁵¹
□ piɑ¹³ 涂抹
泥板 n̠i⁴⁴poŋ⁵¹ 瓦工用来盛抹墙物的木板
铁墩 tʰɑ⁴¹tuɛ⁴⁴ 砧子，打铁时垫铁块用
剃刀 tʰɑ¹³tɔu⁴⁴ 推子
篦梳 bi²⁴sei⁴⁴ 篦子
挡刀布 tʰɑŋ⁵¹tɔu⁴⁴pu¹³ 鐾刀布
老鼠套 lau²⁴ʂu⁵¹tʰɔu¹³ 捕鼠器
缝纫机 fẽ²⁴zẽ⁵¹tɕi⁴⁴
烫斗 tʰɑŋ⁵¹tou⁵¹ 熨斗
　　烙铁 lɷ⁴⁴tʰɑ⁴¹ 旧式熨斗
□（肉）lau²⁴（n̠iu⁴¹）用烙铁烫（肉）
弓 tɕiu⁴⁴ 弹棉花的弓子
纺纱车 foŋ⁵¹zuo²⁴tɕʰio⁴⁴ 纺车
综机 tsoŋ¹³tɕi⁴⁴ 织布机
麦棉车 mo⁴¹mi⁰（~ miɛ⁰）tɕʰio⁴⁴ 将棉花籽
　　车离的工具
梭子 sɷ⁴⁴ti⁰ 梭
沤＝缚 ɑ¹³xɷ⁴⁴ 绕线的工具
沤＝畜 ɑ¹³tɕʰiu⁴¹ 接线的工具
盆 pai²⁴
澡脚盆 tsau⁵¹kɷ⁴¹pai²⁴ ①脚盆；②澡盆
澡衣粉 tsau⁵¹i⁴⁴pai⁵¹ 洗衣粉
粪桶 fi²⁴tʰei⁴⁴
尿桶 n̠iau¹³tʰei⁴⁴
擦脚布 tsʰɷ⁴¹kɷ⁴¹pu¹³
灯 tei⁴⁴
马灯 mo⁵¹tei⁴⁴
气灯 tɕʰi¹³tei⁴⁴

灯盏 tei⁴⁴tsai²⁴ 油灯
灯盏 tei⁴⁴tsai⁵¹ 用于神龛前的一种小灯
桐油灯 dei²⁴ziɑ⁴⁴tei⁴⁴ 无灯罩的
煤油灯 mei⁴⁴ziɑ⁴⁴tei⁴⁴ 有玻璃罩的
灯芯 tei⁴⁴siɛ⁴⁴
灯罩 tei⁴⁴tsou¹³
灯油 tei⁴⁴ziɑ⁴⁴
灯箩 tei⁴⁴lɷ⁴⁴ 灯笼
灯泡 tei⁴⁴pʰou⁴⁴
手提包 ɕiou⁵¹di⁴⁴pou⁴⁴
铜钱包 dei²⁴tsai²⁴pou⁴⁴ 钱包
章子 tɕioŋ⁴⁴tsɿ⁰ 图章
千里眼 tsʰian⁴⁴li⁴¹ian⁵¹ 望远镜
糨糊 tsioŋ⁴⁴vu²⁴
抵针 ti⁵¹tɕiɛ⁴⁴ 顶针儿
纱□□ zuo²⁴bu²⁴lu⁰ 线轴儿
针屁股 tɕiɛ⁴⁴pʰi¹³kʰu⁰ 针鼻儿
针颠 tɕiɛ⁴⁴tai⁴⁴ 针尖
针眼 tɕiɛ⁴⁴ŋai⁵¹ 针脚
穿针 tɕʰyɛ⁴⁴tɕiɛ⁴⁴
麦棉纱 mo⁴¹mi⁰（~ miɛ⁰）zuo²⁴ 棉线
钻子 tsoŋ¹³ti⁰ 锥子
舞＝钻 vu⁵¹tsoŋ¹³ 钻子
澡衣板 tsau⁵¹i⁴⁴poŋ⁵¹ 洗衣板
澡衣槌 tsau⁵¹i⁴⁴tuɛ²⁴ 洗衣服用的棒槌
扇 ɕiɛ¹³ 扇子
棕扇 tsei⁴⁴ɕiɛ¹³
纸扇 tɕi⁵¹ɕiɛ¹³
蒲扇 bu⁴⁴ɕiɛ¹³
戳道棍 tsʰou²⁴sau⁵¹kuɛ¹³ 手杖
　　自由棍 tsɿ⁵¹iou²⁴kuɛ¹³
卫生纸 ui¹³sẽ⁴⁴tɕi⁵¹ 手纸

刮屎棍 kuɑ⁴¹ʂʅ⁵¹kuɛ¹³

九 称谓

红花女 ɦɛi²⁴xuɑ⁴⁴ȵiu⁵¹ 未婚女子

红花子 ɦɛi²⁴xuɑ⁴⁴tsɑ⁵¹ 未婚男子

伢崽子 ŋuo⁴⁴tsai²⁴tsɑ⁵¹ 较小的小孩儿

女子子 ȵiu⁵¹tsɑ⁵¹tsɑ⁵¹ 小女孩儿，较"女子_{女孩}"更小

　　女伢崽子 ȵiu⁵¹ŋuo⁴⁴tsai²⁴tsɑ⁵¹

老□□ lau⁵¹bou⁵¹bou⁵¹ 老头儿

老□□ lau⁵¹ȵian²⁴ȵian²⁴ 老太婆

后生家 ɦa⁵¹sẽ⁴⁴kuo⁴⁴ 小伙子

城里人 tɕʰĩ²⁴ȵi⁴¹ɦoŋ⁴⁴

乡巴佬 ɕioŋ⁴⁴puºlau⁵¹ 带贬义

　　乡里人 ɕioŋ⁴⁴ȵi⁴¹ɦoŋ⁴⁴ 乡下人

一室人 i²⁴tsi⁴¹ɦoŋ⁴⁴ 一家子

门子⁼人 mai⁴⁴tsɑ⁵¹ɦoŋ⁴⁴ ①外地人；②外人

本□里人 pai⁵¹kʰaŋ⁵¹ȵi⁴¹ɦoŋ⁴⁴ 本地人

外国人 uai⁴⁴kuɛ¹³ɦoŋ⁴⁴

自□人 tsʰi⁴⁴kei⁵¹ɦoŋ⁴⁴ 自己人

娶亲大哥 tsʰɑ⁵¹tsʰiɛ⁴⁴lω¹³kω⁴⁴ 娶亲时总管各种事务的人，一般由新郎的大哥或男方家有威望的人担任

同履 dɛi²⁴li⁵¹ 结拜兄弟

里手 li⁴¹ɕiou⁵¹ 内行

半竹粉 poŋ¹³tɕiu⁴¹pai⁵¹ 半瓶醋，比喻性说法

童养媳 doŋ¹³ioŋ⁵¹si¹³

二道亲 ɦoŋ¹³tʰau⁵¹tsʰiɛ⁴⁴ 二婚头

寡妇 kuɑ⁵¹fu¹³

腐脑壳 fɛi⁵¹la⁵¹kʰω⁰ 姘头

私生子 sʅ⁴⁴sẽ⁴⁴tsʅ⁴¹

小气鬼 siau⁵¹tɕʰi¹³kui⁵¹ 吝啬鬼

败□家 pai⁵¹tɕiaŋ⁴⁴kuo⁴⁴

　　败家子 pai⁵¹tɕia⁴⁴tsʅ⁴¹

□江湖的 tʰuɑ⁴⁴tɕiaŋ⁴⁴xu²⁴tiº 走江湖的

骗子 pʰiɛ¹³tsʅº

土匪 tʰu⁵¹fi⁵¹

抢反 tsʰioŋ⁵¹fai⁵¹ 强盗

强盗 tɕioŋ²⁴tʰau⁵¹ 偷盗、抢劫的人的统称

做事 tsei¹³sʅ⁵¹ 工作

长工 dioŋ²⁴kei⁴⁴

小工 siau⁵¹kei⁴⁴ ①短工；②零工；③伙计

老板 lau⁵¹poŋ⁵¹

掌家 tɕioŋ⁵¹kuo⁴⁴ 一家之主

老板室头人 lau⁵¹poŋ⁵¹tsi⁴¹dɑºɦoŋ⁴⁴ 老板娘

师傅 sɑ⁴⁴fuº 私塾，教书先生

老师 lau⁵¹sʅ⁴⁴ 学校，教员

学生 ɦou¹³sẽ⁴⁴

同学 dɛi²⁴ɦou¹³

隔壁的 kuo⁴¹pi⁴¹tiº

　　邻居 li⁴⁴tɕyi⁴⁴

当军的 toŋ⁴⁴tɕyɛ⁴⁴tiº 兵，相对百姓而言

赤脚医生 tɕʰi⁴¹kω⁴¹i⁴⁴sẽ⁴⁴ 医生

药郎 zyi¹³loŋ⁴⁴ 郎中

司机师傅 sʅ⁴⁴tɕi⁴⁴sɑ⁴⁴fuº 司机

瓦匠 uɑ⁵¹dzioŋ¹³

锡匠 si⁴¹dzioŋ¹³

铜匠 dɛi²⁴dzioŋ¹³

铁匠 tʰa⁴¹dzioŋ¹³

篾匠 mi⁴⁴dzioŋ¹³

岩匠 ȵia⁴⁴dzioŋ¹³ 石匠

弹匠 doŋ²⁴dzioŋ¹³ 弹棉花的人

银匠 ȵiɛ⁴⁴dzioŋ¹³

补锅匠 pu⁵¹kω⁴⁴dzioŋ¹³ 补锅、焊壶的匠人

屠夫 dɯ²⁴fu⁴⁴
脚夫 kɯ⁴¹fu⁴⁴ 搬运工的旧称
轿夫 tɕʰiɑu⁵¹fu⁴⁴
艄公 sou⁴⁴kei⁴⁴
管家 kuan⁵¹tɕia⁴⁴
接生娘 tsi⁴¹sẽ⁴⁴ȵioŋ²⁴ 接生婆
仙娘 siɛ⁴⁴ȵioŋ²⁴ 巫婆
苗子 bei²⁴ti⁰ 背称苗族人，含贬义
对头 tuɑ¹³dɑ²⁴ 仇敌，敌对的方面
厨管 dzu²⁴kuan⁵¹ 红白喜事的大厨

十　亲属

班辈 paŋ⁴⁴pei¹³ 辈分
轮班辈 luɛ⁴⁴paŋ⁴⁴pei¹³ 轮辈分
大一辈 lɯ¹³i²⁴pei¹³ 长辈
高头胎 kɔu⁴⁴dɑ²⁴tʰɑ⁴⁴ 上辈
老父 lau⁵¹bou⁵¹ 曾祖父
老□ lau⁵¹ȵian²⁴ 曾祖母
太老父 tʰɑ¹³lau⁵¹bou⁵¹ 曾祖父之父
太老□ tʰɑ¹³lau⁵¹ȵian²⁴ 曾祖母之母
大妚 lɯ¹³tɑ²⁴ 姑母，比父大
大大妚 lɯ¹³lɯ¹³tɑ²⁴ 大姑母，比父大
鈅大妚 ȵian⁴⁴lɯ¹³tɑ²⁴ 小姑母，比父大
鈅妚 ȵian⁴⁴tɑ²⁴ 姑母，比父小
大鈅妚 lɯ¹³ȵian⁴⁴tɑ²⁴ 大姑母，比父小
二鈅妚 ɦoŋ¹³ȵian⁴⁴tɑ²⁴ 二姑母，比父小
三鈅妚 soŋ⁴⁴ȵian⁴⁴tɑ²⁴ 三姑母，比父小
鈅鈅妚 ȵian⁴⁴ȵian⁴⁴tɑ²⁴ 小姑母，比父小
大姑丈 lɯ¹³ku⁴⁴tʰiaŋ⁵¹ 姑父，父之姐夫
鈅姑丈 ȵian⁴⁴ku⁴⁴tʰiaŋ⁵¹ 姑父，父之妹夫
老妚妚 lau⁵¹tɑ²⁴tɑ²⁴ 姑奶奶，父之姑母
□□□ uo²⁴ʂʅ⁵¹ȵian²⁴ 姨奶奶，父之姨母

□□□ uo²⁴ʂʅ⁵¹bou⁵¹ 姨奶奶的丈夫
室头人的哥 tsi⁴¹dɑ⁰ɦoŋ⁴⁴ti⁰kɯ⁴⁴ 大伯子
□伯弟妹 uo²⁴po⁴¹xɑ⁵¹mɛi⁵¹ 堂姊妹
　□伯姐弟 uo²⁴po⁴¹tsi⁵¹xɑ⁵¹
表哥 piɑu⁵¹kɯ⁴⁴
表嫂 piɑu⁵¹tsʰɑu⁵¹
表弟 piɑu⁵¹xɑ⁵¹
表姐弟 piɑu⁵¹tsi⁵¹xɑ⁵¹
表姐 piɑu⁵¹tsi⁵¹
表妹 piɑu⁵¹mɛi⁵¹
子女 tsɑ⁵¹ȵiu⁵¹ 儿子和女儿的总称
大子 lɯ¹³tsɑ⁵¹ 大儿子
鈅子 ȵian⁴⁴tsɑ⁵¹ 小儿子
孙媳妇 suɛ⁴⁴si¹³pʰai⁰
孙女 suɛ⁴⁴ȵiu⁵¹ ①孙女；②外孙女；③外甥女
　女孙女 ȵiu⁵¹suɛ⁴⁴ȵiu⁵¹ 外孙女
孙女□家 suɛ⁴⁴ȵiu⁵¹tai⁵¹kuo⁴⁴
　孙女婿 suɛ⁴⁴ȵiu⁵¹si¹³
重孙女 diou²⁴suɛ⁴⁴ȵiu⁵¹
子孙 tsɑ⁵¹suɛ⁴⁴
侄子 tʰi⁴⁴tsɑ⁵¹ ①侄子；②内侄
侄女 tʰi⁴⁴ȵiu⁵¹ ①侄女；②内侄女
亲家 tsʰiɛ⁴⁴kuo⁴⁴ ①亲家；②姻伯
亲家母 tsʰiɛ⁴⁴kuo⁴⁴moŋ⁵¹
跟娘子 kai⁴⁴ȵioŋ²⁴tsɑ⁵¹ 带犊儿，妇女改嫁带
　的儿女
兄弟家 foŋ⁴⁴xɑ⁵¹kɑ⁰ 爷儿们
娘室 ȵioŋ⁴⁵tsi⁴¹ 娘家
婆室 mo²⁴tsi⁴¹ 婆家
家婆室 kuo⁴⁴mo²⁴tsi⁴¹ 姥姥家
亲家室 tsʰiɛ⁴⁴kuo⁴⁴tsi⁴¹ 丈人家

十一　身体

身梗 ɕiɛ⁴⁴kɛi⁵¹ 身体
身子 ɕiɛ⁴⁴ti⁰ 身材
个郎 kuo¹³loŋ⁴⁴ 个子
乖脑壳 kuɑ⁴⁴lɑ⁵¹kʰu⁰ 光头，带戏谑色彩
癞脑壳 lɑ²⁴lɑ⁵¹kʰu⁰ 秃顶
脑壳顶顶 lɑ⁵¹kʰu⁰tai⁵¹tai⁵¹ 头顶
后脑壳 ɦa⁵¹lɑ⁵¹kʰu⁰ 后脑勺子
争食□ tsaŋ⁴⁴ȵiu²⁴dou¹³ 后脑窝子
□脑毛 liu⁵¹lɑ⁵¹mɔu⁴⁴ 掉头发
脑门 lɑ⁵¹mai⁴⁴ 囟门
结脑毛辫子 kia⁴¹lau⁵¹mɔu⁴⁴pʰiɛ⁵¹ti⁰ 编辫子
巴巴□ pɑ⁴⁴pɑ⁴⁴dʐu²⁴ 髻
啄角 tsuɑ²⁴kou⁴¹ 刘海儿
面巴骨 mĩ¹³pu⁰kuɑ⁴¹ 颧骨
酒□ tsiɑ⁵¹dou¹³ 酒窝
腮骨头 xuo⁴⁴kuɑ⁴¹tɑ⁰ 腮帮子
眼窟 ŋai⁵¹kʰuɑ⁴¹ 眼眶
　眼□ ŋai⁵¹dou¹³
白眼珠 pʰo⁴⁴ŋai⁵¹tɕiu⁴⁴
黑眼珠 kʰei⁴¹ŋai⁵¹tɕiu⁴⁴
眼人子 ŋai⁵¹ɦoŋ⁴⁴tsa⁵¹ 瞳仁
眼角 ŋai⁵¹kou⁴¹
眼屎 ŋai⁵¹ʂʅ⁵¹
眼皮 ŋai⁵¹fa²⁴
单眼皮 taŋ⁴⁴ŋai⁵¹fa²⁴
双眼皮 soŋ⁴⁴ŋai⁵¹fa²⁴
眼□毛 ŋai⁵¹tɕiou²⁴mɔu⁴⁴ 眼睫毛
挤眼□ tsi⁴¹ŋai⁵¹tɕiou²⁴ 皱眉头
鼻屎 pi¹³ʂʅ⁵¹ 鼻垢
鼻窟 pi¹³kʰuɑ⁴¹ 鼻孔

鼻毛 pi¹³mɔu⁴⁴
鼻界灵 pi¹³kaŋ¹³lĩ⁴⁴ 鼻子尖，嗅觉灵敏
鼻岭 pi¹³liu⁵¹ 鼻梁儿
酒糟鼻 tsia⁵¹tsou⁴⁴pi¹³
吐子 tʰu¹³tsʅ⁵¹ 唾沫
吐子星 tʰu¹³tsʅ⁰sẽ⁴⁴ 唾沫星儿
流虫⁼水 dʑiou²⁴liou²⁴tʂu⁵¹ 流口水
舌子梗 dʑi¹³ti⁰kẽ⁵¹ 舌苔
□舌子 tsʰia⁴⁴dʑi¹³ti⁰ 大舌头，口齿不清
门牙 mai⁴⁴ŋuo⁴⁴
龙牙 liu⁴⁴ŋuo⁴⁴ 虎牙
牙屎 ŋuo⁴⁴ʂʅ⁵¹ 牙垢
牙根 ŋuo⁴⁴kẽ⁴⁴ 牙床
虫牙 liou²⁴ŋuo⁴⁴
耳朵窟 ȵiu⁵¹tu⁰⁴kʰuɑ⁴¹ 耳朵眼儿
耳屎 ȵiu⁵¹ʂʅ⁵¹
背耳朵 pʰa²⁴ȵiu⁵¹tu⁰ 耳背
喉子骨 ɦa²⁴tsʅ⁵¹kuɑ⁴¹ 喉咙
鱼鳃 ȵiu⁴⁴xuo⁴⁴ 喉结
连片胡 liɛ⁴⁴pʰiɛ¹³vu²⁴ 络腮胡子
八字胡 pɑ⁴¹tsʅ⁵¹vu²⁴
骨头 kuɑ⁴¹tɑ⁰
肩背骨 tɕiɛ⁴⁴pei⁰kuɑ⁴¹ 肩胛骨
溜肩背 lio⁵¹（~lia⁵¹）tɕiɛ⁴⁴pei⁰ 溜肩膀儿
大手骨 lɔ¹³ɕiou⁵¹kuɑ⁴¹ 胳膊，肘关节以上
躬手骨 ȵian⁴⁴ɕiou⁵¹kuɑ⁴¹ 手臂，肘关节以下
手指骨 ɕiou⁵¹tsa⁵¹kuɑ⁴¹ 手指关节
炙⁼盒□ tɕio⁴¹xuo²⁴dou¹³ ①胳肢窝；②腋下
手节骨 ɕiou⁵¹tsi²⁴kuɑ⁴¹ ①手腕；②胳膊肘儿
　手拐子 ɕiou⁵¹kuai⁵¹tsʅ⁰ 胳膊肘儿
喷子骨 fai¹³tsʅ⁵¹kuɑ⁴¹ 肩关节
手指缝 ɕiou⁵¹tsa⁵¹vei¹³

手板 ɕiou⁵¹poŋ⁵¹ ①手掌；②巴掌
手心 ɕiou⁵¹siɛ⁴⁴
手背 ɕiou⁵¹pei¹³
反脚 fai⁵¹kɷ⁴¹ 左脚或左腿
顺脚 ʑyɛ¹³kɷ⁴¹ 右脚或右腿
大腿 lɷ¹³tʰuɑ⁵¹
　脚腿 kɷ⁴¹tʰuɑ⁵¹
腿□ tʰuɑ⁵¹luo²⁴ 大腿根儿
䏶腿 ȵian⁴⁴tʰuɑ⁵¹ 小腿
（脚）鱼肚（kɷ⁴¹）ȵiu⁴⁴tu⁵¹ 腿肚子
龙子骨 liu⁴⁴tsʅ⁵¹kuɑ⁴¹ 胫骨
腿骨 tʰuɑ⁵¹kuɑ⁴¹ 胯骨
裤裆 kuɛ⁴⁴toŋ⁴⁴ 裤裆
屎眼 ʂʅ⁵¹ŋai⁵¹ 肛门
腿盒 tʰuɑ⁵¹xuo²⁴ 膀胱
屁股板 pʰi¹³kʰu⁰poŋ⁵¹ 屁股蛋儿
屁股缝 pʰi¹³kʰu⁰vei¹³ 屁股沟儿
尾巴骨 mai⁵¹pu⁰kuɑ⁴¹ 尾骨
□□ tɕiu⁴⁴tɕiu⁴⁴ 鸡鸡，赤子阴
□屄 tuo⁵¹bi¹³ 交合
脚节骨 kɷ⁴¹tsi²⁴kuɑ⁴¹ 脚腕子
鸡眼□ kiɑ⁴⁴ŋai⁵¹tɕiou²⁴ 踝子骨
赤脚 tɕʰi⁴¹kɷ⁴¹
脚背 kɷ⁴¹pei¹³
脚板 kɷ⁴¹poŋ⁵¹ 脚掌
脚心 kɷ⁴¹siɛ⁴⁴
脚屎子 kɷ⁴¹ʂʅ⁵¹tsɑ⁵¹ 脚指头
脚屎壳 kɷ⁴¹ʂʅ⁵¹kʰou⁴¹ 脚趾甲
后脚 ɦɑ⁵¹kɷ⁴¹ 脚跟
脚印 kɷ⁴¹iɛ¹³
钉子 taŋ⁴⁴ti⁰ 鸡眼
窝心□ ɷ⁴⁴siɛ⁴⁴dou¹³ 心口儿

胸脯 ɕiu⁴⁴bɑ¹³
□子骨 pi⁴⁴tsʅ⁵¹kuɑ⁴¹ 肋骨
妈脑壳 mɑ⁴⁴lɑ⁵¹kʰu⁰ 乳头
妈汁 mɑ⁴⁴tsʅ⁴¹ 乳汁
细肚 si¹³tu⁵¹ 小肚子
腰 iɑu⁴⁴
背子骨 pei¹³tsʅ⁵¹kuɑ⁴¹ 脊梁骨
脑壳旋 lɑ⁵¹kʰu⁰dzuɛ¹³ 头发旋
两条旋 tsuo⁵¹lau²⁴dzuɛ¹³ 双旋儿
□ tsoŋ²⁴ 皱纹
手指旋 ɕiou⁵¹tsɑ⁵¹dzuɛ¹³ 指纹
胴 lɷ⁴⁴ 圆形的指纹
筲箕 sou⁴⁴tɕiɛ⁴⁴（~ tɕi⁴⁴）簸箕形的指纹
酰毛 ʑiu⁵¹mɔu⁴⁴
寒毛 xoŋ⁴⁴mɔu⁴⁴
毛眼 mɔu⁴⁴ŋai⁵¹ 寒毛眼儿
骨 kuɑ⁴¹
筋 tɕiɛ⁴⁴
血 ɕyi⁴¹
血筋 ɕyi⁴¹tɕiɛ⁴⁴ 血管
脉 mei²⁴
肝肺 koŋ⁴⁴fi¹³ 五脏
心 siɛ⁴⁴
肝 koŋ⁴⁴
肺 fi¹³
苦胆 kʰu⁵¹toŋ²⁴ 胆
□□ lian²⁴tʰian⁵¹ 脾
毛里肝 mɔu⁴⁴li⁴¹koŋ⁴⁴ 胰
胃 uɛ¹³
腰子 iɑu⁴⁴tsɑ⁵¹
　肾 ɕĩ⁵¹
肠头 lioŋ²⁴tɑ⁰ 肠子

大肠 lɔ¹³lioŋ²⁴
奶肠 ȵian⁴⁴lioŋ²⁴ 小肠

十二　疾病医疗

着天毛 tʰɷ⁴⁴tʰai⁴⁴mɔu⁴⁴ 极度疲乏，好像要病了
奶病 ȵian⁴⁴faŋ¹³ 小病
大病 lɔ¹³faŋ¹³ 重病
病重了 faŋ¹³tʰiou⁵¹liau⁰
病好了 faŋ¹³xau⁵¹liau⁰
喊医生 xaŋ¹³i⁴⁴sẽ⁴⁴ 请医生
开药单子 kʰa⁴⁴ʑyi¹³taŋ⁴⁴ti⁰ 开药方
买草药 ma⁵¹tsʰau⁵¹ʑyi¹³ 抓中药
买药 ma⁵¹ʑyi¹³ 买西药
草药铺 tsʰau⁵¹ʑyi¹³pʰu¹³ 中药铺
药房 ʑyi¹³voŋ²⁴ 西药房
药□ ʑyi¹³pĩ²⁴ 药罐子
熬药 ŋɔu⁴⁴ʑyi¹³ 煎药
膏药 kɔu⁴⁴ʑyi¹³ ①膏药；②药膏
药粉 ʑyi¹³pai⁵¹
□药 tʂʅ⁵¹ʑyi¹³ 搽药
着药 tɷ⁴¹ʑyi¹³ ①敷药；②上药
□汗 tʰa¹³ɦoŋ¹³ 发汗
出汗 tʂʰu⁴¹ɦoŋ¹³
通风 tʰei⁴⁴fei⁴⁴ 去风
通火 tʰei⁴⁴fa⁵¹ 去火
通湿 tʰei⁴⁴dzi¹³ 去湿
解毒 ka⁵¹tu²⁴ 去毒
消化 siau⁴⁴xua¹³ 消食
□风□ kʰa⁵¹fei⁴⁴pĩ²⁴ 拔火罐
发冻 fa⁴¹tei¹³ 发冷
起鸡娘虱 kʰɛi⁵¹kia⁴⁴ȵioŋ²⁴sa⁴¹ 起鸡皮疙瘩
喘气 tsʰuɛ⁵¹tɕʰi¹³ 气喘

气管炎 tɕʰi¹³kuan⁵¹ian⁴⁴
发火 fa⁴¹fa⁵¹ 上火
停食 dẽ²⁴ʂʅ²⁴ 积滞
心口痛 siɛ⁴⁴kʰia⁵¹sei¹³ 胸口疼
脑壳昏 la⁵¹kʰuˀuɛ⁴⁴ 头晕
昏车 uɛ⁴⁴tɕʰio⁴⁴
昏船 uɛ⁴⁴dʐyɛ²⁴
脑壳痛 la⁵¹kʰuˀsei¹³ 头疼
出油麻 tʂʰu⁴¹ʑia⁴⁴mo⁴⁴ 出麻疹
出豆子 tʂʰu⁴¹ta¹³ti⁰ 出水痘
出麻子 tʂʰu⁴¹mo⁴⁴ti⁰ 出天花
□豆子针 kʰa⁵¹ta¹³ti⁰tɕiɛ⁴⁴ 种痘
痨病 lou⁴⁴faŋ¹³ 结核病
绊伤 paŋ⁵¹ɕioŋ⁴⁴ 跌伤
撞伤 tsʰoŋ⁵¹ɕioŋ⁴⁴ 碰伤
擦伤 tsʰɷ⁴¹ɕioŋ⁴⁴ 蹭破皮儿
出血 tʂʰu⁴¹ɕyi⁴¹
□血 ɛi⁵¹ɕyi⁴¹ 瘀血
□汁 xɛi⁵¹tʂʅ⁴¹ 溃脓
起疮壳 kʰɛi⁵¹tsʰoŋ⁴⁴kʰou⁴¹ 结痂
涝疮 lou¹³tsʰoŋ⁴⁴ 癣
痧痱 suo⁴⁴fi¹³ 痱子
汗印子 ɦoŋ¹³iɛ¹³ti⁰ 汗斑
油点子 ʑia⁴⁴tai⁵¹ti⁰ 雀斑
蓝腰 laŋ⁴⁴iau⁴⁴ 水蛇腰
嘶嗓子 sa⁴⁴saŋ⁵¹tsʅ⁰ 公鸭嗓儿
一只眼 i²⁴tɕi⁴¹ŋai⁵¹ 一只眼儿，一只眼睛是瞎的
老花眼 lau⁵¹xua⁴⁴ŋai⁵¹
花眼 xua⁴⁴ŋai⁵¹ 眼花
鼓眼□ ku⁵¹ŋai⁵¹tɕiou²⁴ 鼓眼泡儿
羊角风 ʑioŋ²⁴kou⁴¹fei⁴⁴ 羊痫风

扯风 dza⁵¹fei⁴⁴ 抽风
着风 tʰɷ⁴⁴fei⁴⁴ 中风
足拜脚 pa⁴⁴kɷ⁴¹ 跛足
□手 lio⁴⁴ɕiou⁵¹ 手残者
矮子 a⁵¹ti⁰
卷⁼子 tɕyɛ⁵¹ti⁰ 结巴
驼子 tou²⁴ti⁰
麻子 mo⁴⁴ti⁰ ①麻子；②脸上有麻子的人
缺口皮 tɕʰyi⁴¹kʰia⁵¹fa²⁴ 豁唇子
缺牙齿 tɕʰyi⁴¹ŋuo⁴⁴sɿ⁵¹ 豁牙子
六八手 lia⁴¹pa⁴¹ɕiou⁵¹ 六指儿
左撇子 tsuo⁵¹pʰiɛ¹³tsɿ⁰

十三 衣服穿戴

□扮 kʰa⁵¹pu⁰ 打扮
夹衣 kuo⁴¹i⁴⁴
*掩手衣 iɛ⁵¹ɕiou⁵¹i⁴⁴
对手衣 tua¹³ɕiou⁵¹i⁴⁴ 男子穿的对襟衣
汗衣 ɦoŋ¹³i⁴⁴ 汗衫
罩衣 tsɔu¹³i⁴⁴ 外衣
里衣 liu⁵¹i⁴⁴ 内衣
衣领 i⁴⁴lẽ⁵¹
圈子梗衣 loŋ²⁴tsɿ⁵¹kɛi⁵¹i⁴⁴ 圆领衫
　　团子梗衣 duɛ²⁴tsɿ⁵¹kɛi⁵¹i⁴⁴
　　圈领褂子 loŋ²⁴lẽ⁵¹kua¹³tsɿ⁰
　　团领褂子 duɛ²⁴lẽ⁵¹kua¹³tsɿ⁰
衣□ i⁴⁴tɕiou²⁴ 衣襟儿
长衣袖 dioŋ²⁴i⁴⁴dziu¹³ 长袖
□衣袖 tsʰia⁴⁴i⁴⁴dziu¹³ 短袖
裙 tɕyɛ²⁴
单裤 taŋ⁴⁴kuɛ⁴⁴ 单裤
絮裤 siu¹³kuɛ⁴⁴ 棉裤

里裤 liu⁵¹kuɛ⁴⁴ 内裤
□子裤 saŋ⁵¹tsɿ⁰kuɛ⁴⁴ 裤衩儿，贴身穿的
开裆裤 kʰa⁴⁴toŋ⁴⁴kuɛ⁴⁴ 开裆裤
掩裆裤 iɛ⁵¹toŋ⁴⁴kuɛ⁴⁴ 死裆裤，相对开裆裤而言
裤腰 kuɛ⁴⁴iau⁴⁴ 裤腰
裤带子 kuɛ⁴⁴tɷ¹³ti⁰ 裤腰带
裤袋 kuɛ⁴⁴dei⁴⁴ 裤子上的口袋
纽子窟 nia⁵¹ti⁰kʰua⁴¹ 扣襻，中式的
　　纽子脑壳 nia⁵¹ti⁰la⁵¹kʰu⁰
纽子眼 nia⁵¹ti⁰ŋai⁵¹ 扣眼，西式的
拖履 tʰi⁴⁴li⁵¹ 拖鞋
絮履 siu¹³li⁵¹ 棉鞋
布履 pu¹³li⁵¹ 布鞋
阔口履 kʰɷ⁴¹kʰia⁵¹li⁵¹ 女子穿的一种布鞋
对口履 tua¹³kʰia⁵¹li⁵¹ 男子穿的一种布鞋
草箍 tsʰau⁵¹ku⁴⁴ 草鞋
禾草箍 ɷ²⁴tsʰau⁵¹ku⁴⁴ 草鞋的一种，以稻草为主要材料
麻草箍 mo⁴⁴tsʰau⁵¹ku⁴⁴ 草鞋的一种，以麻为主要材料
布草箍 pu¹³tsʰau⁵¹ku⁴⁴ 草鞋的一种，用绳将六块布穿在一起，一般夏天赶场时穿
钉子履 taŋ⁴⁴ti⁰li⁵¹ 钉鞋
老人履 lau⁵¹ɦoŋ⁴⁴li⁵¹ 寿鞋
履耳朵 li⁵¹niu⁵¹tu⁰ 旧式布鞋的鞋襻
皮履 fa²⁴li⁵¹ ①皮鞋；②靴子
履底 li⁵¹ta⁵¹ 鞋底儿
底子 ta⁵¹ti⁰ ①鞋底；②基础；③内情
单子 taŋ⁴⁴ti⁰ 方子
履面子 li⁵¹mĩ¹³ti⁰ 鞋帮儿
履模子 li⁵¹moŋ¹³ti⁰ 鞋楦

履样子 li⁵¹ʑioŋ¹³ti⁰ 鞋样
雨履 va⁵¹li⁵¹ 雨鞋
　橡胶履 tsʰioŋ⁵¹tɕiau⁴⁴li⁵¹
履带子 li⁵¹tɯ¹³ti⁰ 鞋带
长袜 dioŋ²⁴vo¹³
□袜 tsʰia⁴⁴vo¹³ 短袜
袜带子 vo¹³tɯ¹³ti⁰ 袜带
帕 pʰo¹³ 头巾
绸帕 tia²⁴pʰo¹³ 女子结婚时男方送的丝绸帕，一般长4米以上
*花帕 xua⁴⁴pʰo¹³
□帕 tsei¹³pʰo¹³ 蒸食物、罩饭菜用的布
绞箍 tɕiau⁵¹ku⁴⁴ 旧时妇女裹脚的布
单帽子 taŋ⁴⁴mɔu¹³ti⁰ 单帽
　单帽（子）□ taŋ⁴⁴mɔu¹³（ti⁰）dou¹³
絮帽子 siu¹³mɔu¹³ti⁰ 棉帽
　絮帽（子）□ siu¹³mɔu¹³（ti⁰）dou¹³
草帽子 tsʰau⁵¹mɔu¹³ti⁰
　草帽（子）□ tsʰau⁵¹mɔu¹³（ti⁰）dou¹³
斗笠 ta⁵¹li⁴¹
棕斗笠 tsei⁴⁴ta⁵¹li⁴¹ 防晒的斗笠
鸭篷斗笠 ɯ⁴¹pɛi²⁴ta⁵¹li⁴¹ 防雨的斗笠
帽盖 mɔu¹³kua¹³ 帽檐儿
首饰 ɕiou⁵¹ʂʅ⁴¹
项圈 xaŋ⁵¹tɕʰyɛ⁴⁴
　项链 xaŋ⁵¹lian⁵¹
百岁锁 pɔ⁴¹tsua¹³ɕ⁵¹ 百家锁，小儿佩戴的
别针 pʰi⁴⁴tɕiɛ⁴⁴
□子 pʰiɛ¹³tsa⁵¹ 簪子，统称
　□簪 pʰiɛ¹³tsaŋ⁴⁴
挑子 tʰiau¹³tsa⁵¹ 簪子，直的
　挑簪 tʰiau⁴⁴tsaŋ⁴⁴

挡子 tʰaŋ⁵¹tsa⁵¹ 簪子，曲的
　挡簪 tʰaŋ⁵¹tsaŋ⁴⁴
耳圈 ɲiu⁵¹tɕʰyɛ⁴⁴ 耳环
虫 ˉ □ liou²⁴pʰiɛ⁵¹ 围嘴儿
鼻屎□ pi¹³ʂʅ⁵¹tsa⁴¹ 小孩儿擦鼻涕用的毛巾
包屎□ pou⁴⁴ʂʅ⁵¹tsa⁴¹ ①屎片；②包锅布
手袜 ɕiou⁵¹vo¹³ 手套
蓑衣 sɯ⁴⁴i⁴⁴
雨衣 va⁵¹i⁴⁴
手表 ɕiou⁵¹piau⁵¹

十四　饮食

食糜 ʑiu²⁴maŋ⁴⁴ 吃饭
朝糜 tiau⁴⁴maŋ⁴⁴ 早饭
晌糜 ɕioŋ⁵¹maŋ⁴⁴ 午饭
夜糜 ʑio¹³maŋ⁴⁴ 晚饭
零星食 laŋ⁴⁴saŋ⁴⁴ɲiu²⁴ 零食
宵夜 siau⁴⁴ʑio¹³ 夜宵
剩糜 dʑiu⁵¹maŋ⁴⁴ ①剩饭；②现饭
　故糜 ku¹³maŋ⁴⁴ 现饭
饿了 sa⁴⁴liau⁰
煮糜 tɕiou⁵¹maŋ⁴⁴ 煮饭
气糜 tɕʰi¹³maŋ⁴⁴ 蒸饭
熥菜 ŋou⁴⁴tsʰei¹³ 把菜放水里煮或火上煨
焦糜 tsiau⁴⁴maŋ⁴⁴ 锅巴
米汁 mi⁵¹tʂʅ⁴¹ 米汤，煮饭滗出来的
米糊 mi⁵¹vu²⁴ 用米磨成的粉做的糊状食物
粉餈 pai⁵¹tsi²⁴ 用米粉做的饼
*糖分 loŋ²⁴fai⁴⁴
麦餈 mo⁴¹tsi²⁴ 用面粉做的饼
葛餈 kɯ⁴¹tsi²⁴ 用葛根粉做的饼
蒿菜餈 xou⁴⁴tsʰei¹³tsi²⁴ 用蒿子做的饼

□餈 tia⁵¹tsi²⁴ 做糍粑时将糯米饭打碎
月饼 yɛ¹³pĩ⁵¹
饼干 pĩ⁵¹kan⁴⁴
干豆角 kʰoŋ⁴⁴tɑ¹³kuo⁴¹
腊肉 luo⁴¹n̠iu⁴¹
精肉 tsẽ⁴⁴n̠iu⁴¹ 瘦肉
肥肉 fi²⁴n̠iu⁴¹
肉片 n̠iu⁴¹pʰiɛ¹³
肉丝 n̠iu⁴¹sɑ⁴⁴
细精肉 si¹³tsẽ⁴⁴n̠iu⁴¹ 肉末
肉皮 n̠iu⁴¹fɑ²⁴
□□ tsai²⁴bɑ¹³ 肘子
里肉 liu⁵¹n̠iu⁴¹ 里脊
牛舌子 ŋei⁴⁴dʑi¹³ti⁰ 牛舌头
猪肺 tiu⁴⁴fi¹³
（猪）肠头（tiu⁴⁴）lioŋ²⁴tɑ⁰ 猪肠子
硬骨 ŋaŋ¹³kuɑ⁴¹ 猪的腔骨
□子骨 pi⁴⁴tsɿ⁵¹kuɑ⁴¹ 猪的排骨
毛肚子 mɔu⁴⁴tu⁵¹ti⁰ 牛肚儿，带毛状物的那种
百叶肚 po⁴¹iɛ⁴¹tu⁵¹
腰子 iau⁴⁴tsɑ⁵¹ 猪的肾
鸡□ kia⁴⁴tʂʅ⁴⁴ 鸡胗
鸡血 kia⁴⁴ɕyi⁴¹
炒鸡卵 tsʰau⁵¹kia⁴⁴koŋ⁵¹ 炒鸡蛋
荷包卵 fiɷ²⁴pɔu⁴⁴koŋ⁵¹ 荷包蛋
煮鸡卵 tɕiou⁵¹kia⁴⁴koŋ⁵¹ 连壳煮的鸡蛋
气鸡卵 tɕʰi¹³kia⁴⁴koŋ⁵¹ 蛋羹，加水调匀蒸的
□ tsiou⁵¹ 榨油
盐鸡卵 ʑiɛ²⁴kia⁴⁴koŋ⁵¹ 咸鸡蛋
盐鸭卵 ʑiɛ²⁴ɷ⁴¹koŋ⁵¹ 咸鸭蛋
汤 tʰoŋ⁴⁴
荤菜 xuɛ⁴⁴tsʰei¹³

盐菜 ʑiɛ²⁴tsʰei¹³ 咸菜
酸菜 dʑiou²⁴tsʰei¹³
*苞谷酸 pɔu⁴⁴ku⁴¹dʑiou²⁴
霉豆腐 mei⁴⁴tɑ¹³fu⁰ 豆腐乳
米豆腐 mi⁵¹tɑ¹³fu⁰
泡豆腐 pʰɔu¹³tɑ¹³fu⁰ 油炸豆腐
油餈 ʑia⁴⁴tsi²⁴ 油炸糍粑
熏豆腐 ɕyɛ⁴⁴tɑ¹³fu⁰ 香干
豆腐皮 tɑ¹³fu⁰fɑ²⁴
魔□豆腐 mɔ¹³iɛ⁵¹tɑ¹³fu⁰ 魔芋豆腐
米粉 mi⁵¹fẽ⁵¹ 大米做的粉条
湿米粉 dʑi¹³mi⁵¹fẽ⁵¹
干米粉 kʰoŋ⁴⁴mi⁵¹fẽ⁵¹
红薯粉 xoŋ²⁴su¹³fẽ⁵¹
粉丝 fẽ⁵¹sɑ⁴⁴
粉条 fẽ⁵¹tiau²⁴
口重 kʰia⁵¹tʰiou⁵¹ 口味重
臭臊 tɕʰiou¹³sɔu⁴⁴ 臭气
油 ʑia⁴⁴
窠⁼油 kʰɷ⁴⁴ʑia⁴⁴ 茶油
菜油 tsʰei¹³ʑia⁴⁴ 菜籽油
油毛油 ʑia⁴⁴mɔu⁴⁴ʑia⁴⁴ 芝麻油
木匠花油 fioŋ⁴¹dʑioŋ¹³xua⁴⁴ʑia⁴⁴ 山胡椒油
子子盐 tsɑ⁵¹tsɑ⁵¹ʑiɛ²⁴ 粗盐
　岩子盐 n̠ia⁴⁴tsɑ⁵¹ʑiɛ²⁴
　盐骨头 ʑiɛ²⁴kuɑ⁴¹tɑ⁰
淮盐 xuai²⁴ʑiɛ²⁴ 精盐
　粉粉盐 pai⁵¹pai⁵¹ʑiɛ²⁴
□豆酱 luo²⁴tɑ¹³tsioŋ¹³ 豆瓣儿酱
辣□酱 luo⁴¹tsai²⁴tsioŋ¹³ 辣椒酱
红糖 fiɛi²⁴loŋ²⁴
白砂糖 pʰo⁴⁴suo⁴⁴loŋ²⁴ 白糖

冰糖 pĩ⁴⁴loŋ²⁴

片糖 pʰiɛ¹³loŋ²⁴

颗颗糖 kʰɵ⁵¹kʰɵ⁵¹loŋ²⁴ 糖块

花生糖 xua⁴⁴sẽ⁴⁴loŋ²⁴

油毛糖 ziɑ⁴⁴mɔu⁴⁴loŋ²⁴ 芝麻糖

红薯糖 xoŋ²⁴ʂu¹³loŋ²⁴

向□ ɕioŋ¹³lioŋ⁵¹ 作料

豆豉 tɑ¹³ʂʅ⁵¹

辣□粉 luo⁴¹tsai²⁴pai⁵¹ 辣椒粉

胡椒粉 vu²⁴tsiɑu⁴⁴pai⁵¹

烟叶 iɛ⁴⁴ɕi⁴¹

烟丝 iɛ⁴⁴sa⁴⁴

卷烟 tɕyɛ⁵¹iɛ⁴⁴ 自己卷的烟

烤烟 kʰau⁵¹iɛ⁴⁴

水烟□ tʂu⁵¹iɛ⁴⁴tiou²⁴ 水烟壶，通过水过滤的烟具

铜烟□ dɛi²⁴iɛ⁴⁴tiou²⁴ 旱烟壶，铜制的烟具

烟屎 iɛ⁴⁴ʂʅ⁵¹ 烟灰

火子圈 fa⁵¹ti⁰tɕʰyɛ⁴⁴ 火镰，旧时取火用具

火子岩 fa⁵¹ti⁰ȵia⁴⁴ 火石

火子纸 fa⁵¹ti⁰tɕi⁵¹ 纸媒

火子包 fa⁵¹ti⁰pɔu⁴⁴ 装火镰、火石、纸媒的小布袋

荈 tɕʰyɛ⁵¹ 茶

槚⁼叶 kʰɵ⁴⁴ɕi⁴¹ 油茶树叶

槚⁼鮎 kʰɵ⁴⁴kʰu⁴⁴ 茶籽榨油后渣滓压成的饼状物

桐鮎 dɛi²⁴kʰu⁴⁴ 桐籽榨油后渣滓压成的饼状物

菜鮎 tsʰei¹³kʰu⁴⁴ 菜籽榨油后渣滓压成的饼状物

泡荈 pʰɔu¹³tɕʰyɛ⁵¹ 沏茶

倒荈 tɔu¹³tɕʰyɛ⁵¹ 倒茶

米酒 mi⁵¹tsia⁵¹

苞谷酒 pɔu⁴⁴ku⁴¹tsia⁵¹ 用玉米加工成的酒

十五 红白大事

亲事 tsʰiɛ⁴⁴sʅ⁵¹

样子 zioŋ¹³ti⁰

相貌 sioŋ¹³mɑu⁵¹

岁数 tsuɑ¹³sɑ¹³

礼性 liu⁵¹sẽ¹³ ①定礼；②礼物

喜酒 ɕi⁵¹tsia⁵¹

得嫁妆 tei¹³kuo¹³tsuɑŋ⁴⁴ 过嫁妆

得女 tei¹³ȵiu⁵¹ 嫁闺女

红喜事 ɦɛi²⁴ɕi⁵¹tsa⁵¹

陪嫁 bei⁴⁴kuo¹³

*取八字 tsʰa⁵¹pa⁴¹dza¹³

*取盘子 tsʰa⁵¹poŋ²⁴ti⁰

*下聘礼 ɦuo⁵¹pʰĩ¹³liu⁵¹

*啼婆 li²⁴mo²⁴

*陪婆 bei⁴⁴mo²⁴

*拦门礼 loŋ⁴⁴mai⁴⁴liu⁵¹

*□墨 pia¹³mei⁴¹

媳妇□ si¹³pʰai⁰kou¹³ 男子娶亲时带的一小把竹条

娶亲稿 tsʰa⁵¹tsʰiɛ⁴⁴kau⁵¹

*点娶亲稿 tai⁵¹tsʰa⁵¹tsʰiɛ⁴⁴kau⁵¹

负尺布 ba¹³tɕʰio⁴¹pu¹³ 迎娶新娘时背新娘过河、过溪用的布

负尺衣 ba¹³tɕʰio⁴¹i⁴⁴

*负新媳妇 ba¹³sai⁴⁴si¹³pʰai⁰

先年钱 sai⁴⁴lai⁴⁴tsai²⁴ 压岁钱

新房 sai⁴⁴voŋ²⁴

返三朝 voŋ¹³suo⁴⁴tiau⁴⁴ 回门

二嫁 ɦoŋ¹³kuo¹³ 寡妇再嫁
　　两嫁 tsuo⁵¹kuo¹³
再问 tsai²⁴mai¹³ 续弦
　　再娶 tsai²⁴tsʰɑ⁵¹
顶房 tai⁵¹voŋ²⁴ 填房
背肚了 pʰɑ⁵¹tu⁵¹liau⁰ 怀孕了
四眼人 si¹³ŋai⁵¹ɦoŋ⁴⁴ ①孕妇；②心术不正、耍巫术的人
取伢崽 tsʰɑ⁵¹ŋuo⁴⁴tsai²⁴ 接生
衣胞 i⁴⁴pɔu⁴⁴ ①胎盘；②无用的人，孬种
头胎 dɑ²⁴tʰɑ⁴⁴
□胎 kʰɑ⁵¹tʰɑ⁴⁴ 打胎
讲梁 kei⁵¹lioŋ⁴⁴ 建房上梁时说奉承话
提梁 di⁴⁴lioŋ⁴⁴ 上梁
抛粢 pʰɔu⁴⁴tsi²⁴ 抛撒糍粑，建房上梁时的一种仪式
庆寿 tɕʰĩ¹³ɕiou⁵¹ 祝寿
寿岁 tɕʰiɑ⁵¹tsua¹³ 寿辰
当大事 toŋ⁴⁴tɑ⁵¹sɿ⁵¹ 办丧事
送葬 sei¹³tsaŋ¹³ ①奔丧；②送葬
老人了 lau⁵¹ɦoŋ⁴⁴liau⁰ 死人了
死人 si⁵¹ɦoŋ⁴⁴ 名词
红老室 ɦɛi²⁴lau⁵¹tsi⁴¹ 红色的棺材
　　红丧 ɦɛi²⁴soŋ⁴⁴
柱木□ tʰiɑ⁵¹ɦoŋ⁴¹tiou²⁴ 寿木
灵堂 lĩ⁴⁴toŋ²⁴
守孝 tɕiou⁵¹xɔu¹³
发孝 fa⁴¹xɔu¹³
戴孝 tei¹³xɔu¹³
孝子 xɔu¹³tsa⁵¹
孝孙 xɔu¹³suɛ⁴⁴
*唱老人歌 tɕʰioŋ¹³lau⁵¹ɦoŋ⁴⁴kω⁴⁴

*起丧 kʰɛi⁵¹soŋ⁴⁴
*出丧 tʂʰu⁴¹soŋ⁴⁴
*抬丧 tɑ²⁴soŋ⁴⁴
*啼丧 li²⁴soŋ⁴⁴
*□地 dzɛi²⁴li¹³
下□ ɦuo⁵¹ɕiɛ¹³
　　下葬 ɦuo⁵¹tsaŋ¹³
*带七 dω¹³tsʰi⁴¹
锣盘 lω⁴⁴poŋ²⁴ 乐器的总称
锣 lω⁴⁴
唢呐 sω⁴⁴lɑ²⁴
（锣）钹（lω⁴⁴）po¹³ 钹
　　□子 tɕʰiɑ⁵¹tsɿ⁰
　　锵锵 tɕʰian¹³tɕʰian¹³
□钹 kʰɑ⁵¹po¹³ 击钹
　　□□子 kʰɑ⁵¹tɕʰiɑ⁵¹tsɿ⁰
　　□锵锵 kʰɑ⁵¹tɕʰian¹³tɕʰian¹³
吹鼓手 tʂʰu⁴⁴ku⁵¹ɕiou⁵¹
坟竹棍 fai²⁴tɕiu⁴¹kuɛ¹³ 哭丧棒，出葬时孝子拄的棍子，一般由女儿、孙女拿
出丧棍 tʂʰu⁴¹soŋ⁴⁴kuɛ¹³ 出葬时道士手中拿的棍子，旧俗用来驱赶鬼怪
坟山 fai²⁴sai⁴⁴ 坟地，坟墓所在的地方
　　风水 fei⁴⁴tʂu⁵¹
坟□ fai²⁴dou¹³ 坟堆
老坟 lau⁵¹fai²⁴
碑 pei⁴⁴
坟子岩 fai²⁴tiºȵiɑ⁴⁴ 墓碑
跳河 dɑu²⁴ɦω²⁴ 投水
吊喉 tiau¹³ɦɑ²⁴ 上吊
菩萨 bu²⁴suo⁰
庙 miau¹³

土堂 tʰu⁵¹toŋ²⁴ 土地庙
神堂 ʑiɛ²⁴toŋ²⁴ 神龛
香 ɕioŋ⁴⁴
香礼碗 ɕioŋ⁴⁴liu⁵¹oŋ⁵¹ 香炉
烧香 ɕiau⁴⁴ɕioŋ⁴⁴
抽签 tʰia⁴⁴tsʰai⁴⁴
珓 kɔu¹³ 占卜用具，用有正反面的两片竹片或
　　木片制成
问珓 mai¹³kɔu¹³ 打卦、占卜
阴珓 ĩ⁴⁴kɔu¹³ 阴珓两面都朝下
阳珓 iaŋ²⁴kɔu¹³ 阳珓两面都朝上
圣珓 ɕĩ²⁴kɔu¹³ 圣珓一正一反
做道场 tsei¹³tʰau⁵¹dioŋ²⁴
念经 n̩ĩ¹³tɕiɛ⁴⁴
测八字 tsʰa⁵¹pa⁴¹dza¹³ 算八字
望风水 moŋ¹³fei⁴⁴tʂu⁵¹ 看风水
算命的 soŋ¹³maŋ¹³ti⁰
望相的 moŋ¹³sioŋ¹³ti⁰ 看相的
放药 foŋ¹³ʑyi¹³ 放蛊
许愿 ɕyi⁴¹yan⁵¹
还愿 xuan¹³yan⁵¹
发墨 fa⁴¹mei⁴¹ 砍第一棵树时的一种仪式
跪脑唱喏 kʰuɛ⁵¹lau⁵¹tɕʰioŋ¹³ʑio⁵¹ 磕头作揖
开厨 kʰa⁴⁴dzʅ²⁴ 红白喜事的第一餐
扫厨 sau⁵¹dzʅ²⁴ 红白喜事的最后一餐

十六　日常生活

着衣裤 tɵ⁴¹i⁴⁴kuɛ⁴⁴ 穿衣服
戴 tei¹³
解衣裤 kia⁵¹i⁴⁴kuɛ⁴⁴ 脱衣服
解履 kia⁵¹li⁵¹ 脱鞋
解帽 kia⁵¹mɔu¹³ 脱帽
□衣裤 iɛ¹³i⁴⁴kuɛ⁴⁴ 量衣服
做衣裤 tsei¹³i⁴⁴kuɛ⁴⁴
　缝衣裤 bei²⁴i⁴⁴kuɛ⁴⁴
折边 tɕi²⁴piɛ¹³ 贴边，缝在衣服里子边上的窄条
滚边 kuɛ⁵¹piɛ¹³ 在衣服、布鞋等的边缘特别
　　缝制的一种圆棱的边儿
缲边 tsʰiau²⁴piɛ¹³
　挑边 tʰiau⁴⁴piɛ¹³
缝履面子 bei²⁴li⁵¹mi¹³ti⁰ 鞔鞋帮儿
缝履底 bei²⁴li⁵¹ta⁵¹ 纳鞋底
钉扣子 taŋ²⁴kʰou¹³tsa⁵¹
　钉纽子 taŋ²⁴n̩ia⁵¹ti⁰
绣花 siu¹³xua⁴⁴
　□花 sou⁵¹xua⁴⁴
补□ pu⁵¹tsa⁴¹ 补丁
补块□ pu⁵¹kʰua¹³tsa⁴¹ 打补丁
做被□ tsei¹³fa⁵¹ʂu⁰ 做被窝
澡衣 tsau⁵¹i⁴⁴ 洗衣服
　澡衣裤 tsau⁵¹i⁴⁴kuɛ⁴⁴
晒衣裤 sa¹³i⁴⁴kuɛ⁴⁴ 晒衣服，晾衣服
□鼓 dʑiau²⁴ku⁵¹ 晒衣竿
浆衣裤 tsioŋ⁴⁴i⁴⁴kuɛ⁴⁴ 浆衣服
烫衣裤 tʰoŋ¹³i⁴⁴kuɛ⁴⁴ 熨衣服
烧火 ɕiau⁴⁴fa⁵¹ 生火
淘米 tau²⁴mi⁵¹
发面 fa⁴¹mĩ¹³
和面 hɵ²⁴mĩ¹³
捋面 lɵ⁴⁴mĩ¹³ 揉面
□ mia⁵¹ 面煮糗了
气馒坨 tɕʰi¹³man²⁴duo²⁴ 蒸馒头
□菜 lɵ²⁴tsʰei¹³ 择菜
□汤 kʰa⁵¹tʰoŋ⁴⁴ 做汤

糜熟了 maŋ⁴⁴tɕʰiu⁴⁴liau⁰ 饭好了，包括饭菜
生 saŋ⁴⁴ 与"熟"相对
□糜 dʑiou²⁴maŋ⁴⁴ 盛饭
夹菜 kuo⁴¹tsʰei¹³ 搛菜
舀汤 iau⁵¹tʰoŋ⁴⁴
食零星食 ʑiu²⁴laŋ⁴⁴saŋ⁴⁴ȵiu²⁴ 吃零食
肉不疲 ȵiu⁴¹pa²⁴bi²⁴ 肉不烂
嚼不动 tsiau⁵¹pu²⁴dʑei⁵¹
□嗝嗝 kʰa⁵¹gei⁴¹gei⁴¹ 打嗝儿
胀着了 tioŋ¹³tʰɯ⁴⁴liau⁰ 吃得太多了，撑着了
口不有味 kʰia⁵¹pa²⁴va⁵¹mi¹³ 嘴没味儿
饮荈 ɕi⁵¹tɕʰyɛ⁵¹ 喝茶
渴口了 kʰɯ⁴¹kʰia⁵¹liau⁰ 口渴了
饿了 ŋei¹³liau⁰
　膆了 tsau²⁴liau⁰ 因缺少油水而腹饥
餍了 iɛ⁴⁴liau⁰ 饱了
食餍了 ʑiu²⁴iɛ⁴⁴liau⁰ 吃饱了；吃完了
跳⁼起 dau²⁴tɕʰi⁵¹ ①起床；②站起来
澡手 tsau⁵¹ɕiou⁵¹ 洗手
澡面 tsau⁵¹mĩ¹³ 洗脸
澡口 tsau⁵¹kʰia⁵¹ 漱口
梳脑壳 sei⁴⁴la⁵¹kʰu⁰ 梳头
梳辫子 sei⁴⁴pʰiɛ⁵¹ti⁰ 梳辫子
梳巴巴□ sei⁴⁴pa⁴⁴pa⁴⁴dʐu²⁴ 梳髻
□手指壳 kɯ⁴¹ɕiou⁵¹tʂʅ⁵¹kʰou⁴¹ 剪指甲
抠耳屎 kʰia⁴¹ȵiu⁵¹ʂʅ⁵¹ 掏耳朵
擦身梗 tsʰɯ⁴¹ɕiɛ⁴⁴kɛi⁵¹ 擦澡
歇清 ɕi⁴¹tsʰẽ¹³ 乘凉
晒日头 sa¹³ɦoŋ⁴¹da⁰ 晒太阳
炙火 tɕio⁴¹fa⁵¹ 烤火
点亮 tai⁵¹lioŋ¹³ 点灯
吹亮 tʂʰu⁴⁴lioŋ¹³ 熄灯

扯灯 dza⁵¹tei⁴⁴
歇□子 ɕi⁴¹ka¹³tsa⁰ 歇歇
□了 tau⁵¹liau⁰ 累了，困了
铺睏床 pʰu⁴⁴kʰuɛ¹³tsoŋ²⁴ 铺床
靠□（子）kʰɔu¹³ka¹³（tsa⁰）躺下
睏着了 kʰuɛ¹³tʰɯ⁴⁴liau⁰ 睡着了
睏不着 kʰuɛ¹³pu²⁴tʰɯ⁴⁴ 睡不着
反倒睏 fai⁵¹tɔu⁰kʰuɛ¹³ 仰面睡
□倒睏 tsioŋ²⁴tɔu⁰kʰuɛ¹³ 侧着睡
趴倒睏 bo⁵¹tɔu⁰kʰuɛ¹³ 趴着睡
抽筋了 tʰia⁴⁴tɕiɛ⁴⁴liau⁰
梦 mei¹³
讲梦字 kɛi⁵¹mei¹³tsa¹³
熬夜 ŋɔu⁴⁴ʑio¹³
影子 ĩ⁵¹ti⁰
出工 tʂʰu⁴¹kei⁴⁴ 上工
收工 ɕia⁴⁴kei⁴⁴
出去了 tʂʰu⁴¹tɕʰi¹³liau⁰
返去 voŋ¹³tɕʰi¹³ 回去
抽气 tʰia⁴⁴tɕʰi¹³ 吸气
放气 foŋ¹³tɕʰi¹³ 呼气
望羊 moŋ¹³ʑioŋ²⁴ 放羊
望牛 moŋ¹³ŋei⁴⁴ 放牛
腊脚 luo⁴¹kɯ⁴¹ 冻脚

十七　讼事

□官司 kʰa⁵¹koŋ⁴⁴siɛ⁴⁴ 打官司
告状 kɔu¹³tsʰoŋ⁴⁴
认错 ȵiɛ¹³tsʰɯ¹³
服 fu¹³
　服正 fu¹³tɕĩ¹³
不服 pa²⁴fu¹³

写了字 sio⁵¹liau⁰dza¹³ 立字据

十八　交际

来去 zai²⁴tɕʰi¹³ 来往
望□渠 moŋ¹³kɑ¹³zei¹³ 去看望人
请客 tsʰẽ⁵¹kʰuo⁴¹
招呼 tɕiau⁴⁴xu⁴⁴ 招待
男客 lan²⁴kʰuo⁴¹
女客 ȵiu⁵¹kʰuo⁴¹
得 tei¹³ ①赠送；②给予
送礼 sei¹³liu⁵¹
人情 ɦoŋ⁴⁴tsẽ⁴⁴
　人钱 ɦoŋ⁴⁴tsai²⁴
做客 tsei¹³kʰuo⁴¹
陪客 bei⁴⁴kʰuo⁴¹
送客 sei¹³kʰuo⁴¹
不送了 pa²⁴sei¹³liau⁰ 主人说的客气话
不要的 pa²⁴iau¹³ti⁰ 不客气
摆酒席 pa⁵¹tsia⁵¹si²⁴
一柏子酒席 i²⁴ta²⁴ti⁰tsia⁵¹si²⁴ 一桌酒席
坐席 tsai²⁴si²⁴ 入席
　围席 uɛ²⁴si²⁴
出菜 tʂʰu⁴¹tsʰei¹³ 上菜
倒酒 tɔu¹³tsia⁵¹ 斟酒
　滗酒 pi⁴¹tsia⁵¹
添酒 tʰai⁴⁴tsia⁵¹
劝酒 tɕʰyɛ¹³tsia⁵¹
不好 pa²⁴xau⁵¹ 关系不和
冤家 uɛ⁴⁴kuo⁴⁴
冤枉 yan⁴⁴uaŋ⁰
插字 tsʰuo¹³tsa¹³ 插嘴
摆架子 pa⁵¹tɕia¹³tsɿ⁰

装苕 tsoŋ⁴⁴ɕiau²⁴ 装傻
出洋相 tʂʰu⁴¹iaŋ²⁴sioŋ¹³
巴结 po⁴⁴tɕiɛ⁴¹
望得起 moŋ¹³tei⁰kʰɛi⁵¹ 看得起
望不起 moŋ¹³pu²⁴kʰɛi⁵¹ 看不起
合拢来 ɦω²⁴lɛi⁵¹zai²⁴ 合伙儿
答复 tuo⁴¹fu¹³ 答应
不答复 pa²⁴tuo⁴¹fu¹³ 不答应
□条比岭 kʰa⁵¹lau²⁴pi⁵¹liu⁵¹ 打个比方

十九　商业交通

开店 kʰa⁴⁴tai¹³ 开铺子
旅社 lui⁵¹ɕiɛ⁵¹ 旅店
糜店 maŋ⁴⁴tai¹³ 饭馆
布店 pu¹³tai¹³
百货店 pa²⁴xω¹³tai¹³
粮店 lioŋ⁴⁴tai¹³
荈店 tɕʰyɛ⁵¹tai¹³ 茶馆
剃脑壳店 tʰa¹³la⁵¹kʰu⁰tai¹³ 理发店
　割脑壳店 kuo⁴¹la⁵¹kʰu⁰tai¹³
刮面巴 kua⁴¹mĩ¹³pu⁰ 刮脸
剃胡 tʰa¹³vu²⁴
　刮胡 kua⁴¹vu²⁴
肉店 ȵiu⁴¹tai¹³
油房 zia⁴⁴voŋ²⁴
煤坨 mei⁴⁴duo²⁴ 煤球
开门 kʰa⁴⁴mai⁴⁴ 开业
　开张 kʰa⁴⁴tɕiaŋ⁴⁴
掩门 iɛ⁵¹mai⁴⁴ 停业
　闭门 pi¹³mai⁴⁴
开价 kʰa⁴⁴kuo¹³
还价 voŋ²⁴kuo¹³

包了 pɔu⁴⁴liɑu⁰ 包圆儿
保本 pɑu⁵¹pai⁵¹
□铜钱 tsʰou⁵¹dɛi²⁴tsai²⁴ 赚钱，与"赔钱"相对
□铜钱 lou⁵¹dɛi²⁴tsai²⁴ 挣钱
斗铜钱 tɑ¹³dɛi²⁴tsai²⁴ 凑钱
运气好 ɦuɛ¹³tɕʰi¹³xɑu⁵¹
差 tsʰuo⁴⁴ ～五角十元，即九元五角
押金 iɑ²⁴tɕĩ⁴⁴
亘铜钱 kẽ⁵¹dɛi²⁴tsai²⁴ 整钱
一分铜钱 i²⁴fai⁴⁴dɛi²⁴tsai²⁴ 一分钱
一角铜钱 i²⁴tɕio²⁴dɛi²⁴tsai²⁴ 一角钱
一块铜钱 i²⁴kʰuɑ¹³dɛi²⁴tsai²⁴ 一块钱
十块铜钱 tʂʰʅ⁴⁴kʰuɑ¹³dɛi²⁴tsai²⁴ 十块钱
一百块铜钱 i²⁴po⁴¹kʰuɑ¹³dɛi²⁴tsai²⁴ 一百块钱
一张票子 i²⁴tioŋ⁴⁴pʰiɑu¹³tsa⁵¹
一条银壳子 i²⁴lɑu²⁴ȵiɛ⁴⁴kʰou⁴¹tsa⁵¹ 一个铜子
金子 tɕiɛ⁴⁴tsɑ⁵¹
银□ ȵiɛ⁴⁴tiou²⁴ 银子
天平 tʰai⁴⁴faŋ²⁴
定子 tĩ⁵¹tsʅ⁰ 戥子
约秤 io²⁴tɕʰiu¹³ 复秤，验秤
磅秤 poŋ⁵¹tɕʰiu¹³
秤盘 tɕʰiu¹³poŋ²⁴
秤星 tɕʰiu¹³sẽ⁴⁴
秤梗 tɕʰiu¹³kẽ⁵¹ 秤杆
秤钩 tɕʰiu¹³kiɑ⁴⁴
秤砣 tɕʰiu¹³tou²⁴ 秤锤
　砣子 tou²⁴tsʅ⁰
锁子 sɷ⁵¹ti⁰ 秤毫
秤旺 tɕʰiu¹³uaŋ⁵¹ 称物时秤尾高
秤疲 tɕʰiu¹³bi²⁴ 称物时秤尾低
铁道 tʰɑ⁴¹sɑu⁵¹ 铁路

火车 fa⁵¹tɕʰio⁴⁴
火车站 fa⁵¹tɕʰio⁴⁴tsan¹³
车道 tɕʰio⁴⁴sɑu⁵¹ 公路
汽车 tɕʰi¹³tɕʰio⁴⁴
船 dʐyɛ²⁴
扒船 bo²⁴dʐyɛ²⁴ 划船
扒龙船 bo²⁴liu⁴⁴dʐyɛ²⁴ 划龙船
风篷 fei⁴⁴pɛi²⁴ 帆
艄 sɔu⁴⁴ 舵
掌艄 tɕioŋ⁵¹sɔu⁴⁴ 掌舵
艄公 sɔu⁴⁴kei⁴⁴ 舵手
浇 tɕiɑu⁴⁴ 桨或橹
跳板 dɑu²⁴poŋ⁵¹
风篷船 fei⁴⁴pɛi²⁴dʐyɛ²⁴ 帆船
渔船 ȵiu⁴⁴dʐyɛ²⁴
树船 tɕiɑ¹³dʐyɛ²⁴ 小木船
机摆船 tɕi⁴⁴pa⁵¹dʐyɛ²⁴ 轮船
渡船 toŋ⁵¹dʐyɛ²⁴ 动宾结构
码潭 mo⁵¹toŋ²⁴ 渡口，码头
桥 tɕiɑu²⁴

二十　文化教育

教室 tɕiɑu¹³ʂʅ⁴¹
上课 tɕʰioŋ⁵¹kʰuo¹³
下课 ɕia⁵¹kʰuo¹³
黑板 kʰei⁴¹poŋ⁵¹
白 pʰo⁴⁴ 粉笔
擦子 tsʰɷ⁴¹tsa⁵¹ 板擦儿
纸 tɕi⁵¹
橡皮 dʑioŋ⁵¹fa²⁴
念隔壁字 nĩ¹³kuo⁴¹pi⁴¹dzɑ¹³ 念白字
帽□ mɔu¹³dou¹³ 笔帽

磨墨 mω⁴⁴mei⁴¹ 研墨
墨水 mei⁴¹tʂu⁵¹
齐笔 dzi²⁴pɑ⁴¹ 拢笔
读书人 lu⁴¹tɕiu⁴⁴ɦoŋ⁴⁴
识字的 ʂʅ²⁴dzɑ¹³ti⁰
　字眼深 dzɑ¹³ŋai⁵¹ɕiɛ⁴⁴
背书 pʰɑ⁵¹tɕiu⁴⁴
对字 tuɑ¹³dzɑ¹³ 对子
得百分 tei⁴¹po⁴¹fai⁴⁴ 满分
得鸡卵 tei⁴¹kiɑ⁴⁴koŋ⁵¹ 零分
　得鸭卵 tei⁴¹ω⁴¹koŋ⁵¹
　得囵囵 tei⁴¹loŋ²⁴loŋ²⁴
第一名 ti¹³i²⁴mĩ⁴⁴ 头名
尾头 mai⁵¹dɑ²⁴ 末名
字帖 tsŋ⁵¹tʰiɛ²⁴
擦了 tsʰω⁴¹liau⁰
写白字 sio⁵¹pʰo⁴⁴dzɑ¹³
□了字 dʑio¹³liau⁰dzɑ¹³ 落了字
草稿 tsʰau⁵¹kau⁵¹
开脑 kʰɑ⁴⁴lɑ⁵¹ 开头
箭脑壳 tsai¹³lɑ⁵¹kʰu⁰ 箭头

二十一　文体活动

飞筝 fi⁴⁴tsai⁴⁴
去哈□ tɕʰi¹³xɑ²⁴ti⁰ 去玩
　哈□去 xɑ²⁴ti⁰tɕʰi¹³
□（□过）秋 kʰɑ⁵¹（ω⁵¹kω¹³）tsʰiu⁴⁴ 打秋千
□□□□□ tsʰio¹³lou⁵¹kou¹³daŋ¹³daŋ¹³ 藏老
　蒙儿
做虎咬人 tsei¹³kʰu⁵¹ɲio⁴¹ɦoŋ⁴⁴ 老鹰捉小鸡
跳搬⁼子 dau²⁴poŋ⁴⁴tsɑ⁵¹ 踢毽儿
跳岩子 dau²⁴ɲiɑ⁴⁴tsɑ⁵¹ 抓子儿

□旋岩 kʰɑ⁵¹dzuɛ¹³ɲiɑ⁴⁴ 打水漂儿，在水面
　上掷瓦片
跳房 dau²⁴voŋ²⁴ 跳房子
拆花 tsʰɑ⁴⁴xuɑ⁴⁴ 翻绳
拗手 au⁵¹ɕiou⁵¹ 扳手劲
挤油榨 tsi⁴¹ziɑ⁴⁴tsuo²⁴ 挤油
斗鸡 tou²⁴kiɑ⁴⁴
谜得 mi¹³tei⁰ 谜语
出谜得 tʂʰu⁴¹mi¹³tei⁰ 出谜语
　□谜得 kʰɑ⁵¹mi¹³tei⁰
麻将 mo⁴⁴tɕiaŋ¹³
骨牌 ku⁴¹pɑ²⁴
纸牌 tɕi⁵¹pɑ²⁴
炮 pʰɔu¹³ 爆竹
放炮 foŋ¹³pʰɔu¹³ 放鞭炮
甩子 suɑ⁴¹tsɑ⁵¹ 自制的猎枪子弹
火枪 fɑ⁵¹tsʰioŋ⁴⁴ 猎枪
铁炮 tʰɑ⁴¹pʰɔu¹³ 铳
象棋 dʑioŋ⁵¹dʑi²⁴
棋子 dʑi²⁴tsɑ⁵¹ 棋子儿
*□子棋 kʰɑ⁵¹tsɑ⁵¹dʑi²⁴
　□锤棋 kʰɑ⁵¹tuɛ²⁴dʑi²⁴
金木水火土棋 tɕiɛ⁴⁴moŋ¹³ɕyi⁴¹xω⁴¹tʰu⁵¹dʑi²⁴
　当地流行的一种棋游戏
金木水火土，来颗泥巴补 tɕiɛ⁴⁴moŋ¹³ɕyi⁴¹
　xω⁴¹tʰu⁵¹, zai²⁴kʰω⁵¹ɲi⁴⁴pɑ⁰pu⁵¹ 下棋的一种
　方法
逼子棋 pi⁴¹tsɑ⁵¹dʑi²⁴ 当地流行的一种棋游戏
将娘 tsioŋ⁴⁴ɲioŋ²⁴ 将，帅
士 ʂʅ⁵¹
象 dʑioŋ⁵¹
车 tɕyi⁴⁴

马 mo⁵¹

炮 pʰou¹³

卒子 tʂu²⁴tsɑ⁵¹ 兵，卒

卒子过河当车使 tʂu²⁴tsɑ⁵¹kω¹³ɦω²⁴toŋ⁴⁴tɕyi⁴⁴sɑ⁵¹

拱卒 koŋ⁵¹tʂu²⁴

下一士 ɕiɑ⁵¹i²⁴ʂɿ⁵¹ 落士，士走下来

飞象 fi⁴⁴dʑioŋ⁵¹

和棋 ɦω²⁴dʑi²⁴

　　平抬了 faŋ²⁴tɑ²⁴liɑu⁰

泅水 dʑiɑ²⁴tʂu⁵¹ 游泳

汸水 mi¹³tʂu⁵¹ 潜水

□球 kʰɑ⁵¹tɕiu¹³ 打球

皮球 bi²⁴tɕiu¹³

篮球 lan²⁴tɕiu¹³

跳远 dɑu²⁴vai⁵¹

跳高 dɑu²⁴kɔu⁴⁴

□筋斗 kʰɑ⁵¹tɕiɛ⁴⁴tɑ⁵¹ 翻跟头

□车滚 kʰɑ⁵¹tɕʰio⁴⁴kuɛ⁵¹ 打车轮子，连续翻
　　好几个跟头

倒竖 tɔu¹³dzɑ¹³ 倒立

行高脚 ɦaŋ²⁴kɔu⁴⁴kω⁴¹ 踩高跷

□腰鼓 kʰɑ⁵¹iɑu⁴⁴ku⁵¹ 打腰鼓

跳舞 dɑu²⁴vu⁴¹

木脑壳戏 ɦoŋ⁴¹lɑ⁵¹kʰu⁰ɕi²⁴ 木偶戏

唱洋戏 tɕʰioŋ¹³ʑioŋ²⁴ɕi²⁴ 表演有剧本的戏

唱高腔 tɕʰioŋ¹³kɔu⁴⁴tɕʰioŋ⁴⁴ 外来戏的一种唱腔

戏台 ɕi²⁴tɛi²⁴

戏子 ɕi²⁴tsɑ⁵¹ 演员

丑角 tɕʰiu⁴¹tɕio²⁴ 小丑

二十二　动作

绊着了 paŋ⁵¹tʰω⁴⁴liɑu⁰ 跌倒了

爬跳⁼起 bo²⁴dɑu²⁴tɕʰi⁵¹ 爬起来

摇脑壳 ʑiɑu²⁴lɑ⁵¹kʰu⁰ 摇头

点脑壳 tai⁵¹lɑ⁵¹kʰu⁰ 点头

扛脑壳 xaŋ⁵¹lɑ⁵¹kʰu⁰ 抬头

趴脑壳 bo⁵¹lɑ⁵¹kʰu⁰ 低头

偏脑壳 pʰiɛ⁴⁴lɑ⁵¹kʰu⁰ 回头

开眼 kʰɑ⁴⁴ŋai⁵¹ 睁眼

鼓眼 ku⁵¹ŋai⁵¹ 瞪眼

闭眼 pi¹³ŋai⁵¹

挤眼 tsi⁴¹ŋai⁵¹

闪眼 ɕiɛ⁵¹ŋai⁵¹ 眨眼

撞着 tsʰoŋ⁵¹tʰω⁴⁴ 遇见

流眼□ dʑiou²⁴ŋai⁵¹kei⁴⁴ 流眼泪

　□眼□ tʰɑ¹³ŋai⁵¹kei⁴⁴

丫口 uo⁴⁴kʰiɑ⁵¹ 张嘴

闭口 pi¹³kʰiɑ⁵¹ 闭嘴

翘嘴 dʑiɑu⁵¹tsui⁵¹ 噘嘴

□口 dzω⁴⁴kʰiɑ⁵¹ 接吻，亲吻

举手 tɕyi⁴¹ɕiou⁵¹

摆手 pɑ⁵¹ɕiou⁵¹

划手 uɑ²⁴ɕiou⁵¹ 招手，摇手

摘手 tʂʰɿ⁴⁴ɕiou⁵¹ 伸手

动手 dzɛi⁵¹ɕiou⁵¹

拍手 pʰo⁴¹ɕiou⁵¹

背手 pʰɑ⁵¹ɕiou⁵¹ 背着手

箍手 ku⁴⁴ɕiou⁵¹ 叉着手

收手 ɕiɑ⁴⁴ɕiou⁵¹ 笼着手

捂倒 u⁵¹tɔu⁰ 捂着

擤屎 tsʰɑ⁴⁴ʂɿ⁵¹ 把屎

擤尿 tsʰɑ⁴⁴ȵiɑu¹³ 把尿

射尿 dʑɑ²⁴ȵiɑu¹³ 小孩子不自主地小便，如尿床

射屎 dʑɑ²⁴ʂɿ⁵¹ 小孩子不自主地拉屎

掌倒 tɕioŋ⁵¹tɔu⁰ 扶着

弹手指 doŋ²⁴ɕiou⁵¹tsɑ⁵¹

捏拳头 ȵiɑ⁴¹tɕyɛ²⁴tɑ⁰ 攥起拳头

□脚 dẽ⁵¹kɷ⁴¹ 跺脚

抬脚 tɑ²⁴kɷ⁴¹ 踮脚

架鸭脚□ kuo¹³ɷ⁴¹kɷ⁴¹tsʰiu⁴⁴ 跷二郎腿

趴腰 bo⁵¹iɑu⁴⁴ 弯腰

伸腰 tʰiɛ⁴⁴iɑu⁴⁴

撑腰 tsʰaŋ¹³iɑu⁴⁴

捶背 tuɛ²⁴pei¹³

□鼻涕 dzɷ⁴⁴pi¹³tʰiɛ⁴¹ 吸溜鼻涕

厌 ai¹³ 嫌弃

逃石=□了 dɑu²⁴tɕʰio⁴⁴tʰuɑ⁴⁴liɑu⁰ 临阵脱逃，溜走了

   逃□了 dɑu²⁴tʰuɑ⁴⁴liɑu⁰

   □脱了 tʰuɑ⁴⁴tʰɷ⁴¹liɑu⁰

   □脱了 kʰɑ⁵¹tʰɷ⁴¹liɑu⁰

印 iɛ¹³ 渗，水渗透

斛 tʰiou⁴¹ 调换

提 di⁴⁴

□了 liu⁵¹liɑu⁰ ①掉落；②丢失；③落下，因忘而把东西遗放在某处

□着了 lou⁵¹tʰɷ⁴⁴liɑu⁰ 找着了

收 ɕiɑ⁴⁴ 把东西藏起来

□ tsʰio¹³ 人藏起来

□ dzɑ⁴¹ 老鼠啃

试 ʂɿ²⁴ 尝

下酒 xuo⁵¹tsiɑ⁵¹

下糜 xuo⁵¹maŋ⁴⁴ 下饭

下菜 xuo⁵¹tsʰei¹³ 分享好吃的饭菜

笑 sou¹³

揿 tsʰuɛ⁵¹ 按

切 tsʰi⁴¹

剃 tʰɑ¹³

扯 dzɑ⁵¹ ①扯；②撕；③拔

掩 iɛ⁵¹ 关

   闭 pi¹³

缔 tʰiɑ⁴¹ ①系鞋带；②捆物品

   缚 xɷ⁴⁴

缚紧 xɷ⁴⁴tɕiɛ⁵¹ ①系紧；②捆紧

□ kiɑ⁴⁴ 捆绑人、鸡、牛等有生命的东西

□紧 tsuo⁴¹tɕiɛ⁵¹ 塞紧

拖 tʰi⁴⁴

割 kuo⁴¹ 剪

捉 tsuɑ⁴¹ ①抓；②捉

捏 ȵiɑ⁴¹

擂 luɑ²⁴ 研磨

撮 tsuɛ²⁴ 捏起细小物

抛 pʰɔu⁴⁴ 滚动

□抛 kʰɑ⁵¹pʰɔu⁴⁴ 打滚

甩 suɑ⁴¹ 摔东西

□ tʰẽ⁵¹ 重重地往下放

□ ẽ⁵¹ 攒劲～：用力排解大便

□□□ kʰɑ⁵¹ẽ⁵¹tʰẽ⁵¹ 说话不流畅、不连贯

退 tʰuɑ¹³

染 ȵiɛ¹³

裂口了 dzɑ¹³kʰiɑ⁵¹liɑu⁰

□出去 dzou⁴¹tʂʰu⁴¹tɕʰi¹³ 撵出去

得 tei⁴¹ 得到

兑 tuɑ¹³

放毒 foŋ¹³tu²⁴

讨糜 lɑ¹³maŋ⁴⁴ 讨饭

担 taŋ¹³ 动词

生□ saŋ⁴⁴sẽ¹³ 生锈

坐 tsai²⁴ ①坐；②住

沉 dai⁵¹

飞 fi⁴⁴

留 dzio¹³

落皮 lɷ⁴⁴fa²⁴ 脱皮

□ tʰua⁴⁴ 镀：～颗铜 镀上点铜

褪色 tʰua¹³siɛ¹³

抬轿 ta²⁴tɕʰiau⁵¹

开伞 kʰa⁴⁴soŋ⁵¹ 撑伞

撬门 dʑiau⁵¹mai⁴⁴

认得到字 n̠iɛ¹³tei⁴¹tau⁵¹dza¹³
　　识字 ʂʅ²⁴dza¹³

想□子 sioŋ⁵¹ka¹³tsa⁰ 想想

估□子 ku⁵¹ka¹³tsa⁰ 估量

想主意 sioŋ⁵¹tʂu⁵¹i¹³

猜 tsʰa⁴⁴

疑怀 n̠i¹³xuai²⁴ 怀疑

□想 tɕʰiɛ⁵¹sioŋ⁵¹ 沉思

吓着了 xuo⁴¹tʰɷ⁴⁴liau⁰

□□声 kʰa⁵¹pʰaŋ⁵¹ɕĩ⁴⁴ 发抖，颤抖

着急 tʰɷ⁴⁴kei⁴¹

放心 foŋ¹³siɛ⁴⁴

忆倒 ei⁴¹tɔu⁰ 记着

想到了 sioŋ⁵¹tau⁵¹liau⁰ 想起来了
　　想着了 sioŋ⁵¹tʰɷ¹³liau⁰

好道莫绊 xau⁵¹sau⁵¹mo⁴¹paŋ⁵¹ 小心，别摔了

瞒 man²⁴

逗（□人）厌□ ta⁴⁴（zoŋ¹³ɦoŋ⁴⁴）ai¹³tɕĩ⁵¹ 讨人嫌

恨 xai⁴¹

偏心 pʰiɛ⁴⁴siɛ⁴⁴

怄气 ŋou¹³tɕʰi¹³ 憋气

发气 fa⁴¹tɕʰi¹³ 发脾气

闷怨 mai¹³uan¹³ 抱怨

惯侍 kuaŋ¹³ʂʅ⁵¹ 娇惯

服侍 fu¹³ʂʅ⁰ 照顾

肯 kʰɛi⁵¹ 愿意

比细颗 pi⁵¹si¹³kʰɷ⁵¹ 小心点儿

讲字 kɛi⁵¹tsa¹³ 说话，说事情

不作声 pa²⁴tsei¹³ɕi⁴⁴

不肠＝渠 pa²⁴lioŋ²⁴zei¹³ 不理他

应口 ei¹³kʰia⁵¹ 顶嘴

捱嚷 n̠ia⁴⁴ʑiaŋ⁵¹ 挨骂
　　着嚷 tʰɷ⁴⁴ʑiaŋ⁵¹

捱□ n̠ia⁴⁴kʰa⁵¹ 挨打
　　捱痛 n̠ia⁴⁴sei¹³

交代 tɕiau⁴⁴tai¹³ 嘱咐

□□ luo⁵¹duo²⁴ 唠叨

绊跤 paŋ⁵¹kɔu¹³ 摔跤

省得 sẽ⁵¹tei⁴¹ 以免，免得

□着 tʰẽ⁵¹tʰɷ⁴⁴ 碰倒

许反 ɕyi⁴¹fai⁵¹ ①厌烦；②使厌烦

使 sa⁵¹ ①用，使用；②派遣，支使；③名词，用处：有～有用

二十三　位置

□□ taŋ⁵¹xaŋ⁰ ①地下；②底下；③以下，方位

土头 tʰɛi⁵¹ta⁰ 地上

天高头 tʰai⁴⁴kɔu⁴⁴da⁰ 天上

山头 sai⁴⁴ta⁰ 山上

道里 sau⁵¹ni⁴¹ 路上

街头 ka⁴⁴ta⁰ 街上

墙头 tsioŋ²⁴ta⁰ 墙上

门高头 mai⁴⁴kɔu⁴⁴da⁰ 门上

柜子高头 ta²⁴ti⁰kɔu⁴⁴da⁰ 桌上
   柜子头 ta²⁴ti⁰ta⁰

绑□头 paŋ⁵¹tʂu¹³ta⁰ 凳子或椅子上

入□（来）oŋ⁴¹ȵioŋ⁴⁴（zai²⁴）进来

门子 ˭mai⁴⁴tsa⁵¹ ①门外；②外面；③野外

手里 ɕiou⁵¹ȵi⁴¹

心头 siɛ⁴⁴ta⁰ 心里

大门门子 ˭lʊ¹³mai⁴⁴mai⁴⁴tsa⁵¹ 大门外

墙门子 ˭tsioŋ²⁴mai⁴⁴tsa⁵¹ 墙外

亮□门门子 ˭lioŋ¹³ʂu⁰mai⁴⁴mai⁴⁴tsa⁵¹ 窗户外头

车高头 tɕʰio⁴⁴kɔu⁴⁴da⁰ 车上

车门子 ˭tɕʰio⁴⁴mai⁴⁴tsa⁵¹ 车外

车头边 tɕʰio⁴⁴ta²⁴piɛ⁰ 车前

车尾头 tɕʰio⁴⁴mai⁵¹da⁰ 车后

山头边 sai⁴⁴ta²⁴piɛ⁰ 山前

山尾头 sai⁴⁴mai⁵¹da⁰ 山后

室头边 tsi⁴¹ta²⁴piɛ⁰ 房前

室尾头 tsi⁴¹mai⁵¹da⁰ 房后

尾头 mai⁵¹da⁰ ①以后，方位；②后来，过去，某事之后；③从今以后，将来

上高 tɕʰioŋ⁵¹kɔu⁴⁴ 以上，方位，常以水向为参照，上游为上高，下游为下底

□头 dzĩ⁵¹da⁰ ①以上，方位；②上面

下底 ɦuo⁵¹ta⁵¹ ①以下，方位；②趋向动词，用在动词后，表示有空间，能容纳：坐不～坐不下

东 tei⁴⁴

西 si⁴⁴

南 laŋ⁴⁴

北 pei²⁴

道边里 sau⁵¹piɛ¹³ȵi⁴¹ 路边

床□□ tsoŋ²⁴taŋ⁵¹xaŋ⁰ 床底下

楼□□ la⁴⁴taŋ⁵¹xaŋ⁰ 楼底下

脚□□ kɷ⁴¹taŋ⁵¹xaŋ⁰ 脚底下

碗肚（肚）oŋ⁵¹tu⁵¹（tu⁵¹）碗底儿

铛肚 tsʰaŋ⁴⁴tu⁵¹ 锅底儿

桶肚 tʰei⁴⁴tu⁵¹ 桶底

瓮肚 ei¹³tu⁵¹ 缸底儿

近边 tɕʰiɛ⁵¹piɛ¹³ 附近

隔壁 kuo⁴¹pi⁴¹

边头 piɛ¹³da⁰ 跟前儿

中□ tiu⁴⁴iu⁴⁴ ①中间；②……之间

往□头行 uaŋ⁵¹ȵioŋ⁴⁴da⁰ɦaŋ²⁴ 往里走

往门子˭行 uaŋ⁵¹mai⁴⁴tsa⁵¹ɦaŋ²⁴ 往外走

往东行 uaŋ⁵¹tei⁴⁴ɦaŋ²⁴ 往东走

往西行 uaŋ⁵¹si⁴⁴ɦaŋ²⁴ 往西走

往□头行 uaŋ⁵¹tuɛ¹³da⁰ɦaŋ²⁴ 往回走

往头边行 uaŋ⁵¹ta²⁴piɛ⁰ɦaŋ²⁴ 往前走

跳下底来 dau²⁴uo²⁴ta⁵¹zai²⁴ 跳下来

上高来 tɕʰioŋ⁵¹kɔu⁴⁴zai²⁴ 上来

□上高来 tʰua⁴⁴tɕʰioŋ⁵¹kɔu⁴⁴zai²⁴ 跑上来

□上高去 tʰua⁴⁴tɕʰioŋ⁵¹kɔu⁴⁴tɕʰi¹³ 跑上去

上坡 tɕʰioŋ⁵¹bɷ⁵¹

下坡 ɦuo⁵¹bɷ⁵¹

竖跳˭起 dza¹³dau²⁴tɕʰi⁵¹ 站起来

放倒 foŋ¹³tɔu⁰ 放下

二十四　代词等

□（人）zoŋ¹³（ɦoŋ⁴⁴）①他们；②别人，人家

□的 ɦa²⁴ti⁰ 我的
   我的 ŋɷ⁵¹ti⁰

你的 ȵi⁵¹ti⁰

渠的 zei¹³ti⁰ 他的
□□ lai⁴⁴ka²⁴ 这些
□□ ua²⁴ka²⁴ 那些
何□ xω⁵¹ka²⁴ 哪些
□么 laŋ⁴⁴moŋ⁰ 这么：~高
□么 laŋ⁴⁴moŋ⁰ 这么：~做
□么 bĩ⁵¹moŋ⁰ 这么：~高
□么 bĩ⁵¹moŋ⁰ 这么：~做
□么 uaŋ²⁴moŋ⁰ 那么：~高
□么 uaŋ²⁴moŋ⁰ 那么：~做
那（么）laŋ²⁴（moŋ⁰）连词
正在□里 tɕĩ¹³tsʰɛi⁵¹uaŋ²⁴nĩ⁴¹ 正在那里
□时候 lai⁴⁴ʂʅ²⁴xou⁰ 这时候
□时候 ua²⁴ʂʅ²⁴xou⁰ 那时候
做什家 tsei¹³ɕi²⁴ka⁰ 做什么
　　搞什家 kau⁵¹ɕi²⁴ka⁰
每几做 mei⁴¹tɕi⁵¹tsei¹³ 怎么做
每几搞 mei⁴¹tɕi⁵¹kau⁵¹ 怎么办
好 xau⁵¹ 多：~久｜~高｜~大｜~厚｜
　　~重
□两条 ɦa²⁴tsuo⁵¹lau²⁴ ①我们俩；②咱们俩
　　□人两条 ɦa²⁴ɦoŋ⁴⁴tsuo⁵¹lau²⁴
你两条 ȵi²⁴tsuo⁵¹lau²⁴ 你们俩
　　你人两条 ȵi²⁴ɦoŋ⁴⁴tsuo⁵¹lau²⁴
渠两条 zei¹³tsuo⁵¹lau²⁴ 他们俩
　　□人两条 zoŋ¹³ɦoŋ⁴⁴tsuo⁵¹lau²⁴
两口子 tsuo⁵¹kʰia⁵¹ti⁰ 夫妻俩
两娘儿 tsuo⁵¹ȵioŋ²⁴ʐʅ²⁴ 娘儿俩
两姐父 tsuo⁵¹tsi⁵¹bou⁵¹ 爷儿俩
两父孙 tsuo⁵¹bou⁵¹suɛ⁴⁴ 爷孙俩
两伯母 tsuo⁵¹po⁴¹moŋ⁵¹ 妯娌俩
娘媳妇 ȵioŋ⁴⁵si¹³pʰai⁰ 婆媳俩

两兄弟 tsuo⁵¹foŋ⁴⁴xa⁵¹ 兄弟俩
两姐弟 tsuo⁵¹tsi⁵¹xa⁵¹ ①姐妹俩；②姐弟俩；
　　③姑嫂俩
两哥妹 tsuo⁵¹kω⁴⁴mɛi⁵¹ 兄妹俩
两舅孙 tsuo⁵¹kuo²⁴suɛ⁴⁴ 舅甥俩
两姑孙 tsuo⁵¹ku⁴⁴suɛ⁴⁴ 姑侄俩
两侄叔 tsuo⁵¹tʰi⁴⁴ɕiou⁵¹ 叔侄俩
两师徒 tsuo⁵¹sa⁴⁴du¹³ 师徒俩

二十五　形容词

不错 pa²⁴tsʰω¹³
有使 va⁵¹sa⁵¹ 有用
差不多 tsʰuo⁴⁴pu²⁴ti⁴⁴
不每几样 pa²⁴mei⁴¹tɕi⁵¹ʑioŋ¹³ 不怎么样
不准事 pa²⁴tɕyɛ⁵¹ʂʅ⁵¹ 不顶事
不准字 pa²⁴tɕyɛ⁵¹tsa¹³ 不算话
不好 pa²⁴xau⁵¹ ①坏；②差
夹 ⁼kuo⁴¹
　　差 tsʰuo⁴⁴
要紧 iau¹³tɕiɛ⁵¹
硬 ŋaŋ¹³ ①硬；②稠
疲 bi²⁴ ①软；②稀薄,和稠相对
蓬（松）pʰei⁴⁴（sei⁴⁴）
松松蓬蓬 sei⁴⁴sei⁴⁴pʰei⁴⁴pʰei⁴⁴ 蓬蓬松松
生香 saŋ⁴⁴tɕʰioŋ⁴⁴ 喷香
锁 ⁼sω⁵¹ 涩
　　炙口 tɕio⁴¹kʰia⁵¹
好食 xau⁵¹ʑiu²⁴ 好吃
润 ȵyɛ¹³ 食物等受潮
舒服 ʂu⁴⁴fu⁰
不好过 pa²⁴xau⁵¹kω¹³ 难受
心肠丑 siɛ⁴⁴lioŋ²⁴tɕiu¹³ 缺德

聪明 tsʰei⁴⁴mi⁰ ①机灵；②灵巧
懵懂 moŋ⁵¹toŋ⁵¹
　　糊涂 xu²⁴tʰu⁰
囵 luɛ²⁴ 整：鸡卵食～的鸡蛋吃整的
亘 kẽ⁵¹ 整：钱～
满 moŋ⁵¹ 浑：～身是汗
凹 ou¹³
□ pou¹³ 凸
巴 po⁴⁴ 烫
齐 dzi²⁴ 整齐
迟 li²⁴
正 tɕĩ¹³
斜 dzio²⁴
破 pʰei¹³ ①破裂，破损；②劈开
腐 fei⁵¹ ①破碎；②破烂；③腐烂
黏 ɳio⁴⁴
笨 pai¹³
　　呆 ŋei²⁴
团 duɛ²⁴ 圆
　　囵 loŋ²⁴ ①圆；②整
乱 dzoŋ¹³
腥 sẽ⁴⁴
发霉 fa⁴¹mei⁴⁴
匀 ʑyɛ²⁴ 均匀
熟 tɕʰiu⁴⁴
明白 mĩ⁴⁴pʰo⁴⁴
荤 xuɛ⁴⁴
活 xɷ²⁴
滑 ua²⁴
横 uɛ²⁴
顺 ʑyɛ¹³ 竖
□□ lɷ⁴¹dɷ²⁴ 横着：～放

□横 lɷ⁴¹uɛ²⁴
顺□ ʑyɛ¹³dɷ²⁴ 竖着：～放
半升粉 poŋ¹³tɕiu⁴⁴pai⁵¹ 半桶水，贬义
板栗红 poŋ⁵¹li⁴¹ɦɛi²⁴ 朱红
深红 ɕiɛ⁴⁴ɦɛi²⁴
老红 lau⁵¹ɦɛi²⁴
浅红 tsʰai⁵¹ɦɛi²⁴
浅蓝 tsʰai⁵¹laŋ⁴⁴
深蓝 ɕiɛ⁴⁴laŋ⁴⁴
天蓝 tʰai⁴⁴laŋ⁴⁴
青 tsʰẽ⁴⁴ ①竹子青；②头发、衣服等的黑色
乌血了 u⁴⁴ɕyi⁴¹liau⁰ 紫癜
□了 ɛi⁵¹liau⁰ 紫了
臃了 ei⁴⁴liau⁰ 肿了
铜色 dɛi²⁴siɛ¹³ 古铜色
好黑 xau⁵¹kʰei⁴¹ 很黑
食□了 ʑiu²⁴lei⁴¹liau⁰ 太油腻，吃伤了
嗓子好 saŋ⁵¹tsɻ⁰xau⁵¹ 声音好
排郎 pa²⁴laŋ²⁴ 派头，排场
下沙 ˭xuo⁵¹suo⁴⁴ 着落
　　落脚 lɷ⁴¹kɷ⁴¹ ①落脚；②落实，不带宾语
许多 ɕyi⁴¹ti⁴⁴
摸摸娘娘 mɷ⁴⁴mɷ⁴⁴ɳioŋ²⁴ɳioŋ²⁴ 磨磨蹭蹭
近˭娘近˭娘 tɕʰiɛ⁵¹ɳioŋ²⁴tɕʰiɛ⁵¹ɳioŋ²⁴
苕里苕气 ɕiau¹³li⁰ɕiau¹³tɕʰi¹³
蠢里蠢气 tɕʰyɛ⁴¹li⁰tɕʰyɛ⁴¹tɕʰi¹³

二十六　副词介词等

□（好）tɕiaŋ⁴⁴（xau⁵¹）①刚：～合适；②刚
　　　好：～十块铜钱；③刚巧
光 kuaŋ⁴⁴ 净
有颗 va⁵¹kʰɷ⁵¹ 有点儿

怯 tɕʰyi⁴¹ 恐怕，也许

非……不 fi⁴⁴…pu²⁴

硬要……（不可）ŋaŋ¹³iau¹³…（pu²⁴kʰɷ⁵¹）

跟倒 kai⁴⁴tɔu⁰ 马上

搭早 tuo⁴¹tsau⁵¹ 趁早儿

望倒 moŋ¹³tɔu⁰ 眼看

幸亏 ɕĩ⁵¹kʰui⁴⁴

当面 toŋ⁴⁴mĩ¹³

背倒 pʰɑ⁵¹tɔu⁰ 背地

一条人 i²⁴lau²⁴ɦioŋ⁴⁴ 一个人

顺手 zyɛ¹³ɕiou⁵¹ 顺便

真子 ⁼tɕiɛ⁴⁴tsɑ⁵¹ 确实，真的：你～好

白 pʰo⁴⁴ ①无代价，无报酬：～食；②没有效果，徒然：～讲了

偏 pʰiɛ⁴⁴

腐 fɛi⁵¹ 胡：～讲

先 sai⁴⁴ 时间或次序在前的：你行～，我就来

先 sai⁴⁴ 先前

□头 tʰoŋ⁴⁴da²⁴

□另 taŋ⁵¹lĩ¹³ 另外

从另 dzoŋ²⁴lĩ¹³ 重新

尽 tɕʰiɛ⁵¹ 任凭，随

帮 ⁼快 paŋ⁴⁴kʰuɑ¹³ 赶快

硬是 ŋaŋ¹³tɕʰi⁵¹ 肯定是

着 tʰɷ⁴⁴ 被

得 tei¹³ 把

□ tuo⁴⁴

得 tei¹³ 为：～大势 大家做事

对 tuɑ¹³ 你～渠 他 好，渠 他 就～你好

对倒 tuɑ¹³tɔu⁰ 对着：渠 他 ～我笑

到 tɔu¹³ ～何里 哪里去

到 tɔu¹³ ～什家□dzɛi²⁴ 间放假 到什么时候放假

到 tɔu¹³ 跳～水里

在 tsʰɛi⁵¹

不在 pɑ²⁴tsʰɛi⁵¹

坐倒 tsai²⁴tɔu⁰ ①坐在；②坐下

跟 kai⁴⁴ 从：～何里行 从哪里走

跟 kai⁴⁴ 自从

跟 kai⁴⁴ 向：～渠问一条门路 向他打听一件事

问 mai¹³ ～你借一本书

用 dzɛi⁵¹ 你～毛笔写

□ tuo⁴⁴

顺倒 zyɛ¹³tɔu⁰ 顺着，沿着

往 uaŋ⁵¹ 朝

跟觖 kai⁴⁴n.ian⁴⁴ 从小

比 pi⁵¹

好 xau⁵¹ 表程度

很 xai⁴¹

□…□ dɷ⁴⁴…dɷ⁴⁴ 边……边：～行～讲 边走边说

一家 ⁼箭 ⁼i²⁴kuo⁴⁴tsai¹³ 一下子

二十七　量词

把 po⁵¹ 一～椅子｜一～刀｜一～锁｜一～脑毛 一绺头发

条 lau²⁴ 一～奖章 一枚奖章｜一～牛｜一～鱼｜一～鸡 一只鸡｜一～猪 一口猪｜一～人 一个人，一口人｜一～事 一件事情｜一～客 一位客人｜一～佛像 一尊佛像

□ tʰu⁴⁴ 一～牛｜一～猪栏

本 pai⁵¹ 一～书

笔 pi¹³ 一～款

匹 fɑ²⁴ 一～马

封 fei⁴⁴ 一～信｜一～鞭炮 一挂鞭炮

样 zioŋ¹³ 一～药 一味药

根 kẽ⁴⁴ 一～河—道河｜一～手□tɕiou²⁴—条毛巾｜一～道—条路｜一～虵—条蛇｜一～枪—杆枪｜一～脑毛—根头发｜一～索子—根绳子

顶 tai⁵¹ 一～帽子

样 zioŋ¹³ 一～事—档子事｜一～虫子—种虫子

枝 tʂʅ⁴⁴ 一～花

只 tɕi⁴¹ 一～笔｜一～手

□ lẽ²⁴ 一～卵—个鸡蛋｜一～毛桃—个桃

盏 tsai⁵¹ 一～灯

张 tioŋ⁴⁴ 一～枱子—张桌子｜一～纸

块 kʰuɑ¹³ 一～簟—床席子

　张 tioŋ⁴⁴

　床 tsoŋ²⁴

枱子 tɑ²⁴tio⁰ 一～酒席—桌酒席｜□kʰɑ⁵¹ 一～麻将—打一圈麻将

件 tɕʰiɛ⁵¹ 一～絮衣—身棉衣｜一～衣—件衣裳

□ saŋ⁵¹ 一～米—截米｜一～砖—截砖

块 kʰuɑ¹³ 一～砖｜一～墨

架 tɕiɑ¹³ 一～飞机

□ kʰei¹³ 一～室—间屋子

连 liɛ⁴⁴ 一～字—行字

　道 sau⁵¹

篇 pʰiɛ⁴⁴ 一～文章

页 ɕi⁴¹ 一～书｜一～门

片 pʰiɛ¹³ 一～好心

股 ku⁵¹ 一～香气

座 tsuo⁵¹ 一～桥

　条 lau²⁴

盘 poŋ²⁴ 一～棋

门 mai⁴⁴ 一～亲事

瓮 ei¹³ 一～水—缸水

碗 oŋ⁵¹ 一～糜—碗饭

杯 pei⁴⁴ 一～荈—杯茶

拳 tɕyɛ²⁴ 一～米—把米

包 pou⁴⁴ 一～花生

坨 duo²⁴ 一～纸—卷儿纸｜一～泥—团泥巴｜一～纱—轴儿线

沓 tʰuo²⁴ 一～纸

担 taŋ¹³ 一～米

　□ ɦuɛ¹³

担 taŋ¹³ 一～水—挑水

排 pɑ²⁴ 一～枱子—排桌子

句 tɕyi¹³ 一～字—句话

双 soŋ⁴⁴ 一～手｜一～脚

套 tʰou¹³ 一～书

□ tʰoŋ¹³ 一～人—伙儿人｜一～土匪—帮土匪

批 pʰei⁴⁴ 一～货

窠 kʰω⁴⁴ 一～蜂子—窝蜜蜂

□ bu²⁴ 一～葡萄—嘟噜葡萄

中□ tiu⁴⁴dʑio⁵¹ 一～—拃

□ dʑio⁵¹ 一～—虎口

□ pʰɑ⁵¹ 一～—庹

手指 ɕiou⁵¹tsɑ⁵¹ 一～长—指长

面巴 mĩ¹³pu⁰ 一～土—脸土

身 ɕiɛ⁴⁴ 一～土

肚子 tu⁵¹ti⁰ 一～气

眼 ŋai⁵¹ 望一～—看一眼

口 kʰia⁵¹ 食一～—吃一口

面 mi¹³ 见一～

幅 fu¹³ 一～画

块 kʰuɑ¹³ 一～墙—堵墙

□ pʰω²⁴ 一～花尾—瓣花瓣

班 pan⁴⁴ 一～车

堆 tui⁴⁴ 一～雪
道 sau⁵¹ 一～班车—路公共汽车
撮 tsua²⁴ 一～毛
席 si²⁴ 请一～客
手 ɕiou⁵¹ 一～好牌
堂 toŋ²⁴ 唱一～戏唱一台戏
点 tai⁵¹ 一～雨—滴雨
盒 xuo²⁴ 一～洋火—盒火柴
箱子 sioŋ⁴⁴tiº 一～首饰—匣子首饰
屉箱 tʰi¹³（～tʰi⁴⁴）sioŋ⁴⁴ 一～文件—抽屉文件
□ dzou²⁴ 一～梨—篮子梨｜一～炭—篓子炭
炉 lu⁴⁴ 一～灰
包 pɔu⁴⁴ 一～书
池 dzŋ²⁴ 一～水
缸 kaŋ⁴⁴ 一～金鱼
瓶 pĩ¹³ 一～醋
□ tsẽ⁴⁴ 一～酒—坛子酒
　□ pĩ²⁴
桶 tʰei⁴⁴ 一～汽油
盆 pai²⁴ 一～水
壶 vu²⁴ 一～荈—壶茶
鼎 taŋ⁵¹ 一～糜—锅饭
□ tsɛi²⁴ 一～糜—笼饭
盆 pai²⁴ 一～菜—碗菜
　碗 oŋ⁵¹
盘盘 poŋ²⁴poŋ²⁴ 一～—一碟儿
碗 oŋ⁵¹ 一～糜—碗饭
盏 tsai⁵¹ 一～酒—盅酒
勺 dzyi¹³ 一～汤
脚 kɷ⁴¹ 一～道—步路
条把 lau²⁴puº（～paº）个把
一两条 i²⁴tsuo⁵¹lau²⁴ 一两个

两三条 tsuo⁵¹suo⁴⁴lau⁴⁴ 两三个
条把两条 lau²⁴puº（～paº）tsuo⁵¹lau²⁴ 个把两个
十来条 tʂʰʅ⁴⁴zai²⁴lau²⁴ 十来个
百把条 po⁴¹puº（～paº）lau²⁴ 百把个
　百来条 po⁴¹zai²⁴lau²⁴
千把人 tsʰai⁴⁴puº（～paº）ɦoŋ⁴⁴
万把块铜钱 mai¹³puº（～paº）kʰua¹³dɛi²⁴tsai²⁴
　万把块钱
里把道 li⁴¹pa⁵¹sau⁵¹ 里把路
里把两里道 li⁴¹pa⁵¹tsuo⁵¹li⁴¹sau⁵¹ 里把两里路
亩把两亩 mɷ⁴¹pa⁵¹tsuo⁵¹mɷ⁴¹
五百斤□下 ɦoŋ⁵¹po⁴¹tɕiɛ²⁴tɕĩ²⁴ɦuo⁵¹ 五百斤左右

二十八　附加成分等

-得很 tei⁴¹xai⁴¹ 好～
-要命 iau¹³maŋ¹³ 冻得～
　-要死 iau¹³si⁵¹
-不得了 pu²⁴tei⁴¹liau⁵¹
-□ li⁴⁵ 酸～了十分酸｜苦～了十分苦
-苦 kʰu⁵¹ 咸～了十分咸
-腻 ȵi¹³ 甘～了十分甜
-□ lu²⁴ 肥～了十分肥
-出骨 tʂʰu⁴¹kua⁴¹ 瘦～了十分瘦
-□ lei⁴⁴ 疲～了十分软
-慌 xoŋ⁴⁴ 饿～了十分饿
食场 ziu²⁴dioŋ²⁴ 不有什家～没什么吃头儿
饮场 ɛi⁵¹dioŋ²⁴ 不有什家～没什么喝头儿
望场 moŋ¹³dioŋ²⁴ 不有什家～没什么看头儿
骨 -kua⁴¹ 瘦的很瘦
帮 -paŋ⁴⁴ 硬的很硬
黢 -tsʰuɛ²⁴ 黑的很黑

腐 fei⁵¹ ～臭的 很臭

劳 lɔu⁴⁴ ～空的 很空｜～稀的 很稀

了 liau⁰ ①表结果：食餍～ 吃饱了；②表完成：我食～糜～ 我吃了饭了；③表将然：天快亮～；④表已然：天亮～

倒 tɔu⁰ ①表状态或动作持续：门开～的 门开着的｜你坐～，莫竖跳⁼起 你坐着，别站起来 ②表经历：不到～ 没去过｜□条菜我食～ 这菜我吃过

得 tei⁰ 跳～高

的 ti⁰ 你会来～

什家的 ɕi²⁴kɑ⁰ti⁰ 什么的

嘞 lei⁰ 语气词

二十九　数字等

一号 i²⁴ɦɔu¹³

两号 tsuo⁵¹ɦɔu¹³ 表基数

　二号 ɦoŋ¹³ɦɔu¹³ 表序数

三号 suo⁴⁴ɦɔu¹³ 表基数

　三号 soŋ⁴⁴ɦɔu¹³ 表序数

四号 si¹³ɦɔu¹³

五号 ɦoŋ⁵¹ɦɔu¹³

六号 lia⁴¹ɦɔu¹³

七号 tsʰi⁴¹ɦɔu¹³

八号 pa⁴¹ɦɔu¹³

九号 tɕia⁵¹ɦɔu¹³

十号 tʂʰɻ⁴⁴ɦɔu¹³

初一 tsʰei⁴⁴i⁴¹

初二 tsʰei⁴⁴ɦoŋ¹³

初三 tsʰei⁴⁴soŋ⁴⁴

初四 tsʰei⁴⁴si¹³

初五 tsʰei⁴⁴ɦoŋ⁵¹

初六 tsʰei⁴⁴lia⁴¹

初七 tsʰei⁴⁴tsʰi⁴¹

初八 tsʰei⁴⁴pa⁴¹

初九 tsʰei⁴⁴tɕia⁵¹

初十 tsʰei⁴⁴tʂʰɻ⁴⁴

老大 lau⁵¹ta⁵¹

大哥 lɷ¹³kɷ⁴⁴

二哥 ɦoŋ¹³kɷ⁴⁴

三哥 soŋ⁴⁴kɷ⁴⁴

觍哥 nian⁴⁴kɷ⁴⁴ 小哥

尾脚屎 mai⁵¹kɷ⁴¹ʂɻ⁵¹ 老末儿

　屎尾巴 ʂɻ⁵¹mai⁵¹pu⁰

一条 i²⁴lau²⁴ 一个

两条 tsuo⁵¹lau²⁴ 两个

二条 ɦoŋ¹³lau²⁴ 第二个

三条 suo⁴⁴lau²⁴ 三个

　三条 soŋ⁴⁴lau²⁴ 第三个

四条 si¹³lau²⁴ 四个

五条 ɦoŋ⁵¹lau²⁴ 五个

六条 lia⁴¹lau²⁴ 六个

七条 tsʰi⁴¹lau²⁴ 七个

八条 pa⁴¹lau²⁴ 八个

九条 tɕia⁵¹lau²⁴ 九个

十条 tʂʰɻ⁴⁴lau²⁴ 十个

第二 ti¹³ɦoŋ¹³

第三 ti¹³soŋ⁴⁴

第四 ti¹³si¹³

第五 ti¹³ɦoŋ⁵¹

第六 ti¹³lia⁴¹

第七 ti¹³tsʰi⁴¹

第八 ti¹³pa⁴¹

第九 ti¹³tɕia⁵¹

第十 ti¹³tʂʰɿ⁴⁴

第一条 ti¹³i⁴¹lau²⁴ 第一个

第二条 ti¹³ɦoŋ¹³lau²⁴ 第二个

第三条 ti¹³soŋ⁴⁴lau²⁴ 第三个

第四条 ti¹³si¹³lau²⁴ 第四个

第五条 ti¹³ɦoŋ⁵¹lau²⁴ 第五个

第六条 ti¹³lia⁴¹lau²⁴ 第六个

第七条 ti¹³tsʰi⁴¹lau²⁴ 第七个

第八条 ti¹³pa⁴¹lau²⁴ 第八个

第九条 ti¹³tɕia⁵¹lau²⁴ 第九个

第十条 ti¹³tʂʰɿ⁴⁴lau²⁴ 第十个

一十 i²⁴ʂɿ⁴⁴（～tʂʰɿ⁴⁴）

十一 tʂʰɿ⁴⁴i⁴¹

十二 tʂʰɿ⁴⁴ɦoŋ¹³

二十 ɦoŋ¹³ʂɿ⁴⁴（～tʂʰɿ⁴⁴）"十"做位数词时，既可读[ʂɿ⁴⁴]，又可读[tʂʰɿ⁴⁴]，以下统一记为[ʂɿ⁴⁴]

二十一 ɦoŋ¹³ʂɿ⁴⁴i⁴¹

二十二 ɦoŋ¹³ʂɿ⁴⁴ɦoŋ¹³

三十 soŋ⁴⁴ʂɿ⁴⁴

三十一 soŋ⁴⁴ʂɿ⁴⁴i⁴¹

三十二 soŋ⁴⁴ʂɿ⁴⁴ɦoŋ¹³

四十 si¹³ʂɿ⁴⁴

四十一 si¹³ʂɿ⁴⁴i⁴¹

五十 ɦoŋ⁵¹ʂɿ⁴⁴

五十一 ɦoŋ⁵¹ʂɿ⁴⁴i⁴¹

六十 lia⁴¹ʂɿ⁴⁴

六十一 lia⁴¹ʂɿ⁴⁴i⁴¹

七十 tsʰi⁴¹ʂɿ⁴⁴

七十一 tsʰi⁴¹ʂɿ⁴⁴i⁴¹

八十 pa⁴¹ʂɿ⁴⁴

八十一 pa⁴¹ʂɿ⁴⁴i⁴¹

九十 tɕia⁵¹ʂɿ⁴⁴

九十一 tɕia⁵¹ʂɿ⁴⁴i⁴¹

二百 ɦoŋ¹³po⁴¹

两百 tsuo⁵¹po⁴¹

一百一十 i²⁴po⁴¹i⁴¹ʂɿ⁴⁴

一百一十条 i²⁴po⁴¹i⁴¹ʂɿ⁴⁴lau²⁴

一百一十一 i²⁴po⁴¹i⁴¹ʂɿ⁴⁴i⁴¹

一百一十二 i²⁴po⁴¹i⁴¹ʂɿ⁴⁴ɦoŋ¹³

一百二（十）i²⁴po⁴¹ɦoŋ¹³（ʂɿ⁴⁴）

一百三（十）i²⁴po⁴¹soŋ⁴⁴（ʂɿ⁴⁴）

一百五十条 i²⁴po⁴¹ɦoŋ⁵¹ʂɿ⁴⁴lau²⁴ 一百五十个

二百二 ɦoŋ¹³po⁴¹ɦoŋ¹³

两百二 tsuo⁵¹po⁴¹ɦoŋ¹³

二百五十 ɦoŋ¹³po⁴¹ɦoŋ⁵¹ʂɿ⁴⁴

两百五十 tsuo⁵¹po⁴¹ɦoŋ⁵¹ʂɿ⁴⁴

二百五十条 ɦoŋ¹³po⁴¹ɦoŋ⁵¹ʂɿ⁴⁴lau²⁴ 二百五十个

两百五十条 tsuo⁵¹po⁴¹ɦoŋ⁵¹ʂɿ⁴⁴lau²⁴

三百 soŋ⁴⁴po⁴¹

suo⁴⁴po⁴¹

三百一 soŋ⁴⁴po⁴¹i⁴¹

三百三（十）soŋ⁴⁴po⁴¹soŋ⁴⁴（ʂɿ⁴⁴）

三百六 soŋ⁴⁴po⁴¹lia⁴¹

三百八 soŋ⁴⁴po⁴¹pa⁴¹

一千一百 i²⁴tsʰai⁴⁴i²⁴po⁴¹

一千一百条 i²⁴tsʰai⁴⁴i²⁴po⁴¹lau²⁴ 一千一百个

一千九（百）i²⁴tsʰai⁴⁴tɕia⁵¹（po⁴¹）

一千九百条 i²⁴tsʰai⁴⁴tɕia⁵¹po⁴¹lau²⁴ 一千九百个

两千 tsuo⁵¹tsʰai⁴⁴

二千 ɦoŋ¹³tsʰai⁴⁴

两千二百 tsuo⁵¹tsʰai⁴⁴ɦoŋ¹³po⁴¹

三千 suo⁴⁴tsʰai⁴⁴ 这种说法占多数，

soŋ⁴⁴tsʰai⁴⁴ 这种说法少
三千二百 suo⁴⁴tsʰai⁴⁴ɦioŋ¹³po⁴¹
三千二 suo⁴⁴tsʰai⁴⁴ɦioŋ¹³
五千 ɦioŋ⁵¹tsʰai⁴⁴
八千 pɑ⁴¹tsʰai⁴⁴
一万两千 i²⁴mai¹³tsuo⁵¹tsʰai⁴⁴
　一万二千 i²⁴mai¹³ɦioŋ¹³tsʰai⁴⁴
一万两千条 i²⁴mai¹³tsuo⁵¹tsʰai⁴⁴lɑu²⁴ 一万两
　千个
两万 tsuo⁵¹mai¹³
两万两千二百二十 tsuo⁵¹mai¹³tsuo⁵¹tsʰai⁴⁴ɦioŋ¹³
　po⁴¹ɦioŋ¹³ʂʅ⁴⁴
三万三千三百三十 suo⁴⁴mai¹³suo⁴⁴tsʰai⁴⁴soŋ⁴⁴
　po⁴¹soŋ⁴⁴ʂʅ⁴⁴
三万五千 suo⁴⁴mai¹³ɦioŋ⁵¹tsʰai⁴⁴
三万五千条 suo⁴⁴mai¹³ɦioŋ⁵¹tsʰai⁴⁴lɑu²⁴ 三万
　五千个
零 lɑŋ⁴⁴
两斤 tsuo⁵¹tɕiɛ⁴⁴
　二斤 ɦioŋ¹³tɕiɛ⁴⁴
三斤 suo⁴⁴tɕiɛ⁴⁴
三两 suo⁴⁴lioŋ⁵¹
两钱 tsuo⁵¹tsai²⁴
　二钱 ɦioŋ¹³tsai²⁴
三钱 suo⁴⁴tsai²⁴
两分 tsuo⁵¹fai⁴⁴
　二分 ɦioŋ¹³fai⁴⁴
三分 suo⁴⁴fai⁴⁴
两厘 tsuo⁵¹li¹³
　二厘 ɦioŋ¹³li¹³
三厘 suo⁴⁴li¹³
两丈 tsuo⁵¹tʰioŋ⁵¹

二丈 ɦioŋ¹³tʰioŋ⁵¹
三丈 suo⁴⁴（～soŋ⁴⁴）tʰioŋ⁵¹
两尺 tsuo⁵¹tɕʰio⁴¹
　二尺 ɦioŋ¹³tɕʰio⁴¹
三尺 suo⁴⁴tɕʰio⁴¹
两寸 tsuo⁵¹tsʰuɛ¹³
　二寸 ɦioŋ¹³tsʰuɛ¹³
三寸 suo⁴⁴tsʰuɛ¹³
两里 tsuo⁵¹li⁴¹
　二里 ɦioŋ¹³li⁴¹
三里 suo⁴⁴li⁴¹
两围 tsuo⁵¹uɛ²⁴
　二围 ɦioŋ¹³uɛ²⁴
两担 tsuo⁵¹tɑŋ¹³
　二担 ɦioŋ¹³tɑŋ¹³
三担 suo⁴⁴tɑŋ¹³
两斗 tsuo⁵¹tɑ⁵¹
　二斗 ɦioŋ¹³tɑ⁵¹
三斗 suo⁴⁴tɑ⁵¹
两升 tsuo⁵¹tɕiu⁴⁴
　二升 ɦioŋ¹³tɕiu⁴⁴
三升 suo⁴⁴tɕiu⁴⁴
两亩 tsuo⁵¹mɷ⁴¹
　二亩 ɦioŋ¹³mɷ⁴¹
三亩 suo⁴⁴mɷ⁴¹
一□ i²⁴bu²⁴ 一些
好颗 xɑu⁵¹kʰɷ⁵¹ 好一些
大颗 lɷ¹³kʰɷ⁵¹ 大一些
颗颗（子）kʰɷ⁵¹kʰɷ⁵¹（tsɑ⁰）一点儿
十多条 tʂʅ⁴⁴ti⁴⁴lɑu²⁴ 十多个
一百多条 i²⁴po⁴¹ti⁴⁴lɑu²⁴ 一百多个
一边 i²⁴pʰi¹³ ①一半儿，局限于分边的物体；

② 一旁

一平分 i²⁴faŋ²⁴fai⁴⁴ 一半
大平分 lɷ¹³faŋ²⁴fai⁴⁴ 一大半儿
躺平分 ȵian⁴⁴faŋ²⁴fai⁴⁴ 一少半
一条半 i²⁴lau²⁴poŋ¹³ 一个半
一刀两断 i²⁴tɔu⁴⁴tsuo⁵¹tʰoŋ⁵¹
三年两年 suo⁴⁴lai⁴⁴tsuo⁵¹lai⁴⁴
三心二意 suo⁴⁴siɛ⁴⁴ɦoŋ¹³i¹³
四平八稳 si¹³faŋ²⁴pa⁴¹uɛ⁵¹
四面八方 si¹³mĩ¹³pa⁴¹faŋ⁴⁴
五花八门 ɦoŋ⁵¹xua⁴⁴pa⁴¹mai⁴⁴
七手八脚 tsʰi⁴¹ɕiou⁵¹pa⁴¹kɷ⁴¹
甲 tɕia¹³
乙 i²⁴
丙 pĩ⁵¹
丁 tĩ⁴⁴
戊 vu⁵¹
己 tɕi⁵¹
庚 kẽ⁴⁴

辛 ɕĩ⁴⁴
壬 zɿ¹³
癸 kui¹³
子 tsɿ⁴¹
丑 tɕʰiu⁴¹
寅 ĩ¹³
卯 mau⁵¹
辰 ɕĩ²⁴
巳 tsɿ⁵¹
午 u⁴¹
男要子，女要午 lan²⁴iau¹³tsɿ⁴¹, ȵiu⁵¹iau¹³u⁴¹
　　迷信认为男性子时出生好，女性午时出生好
未 vi⁵¹
申 ɕĩ⁴⁴
酉 iu⁵¹
戌 sui¹³
亥 xai⁵¹

第六章 语法

第一节

词 法

一 词缀

(一)"子"缀

泸溪乡话中,"子"缀的读音形式主要有三种:tsɑ^{51},ti^0,tsɿ^0。

1.tsɑ^{51},ti^0,tsɿ^{0}的用法

(1)子 tsɑ^{51}

"子 tsɑ^{51}"可以单独成词或者作为实语素位于前字,例如,"两条子_{两个儿子}tsuo^{51}lɑu^{24}tsɑ^{51}""子女_{儿子和女儿的总称}tsɑ^{51}ɲiu^{51}""子伢崽_{男孩儿}tsɑ^{51}ŋuo^{44}tsai^{24}""子梁_{横梁之一,上面常画八卦图}tsɑ^{51}lioŋ^{44}",也可以位于词尾,我们这里分析的主要是位于词尾的"子 tsɑ^{51}"。

位于词尾的"子 tsɑ^{51}"可分为两类,一类有实义,是词根;一类意义虚化,只有附加意义或语法意义,是词缀。为便于人们对"子"缀语法化的了解,有必要先对词根"子 tsɑ^{51}"的义项做简要介绍。

①指儿女或儿子。例如:"跟娘子_{带犊儿}kai^{44}ɲioŋ^{24}tsɑ^{51}"中"子 tsɑ^{51}"指儿女;"大子_{大儿子}lɯ^{13}tsɑ^{51}"、"躲子_{小儿子}ɲian^{44}tsɑ^{51}"中的"子 tsɑ^{51}"指儿子。

②指小孩儿。例如:"女子 ɲiu^{51}tsɑ^{51}"指女孩儿,与"子子_{男孩儿}tsɑ^{51}tsɑ^{51}"相对,"子子"指男孩儿,处于词尾的"子 tsɑ^{51}"指小孩儿的意思,处于词首的"子 tsɑ^{51}"表示男性的,与"女"相对。

③指男子。例如:"红花子 ɦɛi^{24}xuɑ^{44}tsɑ^{51}"指未婚男子,与"红花女_{未婚女子}ɦɛi^{24}xuɑ^{44}ɲiu^{51}"相对。

④指人或某类人。例如:"孝子 xɔu^{13}tsɑ^{51}""戏子_{演员}ɕi^{24}tsɑ^{51}""侄子 tʰi^{44}tsɑ^{51}"。

⑤指动物的幼子、幼虫。例如：犬子幼犬kʰuɛ⁵¹tsɑ⁵¹｜牛子牛犊ŋei⁴⁴tsɑ⁵¹｜羊子羊羔ʑioŋ²⁴tsɑ⁵¹｜猫（儿）子小猫mɔu⁴⁴(ʐʅ²⁴)tsɑ⁵¹｜猪子小猪tiu⁴⁴tsɑ⁵¹｜鸡子小鸡儿kia⁴⁴tsɑ⁵¹｜鸭子小鸭子ɯ⁴¹tsɑ⁵¹｜鹅子小鹅儿ŋɯ⁴⁴tsɑ⁵¹｜蜂子蜂蛹fei⁴⁴tsɑ⁵¹｜胡毛子蝌蚪vu²⁴mɔu⁴⁴tsɑ⁵¹。

⑥指植物的种子或果实。例如：野谷子稗子ʑio⁵¹ku⁴¹tsɑ⁵¹｜白果子银杏pei²⁴kuo⁵¹tsɑ⁵¹｜瓜子kua⁴⁴tsɑ⁵¹｜麦棉子棉花子mo⁴¹mi⁰tsɑ⁵¹｜油菜子ʑia⁴⁴tsʰei¹³tsɑ⁵¹｜桐子dɛi²⁴tsɑ⁵¹｜葵花子gui²⁴xua⁴⁴tsɑ⁵¹｜莲子liɛ²⁴tsɑ⁵¹。

⑦指"子儿"。例如：跳岩子抓子儿dau²⁴ȵia⁴⁴tsɑ⁵¹｜甩子猎枪子弹suɑ⁴¹tsɑ⁵¹。再如："岩子盐粗盐ȵia⁴⁴tsɑ⁵¹ʑiɛ²⁴"中，"岩"指石头，"岩子"指"石头子儿"，"岩子盐"指像石头子儿一样粗的盐，即粗盐；"逼子棋当地流行的一种棋游戏pi⁴¹tsɑ⁵¹dʑi²⁴"中"子"指"棋子儿"。

以上义项①—⑦中的"子tsɑ⁵¹"虽位于词尾，但有实在意义，是词根。

"子tsɑ⁵¹"作为词缀，主要表达小、喜爱等附加意义，或者仅作为名词的标志。"子tsɑ⁵¹"缀主要有以下功能或意义：

①表示同类中的较小者，具小称义。

"子tsɑ⁵¹"表示同类中的较小者，可放在表人的名词后，含有幼小的意思。例如："伢崽ŋuo⁴⁴tsai²⁴"指小孩儿，"伢崽子ŋuo⁴⁴tsai²⁴tsɑ⁵¹"所指小孩儿则比"伢崽ŋuo⁴⁴tsai²⁴"更小。"伢崽子ŋuo⁴⁴tsai²⁴tsɑ⁵¹"与"子伢崽男孩儿tsɑ⁵¹ŋuo⁴⁴tsai²⁴"意思不同，"子伢崽男孩儿tsɑ⁵¹ŋuo⁴⁴tsai²⁴"中的"子tsɑ⁵¹"指男性的，与"女伢崽女孩儿ȵiu⁵¹ŋo⁴⁴tsai²⁴"相对。"子伢崽男孩儿tsɑ⁵¹ŋuo⁴⁴tsai²⁴""女伢崽女孩儿ȵiu⁵¹ŋo⁴⁴tsai²⁴"后面都可加"子"（"子伢崽子小男孩儿tsɑ⁵¹ŋuo⁴⁴tsai²⁴tsɑ⁵¹""女伢崽子小女孩儿ȵiu⁵¹ŋo⁴⁴tsai²⁴tsɑ⁵¹"）来表示更幼小。"女子ȵiu⁵¹tsɑ⁵¹"也可说"女子子ȵiu⁵¹tsɑ⁵¹tsɑ⁵¹"，"女子子"比"女子"更幼小。

"子tsɑ⁵¹"也可放在器物名词后，表示同类中的较小者。例如："锹"指锄头，"锹子tsʰiau⁴⁴tsɑ⁵¹"指小锄头；"躺绑□ȵian⁴⁴paŋ⁵¹tʂu¹³"指小板凳，"绑□子paŋ⁵¹tʂu¹³tsɑ⁵¹"则指更小的板凳。

"子tsɑ⁵¹"加在器物名词后表小，数量有限。例如：同样是器物，"小板凳""小锄头"可分别说成"绑□子paŋ⁵¹tʂu¹³tsɑ⁵¹""锹子tsʰiau⁴⁴tsɑ⁵¹"，但是"小碗"则只能说"躺碗ȵian⁴⁴oŋ⁵¹"，或者说"碗□oŋ⁵¹dou¹³"，"碗□oŋ⁵¹dou¹³"比"躺碗"更小，不能说"碗子oŋ⁵¹tsɑ⁵¹"。

"子tsɑ⁵¹"还可放在动物名词后，指同类动物中的较小者。例如："鸡子kia⁴⁴tsɑ⁵¹"指小鸡、幼鸡，"鸡子子kia⁴⁴tsɑ⁵¹tsɑ⁵¹"则比"鸡子"更幼小。此类用法的词语还有"犬子子幼犬kʰuɛ⁵¹tsɑ⁵¹tsɑ⁵¹、羊子子小羊羔ʑioŋ²⁴tsɑ⁵¹tsɑ⁵¹、牛子子小牛犊ŋci⁴⁴tsɑ⁵¹tsɑ⁵¹、猪子子tiu⁴⁴tsɑ⁵¹tsɑ⁵¹、鸭子子ɯ⁴¹tsɑ⁵¹tsɑ⁵¹、鹅子子ŋɯ⁴⁴tsɑ⁵¹tsɑ⁵¹"等。"子tsɑ⁵¹"放在动物名词后表小使用较为广泛。

以上各类名词中，"子 tsa⁵¹"表小的同时，往往带有喜爱的色彩。

需注意的是，"子 tsa⁵¹"表小称一般不需重叠。"鸡子子 kia⁴⁴tsa⁵¹tsa⁵¹、犬子子 kʰuɛ⁵¹tsa⁵¹tsa⁵¹、牛子子 ŋei⁴⁴tsa⁵¹tsa⁵¹"等词语中，第一个"子"是实语素，指动物的幼子，第二个"子"是虚语素，表小称。这与湘语一些方言中"子子"重叠表小称情形不同。泸溪乡话中，这类词的构词结构是"鸡子+子""犬子+子""牛子+子"，不同于湘方言中的"鸡+子子""牛+子子""狗+子子"。

泸溪乡话中，"子子 tsa⁵¹tsa⁵¹"指男孩儿时，第一个"子"指男性的，第二个"子"指小孩儿，两个"子"意义不同，"子子 tsa⁵¹tsa⁵¹"是与"女子 ȵiu⁵¹tsa⁵¹"相对而言的，是两个不同的实语素按偏正方式复合在一起，不是两个相同语素的重叠。"粗盐"可以说"子子盐 tsa⁵¹tsa⁵¹ʑiɛ²⁴"，这里的"子"是"子儿"的意思。

"子子 tsa⁵¹tsa⁵¹"重叠表小称仅限于少数词语，一般是在人或少数卵生动物后。例如，"伢崽子"可说"伢崽子子"，"女伢崽子"也可说"女伢崽子子"，重叠后更具喜爱色彩；"虫子子 liou²⁴ti⁰tsa⁵¹"可以与"虫子娘 liou²⁴ti⁰ȵioŋ²⁴"相对，也可以重叠为"虫子子子 liou²⁴ti⁰tsa⁵¹tsa⁵¹"。"绑□子 paŋ⁵¹tʂu¹³tsa⁵¹""锹子 tsʰiau⁴⁴tsa⁵¹"等器物不能说成"绑□子子 paŋ⁵¹tʂu¹³tsa⁵¹tsa⁵¹""锹子子 tsʰiau⁴⁴tsa⁵¹tsa⁵¹"。

② "子 tsa⁵¹"作为词缀附加在名词性、动词性或形容词性语素后面，构成名词，这些名词所表事物多数体型不大。例如：

眼珠子_{眼珠儿}ŋai⁵¹tɕiu⁴⁴tsa⁵¹｜眼人子_{瞳仁}ŋai⁵¹ɦoŋ⁴⁴tsa⁵¹｜脚屎子_{脚趾头}kω⁴¹ʂʅ⁵¹tsa⁵¹｜腰子_肾iau⁴⁴tsa⁵¹｜沙子 suo⁴⁴tsa⁵¹｜凝钩子_{冰或冰锥}liu¹³kia⁴⁴tsa⁵¹｜豆腐子_{豆腐脑}ta¹³fu⁰tsa⁵¹｜灯草子_{荸荠}tei⁴⁴tsʰau⁵¹tsa⁵¹/□圈子_{荸荠}bu²⁴tɕʰyɛ⁴⁴tsa⁵¹｜椑□子_{一种野生的小柿子}pi⁴⁵puº tsa⁵¹｜票子 pʰiau¹³tsa⁵¹｜银壳子_{硬币}ȵiɛ⁴⁴kʰou⁴¹tsa⁵¹｜卒子_{象棋中的兵、卒}tʂu²⁴tsa⁵¹｜哨子 sou¹³tsa⁵¹｜夹子_{镊子}kuo⁴¹tsa⁵¹｜抹子 mo⁴¹tsa⁵¹｜□子_{簪子，统称}pʰiɛ¹³tsa⁵¹｜挑子_{簪子，直的}tʰiau⁴⁴tsa⁵¹｜挡子_{簪子，曲的}tʰaŋ⁵¹tsa⁵¹｜擦子_{板擦儿}tsʰω⁴¹tsa⁵¹｜搬⁼子_{毽儿}poŋ⁴⁴tsa⁵¹｜扣子_{扣儿，西式的}kʰou¹³tsa⁵¹｜滚子_{轮子}kuɛ⁵¹tsa⁵¹｜金子 tɕiɛ⁴⁴tsa⁵¹，香子_麝ɕioŋ⁴⁴tsa⁵¹。

③ "子"做某些量词的后缀，表示时间短或数量少，一般读为轻声，例如：

一上⁼子 i²⁴tɕʰioŋ⁵¹tsa⁰_{一会儿}｜一□子 i²⁴ka¹³tsa⁰_{一刹那}｜颗（颗）子 kʰω⁵¹（kʰω⁵¹）tsa⁰_{一点点}

这种用法中的"子 tsa⁵¹"可以单独成词，放在数量短语后表示时短量少，试比较：

一两条人_{一两个人}　　　　一两条子人 i²⁴tsuo⁵¹lau²⁴tsa⁰ɦoŋ⁴⁴（后者主观上觉得量少）

一条人_{一个人}　　　　　　一条子人 i²⁴lau²⁴tsa⁰ɦoŋ⁴⁴（后者主观上觉得量少）

以上义项①—③中的"子"意义较虚，而且具有词语派生功能，是词缀。需注意的是，①②中的"子 tsa⁵¹"一般不读轻声，只有在义项③中才读轻声。

（2）子 ti⁰

"子 ti⁰"作为词缀，与前面的语素一起构成名词，主要包括以下几类：

①表动物、植物

兔子 tʰu¹³ti⁰｜□子蚊子 mɯ⁴¹ti⁰｜□子虮子 tɕi⁵¹ti⁰｜蜂子蜜蜂 fei⁴⁴ti⁰｜摇⁼子蝴蝶 ziɑu¹³ti⁰｜茄子 dʑʐɛ²⁴ti⁰｜竹叶子竹叶 tɕiu⁴¹ɕi⁴¹ti⁰｜杏子 aŋ¹³ti⁰｜枣子枣儿 tsau⁵¹ti⁰｜柑子 kaŋ⁴⁴ti⁰｜菌子蘑菇 tɕʰyɛ⁵¹ti⁰｜麦麸子 mo⁴¹fu⁴⁴ti⁰｜树墩子 tɕia¹³tuɛ⁴⁴ti⁰

②指器物、物品或一般事物

箱子 sioŋ⁴⁴ti⁰｜枱子桌子 ta²⁴ti⁰｜盘子 poŋ²⁴ti⁰｜磨子石磨 mɯ¹³ti⁰｜筛子 sa⁴⁴ti⁰｜索子绳子 sɯ⁴¹ti⁰｜梭子梭 sɯ⁴⁴ti⁰｜门钉子钉锦儿 mai⁴⁴liau¹³ti⁰｜钻子锥子 tsoŋ¹³ti⁰｜升子升，量具 tɕiu⁴⁴ti⁰｜刨子pʰau⁵¹ti⁰｜锉子凿子 tsʰɯ⁴⁴ti⁰｜钉子 taŋ⁴⁴ti⁰｜火子圈火镰 fa⁵¹ti⁰tɕʰyɛ⁴⁴｜火子岩火石 fa⁵¹ti⁰nia⁴⁴｜火子纸纸媒 fa⁵¹ti⁰tɕi⁵¹｜火子包装火镰、火石、纸媒的小布袋 fa⁵¹ti⁰pɔu⁴⁴｜帐子 tioŋ¹³ti⁰｜被□里子被里 fa⁵¹ʂu⁰liu⁵¹ti⁰｜被□面子被面 fa⁵¹ʂu⁰mĩ⁵¹ti⁰｜裤带子裤腰带 kuɛ⁴⁴tɯ⁴¹ti⁰｜纽子①中式的纽扣；②西式的扣儿 nia⁵¹ti⁰｜底子①鞋底；②基础；③内情 ta⁵¹ti⁰｜履模子鞋楦 li⁵¹moŋ¹³ti⁰｜履样子鞋样 li⁵¹zioŋ¹³ti⁰｜履带子鞋带 li⁵¹tɯ¹³ti⁰｜帽子 mɔu¹³ti⁰｜坟子岩墓碑 fai²⁴ti⁰nia⁴⁴｜锁子秤砣 sɯ⁵¹ti⁰｜本子 pai⁵¹ti⁰｜雪豆子雪珠子 sui⁴¹ta¹³ti⁰｜□子垃圾 tsʰuo⁵¹ti⁰｜鸡爪子 kia⁴⁴tsau⁵¹ti⁰｜药单子药方 zyi¹³taŋ⁴⁴ti⁰

③表身体或与身体相关的

肚子 tu⁵¹ti⁰｜身子身材 ɕiɛ⁴⁴ti⁰｜辫子 pʰiɛ⁵¹ti⁰｜舌子舌头 dʑi¹³ti⁰｜出豆子出水痘 tʂʰu⁴¹ta¹³ti⁰｜出麻子出天花 tʂʰu⁴¹mo⁴⁴ti⁰｜汗印子汗斑 ɦoŋ¹³iɛ¹³ti⁰｜油点子雀斑 zia⁴⁴tai⁵¹ti⁰｜样子相貌 zioŋ¹³ti⁰

④指人或某类人

叫花子乞丐 kɔu¹³xua⁴⁴ti⁰｜苗子背称苗族人，含贬义 bei²⁴ti⁰｜聋子 tsei⁴⁴ti⁰｜哑子哑巴 uo⁵¹ti⁰｜矮子 a⁵¹ti⁰｜癫子疯子 tai⁴⁴ti⁰｜卷⁼子结巴 tɕyɛ⁵¹ti⁰｜瞎子 xuo⁴¹ti⁰｜苕子傻子 ɕiau²⁴ti⁰｜驼子 tou²⁴ti⁰｜跛子腿残者 pa⁴⁴ti⁰｜麻子脸上有麻子的人 mo⁴⁴ti⁰｜婆子已婚女人 mo²⁴li⁰｜两口子夫妻（俩）tsuo⁵¹kʰia⁵¹ti⁰

泸溪乡话中，"子 ti⁰"已经没有具体的词汇意义，只是与前面的语素一起构成名词，读轻声，是典型的词缀，我们从同形异义词"蜂子"中可以清楚地看到这一点，当"蜂子"读[fei⁴⁴tsa⁵¹]时指的是"蜂蛹"，"子 tsa⁵¹"指"蛹"；读[fei⁴⁴ti⁰]时指的是"蜜蜂"，"子 ti⁰"已无具体的词汇意义。

个别词语中，词缀"子"读为 li⁰，例如"婆子已婚女人 mo²⁴li⁰"。li⁰和 ti⁰是同一来源，泸溪乡话说 ti⁰的很多词，在沅陵麻溪铺、盘古、太常等地乡话中说 li⁰。

（3）子 tsɿ⁰

子 tsɿ⁰缀词数量比 ti⁰缀和 tsa⁵¹缀词少，主要是书面语词，或者从客话或普通话中借进的新词语。子 tsɿ⁰缀主要出现在以下词语中。

砣子秤锤tou²⁴tsʅ⁰ | 瓶子pĩ¹³tsʅ⁰ | 钳子dzian²⁴tsʅ⁰ | 章子图章tɕioŋ⁴⁴tsʅ⁰ | 定子戥子tĩ⁵¹tsʅ⁰ | □子铰tɕʰia⁵¹tsʅ⁰ | 褥子ziou⁵¹tsʅ⁰ | □子裤裤衩儿saŋ⁵¹tsʅ⁰kuɛ⁴⁴ | 裀子kua¹³tsʅ⁰ | 包子pou⁴⁴tsʅ⁰ | 饺子tɕiau⁵¹tsʅ⁰ | 橙子dzẽ²⁴tsʅ⁰ | 橘子金橘tɕyi²⁴tsʅ⁵¹ | 手拐子胳膊肘儿ɕiou⁵¹kuai⁵¹tsʅ⁰ | 嘶嗓子公鸭嗓儿sa⁴⁴saŋ⁵¹tsʅ⁰ | 吐子唾沫tʰu¹³tsʅ⁵¹ | 摆架子pa⁵¹tɕia¹³tsʅ⁰ | □摆子发疟子kʰa⁵¹pei⁵¹tsʅ⁰ | 左撇子tsuo⁵¹pʰiɛ¹³tsʅ⁰ | 骗子pʰiɛ¹³tsʅ⁰ | 厨子厨师dzu²⁴tsʅ⁰ | 鸽子kou⁵¹tsʅ⁰

以上子tsʅ⁰缀词中，"子"意义较虚，只是与前面的语素一起构成名词，是典型的词缀，一般读为轻声tsʅ⁰。极个别子tsʅ⁰缀词不读轻声。例如：吐子唾沫tʰu¹³tsʅ⁵¹ | 橘子金橘tɕyi²⁴tsʅ⁵¹。

有的子尾仍读本调，实际上是实语素，并不是词缀。例如：私生子sʅ⁴⁴sẽ⁴⁴tsʅ⁴¹ | 败家子pai⁵¹tɕia⁴⁴tsʅ⁴¹ | 发童子fa⁴¹doŋ¹³tsʅ⁴¹ | 喉子骨喉咙ɦa²⁴tsʅ⁵¹kua⁴¹ | 喷子骨肩关节fai¹³tsʅ⁵¹kua⁴¹ | 龙子骨胫骨liu⁴⁴tsʅ⁵¹kua⁴¹ | □子骨肋骨pi⁴⁴tsʅ⁵¹kua⁴¹ | 背子骨脊梁骨pei¹³tsʅ⁵¹kua⁴¹。

2. tsa⁵¹、ti⁰、tsʅ⁰的关系

tsa⁵¹和tsʅ⁰的关系比较简单，"子"读tsa⁵¹是白读音，读tsʅ⁰是文读音。有的词，老派读tsa⁵¹，新派读tsʅ⁰。例如：西式扣子，老派说"扣子kʰou¹³tsa⁵¹"，新派说"扣子kʰou¹³tsʅ⁰"。同一个词，有的有两种说法，一种是乡话固有的说法，一种是后来从客话借入的。例如："背心"乡话固有的说法是"背心衣pei¹³siɛ⁴⁴i⁴⁴"，也说"背心裀子pei¹³siɛ⁴⁴kua¹³tsʅ⁰"，"裀子"是从客话借入的词语，其中的"子"缀读tsʅ⁰。

ti⁰与tsa⁵¹、tsʅ⁰的关系有些复杂。

任溪（2017）曾从地理语言学角度对乡话的子缀词进行考察，发现乡话各地子缀词在形式上大体可以分为三种类型：第一类有tsa、tsʅ⁰两种子缀，包括沅陵县的筲箕湾、池坪、竹园，辰溪县的船溪，溆浦县的木溪，泸溪县的白沙等乡镇，沅陵县的沅陵镇、深溪口一带"子"读tsai、tsʅ⁰，也属这一类型，ˊtsai是ˊtsa语音上的地域变体。第二类有tsa、tsʅ⁰、li⁰三种子缀形式，包括沅陵县的麻溪铺、盘古、太常等乡镇；第三类有ˊtsa、tsʅ⁰、ti⁰三种子缀形式，包括泸溪县的梁家潭、古丈县的高峰、岩头寨、草潭，沅陵县的二酉等乡镇。据《泸溪李家田乡话研究》（邓婕 2017），泸溪李家田乡话老派子缀读音有四种形式：tsa⁵³、tsa²¹、tsʅ²¹、ti²¹，新派读音有三种形式：tsa⁰、tsʅ⁰、ti⁰，李家田乡话子缀可以归入上面提到的第三种类型。

据目前掌握的资料看，泸溪县乡话子缀词的类型主要有两种形式，一种是第一类ˊtsa、tsʅ⁰型，以白沙乡话为代表，一种是第三类tsa、tsʅ⁰、ti⁰型，以梁家潭、李家田乡话为代表。

关于ti⁰、li⁰的来源及本字问题，有不同观点。蒋冀骋（2004）认为沅陵乡话中的li⁰来源于赣方言中的"仂"，而赣方言中的"仂"源于北方话的"儿"。赣语中相当于普通话"子"

的词缀有"几、嘚/得、哩/仂"等多种形式,其中"仂"和"得"虽然形式有差异,但它们的来源是相同的(刘伦鑫 1999),温昌衍、温美姬(2004)认为客赣方言中的"嘚"本字是"子",昌梅香(2006)认为江西吉安赣语中的"得"来源于"子"。

泸溪乡话中,ti⁰缀词数量很多,其用法与北京话中的"子"缀词有较好的对应,我们赞同ti⁰来源于"子"的看法。至于ti⁰是来自赣方言,还是乡话自身语音演变的结果,还需要更广泛的调查及更充分的理据。

泸溪乡话中,"子"读tsɑ和tsʅ既可以做词根,又可以做词缀,ti⁰只做词缀。做词缀时,tsɑ、ti⁰、tsʅ⁰,各有侧重,tsɑ缀或含小称或短时义,或所指对象体型不大;ti⁰缀主要用于构词,其所构成的名词所指对象范围很广。含tsɑ缀和ti⁰缀的,一般都是乡话口语常用词,而tsʅ⁰缀词一般是书面语词或外来新词语。

(二)"头"缀

"头"声母的读音正处在清浊变化之中,在有的词语中仍保留浊音,有的词语中浊音清化,无论词首还是词尾都存在这种情况。例如:

头伏 初伏 dɑ²⁴fu¹³　　月头 月初 ȵyi⁴¹dɑ²⁴　　高头 上面 kɔu⁴⁴dɑ⁰

头边 前边 tɑ²⁴piɛ⁰　　骨头 kuɑ⁴¹tɑ⁰　　土头 地上 tʰɛi⁵¹tɑ⁰

相对来说,除"头边前边tɑ²⁴piɛ⁰"等个别词语外,"头"在词语中读本调时声母多数保留浊音,如:

头伏 初伏 dɑ²⁴fu¹³　　月头 月初 ȵyi⁴¹dɑ²⁴　　年头 年初 lai⁴⁴dɑ²⁴

山头 山的顶部 sai⁴⁴dɑ²⁴　　对头 敌对的方面 tuɑ¹³dɑ²⁴　　尾头 末名 mai⁵¹dɑ²⁴

□头 先前 tʰoŋ⁴⁴dɑ²⁴　　苦头 kʰu⁵¹dɑ²⁴　　贼头 贼,扒手 tsʰei⁴⁴dɑ²⁴

从意义来看,"头"读本调时,多数词意义没有虚化或没有完全虚化,是词根。"头"虚化为词语后缀时,一般读轻声。请看"尾头""山头"读轻声、不读轻声时所表达的不同意义。

尾头 末名 mai⁵¹dɑ²⁴——尾头 ①后边、以后(方位);②后来;③从今以后(将来)mai⁵¹dɑ⁰

山头 山的顶部 sai⁴⁴dɑ²⁴——山头 山上 sai⁴⁴tɑ⁰

"头"缀读轻声时,声母有保留浊音和浊音清化两种情形。部分词语中仍保留浊音,读作dɑ⁰,例如:

日头 太阳 ɦoŋ⁴¹dɑ⁰　　日头 白天 ioŋ⁴¹dɑ⁰　　钵头 钵 pɷ⁴¹dɑ⁰　　枕头 tɕiɛ⁵¹dɑ⁰

□头 原处 tuɛ¹³dɑ⁰　　高头 上面 kɔu⁴⁴dɑ⁰　　□头 里面 ȵioŋ⁴⁴dɑ⁰　　室头 家里,屋里 tsi⁴¹dɑ⁰

边头 跟前儿 piɛ¹³dɑ⁰　　□头 以上(方位)、上面 dzĩ⁵¹dɑ⁰

尾头 ①后边、以后(方位);②后来;③从今以后(将来)mai⁵¹dɑ⁰

米头（尺）以米为计量单位的尺子$mi^{51}da^0$（tc^hio^{41}）　　脚屎头膝盖$k\omega^{41}ʂʅ^{51}da^{24}$

部分词语中"头"缀读清音声母ta^0，例如：

骨头$kua^{41}ta^0$　　　　拳头$tɕye^{24}ta^0$　　　肠头肠子$lioŋ^{24}ta^0$　　骨头核儿$kua^{41}ta^0$

芋头$zu^{13}ta^0$　　　　谷芋头稻穗$ku^{41}zu^{13}ta^0$　肠头瓜瓤$lioŋ^{24}ta^0$　　场头集市$dioŋ^{24}ta^0$

街头街道$ka^{44}ta^0$　　历头历书$lio^{41}ta^0$　　今头今天$ti^{44}ta^0$　　朝头上午$tiau^{44}ta^0$

夜头下午$zio^{13}ta^0$　　街头街上$ka^{44}ta^0$　　土头地上$t^hεi^{51}ta^0$　　楼头楼上$la^{44}ta^0$

山头山上$sai^{44}ta^0$　　心头心里$siε^{44}ta^0$　　墙头墙上$tsioŋ^{24}ta^0$　枱子头桌子上$ta^{24}ti^0ta^0$

绑□头凳子或椅子上$paŋ^{51}tʂu^{13}ta^0$

"头"做词缀主要构成名词，可以表示方位，相当于"……上/里"，如"高头上面、土头地上、室头家里, 屋里"等；可以表示身体，例如"拳头、骨头"；可以表示植物或一般事物，如"芋头、日头、场头"等；可以表示时间，如"朝头上午、夜头下午"等。有的词同形多义，如"骨头"可以指身体组织，也可以指果实的"核儿"；"肠头"可以指身体器官"肠子"，也可以指"瓜瓤"；"街头"可以指"街上"，也可以指"街道"。

需注意的是，双音节方位词"高头上面"中的"头"一般保留浊音读da^0，当它放在其他名词后构成方位短语时，可以说"……高头"，也可以说"……头"。说"……头"时，声母一般清化读ta^0。试比较：

枱子高头桌子上$ta^{24}ti^0kɔu^{44}da^0$——枱子头桌子上$ta^{24}ti^0ta^0$

绑□高头凳子或椅子上$paŋ^{51}tʂu^{13}kɔu^{44}da^0$——绑□头凳子或椅子上$paŋ^{51}tʂu^{13}ta^0$

"头"做名词后缀读浊音da^0还是清音ta^0，值得我们做广泛的社会语言学调查及实验语音学分析，这不仅对词汇研究有意义，对浊音清化的规律、方式等语音问题的研究也很有帮助。

二　代词

泸溪乡话的代词系统包括人称代词、指示代词、疑问代词。

（一）人称代词

泸溪乡话的人称代词如下表6-1。

表6-1　湖南泸溪乡话人称代词

人称	单数	复数
第一人称	□$ɦia^{24}$、我$ŋɷ^{51}$	□$ɦia^{24}$、□人$ɦia^{24}ɦioŋ^{44}$
第二人称	你$ȵi^{51}$	你$ȵi^{24}$、你人$ȵi^{24}ɦioŋ^{44}$
第三人称	渠zei^{13}	渠zei^{13}、□$zoŋ^{13}$、□人$zoŋ^{13}ɦioŋ^{44}$
其他	自□自己$ts^hi^{44}kεi^0$、大势大家$ta^{51}ʂʅ^{51}$、□（人）人家, 别人$zoŋ^{13}$（$ɦioŋ^{44}$）	

关于泸溪乡话的人称代词，有几点值得我们特别关注：

1. 泸溪乡话人称代词的复数系统比较复杂，有多种复数表达方式。可以通过变音来表达复数，如第二人称单数"你 n.i^{51}"（上声）与复数"你 n.i^{24}"（阳平）；也可以通过单音节复数加"人"来表达，三个人称都可以用这种方式表达复数，如"□人我们ɦa^{24}ɦoŋ^{44}、你人你们n.i^{24}ɦoŋ^{44}、□人他们zoŋ^{13}ɦoŋ^{44}"；还可以用单数的同形形式表达复数，如第一人称"□ɦa^{24}"可以表示单数"我"，也可以表示复数"我们"、第三人称"渠zei^{13}"可以表示单数"他"，也可以表示复数"他们"，表单数还是复数根据具体的语境或添加的词语来判断。例如：

n.i^{51}ti^{44}ta^{0}tɔu^{13}pa^{21}tɔu^{13}pʰo^{44}suo^{44}?

甲：你 今头 到 不 到 白 沙？你今天去不去白沙？

ɦa^{24}ti^{44}ta^{0}pa^{21}tɔu^{13}pʰo^{44}suo^{44}.

乙：□ 今头 不 到 白 沙。我今天不去白沙。

根据上下文的语境可以判断，这句话中的"□ɦa^{24}"是单数"我"。

ɦa^{24}ti^{44}ta^{0}tʰei^{44}pa^{21}tɔu^{13}pʰo^{44}suo^{44}.

□ 今头 通 不 到 白 沙。我们今天都不去白沙。

"通tʰei^{44}"是副词，意思是"都"。据此可以判断，这句话中的"□ɦa^{24}"是复数"我们"。

n.i^{24}a^{44}dɑ^{13}voŋ^{13}pa^{0}?

甲：你 阿大 返 不？你爸爸回来没？

zei^{13}pa^{24}voŋ^{13}.

乙：渠 不 返。他没回来。

根据上下文语境可以判断，这句话中的"渠[zei^{13}]"是单数。

zei^{13}tʰei^{44}pa^{24}voŋ^{13}.

渠 通 不 返。他们都没回来。

ŋɯ^{51}pa^{24}tɕʰyi^{41}zei^{13}ua^{24}i^{24}tʰoŋ^{13}ɦoŋ^{44}.

我 不 怯 渠 □ 一 □ 人。我不怕他们那帮人。

从副词"通都tʰei^{44}"、短语"□一□人那帮人ua^{24}i^{24}tʰoŋ^{13}ɦoŋ^{44}"可以判断，上面两个例句中的"渠zei^{13}"表示复数。

人称代词的几种复数表达方式中，加复数词尾"人"是后起形式，有的乡话点，如古丈县岩头寨乡话，人称代词复数的表达还不大使用加词尾的形式，第一、二人称复数以单音节形式为常。至于第一、三人称用单数的同形形式表达复数，这种现象只在部分老派发音人的自然交谈中出现。新派发音人（包括少数老派发音人）第一、三人称单数复数不同形，第一人称单数一般用"我 ŋɯ⁵¹"不用"□ɦɑ²⁴"，"□ɦɑ²⁴"主要表复数；第三人称"渠 zei¹³"主要表单数，复数一般用"□人 zoŋ¹³ɦoŋ⁴⁴"或"□zoŋ¹³"，不用"渠 zei¹³"。

2. 人称代词复数的多种表达形式，在主语、宾语以及以一般名词和一般称谓为核心的领属语中，常常可以互换。但是在以亲属称谓、集体名词为核心的领属语中，并存的多种形式之间不能任意互换。

A. 核心名词为亲属称谓以及集体名词"室家"，表达单数意义要用人称代词单音节复数形式，且人称代词与核心名词之间不加助词"的"。例如：

ȵi²⁴ɑ⁴⁴dɑ¹³pɑ²¹tsʰɛi⁵¹tsi⁴¹.

你 阿大 不 在 室。你爸爸不在家。

ɦɑ²⁴ɑ⁴⁴dɑ¹³pɑ²¹tsʰɛi⁵¹tsi⁴¹.

□ 阿大 不 在 室。我爸爸不在家。

zei¹³ɑ⁴⁴dɑ¹³pɑ²¹tsʰɛi⁵¹tsi⁴¹.

渠 阿大 不 在 室。他爸爸不在家。

以上例句表达的是单数义"你/我/他（爸爸）"，但是无论新派还是老派都要用复数形式。表示单数义"你爸爸"时，只能用单音节复数"你 ȵi²⁴"，说成"你 ȵi²⁴阿大"，不能用单数"你 ȵi⁵¹"，也不能用双音节复数形式"你人 ȵi²⁴ɦoŋ⁴⁴"。表示单数义"我爸爸"时，只能用"□ɦɑ²⁴阿大"，"□ɦɑ²⁴"部分老派发音人单数复数同形，但我们从"□ɦɑ²⁴"只做复数的发音人以及第二人称代词的同类用法可以推知，此处的"□ɦɑ²⁴"是复数形式。"我爸爸"不能说成"我阿大"，也不说"□人 ɦɑ²⁴ɦoŋ⁴⁴阿大"。表示单数义"他爸爸"时，用"渠 zei¹³阿大"，"渠 zei¹³"部分老派单数复数同形，新派一般只用作单数形式，但是根据与第一、二人称同类相从、同类感染的情况类推，这里的"渠 zei¹³"应该也是复数形式，表达单数意义。"他爸爸"不能说成"□人 zoŋ¹³ɦoŋ⁴⁴阿大"，也不说"□zoŋ¹³阿大"，之所以不能用单音节复数形式"□zoŋ¹³"，也许与"□zoŋ¹³"很可能是"渠人 zei¹³ɦoŋ⁴⁴"合音而成有关。

集体名词"室家"前人称代词的使用情况与亲属称谓情况相同，而不同于其他集体名词。

有时，为了表示亲密，"师傅、徒弟"等一般称谓也用如亲属称谓。不过，这种用法往往受特定语境限制。

B. 核心名词表示集体、单位（"室家"除外），无论是单数意义还是复数意义，表领属的人称代词要用复数形式，且一般不加助词"的"。第一、二人称既可以用单音节复数形式，也可以用双音节复数形式，第三人称只用"□[zoŋ¹³]"或双音节复数形式"□人[zoŋ¹³ɦoŋ⁴⁴]"。例如：

ɦa²⁴/ɦa²⁴ɦoŋ⁴⁴tsʰuɛ⁴⁴va⁵¹si¹³po⁴¹ti⁴⁴ɦoŋ⁴⁴.

□/□ 人 村 有 四 百 多 人。我（们）村有400多人。

ɲi²⁴/ɲi²⁴ɦoŋ⁴⁴tsʰuɛ⁴⁴va⁵¹si¹³po⁴¹ti⁴⁴ɦoŋ⁴⁴.

你/你 人 村 有 四 百 多 人。你（们）村有400多人。

zoŋ¹³/zoŋ¹³ɦoŋ⁴⁴tsʰuɛ⁴⁴va⁵¹si¹³po⁴¹ti⁴⁴ɦoŋ⁴⁴.

□ /□ 人 村 有 四 百 多 人。他（们）村有400多人。

3. 第一人称代词没有包括式和排除式的分别。例如：

ɦa²⁴/ɦa²⁴ɦoŋ⁴⁴ɦaŋ²⁴liau⁰, ɲi⁵¹tsai²⁴tsai²⁴i²⁴tɕʰioŋ⁵¹tsa⁰.

□/□ 人 行 了，你 再 坐 一 □ 子。我们走了，你再坐一会儿。

ɦa²⁴/ɦa²⁴ɦoŋ⁴⁴i²⁴tɕʰi⁵¹ɦaŋ²⁴pa⁰.

□ /□ 人 一起 行 吧。咱们一起走吧。

第一句的排除式"我们"和第二句的包括式"咱们"在乡话中都可用"□ɦa²⁴"或者"□人ɦa²⁴ɦoŋ⁴⁴"，没有包括式和排除式的分别。

4. 第二人称的尊称形式为"你老人家 ɲi⁵¹laŋ⁵¹kuo⁴⁴"，其中，laŋ⁵¹是"老人 lau⁵¹ɦoŋ⁴⁴"的合音。

5. "□zoŋ¹³"和"□人zoŋ¹³ɦoŋ⁴⁴"既可以表示第三人称代词复数，又可以表示旁称，与北京话中的旁称代词"别人、人家"相当。

（二）指示代词

泸溪乡话的指示代词如表6-2。

表6-2 湖南泸溪乡话指示代词

指示代词	近指	远指
指代人或事物	□这lai⁴⁴ □条这个lai⁴⁴lau²⁴	□那ua²⁴ □条那个ua²⁴lau²⁴
指代处所	□里这里laŋ⁴⁴nĩ⁴¹	□里那里uaŋ²⁴nĩ⁴¹
指代时间	□时（候）这时，现在lai⁴⁴ʂʅ²⁴（xou⁰）	□时（候）那时uaŋ²⁴ʂʅ²⁴（xou⁰）
指代性状、方式	□么（高）这么（高）laŋ⁴⁴moŋ⁰ □么（高）这么（高）bĩ⁵¹moŋ⁰ □么（做）这么（做）laŋ⁴⁴moŋ⁰ □么（做）这么（做）bĩ⁵¹moŋ⁰	□么（高）那么（高）uaŋ²⁴moŋ⁰ □么（做）那么（做）uaŋ²⁴moŋ⁰
指代数量	□□这些laĩ⁴⁴ka²⁴	□□那些uaŋ²⁴ka²⁴

关于泸溪乡话的指示代词，有几点值得我们特别关注：

1. 泸溪乡话近指代词"□这lai⁴⁴"、远指代词"□那ua²⁴"指示处所、方式、性状时，受前后音素的影响，常发生音变，例如"□里这里"由 lai⁴⁴n̠i⁴¹ 音变为 laŋ⁴⁴n̠ĩ⁴¹，"□里那里"由 ua²⁴n̠i⁴¹ 音变为 uaŋ²⁴n̠ĩ⁴¹；"□么这么"由 lai⁴⁴moŋ⁰ 音变为 laŋ⁴⁴moŋ⁰，"□么那么"由 ua²⁴moŋ⁰ 音变为 uaŋ²⁴moŋ⁰。

2. 指示方式、性状的代词有三个：□么这么laŋ⁴⁴moŋ⁰、□么这么bĩ⁵¹moŋ⁰、□么那么uaŋ²⁴moŋ⁰。例如：

pa²¹tɕʰi⁵¹uaŋ²⁴moŋ⁰tsei¹³, iɛ⁵¹pa²¹tɕʰi⁵¹laŋ⁴⁴moŋ⁰tsei¹³, tɕʰi⁵¹bĩ⁵¹moŋ⁰tsei¹³.
不 是 □ 么 做， 也 不 是 □ 么 做， 是 □ 么 做。不是那么做，也不是这么做，是这么做。

tʰai¹³ti⁴⁴liau⁰, pa²¹iau¹³uaŋ²⁴moŋ⁰ti⁴⁴, iɛ⁵¹pa²¹iau¹³laŋ⁴⁴moŋ⁰ti⁴⁴, tʂɿ¹³iau¹³bĩ⁵¹moŋ⁰ti⁴⁴tɕiu⁴⁴
太 多 了， 不 要 □ 么 多， 也 不 要 □ 么 多， 只 要 □ 么 多 就
va⁵¹liau⁰.
有 了。太多了，要不了那么多，也要不了这么多，只要这么多就够了。

泸溪乡话中，与"□么那么uaŋ²⁴moŋ⁰"对举的常常是"□么这么laŋ⁴⁴moŋ⁰"，也可以是"□么这么bĩ⁵¹moŋ⁰"。"□么这么bĩ⁵¹moŋ⁰"既可以和"□么那么uaŋ²⁴moŋ⁰"对举，也可以和"□么这么laŋ⁴⁴moŋ⁰"对举，还可以单用。例如：

pa²¹tɕʰi⁵¹uaŋ²⁴moŋ⁰tsei¹³, tɕʰi⁵¹bĩ⁵¹moŋ⁰ tsei¹³.
不 是 □ 么那么做， 是 □ 么这么做。

pa²¹tɕʰi⁵¹laŋ⁴⁴moŋ⁰ tsei¹³, tɕʰi⁵¹bĩ⁵¹moŋ⁰ tsei¹³.
不 是 □ 么这么做， 是 □ 么这么做。

bĩ⁵¹moŋ⁰ tsei¹³pa²¹tua¹³.
□ 么这么做 不 对。

ŋɯ⁵¹tʂɿ¹³iau¹³bĩ⁵¹moŋ⁰kʰɯ⁵¹.
我 只 要 □ 么 颗。我只要这么些。

（三）疑问代词

泸溪乡话的疑问代词如表6-3。

表6-3 湖南泸溪乡话疑问代词

疑问对象	疑问代词
人或事物	何条谁（问人）；哪个（问物）xɯ⁵¹lau²⁴ 什家什么（问事、问物）ɕi²⁴ka⁰
处所	何里哪里 xoŋ⁵¹n̠ĩ²⁴、什家□里什么地方 ɕi²⁴ka⁰kʰaŋ⁵¹n̠i⁴¹

续表

疑问对象	疑问代词
时间	什家时间什么时候 ɕi²⁴kɑ⁰dziɛ²⁴kɑ⁰
数量	好多多少、几 xɑu⁵¹ti⁴⁴
程度	好多、多么 xɑu⁵¹
性状、方式、原因	每几怎么 mei⁴¹tɕi⁵¹、每几样怎么样 mei⁴¹tɕi⁵¹ziɔŋ¹³、每几搞怎么办 mei⁴¹tɕi⁵¹kɑu⁵¹

每类疑问代词我们分别举例如下：

n̪i⁵¹tɕʰi⁵¹xɯ⁵¹lɑu²⁴?（问人）

你 是 何 条? 你是谁?

lai⁴⁴lɑu²⁴lɯ¹³, uɑ²⁴lɑu²⁴n̪iɑn⁴⁴, n̪i⁵¹mɔŋ¹³xɯ⁵¹lɑu²⁴xɑu⁵¹?（问物）

□ 条 大，□ 条 躯，你 望 何 条 好? 这个大，那个小，你看哪个好?

n̪i⁵¹kai⁴⁴uɑŋ²⁴n̪ĩ⁴¹kɑu⁵¹ɕi²⁴kɑ⁰?（问事）

你 跟 □ 里 搞 什 家? 你在那儿干什么?

n̪i⁵¹tuo⁴⁴ɕi²⁴kɑ⁰vɔŋ¹³zɔŋ¹³ɦɔŋ⁴⁴?（问物）

你 □ 什 家 还 □ 人? 你拿什么还人家?

n̪i⁵¹tɔu¹³xɔŋ⁵¹n̪ĩ²⁴tɕʰi¹³?（问处所）

你 到 何 里 去? 你上哪儿去?

n̪i⁵¹kai⁴⁴ɕi²⁴kɑ⁰kʰɑŋ⁵¹n̪i⁴¹lu⁴¹ti⁰tɕiu⁴⁴?（问处所）

你 跟 什 家 □ 里 读 的 书? 你在什么地方读的书?

n̪i⁵¹ɕi²⁴kɑ⁰dziɛ²⁴kɑ⁰tɕʰi¹³?（问时间）

你 什 家 时 间 去? 你什么时候去?

iɑu¹³xɑu⁵¹ti⁴⁴dzai²⁴kiɑ¹³lei⁰?（问数量）

要 好 多 才 够 嘞? 要多少才够呢?

zei¹³ti⁴⁴lai⁴⁴vɑ⁵¹xɑu⁵¹ti⁴⁴tsuɑ¹³sɑ¹³liɑu⁰?（问年龄）

渠 今 年 有 好 多 岁 数 了? 他今年多大了?

lai⁴⁴lɑu²⁴tei²⁴siɛ⁴⁴vɑ⁵¹xɑu⁵¹tʰiou⁵¹lei⁰?（问程度）

□ 条 东 西 有 好 重 嘞? 这个东西有多重呢?

n̪i⁵¹iɑu¹³mei⁴¹tɕi⁵¹ziɔŋ¹³ti⁰?（问性状）

你 要 每 几 样 的? 你要什么样的?

lai⁴⁴lɑu²⁴dzɑ¹³mei⁴¹tɕi⁵¹sio⁵¹?（问方式）

□ 条 字 每 几 写? 这个字怎么写?

ȵi⁵¹mei⁴¹tɕi⁵¹ai⁴⁴pa²¹ɦaŋ²⁴?（问原因）
你 每 几 还 不 行？你怎么还不走？

需注意的是，疑问代词有时并不表疑问。例如，"每几mei⁴¹tɕi⁵¹"用于否定句，表示有一定程度：

pʰo⁴⁴suo⁴⁴tsa¹³ŋω⁵¹kɛi⁵¹tei⁰pa²⁴mei⁴¹tɕi⁵¹/pa²⁴moŋ⁰xau⁵¹.
白 沙 字 我 讲 得 不 每 几/不 么 好。白沙话我说得不怎么好。（"不每几pa²⁴mei⁴¹tɕi⁵¹"也可换成"不么pa²⁴moŋ⁰"）

"每几mei⁴¹tɕi⁵¹"泛指方式或性状：

ȵi⁵¹xoŋ⁴⁴kʰia⁵¹mei⁴¹tɕi⁵¹kau⁵¹tɕiu⁴⁴mei⁴¹tɕi⁵¹kau⁵¹.
你 欢 喜 每 几 搞 就 每 几 搞。你爱怎么办就怎么办。

mei⁴¹tɕi⁵¹kau⁵¹pu²⁴tʰi⁴¹ŋω⁵¹iɛ⁵¹iau¹³tɕʰi¹³.
每 几 搞 不 及 我 也 要 去。不管怎么忙我也要去。

再如"什家ɕi²⁴ka⁰"虚指，表示不确定的事物：

mai⁴⁴kʰia⁵¹dza¹³tei⁴¹i²⁴tʰoŋ²⁴ɦoŋ⁴⁴, tsʰɛi⁵¹laŋ⁴⁴kɛi⁵¹ɕi²⁴ka⁰.
门 口 竖 得 一 口 人， 在 口 讲 什 家。门口站着一帮人，在说着什么。

"什家ɕi²⁴ka⁰"表任指：

va⁵¹liau⁰ɦoŋ⁴⁴, ɕi²⁴ka⁰mai⁴⁴lu⁵¹tʰei⁴⁴xau⁵¹kau⁵¹.
有 了 人， 什 家 门 路 通 好 搞。有了人，什么事都好办。

"什家ɕi²⁴ka⁰"表示惊讶或不满：

ɕi²⁴ka⁰? zei¹³tei¹³ȵi⁵¹xaŋ¹³da¹³!
什 家？ 渠 得 你 喊 大！什么？她管你叫爸爸！

三 数词

关于泸溪乡话的数词，我们在《湖南泸溪梁家潭乡话研究》（2016）中重点介绍了"二ɦoŋ¹³""两tsuo⁵¹""三soŋ⁴⁴""三suo⁴⁴"的用法。本书在此基础上进一步补充完善，同时介绍数词的其他用法。

1. 倍数的表达

表达倍数，一倍说"一平分i²⁴faŋ²⁴fai⁴⁴"。例如：

ŋω⁵¹va⁵¹tsuo⁵¹lau²⁴, ȵi⁵¹va⁵¹si¹³lau²⁴, ȵi⁵¹ti⁴⁴ŋω⁵¹(i²⁴) faŋ²⁴fai⁴⁴.
我 有 两 条， 你 有 四 条， 你 多 我（一） 平 分。我有两个，你有四个，你比我多一倍。

"一平分i²⁴faŋ²⁴fai⁴⁴"不仅表示"一倍"，也可表示"一半"。例如：

一平分—半i²⁴faŋ²⁴fai⁴⁴ | 大平分—大半儿lo¹³faŋ²⁴fai⁴⁴ | 躺平分—少半ȵian⁴⁴faŋ²⁴fai⁴⁴

当表达两倍、三倍等一以上倍数时，用"份vai¹³""颗些kʰω⁵¹"。例如：

ŋω⁵¹vɑ⁵¹tsuo⁵¹lau²⁴, n̩i⁵¹vɑ⁵¹liɑ⁴¹lau²⁴, n̩i⁵¹ti⁴⁴ŋω⁵¹tsuo⁵¹vai¹³/kʰω⁵¹.
我 有 两 条, 你 有 六 条, 你 多 我 两 份/颗。我有两个，你有六个，你比我多两倍。

2. 分数的表达

泸溪乡话用以下方式表达分数。例如：

suo⁴⁴ku⁵¹vɑ⁵¹tsuo⁵¹ku⁵¹.
三 股 有 两 股。三分之二。

lai⁴⁴tei⁴⁴siɛ⁴⁴n̩i⁵¹ɦoŋ⁵¹ku⁵¹tuo⁴⁴tsuo⁵¹ku⁵¹.
□ 东 西 你 五 股 □ 两 股。这东西你拿五分之二。

ua²⁴tei⁴⁴siɛ⁴⁴ɦoŋ⁵¹vai¹³n̩ioŋ⁴⁴dɑ⁰ŋω⁵¹tsʅ⁵¹vɑ⁵¹suo⁴⁴vai¹³.
□ 东 西 五 份 □ 头 我 只 有 三 份。那东西我只占五分之三。

3. 概数的表达

泸溪乡话常用两个数字相连表达概数。例如：

一两（条）i²⁴tsuo⁵¹（lau²⁴）｜一二（条）i²⁴ɦoŋ¹³（lau²⁴）｜两三（条）tsuo⁵¹suo⁴⁴（lau²⁴）｜二三（条）ɦoŋ¹³suo⁴⁴（lau²⁴）｜三四（条）suo⁴⁴si¹³（lau²⁴）｜三五（条）suo⁴⁴ɦoŋ⁵¹（lau²⁴）｜二十八九（条）ɦoŋ¹³tʂʅ⁴⁴pa⁴¹tɕia⁵¹（lau²⁴）

也可以加"把pɑ⁵¹"（pɑ⁵¹常弱化为pu⁰）"来zai²⁴""□下tɕi⁵¹ɦuo⁵¹""边头piɛ¹³dɑ⁰""黏边n̩io⁴⁴piɛ¹³"等词语来表达概数。例如：

条把个把lau²⁴pu⁰｜条把两条个把两个lau²⁴pu⁰tsuo⁵¹lau²⁴｜百把/来条百把个po⁴¹pu⁰/zai²⁴lau²⁴｜千把人tsʰai⁴⁴pu⁰ɦoŋ⁴⁴｜里把道里把路li⁴¹pɑ⁵¹sau⁵¹｜十来条十来个tʂʅ⁴⁴zai²⁴lau²⁴｜五百斤□下/边头五百斤左右ɦoŋ⁵¹po⁴¹tɕiɛ⁴⁴tɕi⁵¹ɦuo⁵¹/piɛ¹³dɑ⁰｜黏边三十岁n̩io⁴⁴piɛ¹³soŋ⁴⁴tʂʅ⁴⁴tsua¹³

4. "二ɦoŋ¹³""两tsuo⁵¹""三soŋ⁴⁴""三suo⁴⁴"

（1）十以内的数目，"两tsuo⁵¹""三suo⁴⁴"一般用于基数，"二ɦoŋ¹³""三soŋ⁴⁴"一般用于序数。例如：

一i²⁴、两tsuo⁵¹、三suo⁴⁴、四si¹³；

初二tsʰei⁴⁴ɦoŋ¹³、初三tsʰei⁴⁴soŋ⁴⁴｜二哥ɦoŋ¹³kω⁴⁴、三哥soŋ⁴⁴kω⁴⁴｜第二ti¹³ɦoŋ¹³、第三ti¹³soŋ⁴⁴

ŋω⁵¹tsʰɛi⁵¹tsi⁴¹dɑ⁰tɕʰi⁵¹lau⁵¹soŋ⁴⁴.
我 在 室 头家里是老 三。

n̩i⁵¹tɕʰi⁵¹lω¹³kω⁴⁴, ŋω⁵¹tɕʰi⁵¹ɦoŋ¹³kω⁴⁴, zei¹³tɕʰi⁵¹lau⁵¹soŋ⁴⁴/suo⁴⁴.
你 是 大 哥, 我 是 二 哥, 渠 是 老 三。

lau⁵¹suo⁴⁴/soŋ⁴⁴, kʰua¹³! kω¹³zai²⁴!
老 三, 快 过 来!

第一个例句"我在室头是老三"中的"老三"表排行序数，用"老三 lau⁵¹soŋ⁴⁴"不用"lau⁵¹suo⁴⁴"。第二个例句中"渠是老三"中的"老三"可以说"老三 lau⁵¹soŋ⁴⁴"，此时重在表序，也可以说"lau⁵¹suo⁴⁴"，此时是一般称谓。第三个例句中的"老三"是一般称谓，但用"lau⁵¹suo⁴⁴"更自然，偶尔也可用"老三 lau⁵¹soŋ⁴⁴"。

（2）十以上的数目，处在个位时，只能用"二 ɦoŋ¹³""三 soŋ⁴⁴"，不用"两 tsuo⁵¹""三 suo⁴⁴"。例如：

十二 tʂʰȵ⁴⁴ɦoŋ¹³ ｜ 二十二 ɦoŋ¹³tʂʰȵ⁴⁴ɦoŋ¹³ ｜ 三十二 soŋ⁴⁴tʂʰȵ⁴⁴ɦoŋ¹³ ｜ 一百一十二 i²⁴po⁴¹i⁴¹tʂʰȵ⁴⁴ɦoŋ¹³ ｜ 十三 tʂʰȵ⁴⁴soŋ⁴⁴ ｜ 二十三 ɦoŋ¹³tʂʰȵ⁴⁴soŋ⁴⁴ ｜ 三十三 soŋ⁴⁴tʂʰȵ⁴⁴soŋ⁴⁴

处在位数词前，分不同情况。

位数词"十"之前一般只用"二 ɦoŋ¹³""三 soŋ⁴⁴"。例如：

二十 ɦoŋ¹³tʂʰȵ⁴⁴ ｜ 二十一 ɦoŋ¹³tʂʰȵ⁴⁴i⁴¹ ｜ 一百二（十）i²⁴po⁴¹ɦoŋ¹³（tʂʰȵ⁴⁴）｜
三十 soŋ⁴⁴tʂʰȵ⁴⁴ ｜ 三十一 soŋ⁴⁴tʂʰȵ⁴⁴i⁴¹ ｜ 一百三（十）i²⁴po⁴¹soŋ⁴⁴（tʂʰȵ⁴⁴）｜
三十夜_{除夕} soŋ⁴⁴tʂʰȵ⁴⁴ʑio¹³

位数词"万"之前，一般用"两 tsuo⁵¹""三 suo⁴⁴"，例如：

两万 tsuo⁵¹mai¹³ ｜ 三万五千 suo⁴⁴mai¹³ɦoŋ⁵¹tsʰai⁴⁴

位数词"百""千"前，"二 ɦoŋ¹³""三 soŋ⁴⁴""两 tsuo⁵¹""三 suo⁴⁴"都可用。

（3）与度量衡量词结合，"二 ɦoŋ¹³""两 tsuo⁵¹"可以自由使用。例如：

两/二斤 tsuo⁵¹/ɦoŋ¹³tɕiɛ⁴⁴　　两/二两 tsuo⁵¹/ɦoŋ¹³lioŋ⁵¹

两/二尺 tsuo⁵¹/ɦoŋ¹³tɕʰio⁴¹　　两/二丈 tsuo⁵¹/ɦoŋ¹³tʰioŋ⁵¹

两/二里 tsuo⁵¹/ɦoŋ¹³li⁴¹　　两/二亩 tsuo⁵¹/mɤ⁴¹

"三 soŋ⁴⁴"与度量衡词组合不如"二 ɦoŋ¹³""两 tsuo⁵¹"自由，除"丈"外，度量衡词前更多用"三 suo⁴⁴"而不大用 soŋ⁴⁴。例如：

三斤 suo⁴⁴tɕiɛ⁴⁴　三两 suo⁴⁴lioŋ⁵¹　三尺 suo⁴⁴tɕʰio⁴¹　三里 suo⁴⁴li⁴¹　三亩 suo⁴⁴mɤ⁴¹

"丈"情况特殊，"三丈 suo⁴⁴tʰioŋ⁵¹""三丈 soŋ⁴⁴tʰioŋ⁵¹"自由使用。

（4）与个体量词结合时，一般用"两 tsuo⁵¹""三 suo⁴⁴"，例如：

两条人 tsuo⁵¹lau²⁴ɦoŋ⁴⁴　　　　三条人 suo⁴⁴lau²⁴ɦoŋ⁴⁴

两根棍棍_{棍子}tsuo⁵¹kẽ⁴⁴kuɛ¹³kuɛ¹³　　三根棍棍 suo⁴⁴kẽ⁴⁴kuɛ¹³kuɛ¹³

"二道 ɦoŋ¹³tɔu¹³"是固定说法，表示"重复、再"的意思，其中"二 ɦoŋ"含表序义，与"两道_{两遍}tsuo⁵¹tɔu¹³"意思不同。例如：

（ai⁴⁴）sa⁵¹i⁴¹poŋ²⁴ɦoŋ¹³tɔu¹³.

（还）数　一盘　二　道。_{再数一遍。}

dɛi²⁴tsai²⁴ŋɤ⁵¹tʰei⁴⁴iau⁴⁴sɑ⁵¹tsuo⁵¹tɔu¹³.

铜　钱　我　通　要　数　两　道。_{钱我都要数两遍。}

5. "十"

"十"既可以做位数词，又可以做系数词。可以读 tʂʰʅ⁴⁴，又可以读 ʂʅ⁴⁴，前者是白读音，后者是文读音。一般来说，做系数词时人们多用白读音 tʂʰʅ⁴⁴，做位数词时，可以用白读音 tʂʰʅ⁴⁴，也常用文读音 ʂʅ⁴⁴。例如：

十 tʂʰʅ⁴⁴ ｜ 十一 tʂʰʅ⁴⁴i⁴¹ ｜ 十二 tʂʰʅ⁴⁴ɦoŋ¹³ ｜ 十八 tʂʰʅ⁴⁴pɑ⁴¹

一十 i²⁴tʂʰʅ⁴⁴/ʂʅ⁴⁴ ｜ 二十 ɦoŋ¹³tʂʰʅ⁴⁴/ʂʅ⁴⁴ ｜ 八十 pɑ⁴¹tʂʰʅ⁴⁴/ʂʅ⁴⁴

四 量词

泸溪乡话量词丰富，对象不同，对应的个体量词也不同，量词的具体搭配可参看本书词汇部分。本节重点介绍泸溪乡话中有特色的通用量词"条lau²⁴""□tʰu⁴⁴""□lẽ²⁴"。

通用量词"条lau²⁴""□tʰu⁴⁴""□lẽ²⁴"都可以用于人，也可以用于事或物，但有区别。相对来说，"条lau²⁴"适用范围较"□tʰu⁴⁴"和"□lẽ²⁴"更广泛。用于人时，褒义、贬义、中性都可用"条lau²⁴"，而"□tʰu⁴⁴""□lẽ²⁴"一般用于贬义。例如："一条师父一位老师""一条老人家一位老人家"中的"条lau²⁴"不能换成"□tʰu⁴⁴/□lẽ²⁴"，而"一个疯子""一个扒手"可以说"一条癫子""一条贼头"，也可以说"一□tʰu⁴⁴/□lẽ²⁴癫子""一□tʰu⁴⁴/□lẽ²⁴贼头"。

指事物时，"条lau²⁴"不受大小限制，而"□tʰu⁴⁴"多用于较大的事物，"□lẽ²⁴"多用于较小的事物。例如"猪栏""室房屋""风车""牛""猪"等较大的东西，通用量词可以用"条lau²⁴"，也常用"□tʰu⁴⁴"；"虫蚕""觓鱼子小鱼""觓鸡子小鸡""橘红橘子""尺"等较小的东西，通用量词除了用"条lau²⁴"外，也常用"□lẽ²⁴"。

"□tʰu⁴⁴"和"□lẽ²⁴"搭配对象受"大""小"限制，这种大、小可以是客观上的大小之别，也可以是主观上的大小之分。例如："一只鸡"可以说"一条鸡"，也可以说"一□lẽ²⁴鸡"或者"一□tʰu⁴⁴鸡"；"一只小猪"可以说"一条觓猪子"，也可以说"一□lẽ²⁴觓猪子"或者"一□tʰu⁴⁴觓猪子"；"一把火钳"可以说"一条铁夹"，也可以说"一□lẽ²⁴铁夹"或者"一□tʰu⁴⁴铁夹"；"一件事"可以说"一条门路"，也可以说"一□lẽ²⁴门路"或者"一□tʰu⁴⁴门路"。一般来说，用"□lẽ²⁴"时主观感觉小，用"□tʰu⁴⁴"时主观感觉大。

"□tʰu⁴⁴"和"□lẽ²⁴"是地道的乡话词，一些新词，或者后来引进的事物，往往用通用量词"条"而不用"□tʰu⁴⁴"和"□lẽ²⁴"。例如："油瓷 ziɑ⁴⁴tsi²⁴油炸糍粑"是乡话区的传统食品，"一个油炸糍粑"可以说"一条油瓷"，也可以说"一□lẽ²⁴/tʰu⁴⁴油瓷"，但是"油煎条油条 ziɑ⁴⁴tɕiɛ⁴⁴tiau²⁴"是后来有的食品，通用量词一般用"条"而不用"□tʰu⁴⁴"和"□lẽ²⁴"。

第二节

句 法

一 处置句和被动句

(一) 处置句

泸溪乡话处置句一般用介词"得 tei^{13}"或"□tuo^{44}"引进所处置或所关涉的对象。此时"得 tei^{13}"和"□tuo^{44}"可以互换。例如：

tɕʰi^{51}zei^{13}tei^{13}/tuo^{44}ua^{24}pei^{44}pei^{44}kʰa^{51}fɛi^{51}liau^{0}.
是　渠　得/□　□　杯　杯　□　腐　了。是他把那个杯子打碎了。

zei^{13}tei^{13}/tuo^{44}zoŋ^{13}ɦoŋ^{44}la^{51}kʰu^{0}tʰei^{44}kʰa^{51}tʂʰu^{41}ɕyi^{41}liau^{0}.
渠　得/□　□　人　脑　壳　通　□　出　血　了。他把人家脑袋都打出血了。

n̩i^{51}mei^{41}tɕi^{51}lẽ^{24}kia^{13}tei^{13}/tuo^{44}ɦoŋ^{44}pa^{24}toŋ^{44}ɦoŋ^{44}lei^{0}?
你　每　几　能　够　得/□　人　不　当　人　嘞？你怎么能不把人当人呢？

va^{51}ka^{24}kʰaŋ^{51}n̩i^{41}tei^{13}/tuo^{44}tʰai^{24}iaŋ^{24}xaŋ^{13}ɦoŋ^{41}dɑ^{0}.
有　□　□　里　得/□　太　阳　喊　日　头。有的地方管太阳叫日头。

zei^{13}tei^{13}/tuo^{44}ɕi^{24}ka^{0}tʰei^{44}toŋ^{44}tɕiɛ^{44}ti^{0}.
渠　得/□　什　家　通　当　真　的。他拿什么都当真的。

ŋaŋ^{13}tuo^{44}/tei^{13}zei^{13}pɑ^{21}va^{51}pan^{51}fa^{41}.
硬　□/得　渠　不　有　办　法。真拿他没办法。

paŋ^{44}kʰua^{13}tuo^{44}/tei^{13}zei^{13}tsʰẽ^{51}zai^{24}.
帮＝快　□/得　渠　请　来。赶快把他请来。

为了解处置句中介词"得 tei^{13}"和"□tuo^{44}"的来源及演变，我们介绍"得 tei^{13}"和

"□tuo⁴⁴"的其他用法。

"得tei¹³"做介词可用在动词后引出交与对象，如下面处置句中的第二个"得"：

tei¹³uɑ¹³lau²⁴tei⁴⁴siɛ⁴⁴ti⁵¹tei¹³ŋɷ⁵¹.

得 □ 条 东 西 递 得 我。把那个东西递给我。

"得tei¹³"做介词还可用于句中加强祈使语气。例如：

mo⁴¹tʰuɑ⁴⁴, n̠i⁵¹tei¹³ŋɷ⁵¹dza¹³tɔu⁰!

莫 □， 你 得 我 竖 倒！别跑，你给我站着！

"得tei¹³"做动词主要表示给予或赠送义。例如：

tei¹³ŋɷ⁵¹i²⁴pai⁵¹tɕiu⁴⁴.

得 我 一 本 书。给我一本书。

tei¹³n̠i⁵¹suo⁴⁴ioŋ⁴¹ɦoŋ⁴¹ku⁵¹.

得 你 三 日 日 牯。给你三天时间。

tei¹³kuo¹³tsuɑn⁴⁴.

得 嫁 妆。过嫁妆。

tei¹³n̠iu⁵¹.

得 女。嫁闺女。

tei¹³ŋɷ⁵¹tei¹³tɕi⁴¹pɑ⁴¹.

得 我 得 只 笔。给我一支笔。

"得"还可表示使役义，读[tei⁴¹]。例如：

tei⁴¹ŋɷ⁵ʂʅ²⁴i²⁴ʂʅ²⁴.

得 我 试 一 试。让我试一试。

"□tuo⁴⁴"做介词除引进处置或关涉对象外，还可引进所凭借的工具、材料、方法等。例如：

moŋ¹³n̠i⁵¹lai⁴⁴ʂʅ²⁴tuo⁴⁴ɕi²⁴kɑ⁰voŋ¹³zoŋ¹³ɦoŋ⁴⁴.

望 你 □ 时 □ 什家 还 □ 人。看你现在拿什么还人家。

"□tuo⁴⁴"做动词主要表示抓拿、使用义。例如：

lai⁴⁴tei⁴⁴siɛ⁴⁴ŋɷ⁵¹tuo⁴⁴tei⁴¹dzɛi⁵¹, zei⁵¹ŋɷ⁴⁴pu²¹dzɛi⁵¹.

□这 乐 西 我 □拿 得 动， 渠 □拿 不 动。

kʰuɑ¹³tɕʰi¹³tei¹³tɕiu⁴⁴tuo⁴⁴tei¹³zei¹³.

快 去 得 书 □ 得 渠。快去把书拿给他。

tuo⁴⁴tɕi⁴¹pɑ⁴¹tei¹³ŋɷ⁵¹.

□ 只 笔 得 我。拿支笔给我。

zei¹³pɑ²⁴xa⁵¹tuo⁴⁴tiu¹³.

渠　不　会　□　箸。他不会使筷子。

"得"和"□tuo⁴⁴"表处置功能，跟表给予、表使役的功能关系密切。这个跟北京话的"给""让"相似。

（二）被动句

泸溪乡话被动句中做被动标志的主要是"着tʰω⁴⁴"。例如：

zei¹³tʰω⁴⁴ai⁴⁴ȵiaŋ²⁴kɛi⁵¹li²⁴liau⁰.

渠　着　阿娘　讲　啼了。他被妈妈说哭了。

tɕiu⁴⁴siɛ¹³tʰei⁴⁴tʰω⁴⁴fɑ⁵¹ɕiau⁴⁴liau⁰.

书　信　通　着　火　烧　了。书信都被火烧了。

tʰω⁴⁴zoŋ¹³ɦoŋ⁴⁴tʰei⁴⁴kʰɑ⁵¹uɛ⁴⁴liau⁰.

着　□　人　通　□　晕　了。让人给打晕了。

tʰω⁴⁴vɑ⁵¹dzω⁴¹tɔu⁰i²⁴ɕiɛ⁴⁴tɕiau⁴⁴dzi¹³.

着　雨　落　倒　一　身　浇　湿。给雨淋了个浑身湿透。

"着tʰω⁴⁴"后面的施事者可以不出现。例如：

oŋ⁵¹tʰω⁴⁴kʰɑ⁵¹fɛi⁵¹liau⁰.

碗　着　□　腐　了。碗被打破了。

"着tʰω⁴⁴"还可做动词，有多种意义。例如：

tʰω⁴⁴tsʰẽ¹³liau⁰.（受到）

着　清　了。着凉了。

tai⁵¹tʰω⁴⁴fɑ⁵¹liau⁰.（燃）

点　着　火　了。点着火了。

zei¹³kʰuɛ¹³tʰω⁴⁴liau⁰.

渠　睏　着　了。他睡着了。（用在动词后，表示已经达到目的或有了结果）

tɕiu⁴⁴ai⁴⁴pɑ²¹lω⁵¹tʰω⁴⁴.

书　还　不　□　着。书还没找着。（用在动词后，表示已经达到目的或有了结果）

二　双宾句

泸溪乡话双宾句的结构与普通话一样，一般是"动词＋间接宾语＋直接宾语"。例如：

ŋω⁵¹pɔu¹³ȵi⁵¹i²⁴ lau²⁴sʅ⁵¹.

我　报　你　一　条　事。我告诉你一件事。

uɑ²⁴lau²⁴mɑ⁵¹ʑyi¹³ti⁰pʰiɛ¹³liau⁰zei¹³i²⁴tsʰai⁴⁴kʰuɑ¹³dɛi²⁴tsai²⁴.

□　条那个卖　药　的骗　了　渠　一千　块　铜　钱。

ŋɷ⁵¹tsi⁴¹liɑu⁰zei¹³soŋ⁴⁴po⁴¹kʰuɑ¹³dɛi²⁴tsai²⁴, ai⁴⁴pɑ²¹voŋ²⁴.

我 借 了 渠 三 百 块 铜 钱, 还 没 还。

tei¹³ȵi⁵¹i²⁴pai⁵¹tɕiu⁴⁴.

得给你 一 本 书。

当动词表给予义时，可以用双宾句，也可以用动词分别引出间接宾语和直接宾语。例如：

tei¹³ȵi⁵¹tei¹³pai⁵¹tɕiu⁴⁴.

得 你 得 本 书。

三 比较句

泸溪乡话常用的比较句主要有两种：等比句和差比句。比较句一般由比较项、比较词、比较结果等几部分构成。有的比较句可不出现比较词。

1. 等比句

被比较的事物具有一致性时用等比句。等比句的常见形式为"甲跟乙一样A、甲有乙那么A"。例如：

ŋɷ⁵¹kai⁴⁴zei¹³i²⁴ʑioŋ¹³kɔu⁴⁴.

我 跟 渠 一样 高。

ŋɷ⁵¹kai⁴⁴zei¹³i²⁴ʑioŋ¹³ti⁰vɑ⁵¹dɛi²⁴tsai²⁴.

我 跟 渠 一样 的有 铜 线。

lai⁴⁴lɑu²⁴kai⁴⁴uɑ²⁴lɑu²⁴ȵian⁴⁴lɷ¹³i²⁴ʑioŋ¹³.

□ 条 跟 □ 条 舥 大 一样。这个跟那个大小一样。

2. 差比句

被比较的事物有差别时用差比句。差比肯定句主要有三种形式：

（1）比较项之间用比较词连接。例如：

lai⁴⁴lɑu²⁴ pi⁵¹uɑ²⁴lɑu²⁴ xɑu⁵¹.

□ 条这个比 □ 条那个好。

lai⁴⁴lɑu²⁴ pi⁵¹uɑ²⁴lɑu²⁴xɑu⁵¹ti⁴⁴liɑɯ⁰.

□ 条这个比 □ 条那个好 多 了。

ŋɷ⁵¹pi⁵¹zei¹³lɷ¹³.

我 比 渠 大。

ŋɷ⁵¹pi⁵¹zei¹³lɷ¹³suo⁴⁴tsuɑ¹³.

我 比 渠 大 三 岁。

lai⁴⁴lau²⁴pi⁵¹ua²⁴lau²⁴ȵian⁴⁴kʰω⁵¹kʰω⁵¹tsɑ⁰.

□ 条 比 □ 条 躺 颗 颗 子。这个比那个小了一点点儿。

ŋω⁵¹pi⁵¹zei¹³ti⁴⁴tsuo⁵¹vai¹³.

我 比 渠 多 两 份。我比他多两倍。

（2）比较项之间有时可以不用比较词，而用比较结果连接。例如：

ŋω⁵¹lω¹³zei¹³.

我 大 渠。我比他大。

ŋω⁵¹lω¹³zei¹³suo⁴⁴tsuɑ¹³.

我 大 渠 三 岁。我比他大三岁。

ŋω⁵¹ti⁴⁴zei¹³tsuo⁵¹vai¹³.

我 多 渠 两 份。我比他多两倍。

（3）有时可以用某种固定的格式表比较。例如：

ŋω⁵¹vɑ⁵¹zei¹³tsuo⁵¹vai¹³（uaŋ²⁴moŋ⁰）ti⁴⁴.

我 有 渠 两 份 （那 么） 多。我比他多一倍。

比较句的否定形式一般用"不有 pa²⁴vɑ⁵¹"或"不敌 pa²¹di²⁴"。例如：

ua²⁴lau²⁴pa²¹vɑ⁵¹/pa²¹di²⁴lai⁴⁴lau²⁴xau⁵¹.

□ 条 不 有/不 敌 □ 条 好。那个没有这个好。

lai⁴⁴kɑ²⁴tsi⁴¹pa²¹vɑ⁵¹/pa²¹di²⁴ua²⁴kɑ²⁴tsi⁴¹xau⁵¹.

□ □ 室 不 有/不 敌 □ □ 室 好。这些房子不如那些房子好。

ti⁴⁴tɑ⁰ti⁰tʰai⁴⁴sẽ⁴⁴pa²¹vɑ⁵¹/pa²¹di²⁴kʰuo²⁴tɕi⁵¹xau⁵¹.

今 头 的 天 星 不 有 /不 敌 昨 几 好。今天的天气没有昨天好。

相比之下，"不有 pa²⁴vɑ⁵¹"用得更多。下面句子一般用"不有 pa²⁴vɑ⁵¹"。例如：

ŋω⁵¹pa²¹vɑ⁵¹zei¹³tsuo⁵¹vai¹³uaŋ²⁴moŋ⁰ti⁴⁴.

我 不 有 渠 两 份 那 么 多。我没比他多一倍。

有的句子可以用"不一样"否定。例如：

lai⁴⁴lau²⁴kai⁴⁴ua²⁴lau²⁴pa²⁴i²⁴ʑioŋ¹³lω¹³.

□ 条 跟 □ 条 不 一 样 大。这个和那个不一样大。

四　疑问句

（一）是非问

是非问形式上与陈述句、祈使句没有什么区别，不同的是句调用升调，回答时可以只用"是""不是"来回答。例如：

ȵi⁵¹tsʰɛi⁵¹tsi⁴¹da⁰?

你 在　室 头? <small>你在家?</small>

ȵi⁵¹tɕʰi⁵¹sa⁴⁴fu⁰?

你 是　师 傅? <small>你是老师?</small>

ti⁴⁴ta⁰tɕʰi⁵¹sẽ⁴⁴tɕʰi⁴⁴suo⁴⁴la⁰?

今 头 是 星 期 三 啦?

是非问句末可以用语气词"吗"来加强疑问语气。例如：

ȵi²⁴tsʰɛi⁵¹uaŋ²⁴ȵi⁴¹tɕʰioŋ¹³kɯ⁴⁴ma⁰?

你 在　□那 里 唱　歌 吗?

zei¹³iɑu¹³zai²⁴ma⁰?

渠　要　来 吗?

zei¹³voŋ¹³tɕʰi¹³ti⁰tɕʰi⁵¹ma⁰?

渠 返 去 的 是 吗? <small>他回去了是吗?</small>

ȵi⁵¹kʰuo²⁴tɕi⁵¹tɔu¹³liɑu⁰ma⁰?

你 昨　几 到 了 吗? <small>你昨天去了吗?</small>

ȵi⁵¹ɕi⁵¹iɛ⁴⁴ti⁰ma⁰?

你 饮 烟 的 吗?

这种带语气词"吗"的是非问句发音人更习惯用反复问句的简省形式来表达。例如："你在那唱歌吗？"常说成"你在那唱歌不pa⁰？""你昨几到了吗<small>你昨天去了吗</small>？"常说成"你昨几到了不pa⁰？"以上例句中的"吗"都可换成"不pa⁰"，此时的疑问焦点实际上已发生了变化，带"吗"的是非问疑问焦点是整个句子，换成"不pa⁰"后疑问焦点在谓语部分。

（二）特指问

泸溪乡话的特指问与普通话的特指问在形式上是一致的，只是所用疑问代词词形不同。例如：

zei¹³tɕʰi⁵¹lɯ⁵¹xɯ⁵¹lɑu²⁴lei⁰?

渠　是　□何　条　嘞? <small>他是找谁呢?</small>

zei¹³kai⁴⁴uaŋ²⁴nĩ⁴¹kau⁵¹ɕi²⁴ka⁰lei⁰?

渠 跟　□ 里 搞　什 家 嘞? <small>他在那里干什么呢?</small>

ȵi⁵¹tɔu¹³xoŋ⁵¹nĩ²⁴tɕʰi¹³?

你 到 何 里 去? <small>你上哪儿去?</small>

ȵi⁵¹ɕi²⁴ka⁰dziɛ²⁴ka⁰tɕʰi¹³?

你 什 家 时 间 去? <small>你多会儿去?</small>

ŋɯ⁵¹ɕi⁵¹xuan⁴⁴ɦɛi²⁴ian²⁴siɛ¹³ti⁰, n̠i⁵¹lei⁰?

我 喜欢 红 颜 色 的，你 嘞?

（三）选择问

选择问句是问话人提出几种可供选择的情况，要听话人做出回答。选择项常用"（是）……还是……"这一类的连接词来连接。例如：

tɕʰi⁵¹n̠i⁵¹ai⁴⁴tɕʰi⁵¹zei¹³iɑu¹³tɕʰi¹³pei²⁴tɕĩ⁴⁴ɑ⁰?

是 你 还是 渠 要 去 北 京 啊?

n̠i⁵¹kʰɛi⁵¹ʑiu²⁴tɕyi²⁴xoŋ²⁴ai⁴⁴tɕʰi⁵¹kʰɛi⁵¹ʑiu²⁴bu²⁴tʰɔu⁰?

你 肯 食 橘 红 还是 肯 食 葡 萄? 你想吃橘子还是想吃葡萄?

n̠i⁵¹tɕʰi⁵¹ɛi⁵¹iɛ⁴⁴lei⁰, ai⁴⁴tɕʰi⁵¹ɛi⁵¹tɕʰyɛ⁵¹?

你 是 饮 烟 嘞，还是 饮 荈? 你是抽烟呢，还是喝茶?

fi²⁴ti⁰xɑu⁵¹ai⁴⁴tɕʰi⁵¹ɕiu¹³ti⁰xɑu⁵¹?

肥 的 好 还是 瘦 的 好? 胖的好还是瘦的好?

tsai²⁴tɔu⁰ʑiu²⁴xɑu⁵¹, ai⁴⁴tɕʰi⁵¹dzɑ¹³tɔu⁰ʑiu²⁴xɑu⁵¹?

坐 倒 食 好，还是 竖 倒 食 好? 坐着吃好，还是站着吃好?

tɕyi²⁴xoŋ²⁴n̠i⁵¹ʑiu²⁴ai⁴⁴tɕʰi⁵¹pɑ²¹ʑiu²⁴?

橘 红 你 食 还是 不 食?

（四）反复问

反复问中，问话人只提出肯定与否定两项，要求听话人在肯定与否定之中做出回答。从某种意义上说，反复问也是一种选择，是一种针对于正与反，或者是肯定与否定的选择。我们依据形式把"橘红你食还是不食?"这类句子放到选择问，把"橘红你食不食?"放到反复问。

泸溪乡话中的反复问句主要有以下几种形式：

1. V（P）不V（P）

（1）VP不VP——V不VP

n̠i⁵¹vɑ⁵¹dɛi²⁴tsai²⁴pɑ²¹vɑ⁵¹dɛi²⁴tsai²⁴?

你 有 铜 钱 不 有 铜 钱? 你有钱没有钱?

n̠i⁵¹ɛi⁵¹iɛ⁴⁴pɑ²¹ɛi⁵¹iɛ⁴⁴?

你 饮 烟 不 饮 烟? 你抽烟不抽烟?

lai⁴⁴kɑ²⁴dzɑ¹³n̠i⁵¹n̠iɛ¹³tei⁴¹tɑu⁵¹n̠iɛ¹³pu²¹tɑu⁵¹?

□ □ 字 你 认 得 到 认 不 到? 这些字你认得不认得?

n̠i⁵¹kʰuo²⁴tɕi⁵¹tɔu¹³pʰo⁴⁴suo⁴⁴pɑ²¹tɔu¹³pʰo⁴⁴suo⁴⁴?

你 昨 几 到 白 沙 不 到 白 沙? 你去白沙没去白沙?

这类VP不VP常说成V不VP。例如：

ȵi⁵¹vɑ⁵¹pɑ²¹vɑ⁵¹dɛi²⁴tsai²⁴?

你 有 不 有 铜 钱？

ȵi⁵¹ɛi⁵¹pɑ²¹ɛi⁵¹iɛ⁴⁴?

你 饮 不 饮 烟？

lai⁴⁴kɑ²⁴dzɑ¹³ȵi⁵¹ȵiɛ¹³pu²¹ȵiɛ¹³tei⁴¹tau⁵¹?

□ □ 字 你 认 不 认 得 到？

ȵi⁵¹kʰuo²⁴tɕi⁵¹tɔu¹³pɑ²¹tɔu¹³pʰo⁴⁴suo⁴⁴?

你 昨 几 到 不 到 白 沙？

（2）V不V

V可以是动词，也可以是形容词。例如：

lai⁴⁴lau²⁴sʅ⁵¹zei¹³ɕiau⁵¹tei⁴¹pɑ²⁴ɕiau⁵¹tei⁴¹?

□ 条 事 渠 晓 得 不 晓 得？ 这件事他知道不知道？

ȵi⁵¹tʰaŋ⁴⁴tʰaŋ⁴⁴lai⁴⁴maŋ⁴⁴sɑ⁴⁴pɑ²¹sɑ⁴⁴?

你 听 听 □ 糜 馊 不 馊？ 你闻闻这饭馊没馊？

kaŋ⁴⁴ti⁰ɦɛi²⁴pɑ²¹ɦɛi²⁴?

柑 子红 不 红？ 柑红不/没红？

2. V（P）不

为求语言的简洁，反复问句通常简省成"V（P）不"形式。句末的"不pɑ²⁴"我们记为轻声，不同于轻读位置的"不pɑ²¹"，当强调否定时，轻读位置的"不pɑ²¹"可以恢复读本调，反复问句句末的"pɑ⁰"一般不能读本调。当"不pɑ²⁴"表示副词"没有"义时，可换成"不曾pɑ²⁴tsɛi²⁴、不也pɑ²⁴iɛ⁵¹"。请看"V（P）不"形式的例句：

ȵi⁵¹vɑ⁵¹dɛi²⁴tsai²⁴pɑ⁰?

你 有 铜 钱 不？ 你有钱没？

ȵi⁵¹moŋ¹³tiau⁴⁴tɔu¹³pʰo⁴⁴suo⁴⁴pɑ⁰?

你 明 朝 到 白 沙 不？ 你明天去不去白沙？

lai⁴⁴ŋuo⁴⁴tsai²⁴kuɑ⁴⁴pɑ⁰?

□ 伢 崽 乖 不？ 这小孩听话不听话？

zei¹³kɛi⁵¹tei⁰kʰua¹³pɑ⁰? ȵi⁵¹tʰaŋ⁴⁴tau⁵¹liau⁰pɑ⁰/pɑ²¹tsɛi²⁴/pɑ²¹iɛ⁵¹?

渠 讲 得 快 不？ 你 听 到 了 不/不 曾 /不 也？ 他说得快不快？你听清楚了没？

ȵi⁵¹kʰuo²⁴tɕi⁵¹tɔu¹³pʰo⁴⁴suo⁴⁴pɑ⁰/pɑ²¹tsɛi²⁴/pɑ²¹iɛ⁵¹?

你 昨 几 到 白 沙 不/不 曾 /不 也？

五　否定句

我们以否定词为重点对泸溪乡话的否定句进行考察。泸溪乡话中的否定词主要有以下几个：莫 mo⁴¹、不 pɑ²⁴、不有 pɑ²⁴vɑ⁵¹、不曾 pɑ²⁴tsɛi²⁴、不也 pɑ²⁴iɛ⁵¹、不 pu²⁴。"莫 mo⁴¹"表示禁止或劝阻，用法与普通话中的"别""不要"相当。例如：

kʰuɑ²⁴iɑu¹³dzɷ⁴¹vɑ⁵¹liɑu⁰, n̠i⁵¹tɕiu⁴⁴mo⁴¹tʂʰu⁴¹tɕʰi¹³liɑu⁰.
快　要落　雨了，你就　莫　出　去　了。

sioŋ⁵¹tɔu⁰kɛi⁵¹, mo⁴¹tsʰioŋ⁵¹tɔu⁰kɛi⁵¹.
想　倒讲，莫抢　倒讲。

"不"做否定词只能读 pu²⁴时，主要用于能性述补结构的否定（即 V 不 C），我们在可能补语中专门论述。这部分我们重点介绍"不 pɑ²⁴"及含否定语素"不 pɑ²⁴"的否定词。

泸溪乡话中"不 pɑ²⁴"类否定词主要有：不 pɑ²⁴、不有 pɑ²⁴vɑ⁵¹、不曾 pɑ²⁴tsɛi²⁴、不也 pɑ²⁴iɛ⁵¹。需说明的是，"不 pɑ²⁴"类否定词发音人有时也说成"不 pu²⁴"，年纪轻、文化程度高、与外界交往多的人更容易说成"不 pu²⁴"，但一经提醒，"不 pu²⁴"都可换成"不 pɑ²⁴"。这与我们后面要论述的"V 不 C"中的"不 pu²⁴"情况不一样，"V 不 C"中的"不 pu²⁴"不能换成"不 pɑ²⁴"。"不 pɑ²⁴"在句中一般轻读为"不 pɑ²¹"，特别强调否定时读本调 pɑ²⁴。

1. 不有 pɑ²⁴vɑ⁵¹

"不有 pɑ²⁴vɑ⁵¹"做动词，表示对领有、存在等的否定，或者表示不如、不及等。例如：

zei¹³pɑ²¹vɑ⁵¹dɛi²⁴tsai²⁴.
渠　不 有 铜　钱。他没有钱。

tsi⁴¹dɑ⁰pɑ²¹vɑ⁵¹ɦoŋ⁴⁴
室　头不　有　人。家里没有人。

tsʰaŋ⁴⁴n̠i⁴¹pɑ²¹vɑ⁵¹maŋ⁴⁴liɑu⁰.
铛　里 不 有 糜　了。锅里没饭了。

ŋɷ⁵¹pɑ²¹vɑ⁵¹uɑ²⁴lau²⁴ɦoŋ⁴⁴fi²⁴.
我　不 有 □ 条 人 肥。我没有那个人胖。

lai⁴⁴lau²⁴tei⁴⁴siɛ⁴⁴pɑ²¹vɑ⁵¹uɑ²⁴lau²⁴tei⁴⁴siɛ⁴⁴xau⁵¹sɑ⁵¹.
□ 条 东 西 不 有 □ 条 东 西 好 使。这个东西没有那个东西好用。

泸溪乡话中，"不 pɑ²⁴"不单独做动词，以上例句中的"不有 pɑ²⁴vɑ⁵¹"不能换成"不 pɑ²⁴"。在反复问句的句末，可以用"不有 pɑ²⁴vɑ⁵¹"，也可以用"不 pɑ²⁴"，此时位于句末的"不 pɑ²⁴"一般读轻声 pɑ⁰。看下面例句：

tsʰaŋ⁴⁴n̩i⁴¹ai⁴⁴vɑ⁵¹maŋ⁴⁴pɑ²¹vɑ⁵¹?

铛　里还有糜　不有？锅里还有饭没有？

tsʰaŋ⁴⁴n̩i⁴¹ai⁴⁴vɑ⁵¹maŋ⁴⁴pɑ⁰?

铛　里还有糜　不？锅里还有饭没？

2. 不 pɑ²⁴

"不 pɑ²⁴"做副词，既可以与普通话中的"不"相当，又可以与普通话中的副词"没（有）"相当。

（1）"不 pɑ²⁴"做副词，与普通话中的"不"相当。例如：

uɑ²⁴lau²⁴tei⁴⁴siɛ⁴⁴pɑ²¹tsʰɛi⁵¹lan⁴⁴n̩ĩ⁴¹.

□条东西不在　□里。那个东西不在这儿。

ŋɷ⁵¹moŋ¹³tiau⁴⁴pɑ²¹tɔu¹³pʰo⁴⁴suo⁴⁴.

我明　朝不到白　沙。我明天不去白沙。

n̩i⁵¹moŋ¹³tiau⁴⁴tɔu¹³pɑ²¹tɔu¹³pʰo⁴⁴suo⁴⁴?　——pɑ²⁴tɔu¹³.

你明　朝到不到白　沙？你明天去不去白沙？——不到。不去。

lai⁴⁴ŋuo⁴⁴tsai²⁴pɑ²⁴kuɑ⁴⁴.

□伢崽不乖。这小孩不听话。

n̩i⁵¹tʰaŋ⁴⁴tʰaŋ⁴⁴lai⁴⁴xuɑ⁴⁴tɕʰioŋ⁴⁴pɑ²¹tɕʰioŋ⁴⁴?　——pɑ²⁴tɕʰioŋ⁴⁴.

你听听　□花香　不香？你闻闻这花香不香？——不香。

（2）"不 pɑ²⁴"做副词，与普通话中的副词"没（有）"相当。例如：

ŋɷ⁵¹ai⁴⁴pɑ²¹lɷ⁵¹tʰɷ⁴⁴zei¹³.

我还不□着　渠。我还没找着他。

ŋɷ⁵¹ai⁴⁴pɑ²¹ʑiu²⁴maŋ⁴⁴lei⁰!

我还不食糜　嘞！我还没吃饭呢！

n̩i⁵¹ʑiu²⁴maŋ⁴⁴pɑ²¹ʑiu²⁴maŋ⁴⁴?　——pɑ²⁴ʑiu²⁴.

你食糜　不食糜？你吃饭没吃饭？——不食。没吃。

n̩i⁵¹kʰuo²⁴tɕi⁵¹tɔu¹³pɑ²¹tɔu¹³pʰo⁴⁴suo⁴⁴?　——pɑ²⁴tɔu¹³.

你昨　几到不到白　沙？你昨天去没去白沙？——不到。没去。

lai⁴⁴xuɑ⁴⁴tɕʰioŋ⁴⁴pɑ²¹tɕʰioŋ⁴⁴?　——pɑ²⁴tɕʰioŋ⁴⁴.

□花香　不香？这花香没香？——不香。

可以看出，普通话中的副词"不"和"没（有）"泸溪乡话中都可以用"不 pɑ²⁴"表达。"天还不 pɑ²⁴ 黑，不 pɑ²⁴ 要开灯天还没黑，不要开灯。"句中的"不 pɑ²⁴"，既可以表示"没"，又可以表示"不"。

与普通话副词"不"和"没（有）"相当的"不pa²⁴"都可单用，回答问话。

（3）不曾 pa²⁴tsɛi²⁴、不也 pa²⁴iɛ⁵¹

泸溪乡话中，与普通话副词"没有"相当的否定词除了用"不pa²⁴"外，还可以用"不曾 pa²⁴tsɛi²⁴"或"不也 pa²⁴iɛ⁵¹"。在反复问句句末或单独回答问话时，"不pa²⁴""不曾 pa²⁴tsɛi²⁴""不也 pa²⁴iɛ⁵¹"可以互换。例如：

kaŋ⁴⁴ti⁰ tɕʰiu⁴⁴pa⁰/pa²¹tsɛi²⁴/pa²¹iɛ⁵¹?　　——pa²⁴/pa²¹tsɛi²⁴/pa²¹iɛ⁵¹.
柑　子　熟　不 / 不 曾 / 不 也? 柑熟没?——不 / 不 曾 / 不 也。没有。

在句中时，以用"不pa²⁴"为常，也可用"不曾 pa²⁴tsɛi²⁴"。例如：

zei¹³pa²⁴/pa²¹tsɛi²⁴zai²⁴, ai⁴⁴pa²¹/pa²¹tsɛi²⁴tɔu¹³pa⁰.
渠　不 / 不 曾　来，还 不 / 不 曾　到　吧。他没来，还没到吧。

tʰei⁴⁴tɕi⁵¹tai⁵¹liau⁰, mei⁴¹tɕi⁵¹ai⁴⁴pa²¹/pa²¹tsɛi²⁴ʑiu²⁴iɛ⁴⁴?
通　几　点　了，每　几　还 不 /不 曾 食　餍? 都几点了，怎么还没吃完?

kaŋ⁴⁴ti⁰ tɕʰiu⁴⁴pa²¹/pa²¹tsɛi²⁴tɕʰiu⁴⁴?
柑　子　熟　不 / 不 曾　熟? 柑熟没熟?

发音人认为，在句中用"不pa²⁴"最自然，用"不曾 pa²⁴tsɛi²⁴"也可以，但不简洁，用"不也 pa²⁴iɛ⁵¹"不自然。无论是句中还是句末，发音人最自然的说法是"不pa²⁴"，其次是"不曾 pa²⁴tsɛi²⁴"。

六　可能补语句

泸溪乡话中，表能性范畴常用能性述补结构来表达，我们把含有能性述补结构的句子称为能性述补句或可能补语句。泸溪乡话中的可能补语句肯定形式主要有两种：V得、V得C。

1.V得

泸溪乡话表达"能V"时，常用"V得"来表达。此时的"得tei⁴¹"表能够、可能，与能愿动词意义相当，但形式上位于动词之后，依据句法位置同时结合语义，我们把"V得"看作表能性范畴的一种特殊的动补结构。举例如下：

sio⁵¹dza¹³soŋ¹³tioŋ¹³ɕi²⁴ka⁰ti⁰, zei¹³ʑioŋ¹³ʑioŋ¹³tʰei⁴⁴zai²⁴tei⁴¹.
写　字　算　账　什家 的, 渠　样　样　通　来　得。写字算账什么的，他样样都能行。

lai⁴⁴bu⁴⁴kua⁴⁴tsa⁵¹ʑiu²⁴tei⁴¹ma⁰?
□　□　瓜　子　食　得　吗? 这些果子能吃吗?

——ʑiu²⁴tei⁴¹.
——食　得。能吃。

lai⁴⁴lɑu²⁴mai⁴⁴lu⁵¹kɛi⁵¹tei⁴¹pɑ⁰?

□　条　门　路　讲　得　不？这件事情能说不能说？

——kɛi⁵¹tei⁴¹.

——讲　得。能说。

2. V 得 C

lai⁴⁴lɑu²⁴mai⁴⁴lu⁵¹n̠i⁵¹tsei¹³tei⁴¹liɑu⁵¹.

□　条　门　路　你　做　得　了。这件事你做得了。

lai⁴⁴tei⁴⁴siɛ⁴⁴n̠i⁵¹tuo⁴⁴tei⁴¹dzɛi⁵¹.

□　东　西　你　□　得　动。这东西你拿得动。

suo⁴⁴tsʰai⁴⁴tɕiɛ⁴⁴mo⁴¹tɕiaŋ⁴¹xau⁵¹tsoŋ⁴⁴tei⁴¹i²⁴lioŋ⁴⁴tɕʰio⁴⁴.

三　千　斤　麦　将　好　装　得　一　辆　车。三千斤麦子刚好够装一辆车。

lai⁴⁴tsʰaŋ⁴⁴maŋ⁴¹ʑiu²⁴tei⁴¹tʂʅ⁴⁴lau²⁴ɦioŋ⁴⁴.

□　铛　糜　食　得　十　条　人。这锅饭够吃十个人。

3. V 不得、V 不 C

"V 得"的否定形式为"V 不得"。例如：

lai⁴⁴tɕʰi⁵¹tɕʰiu⁴⁴ti⁰, ʑiu²⁴tei⁴¹.uɑ²⁴tɕʰi⁵¹saŋ⁴⁴ti⁰, ʑiu²⁴pu²¹tei⁴¹.

□　是　熟　的，食　得。□　是　生　的，食　不　得。这是熟的，能吃。那是生的，不能吃。

"V 不 C"是"V 得 C"的否定形式之一。"V 得 C"否定有两种形式："不 pɑ²⁴VC"和"V 不 pu²⁴C"。

（1）不 pɑ²⁴VC

乡话中，"不 pɑ²⁴VC"只在"不 pɑ²⁴望见看不见""不 pɑ²⁴听见听不见"等少数词语中出现，使用环境有限。不仅乡话如此，乡话周边方言，如泸溪城关话（湘语）、泸溪浦市话（湘语）、吉首市西南官话等，表能性的否定以"V＋Neg＋C"为常，"Neg＋V＋C"使用环境有限，往往局限于"听见、看见"等少数几个词语中。湖南境内不少方言都呈现这一特点。之所以"Neg＋V＋C"不丰富，也许与语言中先已存在"V 不 C"有关。吕叔湘（1984）对"V 不 C""VO 不 C"的来源做过解释："语其由来，未必为'得'字之省略，盖旧来自有此种句法，如'呼之不来，挥之不去'，惟本用以表实际之结果者，今用以表悬想之可能而已。"蒋绍愚（1995）对吕先生的推断做了具体阐发和论证，认为"从历史看，'V 不 C'比'V 得 C'产生得早"。

乡话中，"不 VC"中的否定词"不"读 pɑ²⁴，发音人有时读成"不 pu²⁴"，应是受普通话或客话影响所致，一经提醒，这种结构中的"不 pu²⁴"都可换成"不 pɑ²⁴"。

（2）V不pu^{24}C

乡话中，"V不C"（含"V不得"）使用广泛，其中的"不pu^{24}"不能读成"不pɑ^{24}"。例如：

ȵiu^{41}pɑ^{24}tɕiou^{51}bi^{24}, ʑiu^{24}pu^{24}dzɛi^{51}.

肉　不　煮　疲，食　不　动。肉没煮烂，咬不动。

ŋω^{51}ŋai^{51}tɕiu^{44}pɑ^{24}xɑu^{51}, moŋ^{13}pu^{24}tɕiɛ^{13}.

我　眼　珠　不　好，望　不　见。我眼睛不好，看不见。

上面两个例句中，"肉不煮疲肉没煮烂""眼珠不好眼睛不好"中的"不"读pɑ^{24}，而"食不动咬不动""望不见看不见"中的"不"只能说pu^{24}，不说pɑ^{24}。"望不见看不见"也可说成"不望见"，此时"不"说pɑ^{24}。下面例句中可能补语的否定词用"不pu^{24}"，不用"不pɑ^{24}"。

ȵi^{51}tsei^{13}tei^{41}liɑu^{51}, ŋω^{51}tsei^{13}pu^{21}liɑu^{51}.

你　做　得　了，我　做　不　了。你做得了，我做不了。

ŋω^{51}tuo^{44}tei^{41}dzɛi^{51}, zei^{13}tuo^{44}pu^{21}dzɛi^{51}.

我　□　得　动，渠　□　不　动。我拿得动，他拿不动。

tsei^{13}pu^{21}tei^{41}, ȵian^{44}kɑ^{13}tsɑ^{0}tɕiu^{44}zai^{24}pu^{21}tʰi^{41}liɑu^{0}.

做　不　得，躺　□　子　就　来　不　及　了。不行，一会儿就来不及了。

同样是述补结构，如果是可能补语，它的否定形式用"不pu^{24}"，其他述补结构，则以用"不pɑ^{24}"为常。试比较：

tsɑu^{51}tei^{0}sẽ^{13}lian^{0}pɑ^{24}sẽ^{13}lian^{0}? ——tsɑu^{51}tei^{0}pɑ^{24}sẽ^{13}lian^{0}, tsai^{24}tsɑu^{51}!

澡　得　净　□　不　净　□? 洗得干净不干净？——澡　得　不　净　□，再　澡! 洗得不干净，再洗！

tsɑu^{51}tei^{41}sẽ^{13}lian^{0}ai^{44}tɕʰi^{51}tsɑu^{51}pu^{24}sẽ^{13}lian^{0}? ——tsɑu^{51}pu^{24}sẽ^{13}lian^{0}.

澡　得　净　□　还是　澡　不　净　□? 洗得干净还是洗不干净？——澡　不　净　□。洗不干净。

第一个例句是对状态补语的否定，人们一般习惯用"不pɑ^{24}"；第二个例句是对可能补语的否定，只能用"不pu^{24}"，不能用"不pɑ^{24}"。

可能补语否定式只能用"pu^{24}"的现象在整个乡话区具有普遍性，笔者就这一问题对泸溪梁家潭、古丈岩头寨乡白竹村、沅陵麻溪铺镇四方头村、筲箕湾乡贵溪村、洞底村等几个乡话点进行过专项调查，后来又让博士生任溪对沅陵县麻溪铺乡文家坪村、筲箕湾乡金华山村、二西苗族乡两岔溪村、盘古乡桂花溪村、荔溪乡竹园村、深溪口乡白沙溪村、沅陵镇鹿溪口村、泸溪县屈望社区、溆浦县木溪乡木溪村等9个乡话点进行了专项调查，情况都相类似。

第七章 语法例句

第一节

《中国语言资源调查手册·汉语方言》

01　小张昨天钓了一条大鱼，我没有钓到鱼。
　　　ɕiau⁵¹tioŋ⁴⁴kʰuo²⁴tɕi⁵¹tiau²⁴tei⁴¹la⁰lɷ¹³ȵiu⁴⁴, ŋɷ⁵¹pa²⁴tiau²⁴tei⁴¹ȵiu⁴⁴.
　　　小　张　昨　几　钓　得　条大鱼，我　不　钓　得　鱼。

02　a. 你平时抽烟吗？
　　　　ȵi⁵¹pĩ²⁴tɕʰiaŋ²⁴ɕi⁵¹iɛ⁴⁴ma⁰?
　　　a. 你　平　常　　饮　烟　吗？

　　　b. 不，我不抽烟。
　　　　paɑ²⁴, ŋɷ⁵¹pa²⁴ɕi⁵¹iɛ⁴⁴.
　　　b. 不，我　不　饮　烟。

03　a. 你告诉他这件事了吗？
　　　　ȵi⁵¹pɔu¹³zei¹³uɑ²⁴tɕian¹³sɿ⁵¹liau⁰ma⁰?
　　　a. 你　报　渠　□　件　事　了　吗？

　　　b. 是，我告诉他了。
　　　　ŋɷ⁵¹pɔu¹³zei¹³liau⁰.
　　　b. 我　报　渠　了。

04　你吃米饭还是吃馒头？
　　　ȵi⁵¹ʑiu²⁴maŋ⁴⁴ai⁴⁴tɕʰi⁵¹ʑiu²⁴man²⁴duo²⁴?
　　　你　食　糜　还是　食　馒　坨？

05　你到底答应不答应他？
　　　ȵi⁵¹tɔu¹³taɑ⁵¹tɷ⁴¹fu⁴¹zei¹³pa²⁴tɷ⁴¹fu⁴¹zei¹³?
　　　你　到　底　答　复　渠　不　答　复　渠？

06 a. 叫小强一起去电影院看《刘三姐》。

ɦaŋ⁵¹ɕiau⁵¹tɕiaŋ²⁴i²⁴tɕʰi⁵¹tɕʰi¹³tian⁵¹ĩ⁵¹yɛ¹³moŋ¹³liu¹³san⁴⁴tɕiɛ⁵¹.

a. 喊 小 强 一起 去 电 影 院 望 刘 三 姐。

b. 这部电影他看过了。／他这部电影看过了。／他看过这部电影了。

lai⁴⁴pu⁰tian⁵¹ĩ⁵¹zei¹³moŋ¹³kω¹³liau⁰. / zei¹³lai¹³pu⁰tian⁵¹ĩ⁵¹moŋ¹³kω¹³liau⁰.

b. □ 部 电 影 渠 望 过 了。／渠 □ 部 电 影 望 过 了。

/zei¹³moŋ¹³kω¹³lai⁴⁴pu⁰tian⁵¹ĩ⁵¹liau⁰。

/渠 望 过 □ 部 电 影 了。

07 你把碗洗一下。

n̠i⁵¹tei¹³oŋ⁵¹tsau⁵¹ka¹³tsa⁰。

你 得 碗 澡 □ 子。

08 他把橘子剥了皮，但是没吃。

zei¹³tei¹³tɕyi²⁴xoŋ²⁴fa²⁴pɔu⁴¹liau⁰, tɕiu⁴⁴tɕʰi⁵¹pa²¹ʑiu²⁴.

渠 得 橘 红 皮 剥 了， 就 是 不 食。

09 他们把教室都装上了空调。

zei¹³ɦoŋ⁴⁴tei¹³ɦɔu¹³toŋ²⁴tʰei⁴⁴tsoŋ⁴⁴kʰoŋ⁴⁴diau²⁴liau⁰.

渠 人 得 学 堂 通 装 空 调 了。

10 帽子被风吹走了。

mɔu¹³ti⁰tʰω⁴⁴fi⁴⁴tʂʰu⁴⁴liau³¹liau⁰.

帽 子着 风 吹 了 了。

11 张明被坏人抢走了一个包，人也差点儿被打伤。

tɕiaŋ⁴⁴mĩ²⁴tʰω⁴⁴zoŋ¹³ɦoŋ⁴⁴tsʰioŋ⁵¹tɕʰi²⁴lau²⁴pɔu⁴⁴, ɦoŋ⁴⁴iɛ⁵¹tʰω⁴⁴zoŋ¹³ɦoŋ⁴⁴kʰa⁵¹ɕioŋ⁴⁴liau⁰.

张 明 着 □ 人 抢 去 一条 包， 人 也 着 □ 人 □ 伤 了。

12 快要下雨了，你们别出去了。

tʰai⁴⁴kʰua²⁴iau¹³dzω⁴¹va⁵¹liau⁰, n̠i²⁴ɦoŋ⁴⁴tɕiu⁴⁴mo⁴¹tʂʰu⁴¹tɕʰi¹³liau⁰.

天 快 要 落 雨 了，你 人 就 莫 出 去 了。

13 这毛巾很脏了，扔了它吧。

lai⁴⁴kʰua²⁴ɕia⁵¹tɕiou²⁴a¹³sa⁰liau⁰, taŋ⁴⁴liau¹³sai⁰.

□ 块 手 □ □□ 了， 钉 ˭ 了 噻。

14 我们是在车站买的车票。

ɦa²⁴tɕʰi⁵¹tɕʰio⁴⁴tsan¹³ma⁵¹ti⁰ pʰiau¹³.

□ 是 车 站 买 的 票。

15　墙上贴着一张地图。

　　tsioŋ²⁴ta⁰tʰi⁴¹i²⁴tioŋ⁴⁴ti⁵¹tʰu¹³.

　　墙　头　贴　一张　地 图。

16　床上躺着一个老人。

　　kʰuɛ¹³tsoŋ²⁴ta⁰kʰuɛ¹³lau²⁴laŋ⁵¹　kuo⁴⁴.

　　睏　床　头睏　条　[老人]家。

17　河里游着好多小鱼。

　　ɦω²⁴ȵi⁴¹va⁴¹xau⁵¹ti⁴⁴ȵian⁴⁴ȵiu⁴⁴dziɑ²⁴.

　　河　里　有　好　多　觔　鱼　泅。

18　前面走来了一个胖胖的小男孩。

　　tɑ²⁴piɛ⁴⁴ɦaŋ²⁴zai²⁴liɑu⁰i²⁴lau⁴⁴pʰaŋ²⁴pʰaŋ²⁴ti⁰tsa⁵¹ŋuo⁴⁴tsai²⁴.

　　头　边　行　来　了　一条　胖　胖　的子 伢 崽。

19　他家一下子死了三头猪。

　　zei¹³tsi⁴¹da⁰i²⁴kuo⁴⁴tsai¹³si⁵¹lɑ⁰suo⁴⁴lau²⁴tiu⁴⁴.

　　渠　室　头一家꞊　箭꞊ 死了 三　条　猪。

20　这辆汽车要开到广州去。

　　lai⁴⁴lioŋ⁴⁴tɕʰi¹³tɕʰio⁴⁴iau¹³kʰa⁴⁴tɔu¹³kuaŋ⁵¹tɕiu⁴⁴tɕʰi¹³.

　　□　辆　汽　车　要　开　到　广　州　去。

21　学生们坐汽车坐了两整天了。

　　ɦou¹³sẽ⁴⁴tsai²⁴tɕʰi¹³tɕʰio⁴⁴tsai²⁴tʰω⁴⁴tsuo⁵¹kẽ⁵¹ioŋ⁴¹liau⁰.

　　学　生　坐　汽　车　坐　着　两　亘　日　了。

22　你尝尝他做的点心再走吧。

　　ȵi⁵¹ʂʅ²⁴ʂʅ²⁴zei¹³tsei¹³ti⁰tian⁵¹ɕi⁴⁴tsai²⁴tɕʰi¹³pɑ⁰.

　　你　试试　渠　做　的点　心　再　去　吧。

23　a. 你在唱什么？

　　　ȵi⁵¹tsʰɛi⁵¹tɕʰiaŋ¹³ɕi¹³kɑ⁰?

　　a.你　在　唱　什家?

　　b. 我没在唱，我放着录音呢。

　　　ŋω⁵¹pa²⁴tɕʰiaŋ¹³, ŋω⁵¹tsʰɛi⁵¹nĩ⁴¹foŋ¹³lu²⁴ĩ⁴⁴.

　　b.我　不　唱，　我　在　里　放　录音。

24　a. 我吃过兔子肉，你吃过没有？

　　　ŋω⁵¹ʐiu²⁴kω¹³tʰu¹³ti⁰ȵiu¹³, ȵi⁵¹ʐiu²⁴kω²⁴pa²⁴?

　　a.我　食　过　兔　子　肉，你　食　过　不?

b. 没有，我没吃过。

　　pa²⁴, ŋɷ⁵¹pa²⁴ʑiu²⁴kɷ¹³.

b. 不，我 不 食 过。

25　我洗过澡了，今天不打篮球了。

ŋɷ⁵¹tsau⁵¹kɷ¹³ɕiɛ⁴⁴kɛi⁵¹liau⁰, ti⁴⁴ta⁰pa²⁴kʰa⁵¹lan²⁴tɕiu¹³liau⁰.

我 澡 过 身 梗 了，今 头 不 □ 篮 球 了。

ŋɷ⁵¹ɕiɛ⁴⁴kɛi⁵¹tsau⁵¹liau⁰, ti⁴⁴ta⁰pa²⁴kʰa⁵¹lan²⁴tɕiu¹³liau⁰.

我 身 梗 澡 了，今 头 不 □ 篮 球 了。

ŋɷ⁵¹tsau⁵¹ɕiɛ⁴⁴kɛi⁵¹liau⁰, ti⁴⁴ta⁰pa²⁴kʰa⁵¹lan²⁴tɕiu¹³liau⁰.

我 澡 身 梗 了，今 头 不 □ 篮 球 了。

26　我算得太快算错了，让我重新算一遍。

ŋɷ⁵¹soŋ¹³tei⁰tʰai¹³kʰua¹³liau⁰, soŋ¹³tsʰɷ¹³liau⁰, ȵioŋ¹³ŋɷ⁵¹tsai²⁴soŋ¹³i²⁴ban²⁴.

我 算 得 太 快 了，算 错 了，让 我 再 算 一 盘。

27　他一高兴就唱起歌来了。

zei¹³i²⁴xoŋ⁴⁴kʰia⁵¹tɕiu⁴⁴tɕʰiaŋ¹³kɷ⁴⁴liau⁰.

渠 一 欢 喜 就 唱 歌 了。

28　谁刚才议论我老师来着？

xɷ⁵¹lau²⁴tɕiaŋ⁴⁴ŋaŋ⁴⁴lou⁵¹ɦa²⁴sa⁴⁴fu⁰zai¹³liau⁰?

何 条 □ 刚 □ □ 师 傅 来 了？

xɷ⁵¹lau²⁴tɕiaŋ⁴⁴ŋaŋ⁴⁴lou⁵¹ɦa²⁴sa⁴⁴fu⁰liau⁰?

何 条 □ 刚 □ □ 师 傅 了？

29　只写了一半，还得写下去。

tʂʅ¹³sio⁵¹tei⁰i²⁴poŋ¹³, ai⁴⁴iau¹³sio⁵¹uo²⁴ta⁵¹tɕʰi¹³.

只 写 得 一 半， 还 要 写 下 底 去。

30　你才吃了一碗米饭，再吃一碗吧。

ȵi⁵¹dzai²⁴ʑiu²⁴tei⁰i²⁴oŋ⁵¹maŋ⁴⁴, ai⁴⁴ʑiu²⁴i²⁴ʋoŋ⁵¹pa⁰.

你 才 食 得 一 碗 饭， 还 食 一 碗 吧。

31　让孩子们先走，你再把展览仔仔细细地看一遍。

tei⁴¹ŋuo⁴⁴tsai²⁴sai⁴⁴ɦaŋ²⁴, ȵi⁵¹tsai²⁴tei⁴¹tsan⁴¹laŋ⁴¹tsʅ⁵¹tsʅ⁵¹si¹³si¹³ti⁰moŋ¹³i²⁴ban²⁴.

得 伢 崽 先 行，你 再 得 展 览 仔 仔 细 细 地 望 一 盘。

ȵioŋ²⁴ŋuo⁴⁴tsai²⁴sai⁴⁴ɦaŋ²⁴,

让 伢 崽 先 行，

ȵi⁵¹tsai²⁴tei¹³tsan⁴¹lan⁴¹tsʅ⁵¹tsʅ⁵¹si¹³si¹³ti⁰moŋ¹³i²⁴ban²⁴.

你 再 得 展 览 仔 仔 细 细 地 望 一 盘。

32 他在电视机前看着看着睡着了。

zei¹³tsʰɛi⁵¹tian⁵¹ʂʅ⁵¹tɕi⁵⁵ta²⁴piɛ⁰moŋ¹³tɔu⁰moŋ¹³tɔu⁰kʰuɛ¹³tʰɷ⁴⁴liau⁰.

渠 在 电 视 机 头 边 望 倒 望 倒 睏 着 了。

33 你算算看，这点钱够不够花？

ȵi⁵¹soŋ¹³soŋ¹³moŋ¹³, lai⁴⁴kʰɷ⁵¹dɛi²⁴tsai²⁴kia¹³sa⁵¹pa²⁴kia¹³sa⁵¹?

你 算 算 望, □ 颗 铜 钱 够 使 不 够 使?

ȵi⁵¹soŋ¹³soŋ¹³moŋ¹³, lai⁴⁴kʰɷ⁵¹dɛi²⁴tsai²⁴kia¹³pa²⁴kia¹³sa⁵¹?

你 算 算 望, □ 颗 铜 钱 够 不 够 使?

34 老师给了你一本很厚的书吧？

sa⁴⁴fu⁰tei¹³liau⁰ȵi⁵¹i²⁴pai⁵¹xai⁴¹ɦa⁵¹ti⁰tɕiu⁴⁴pa⁰?

师 傅 得 了 你 一 本 很 厚 的 书 吧?

35 那个卖药的骗了他一千块钱呢。

ua²⁴lau²⁴ma⁵¹ʐyi¹³ti⁰ pʰiɛ¹³liau⁰zei¹³i²⁴tsʰai⁴⁴kʰua¹³dɛi²⁴tsai²⁴lei⁰.

□ 条 卖 药 的 骗 了 渠 一 千 块 铜 钱 嘞。

36 a. 我上个月借了他三百块钱（借入）。

ŋɷ⁵¹sai⁴⁴lai⁴⁴kei¹³ȵi⁴¹tsi⁴¹liau⁰zei¹³soŋ⁴⁴po⁴¹kʰua¹³dɛi²⁴tsai²⁴.

a. 我 先 □ 个 月 借 了 渠 三 百 块 铜 钱。

b. 我上个月借了他三百块钱（借出）。

b. 同a

37 a. 王先生的刀开得很好（王先生是医生）。

uaŋ²⁴sai⁴⁴sẽ⁴⁴ti⁰tɔu⁴⁴kʰa²⁴tei⁰xai⁴¹xau⁵¹.

a. 王 先 生 的 刀 开 得 很 好。

b. 王先生的刀开得很好（王先生是病人）。

b. 同a

38 我不能怪人家，只能怪自己。

ŋɷ⁵¹pu²⁴lẽ²⁴kua¹³zoŋ¹³ɦoŋ⁴⁴, tsʅ¹³lẽ²⁴kua¹³tsʰi⁴⁴kɛi⁰.

我 不 能 怪 □ 人, 只 能 怪 自 □。

39 a. 明天王经理会来公司吗？

moŋ¹³tiau⁴⁴uaŋ²⁴tɕiɛ⁴⁴li⁵¹xa⁵¹tɔu¹³ɦa²⁴koŋ⁴⁴si⁴⁴zai²⁴ma⁰?

a. 明 朝 王 经 理 会 到 □ 公 司 来 吗?

b. 我看他不会来。

  ŋω⁵¹moŋ¹³pa²⁴xɑ⁵¹zai²⁴.

b. 我 望　不 会 来。

40 我们用什么车从南京往这里运家具呢？

 ŋω⁵¹dzɛi⁵¹ɕi²⁴kɑ⁰tɕʰio⁴⁴kai⁴⁴lan²⁴tɕĩ⁴⁴uaŋ⁵¹lan⁴⁴n̠ĩ⁰ɦuɛ¹³tɕia²⁴tɕy⁴¹lai⁰?

 我 用 什家车 跟 南 京 往 □里运 家 具 唻？

41 他像个病人似的靠在沙发上。

 zei¹³dzia⁴¹faŋ¹³ɦoŋ⁴⁴ti⁰kʰau¹³tsʰɛi⁵¹sa⁴⁴fa⁰da⁰.

 渠 像 病人 的靠 在 沙发头。

42 这么干活连小伙子都会累坏的。

 laŋ⁴⁴moŋ⁰tsei¹³mai⁴⁴lu⁵¹liɛ⁴⁴ɦa⁵¹sẽ⁴⁴kω⁴⁴tʰei⁴⁴tsei¹³pu⁰dzɛi⁵¹.

 □ 么 做 门 路 连 后 生 哥 通 做 不 动。

43 他跳上末班车走了。我迟到一步，只能自己慢慢走回学校了。

 zei¹³dau²⁴tɕʰioŋ⁵¹mai⁵¹pan⁴⁴tɕʰio⁴⁴tɕʰi¹³liau⁰.

 渠 跳 上 尾 班 车 去 了。

 ŋω⁵¹li²⁴i²⁴kω⁴¹, tʂʅ¹³lẽ²⁴tsʰi⁴⁴kɛi⁵¹lei⁴⁴lei⁴⁴taŋ⁵¹taŋ⁵¹ɦaŋ²⁴tou¹³ɦou¹³toŋ²⁴liau⁰.

 我 迟一脚， 只 能自 □ □ □ 鼎⁼ 鼎⁼ 行 到 学 堂 了。

44 这是谁写的诗？谁猜出来我就奖励谁十块钱。

 lai⁴⁴tɕʰi⁵¹xω⁵¹lau²⁴sio⁵¹ti⁰ʂʅ⁴⁴?

 □ 是 何 条 写 的 诗?

 xω⁵¹lau²⁴tsʰa⁴⁴tʂʰu⁴¹zai²⁴ŋω⁵¹tɕiu⁴⁴tɕiaŋ⁵¹xω⁵¹lau²⁴tʂʅ⁴⁴kʰua¹³dɛi²⁴tsai²⁴.

 何 条 猜 出 来 我 就 奖 何 条 十 块 铜 钱。

 xω⁵¹lau²⁴tsʰa⁴⁴tʂʰu⁴¹zai²⁴ŋω⁵¹tɕiu⁴⁴tɕiaŋ⁴¹zei¹³tʂʅ⁴⁴kʰua¹³dɛi²⁴tsai²⁴.

 何 条 猜 出 来 我 就 奖 渠 十 块 铜 钱。

45 我给你的书是我教中学的舅舅写的。

 ŋω⁵¹tei¹³n̠i⁵¹ti⁰ tɕiu⁴⁴tɕʰi¹³ŋω⁵¹tɕiuu⁴⁴tɕloŋ⁴⁴ɕio²¹tu⁰kuo²⁴kɛi³¹sio⁵¹ti⁰.

 我 得 你 的 书 是 我 教 中 学 的舅 □ 写 的。

46 你比我高，他比你还要高。

 n̠i⁵¹pi⁵¹ŋω⁵¹kɔu⁴⁴, zei¹³pi⁵¹n̠i⁵¹ai⁴⁴kɔu⁴⁴.

 你 比 我 高， 渠 比 你 还 高。

 zei¹³pi⁵¹n̠i⁵¹ai⁴⁴iau¹³kɔu⁴⁴.

 渠 比 你 还 要 高。

47 **老王跟老张一样高。**

lɑu⁵¹uaŋ²⁴kai⁴⁴lɑu⁵¹tɕiaŋ⁴⁴i²⁴ʑioŋ¹³kɔu⁴⁴.

老 王 跟 老 张 一 样 高。

48 **我走了，你们俩再多坐一会儿。**

ŋɷ⁵¹tɕʰi¹³liɑu⁰, n̠i²⁴ɦioŋ⁴⁴tsuo⁵¹lɑu²⁴ai⁴⁴ti⁴⁴tsai²⁴tɕʰioŋ⁵¹.

我 去 了, 你 人 两 条 还 多 坐 □。

49 **我说不过他，谁都说不过这个家伙。**

ŋɷ⁵¹kɛi⁵¹pu²¹ʑĩ²⁴zei¹³, xɷ⁵¹lau²⁴tʰei⁴⁴kɛi⁵¹pu²¹ʑĩ²⁴lai⁴⁴tɕia⁴⁴xɷ⁰.

我 讲 不 赢 渠, 何 条 通 讲 不 赢 □ 家 伙。

50 **上次只买了一本书，今天要多买几本。**

sai⁴⁴ban²⁴tʂʅ¹³mai⁵¹tei⁴¹i²⁴pai⁵¹tɕiu⁴⁴, ti⁴⁴tɑ⁰iɑu¹³ti⁴⁴mai⁵¹tɕi⁵¹pai⁵¹.

先 盘 只 买 得 一 本 书, 今 头 要 多 买 几 本。

第二节

《汉语方言语法调查例句》

本节语法例句共248句，总称为《汉语方言语法调查例句》，可以作为《中国语言资源调查手册·汉语方言》50个语法例句的补充和扩展。这些例句根据以下几个来源综合：（1）中国社会科学院语言研究所方言组《方言调查词汇表》第叁拾壹部分"语法"，参看《方言》1981：201—203；（2）丁声树《方言调查词汇手册》第18部分，参看《方言》1989：91—97；（3）中国社会科学院语言研究所"汉语方言重点调查"（1988—1992）课题组编印的"语法调查例句"（油印本）；（4）中国社会科学院A类重大研究课题"中国濒危语言方言调查研究与新编《中国语言地图集》"（2002—2007）编印的"词汇语法调查条目"（油印本）；（5）根据通行语法著作适当选取的其他一些语法例句。

001 这句话用乡话怎么说？

　　lai⁴⁴tɕyi¹³tsɑ¹³tsei¹³ɕioŋ⁴⁴tsɑ¹³kei⁵¹mei⁴¹tɕi⁵¹kɛi⁵¹？

　　□ 句 字 做 乡 字 讲 每 几 讲？

002 你还会说别的地方的话吗？

　　n̠i²⁴ai⁴⁴xɑ³¹kɛi³¹xoŋ³¹kʰɑŋ³¹n̠i⁴¹tsɑ¹³ma⁰？

　　你 还 会 讲 何 □ 里 字 吗？

　　n̠i²⁴ai⁴⁴xɑ⁵¹kɛi⁵¹zoŋ¹³ɦoŋ⁴⁴kʰɑŋ⁵¹n̠i⁴¹tsɑ¹³ma⁰？

　　你 还 会 讲 □ 人 □ 里 字 吗？

003 不会了，我从小就没出过门，只会说乡话。

　　pɑ²⁴xɑ⁵¹liɑu⁰, ŋω⁵¹dzoŋ²⁴n̠iɑn⁴⁴n̠iɑn⁴⁴tʰei⁴⁴pɑ²⁴tʂʰu⁴¹kω¹³mai⁴⁴, tʂɿ¹³xɑ⁵¹kɛi⁵¹ɕioŋ⁴⁴tsɑ¹³.

　　不 会 了， 我 从 岲 岲 通 不 出 过 门， 只 会 讲 乡 字。

004 **会，还会说白沙话、吉首话，不过说得不怎么好。**

xa⁵¹, ŋɯ⁵¹xa⁵¹kɛi⁵¹pʰo⁴⁴suo⁴⁴tsa¹³, tɕi¹³ɕiou⁵¹tsa¹³, pa²⁴moŋ⁰kɛi⁵¹tei⁰xau⁵¹.
会，我会讲白沙字、吉首字，不么讲得好。

xa⁵¹, ŋɯ⁵¹xa⁵¹kɛi⁵¹pʰo⁴⁴suo⁴⁴tsa¹³, tɕi¹³ɕiou⁵¹tsa¹³, kɛi⁵¹tei⁰pa²⁴moŋ⁰xau⁵¹.
会，我会讲白沙字、吉首字，讲得不么好。

xa⁵¹, ŋɯ⁵¹xa⁵¹kɛi⁵¹pʰo⁴⁴suo⁴⁴tsa¹³, tɕi¹³ɕiou⁵¹tsa¹³, kɛi⁵¹tei⁰pa²⁴mei⁴¹tɕi⁵¹xau⁵¹.
会，我会讲白沙字、吉首字，讲得不每几好。

005 **会说普通话吗？**

xa⁵¹kɛi⁵¹pʰu⁵¹tʰei⁴⁴tsa¹³ma⁰?
会讲普通字吗？

xa⁵¹kɛi⁵¹pʰu⁵¹tʰei⁴⁴tsa¹³pa⁰?
会讲普通字不？

006 **不会说，没有学过。**

pa²⁴xa⁵¹kɛi⁵¹, tʰei⁴⁴pa²¹vu¹³kɯ¹³.
不会讲，通不学过。

007 **会说一点儿，不标准就是了。**

xa⁵¹kɛi⁵¹i²⁴ kʰɯ⁵¹tsa⁰, pa²⁴moŋ⁰piau⁴⁴tɕyɛ⁵¹.
会讲一颗子，不么标准。

008 **在什么地方学的普通话？**

kai⁴⁴ɕi²⁴ka⁰kʰaŋ⁵¹ȵi⁴¹vu¹³ti⁰ pʰu⁵¹tʰei⁴⁴tsa¹³?
跟什家□里学的普通字？

009 **上小学中学都学普通话。**

tɕʰioŋ⁵¹siau⁵¹ɦɔu¹³tɕioŋ⁴⁴ɦɔu¹³tʰei⁴⁴ɦɔu¹³pʰu⁵¹tʰei⁴⁴tsa¹³.
上小学中学通学普通字。

010 **谁呀？我是老王。**

xɯ⁵¹lau²⁴a⁰? ŋɯ⁵¹tɕʰi⁵¹lau⁵¹uaŋ²⁴.
何条啊？我是老王。

011 **您贵姓？我姓王，您呢？**

ȵi⁵¹laŋ⁵¹ kuo⁴⁴siɛ¹³ɕi²⁴ka⁰? ŋɯ⁵¹siɛ¹³uaŋ²⁴, ȵi⁵¹laŋ⁵¹ kuo⁴⁴lei⁰?
你[老人]家姓什家？我姓王，你[老人]家嘞？

012 **我也姓王，咱俩都姓王。**

ŋɯ⁵¹iɛ⁵¹siɛ¹³uaŋ²⁴, ɦa²⁴tsuo⁵¹lau²⁴tʰei⁴⁴siɛ¹³uaŋ²⁴.
我也姓王，□两条通姓王。

013 **巧了，他也姓王，本来是一家嘛。**
　　tɕʰiau⁵¹liau⁰, zei¹³iɛ⁵¹siɛ¹³uaŋ²⁴, laŋ²⁴（moŋ⁰）tʰei⁴⁴tɕʰi⁵¹i²⁴tsi⁴¹ɦioŋ⁴⁴ma⁰.
　　巧　　了，渠也姓王，　那（么）通是一室人　嘛。

014 **老张来了吗？说好他也来的！**
　　lau⁵¹tioŋ⁴⁴zai²⁴liau¹³ma⁰? kei⁵¹xau⁵¹zei¹³iɛ⁵¹zai²⁴ti⁰!
　　老　张　来　了　吗？讲　好　渠也来　的！

015 **他没来，还没到吧。**
　　zei¹³pa²⁴zai²⁴, ai⁴⁴pa²¹tɔu¹³pa⁰.
　　渠　不来，还不到　吧。
　　zei¹³pa²¹tsɛi²⁴zai²⁴, ai⁴⁴pa²¹tsɛi²⁴tɔu¹³pa⁰.
　　渠　不曾　来，还不曾　到　吧。

016 **他上哪儿了？还在家里呢。**
　　zei¹³tau⁵¹xoŋ⁵¹nĩ²⁴tɕʰi¹³liau⁰? ai⁴⁴tsʰɛi⁵¹tsi⁴¹da⁰lei⁰.
　　渠　到　何里去了？　还在　室头嘞。

017 **在家做什么？在家吃饭呢。**
　　tsʰɛi⁵¹tsi⁴¹tsei¹³ɕi²⁴ka⁰? tsʰɛi⁵¹tsi⁴¹ʑiu²⁴maŋ⁴⁴lei⁰.
　　在　室做　什家？在　室食　糜　嘞。

018 **都几点了，怎么还没吃完？**
　　tʰei⁴⁴tɕi⁵¹tai⁵¹liau⁰, mei⁴¹tɕi⁵¹ai⁴⁴pa²¹ʑiu²⁴iɛ⁴⁴?
　　通　几点了，每　几还不食　餍？
　　tʰei⁴⁴tɕi⁵¹tai⁵¹liau¹³, mei⁴¹tɕi⁵¹ai⁴⁴pa²¹tsɛi²⁴ʑiu²⁴iɛ⁴⁴?
　　通　几点了，　每　几还不曾　食餍？

019 **还没有呢，再有一会儿就吃完了。**
　　ai⁴⁴pa²¹tsɛi²⁴lei⁰, ai⁴⁴ʑiu²⁴tɕʰioŋ⁵¹tsa⁰tɕiu⁴⁴ʑiu²⁴iɛ⁴⁴liau⁰.
　　还不曾　嘞，还食　□　子就　食餍了。
　　ai⁴⁴pa²¹iɛ⁵¹lei⁰, ai⁴⁴ʑiu²⁴tɕʰioŋ⁵¹tsa⁰tɕiu⁴⁴ʑiu²⁴iɛ⁴⁴liau¹³.
　　还不也嘞，还食　□　子就　食餍了。

020 **他在哪儿吃的饭？**
　　zei¹³tsʰɛi⁵¹xoŋ⁵¹nĩ²⁴ʑiu²⁴ti⁰maŋ⁴⁴?
　　渠　在　何里食　的糜？

021 **他是在我家吃的饭。**
　　zei¹³tɕʰi⁵¹kai⁴⁴ɦia²⁴tsi⁴¹da⁰ʑiu²⁴ti⁰maŋ⁴⁴.
　　渠　是　跟　□室头食　的糜。

022　真的吗？真的，他是在我家吃的饭。
　　　tɕiɛ⁴⁴tsɑ⁵¹mɑ⁰? tɕiɛ⁴⁴tsɑ⁰, zei¹³tɕʰi⁵¹kai⁴⁴ɦɑ²⁴tsi⁴¹dɑ⁰ʑiu²⁴ti⁰mɑŋ⁴⁴.
　　　真　子⁼吗？真　子⁼，渠　是　跟　□　室　头　食　的　縻。

023　先喝一杯茶再说吧！
　　　sai⁴⁴ɛi⁵¹pei⁴⁴tɕʰyɛ⁵¹tsai²⁴kɛi⁵¹pɑ⁰!
　　　先　饮　杯　荈　再　讲　吧！

024　说好了就走的，怎么半天了还不走？
　　　kɛi⁵¹xɑu⁵¹liɑu⁰tɕiu⁴⁴ɦaŋ²⁴ti⁰, mei⁴¹tɕi⁵¹poŋ¹³kuo⁴¹ai⁴⁴pɑ²¹ɦaŋ²⁴?
　　　讲　好　了　就　行　的，每　几　半　□　还　不　行？

025　他磨磨蹭蹭的，做什么呢？
　　　zei¹³mɷ⁴⁴mɷ⁴⁴ȵioŋ²⁴ȵioŋ²⁴ti⁰, kai⁴⁴uaŋ²⁴ȵĩ⁴¹kau⁵¹ɕi²⁴kɑ⁰lei⁰?
　　　渠　摸　摸　娘　娘　的，跟　□　里　搞　什　家　嘞？
　　　zei¹³tɕʰiɛ⁵¹ȵioŋ²⁴tɕʰiɛ⁵¹ȵioŋ²⁴ti⁰, kai⁴⁴uaŋ²⁴ȵĩ⁴¹kau⁵¹ɕi²⁴kɑ⁰lei⁰?
　　　渠　近⁼娘　近⁼娘　的，跟　□　里　搞　什　家　嘞？

026　他正在那儿跟一个朋友说话呢。
　　　zei¹³tɕĩ¹³tsʰɛi⁵¹uaŋ²⁴ȵĩ⁴¹kai⁴⁴lau²⁴pɛi²⁴ʑiɑ⁴⁴kɛi⁵¹tsɑ¹³lei⁰.
　　　渠　正　在　□　里　跟　条　朋　友　讲　字　嘞。

027　还没说完啊？催他快点儿！
　　　ai⁴⁴pɑ²⁴kɛi⁵¹tɕĩ¹³ɑ⁰? tsʰua⁴⁴zei¹³kʰua¹³kʰɷ⁵¹!
　　　还　不　讲　正　啊？催　渠　快　颗！

028　好，好，他就来了。
　　　xɑu⁵¹, xɑu⁵¹, zei¹³tɕiu⁴⁴zai²⁴liɑu⁰.
　　　好，好，渠　就　来　了。

029　你上哪儿去？我上街去。
　　　ȵi⁵¹tɔu¹³xoŋ⁵¹ȵĩ²⁴tɕʰi¹³? ŋɷ⁵¹tɔu¹³kɑ⁴⁴tɑ⁰tɕʰi¹³.
　　　你　到　何　里　去？我　到　街　头　去。

030　你多会儿去？我马上就去。
　　　ȵi⁵¹ɕi²⁴kɑ⁰dziɛ²⁴kɑ⁰tɕʰi¹³? ŋɷ⁵¹kai⁴⁴tɔu⁰tɕiu⁴⁴tɕʰi¹³.
　　　你　什　家　时　间　去？我　跟　倒　就　去。

031　做什么去呀？家里来客人了，买点儿菜去。
　　　kau⁵¹ɕi²⁴kɑ⁰tɕʰi¹³ɑ⁰? tsi⁴¹dɑ⁰zai²⁴kʰuo⁴¹liɑu⁰, mɑ⁵¹kʰɷ⁵¹tsʰei¹³tɕʰi¹³.
　　　搞　什　家　去　啊？室　头　来　客　了，买　颗　菜　去。

032 你先去吧，我们一会儿再去。
ȵi⁵¹sai⁴⁴tɕʰi¹³pɑ⁰, ɦa²⁴tei⁵¹tɕʰioŋ⁵¹tsɑ⁰tɕiu⁴⁴zai²⁴.
你 先 去 吧，□ 等 上⁼ 子 就 来。

033 好好儿走，别跑！小心摔跤了。
lei⁴⁴tɔu⁰ɦaŋ²⁴, mo⁴¹tʰua⁴⁴, sẽ⁵¹tei⁴¹paŋ⁵¹kɔu¹³.
□ 倒 行， 莫 □， 省 得 绊 跤。
xau⁵¹xau⁵¹ɦaŋ²⁴, mo⁴¹tʰua⁴⁴, sẽ⁵¹tei⁴¹paŋ⁵¹kɔu¹³.
好 好 行， 莫 □， 省 得 绊 跤。

034 小心点儿，不然的话摔下去爬都爬不起来。
pi⁵¹si¹³kʰω⁵¹, paŋ⁵¹uo²⁴ta⁵¹tɕʰi¹³bo²⁴tu⁴⁴bo²⁴pu²⁴dau²⁴tɕʰi⁵¹.
比 细 颗， 绊 下 底 去 爬 都 爬 不 跳⁼ 起。

035 不早了，快去吧！
ʑio¹³liau⁰, kʰua¹³tɕʰi¹³pɑ⁰!
夜 了， 快 去 吧！

036 这会儿还早呢，过一会儿再去吧。
lai⁴⁴tɕʰioŋ⁵¹ai⁴⁴tsau⁵¹lei⁰, tei⁵¹ka¹³tsai²⁴tɕʰi¹³pɑ⁰.
□ □ 还 早 嘞，等 □ 再 去 吧。
ai⁴⁴pa²¹ʑio¹³lei⁰, tei⁵¹ka¹³tsai²⁴tɕʰi¹³pɑ⁰.
还 不 夜 嘞，等 □ 再 去 吧。
ai⁴⁴pa²¹tsɛi²⁴ʑio¹³lei⁰, tei⁵¹ka¹³tsai²⁴tɕʰi¹³pɑ⁰.
还 不 曾 夜 嘞，等 □ 再 去 吧。

037 吃了饭再去好不好？
ʑiu²⁴liau⁰maŋ⁴⁴tsai²⁴tɕʰi¹³xau⁵¹pɑ⁰xau⁵¹?
食 了 糜 再 去 好 不 好？

038 不行，那可就来不及了。
tsei¹³pu²¹tci⁴¹, ȵian⁴⁴ka¹³tsɑ⁰tɕiu⁴⁴zai²⁴pu²¹tʰi⁴¹liau⁰.
做 不 得， 躺 □ 子 就 来 不 及 了。

039 不管你去不去，反正我是要去的。
pa²⁴kuan⁵¹ȵi⁵¹tɕʰi¹³pa²¹tɕʰi¹³, fan⁵¹tcĩ⁵¹ŋω⁵¹iau¹³tɕʰi¹³ti⁰.
不 管 你 去 不 去， 反 正 我 要 去 的。

040 你爱去不去。你爱去就去，不爱去就不去。
ȵi⁵¹tɕʰi¹³xau⁵¹pa²⁴tɕʰi¹³xau⁵¹. ȵi⁵¹sioŋ⁵¹tɕʰi¹³tɕiu⁴⁴tɕʰi¹³, pa²⁴sioŋ⁵¹tɕʰi¹³tɕiu⁴⁴pa²⁴tɕʰi¹³.
你 去 好 不 去 好。你 想 去 就 去， 不 想 去 就 不 去。

tɕʰiɛ⁵¹n̠i⁴⁴tɕʰi¹³pa²⁴tɕʰi¹³. n̠i⁴⁴kʰɛi⁵¹tɕʰi¹³tɕiu⁴⁴tɕʰi¹³, pa²⁴kʰɛi⁵¹tɕʰi¹³tɕiu⁴⁴tɕʰiɛ⁵¹n̠i⁴⁴.

尽　你 去　不 去。你 肯　去　就 去，不 肯　去　就 尽　你。

041　那我非去不可！
　　　laŋ²⁴ŋɷ⁵¹ŋaŋ¹³iau¹³tʰɷ⁴⁴tɕʰi¹³（pu²⁴kʰɷ⁵¹）！
　　　那　我　硬　要　着　去　（不 可）！

042　那个东西不在那儿，也不在这儿。
　　　ua²⁴lau²⁴tei⁴⁴siɛ⁴⁴pa²⁴tsʰɛi⁵¹uaŋ²⁴n̠ĩ⁴¹, iɛ⁵¹pa²⁴tsʰɛi⁵¹lan⁴⁴n̠ĩ⁴¹.
　　　□ 条 东 西 不 在　□ 里，也 不 在　□ 里。

043　那到底在哪儿？
　　　laŋ²⁴tɔu¹³ta⁵¹tsʰɛi⁵¹xoŋ⁵¹n̠ĩ²⁴？
　　　那　到　底　在　何 里？

044　我也说不清楚，你问他去！
　　　ŋɷ⁵¹iɛ⁵¹kau⁵¹pu²⁴tʰiɛ⁴⁴iau⁴⁴, n̠i⁴⁴mai¹³zei¹³tɕʰi¹³！
　　　我　也　搞　不　伸　腰，你 问 渠 去！

045　怎么办呢？不是那么办，（也不是这么办，）要这么办。
　　　mei⁴¹tɕi⁵¹kau⁵¹lai⁰? pa²¹tɕʰi⁵¹uaŋ²⁴moŋ⁰tsei¹³,（iɛ⁵¹pa²¹tɕʰi⁵¹lan⁴⁴moŋ⁰tsei¹³,）
　　　每 几 搞 唻？不 是 □ 么 做,（也 不 是 □ 么 做,）
　　　tɕʰi⁵¹bĩ⁵¹moŋ⁰tsei¹³.
　　　是　□ 么 做。

046　要多少才够呢？
　　　iau¹³xau⁵¹ti⁴⁴dzai²⁴kia¹³lei⁰?
　　　要　好　多 才　够　嘞？

047　太多了，要不了那么多，只要这么多就够了。
　　　tʰai¹³ti⁴⁴liau⁰, pa²¹iau¹³uaŋ²⁴moŋ⁰ti⁴⁴, tʂɿ¹³iau¹³laŋ⁴⁴moŋ⁰ti⁴⁴tɕiu⁴⁴va⁵¹liau⁰.
　　　太　多 了，不 要　□ 么 多，只 要　□ 么 多 就　有 了。
　　　tʰai¹³ti⁴⁴liau⁰, pa²¹iau¹³uaŋ²⁴moŋ⁰ti⁴⁴, tʂɿ¹³iau¹³bĩ⁵¹moŋ⁰ti⁴⁴tɕiu⁴⁴va⁵¹liau⁰.
　　　太　多 了，不 要　□ 么 多，只 要　□ 么 多 就　有 了。

048　不管怎么忙，也得好好儿学习。
　　　mei⁴¹tɕi⁵¹kau⁵¹pu²⁴tʰi⁴¹, iɛ⁵¹tei¹³xau⁵¹xau⁵¹lu⁴¹tɕiu⁴⁴.
　　　每 几 搞 不 及，也 要 好 好 读 书。

049　你闻闻这朵花香不香？
　　　n̠i⁵¹ɕioŋ¹³ɕioŋ¹³lai⁴⁴xua⁴⁴tɕʰioŋ⁴⁴pa²¹tɕʰioŋ⁴⁴?
　　　你 嗅 嗅 □ 花 香 不 香？

ȵi⁵¹tʰaŋ⁴⁴tʰaŋ⁴⁴lai⁴⁴xua⁴⁴tɕʰioŋ⁴⁴pa²¹tɕʰioŋ⁴⁴?
你 听 听 □ 花 香 不 香?

050 好香呀，是不是？
xau⁵¹tɕʰioŋ⁴⁴a⁰, tɕʰi⁵¹pa²¹tɕʰi⁵¹?
好 香 啊，是 不 是?
xau⁵¹tɕʰioŋ⁴⁴a⁰, tɕʰi⁵¹pa⁰?
好 香 啊，是 不?

051 你是抽烟呢，还是喝茶？
ȵi⁵¹tɕʰi⁵¹ɛi⁵¹iɛ⁴⁴lei⁰, ai⁴⁴tɕʰi⁵¹ɛi⁵¹tɕʰyɛ⁵¹?
你 是 饮 烟 嘞，还 是 饮 荈?

052 烟也好，茶也好，我都不会。
iɛ⁴⁴iɛ⁵¹xau⁵¹, tɕʰyɛ⁵¹iɛ⁵¹xau⁵¹, ŋɷ⁵¹tʰei⁴⁴pa²¹xa⁵¹.
烟 也 好，荈 也 好，我 通 不 会。

053 医生叫你多睡一睡，抽烟喝茶都不行。
i⁴⁴sẽ⁴⁴xaŋ¹³ȵi⁵¹ti⁴⁴kʰuɛ¹³ka¹³, ɛi⁵¹iɛ⁴⁴ɛi⁵¹tɕʰyɛ⁵¹tʰei⁴⁴tsei¹³pu²¹tei⁴¹.
医生 喊 你 多 睏 □，饮烟饮荈 通 做 不 得。

054 咱们一边走一边说。
ɦa²⁴dɷ⁴⁴ɦaŋ²⁴dɷ⁴⁴kɛi⁵¹.
□ □ 行 □ 讲。

055 这个东西好是好，就是太贵了。
lai⁴⁴lau²⁴tei⁴⁴siɛ⁴⁴xau⁵¹tɕʰi⁵¹xau⁵¹, tɕiu⁴⁴tɕʰi⁵¹tʰai¹³tɕyi¹³liau⁰.
□ 条 东 西 好 是 好，就 是 太 贵 了。

056 这个东西虽说贵了点儿，不过挺结实的。
lai⁴⁴tei⁴⁴siɛ⁴⁴kɛi⁵¹zai²⁴tɕʰi⁵¹tɕyi¹³tʰɷ⁴⁴kʰɷ⁵¹, laŋ²⁴zei¹³xau⁵¹tsuo¹³ʂʅ⁰ti⁰.
□ 东 西 讲 来 是 贵 着 颗，那 渠 好 扎 实 的。
lai¹¹tei¹¹siɛ⁴⁴kɛi⁵¹zai²⁴tɕʰi⁵¹tɕyi¹³tʰɷ⁴⁴kʰɷ⁵¹, laŋ²⁴zei¹³xau⁵¹tɕiɛ⁴⁴sa⁵¹ti⁰.
□ 东 西 讲 来 是 贵 着 颗，那 渠 好 经 使 的。

057 他今年多大了？
zei¹³ti⁴⁴lai⁴⁴va⁵¹xau⁵¹ti⁴⁴tsua⁴⁴sa¹³liau⁰?
渠 今 年 有 好 多 岁 数 了?

058 也就是三十来岁吧。
iɛ⁵¹tɕiu⁴⁴tɕʰi⁵¹ȵio⁴⁴piɛ¹³soŋ⁴⁴ʂʅ⁴⁴tsua¹³pa⁰.
也 就 是 黏 边 三 十 岁 吧。

iɛ⁵¹tɕiu⁴⁴tɕʰi⁵¹soŋ⁴⁴ʂɿ⁴⁴tsua¹³piɛ¹³da⁰pa⁰.
也 就 是 三 十 岁 边 头 吧。

059 看上去不过三十多岁的样子。
moŋ¹³zai²⁴puʔ²¹kɷ¹³soŋ⁴⁴ʂɿ⁴⁴ti⁴⁴tsua¹³ʑioŋ¹³ti⁰.
望 来 不过 三 十 多 岁 样 的。

060 这个东西有多重呢?
lai⁴⁴lau²⁴tei⁴⁴siɛ⁴⁴va⁵¹xau⁵¹tʰiou⁵¹lei⁰?
□ 条 东 西 有 好 重 嘞?

061 怕有五十多斤吧。
tɕʰyi⁴¹va²⁴ɦioŋ⁵¹ʂɿ⁴⁴ti⁴⁴tɕiɛ⁴⁴pa⁰.
怯 有 五 十 多 斤 吧。

062 我五点半就起来了，你怎么七点了还不起来?
ŋɷ⁵¹ɦoŋ⁵¹tai⁵¹poŋ¹³tɕiu⁴⁴dau²⁴tɕʰi⁵¹liau⁰, ȵi⁵¹mei⁴¹tɕi⁵¹tsʰi⁴¹tai⁵¹liau⁰ai⁴⁴pa²¹dau²⁴tɕʰi⁵¹?
我 五 点 半 就 跳⁼起 了，你 每 几 七 点 了 还 不 跳⁼起?

063 三四个人盖一床被。一床被盖三四个人。
suo⁴⁴si¹³lau²⁴ɦoŋ⁴⁴tsou¹³i²⁴tsoŋ²⁴fa⁵¹ʂu⁰. i²⁴tsoŋ²⁴fa⁵¹ʂu⁰tsou¹³suo⁴⁴si¹³lau²⁴ɦoŋ⁴⁴.
三 四 条 人 罩 一 床 被 □。一 床 被 □ 罩 三 四 条 人。

064 一个大饼夹一根油条。一根油条外加一个大饼。
i²⁴lau²⁴ʑia⁴⁴tsi²⁴kuo⁴¹kẽ⁴⁴ʑia⁴⁴tsai⁴⁴tiau²⁴. i²⁴kẽ⁴⁴ʑia⁴⁴tsai⁴⁴tiau²⁴ai⁴⁴tɕia⁴⁴i²⁴lau²⁴ʑia⁴⁴tsi²⁴.
一 条 油 餈 夹 根 油 煎 条。一 根 油 煎 条 还 加 一 条 油 餈。

065 两个人坐一张凳子。一张凳子坐了两个人。
tsuo⁵¹lau²⁴ɦoŋ⁴⁴tsai²⁴i²⁴kẽ⁴⁴paŋ⁵¹tʂu¹³. i²⁴kẽ⁴⁴paŋ⁵¹tʂu¹³tsai²⁴liau⁰tsuo⁵¹lau²⁴ɦoŋ⁴⁴.
两 条 人 坐 一 根 绑 □，一 根 绑 □ 坐 了 两 条 人。

066 一辆车装三千斤麦子。三千斤麦子刚好够装一辆车。
i²⁴lioŋ⁴⁴tɕʰio⁴⁴tsoŋ⁴⁴suo⁴⁴tsʰai⁴⁴tɕiɛ⁴⁴mo⁴¹. suo⁴⁴tsʰai⁴⁴tɕiɛ⁴⁴mo⁴¹ŋaŋ⁴⁴xau⁵¹kia¹³
一 辆 车 装 三 千 斤 麦。三 千 斤 麦 刚 好 够
tsoŋ⁴⁴i²⁴lioŋ⁴⁴tɕʰio⁴⁴. suo⁴⁴tsʰai⁴⁴tɕiɛ⁴⁴mo⁴¹tɕiaŋ⁴⁴xau⁵¹tsoŋ⁴⁴tei⁴¹i²⁴lioŋ⁴⁴tɕʰio⁴⁴.
装 一 辆 车。三 千 斤 麦 □ 好 装 得 一 辆 车。

067 十个人吃一锅饭。一锅饭够吃十个人。
tsʰɿ⁴⁴lau²⁴ɦoŋ⁴⁴ʑiu²⁴i²⁴tsʰaŋ⁴⁴maŋ⁴⁴. i²⁴tsʰaŋ⁴⁴maŋ⁴⁴kia¹³ʑiu²⁴tsʰɿ⁴⁴lau²⁴ɦoŋ⁴⁴.
十 条 人 食 一 铛 糜。一 铛 糜 够 食 十 条 人。
i²⁴tsʰaŋ⁴⁴maŋ⁴⁴ʑiu²⁴tei⁴¹tsʰɿ⁴⁴lau²⁴ɦoŋ⁴⁴.
一 铛 糜 食 得 十 条 人。

068 十个人吃不了这锅饭。这锅饭吃不了十个人。

tsʰʅ⁴⁴lau²⁴ɦoŋ⁴⁴ʑiu²⁴puʔ²¹liau⁵¹lai⁴⁴tsʰaŋ⁴⁴maŋ⁴⁴. lai⁴⁴tsʰaŋ⁴⁴maŋ⁴⁴paʔ²¹kia¹³tsʰʅ⁴⁴lau²⁴
十　条　人　食　不　了　□　铛　糜。　□　铛　糜　不　够　十　条

ɦoŋ⁴⁴ʑiu²⁴. lai⁴⁴tsʰaŋ⁴⁴maŋ⁴⁴ʑiu²⁴puʔ²¹tei⁴¹tsʰʅ⁴⁴lau²⁴ɦoŋ⁴⁴.
人　食。　□　铛　糜　食　不　得　十　条　人。

069 这个屋子住不下十个人。

lai⁴⁴kʰei¹³tsi⁴¹tsai²⁴puʔ²⁴tau⁵¹tsʰʅ⁴⁴lau²⁴ɦoŋ⁴⁴.
□　□　室　坐　不　到　十　条　人。

lai⁴⁴kʰei¹³tsi⁴¹tsai²⁴puʔ²⁴ɦuo⁵¹ta⁵¹tsʰʅ⁴⁴lau²⁴ɦoŋ⁴⁴.
□　□　室　坐　不　下　底　十　条　人。

lai⁴⁴kʰei¹³tsi⁴¹tsai²⁴puʔ²¹tei⁴¹tsʰʅ⁴⁴lau²⁴ɦoŋ⁴⁴.
□　□　室　坐　不　得　十　条　人。

070 小屋堆东西，大屋住人。

ȵian⁴⁴tsi⁴¹foŋ¹³tei⁴¹siɛ⁴⁴, lɷ¹³tsi⁴¹tsai⁴⁴ɦoŋ⁴⁴.
魟　室　放　东　西，　大　室　坐　人。

071 他们几个人正说着话呢。

zei¹³tɕi⁵¹lau²⁴ɦoŋ⁴⁴tʰei⁴⁴tsʰɛi⁵¹laŋ⁴⁴kɛi⁵¹tsa¹³lei⁰.
渠　几　条　人　通　在　□　讲　字　嘞。

072 桌上放着一碗水，小心别碰倒了。

ta²⁴ti⁰ta⁰foŋ¹³tei⁴¹va⁵¹oŋ⁵¹tʂu⁵¹, tɕiau⁴⁴xu⁴⁴mo⁴¹tʰẽ⁵¹tʰɷ⁴⁴.
枱　子　头　放　得　有　碗　水，　招　呼　莫　□　着。

073 门口站着一帮人，在说着什么。

mai⁴⁴kʰia⁵¹dza¹³tei⁴¹i²⁴tʰoŋ²⁴ɦoŋ⁴⁴, tsʰɛi⁵¹laŋ⁴⁴kɛi⁵¹ɕi²⁴ka⁰.
门　口　竖　得　一　□　人，　在　□　讲　什　家。

074 坐着吃好，还是站着吃好？

tsai²⁴tɔu⁰ʑiu²⁴xau⁵¹, ai⁴⁴tɕʰʅ⁵¹dza¹³tɔu⁰ʑiu²⁴xau⁵¹?
坐　倒　食　好，　还　是　竖　倒　食　好？

075 想着说，不要抢着说。

sioŋ⁵¹tɔu⁰kɛi⁵¹, mo⁴¹tsʰioŋ⁵¹tɔu⁰kɛi⁵¹.
想　倒　讲，　莫　抢　倒　讲。

076 说着说着就笑起来了。

kɛi⁵¹tɔu⁰kɛi⁵¹tɔu⁰tɕiu⁴⁴sou¹³dau²⁴tɕʰi⁵¹liau⁰.
讲　倒　讲　倒　就　笑　跳⁼　起　了。

077 别怕！你大着胆子说吧。
mo⁴¹tɕʰyi⁴⁴! ȵi⁵¹foŋ¹³toŋ⁵¹kɛi⁵¹pa⁰.
莫 怯！ 你 放 胆 讲 吧。

078 这个东西重着呢，足有一百来斤。
lai⁴⁴tei⁴⁴siɛ⁴⁴tʰiou⁵¹tei⁰xai⁴¹lei⁰, tʂu²⁴tʂu²⁴va⁵¹po⁴¹pa⁵¹tɕiɛ⁴⁴.
□ 东 西 重 得 很 嘞，足 足 有 百 把 斤。

079 他对人可好着呢。
zei¹³tua¹³ɦoŋ⁴⁴kʰω⁵¹xau⁵¹xau⁵¹lei⁰.
渠 对 人 可 好 好 嘞。

080 这小伙子可有劲着呢。
lai⁴⁴lau²⁴ɦa⁵¹sẽ⁴⁴kω⁴⁴xau⁵¹va⁵¹liu⁴¹lei⁰.
□ 条 后 生 哥 好 有 力 嘞。

081 别跑，你给我站着！
mo⁴¹tʰua⁴⁴, ȵi⁵¹tei¹³ŋω⁵¹dza¹³tɔu⁰!
莫 □， 你 得 我 竖 倒！

082 下雨了，路上小心着！
dzω⁴¹va⁵¹liau⁰, sau⁵¹ȵi⁴¹si¹³ɕĩ⁴⁴kʰω⁵¹!
落 雨 了， 道 里 细 心 颗！

083 点着火了。着凉了。
tai⁵¹ȵi⁴⁴fa⁵¹liau⁰. tai⁵¹tʰω⁴⁴fa⁵¹liau⁰.
点 燃 火 了。点 着 火 了。
tʰω⁴⁴tsʰẽ¹³liau⁰.
着 清 了。

084 甭着急，慢慢儿来。
mo⁴¹(tʰω⁴⁴)kei⁴¹, lei⁴⁴tɔu⁰zai²⁴.
莫 （着） 急， □ 倒 来。

085 我正在这儿找着呢，还没找着。
ŋω⁵¹tɕĩ¹³tsʰɛi⁵¹laŋ⁴⁴ȵĩ⁰lou⁵¹lei⁰, ai⁴⁴pa²¹lou⁵¹tʰω⁴⁴.
我 正 在 □ 里 □ 嘞，还 不 □ 着。

086 她呀，可厉害着呢！
zei¹³lei⁰, xau⁵¹li¹³xai⁵¹lei⁰!
渠 嘞， 好 厉 害 嘞！

087 这本书好看着呢。
　　lai⁴⁴pai⁵¹tɕiu⁴⁴xɑu⁵¹moŋ¹³lei⁰.
　　□　本　书　好　望　嘞。

088 饭好了，快来吃吧。
　　mɑŋ⁴⁴tɕʰiu⁴⁴liɑu⁰, kʰuɑ¹³zai²⁴ziu²⁴pɑ⁰.
　　糜　熟　了，快　来　食　吧。

089 锅里还有饭没有？你去看一看。
　　tsʰaŋ⁴⁴n̠i⁴¹ai⁵¹vɑ⁵¹mɑŋ⁴⁴pɑ²¹vɑ⁵¹（mɑŋ⁴⁴）? n̠i⁵¹tɕʰi¹³moŋ¹³kɑ¹³tsɑ⁰.
　　铛　里 还 有 糜　不 有（糜）？你 去 望　□ 子。
　　tsʰaŋ⁴⁴n̠i⁴¹ai⁵¹vɑ⁵¹mɑŋ⁴⁴pɑ⁰? n̠i⁵¹tɕʰi¹³moŋ¹³kɑ¹³tsɑ⁰.
　　铛　里 还 有 糜　不？你 去 望　□ 子。

090 我去看了，没有饭了。
　　ŋɯ⁵¹tɕʰi¹³moŋ¹³liɑu⁰, pɑ²¹vɑ⁵¹mɑŋ⁴⁴liɑu⁰.
　　我　去　望　了，不　有　糜　了。

091 就剩一点儿了，吃了得了。
　　tsʅ¹³ziu⁴⁴kʰɯ⁵¹kʰɯ⁵¹tsɑ⁰, ŋɯ⁵¹ziu²⁴liɑu⁰.
　　只　余　颗　颗　子，我　食　了。

092 吃了饭要慢慢儿地走，别跑，小心肚子疼。
　　ziu²⁴liɑu⁰mɑŋ⁴⁴iɑu¹³lei⁴⁴tɔu⁰ɦaŋ²⁴, mo⁴¹tʰuɑ⁴⁴, sẽ⁵¹tei⁴¹tu⁵¹ti⁰sei¹³.
　　食　了 糜　要　□ 倒 行，莫 □，省 得 肚 子 痛。
　　ziu²⁴liɑu⁰mɑŋ⁴⁴iɑu¹³lei⁴⁴tɔu⁰ɦaŋ²⁴, mo⁴¹tʰuɑ⁴⁴, tɕiɑu⁴⁴xu⁴⁴tu⁵¹ti⁰sei¹³.
　　食　了 糜　要　□ 倒 行，莫 □，招 呼 肚 子 痛。

093 他吃了饭了，你吃了饭没有呢？
　　zei¹³ziu²⁴mɑŋ⁴⁴liɑu⁰, n̠i⁵¹ziu²⁴mɑŋ⁴⁴pɑ⁰?
　　渠　食　糜　了，你　食　糜　不？
　　zei¹³ziu²⁴mɑŋ⁴⁴liɑu⁰, n̠i⁵¹ziu²⁴mɑŋ⁴⁴pɑ²¹tsɛi²⁴?
　　渠　食　糜　了，你　食　糜　不　曾？
　　zei¹³ziu²⁴mɑŋ⁴⁴liɑu⁰, n̠i⁵¹ziu²⁴mɑŋ⁴⁴pɑ²¹iɛ⁵¹?
　　渠　食　糜　了，你　食　糜　不　也？

094 我喝了茶还是渴。
　　ŋɯ⁵¹ɛi⁵¹liɑu⁰tɕʰyɛ⁵¹, ai⁴⁴tɕʰi⁵¹kʰɯ⁴¹.
　　我　饮　了　荈，　还　是　渴。

095 我吃了晚饭，出去溜达了一会儿，回来就睡下了，还做了个梦。

ŋω⁵¹ȵiu²⁴ȵio¹³maŋ⁴⁴liau⁰, tʂʰu⁴¹tɕʰi¹³xa²⁴ti⁰liau⁰i²⁴tɕʰioŋ⁵¹,

我　食　夜　糜　了，　出　去　哈　□　了　一　□，

tuɛ¹³zai¹³tɕiu⁴⁴kʰuɛ¹³tʰω⁴⁴liau⁰, ai⁴⁴tsei¹³liau⁰i²⁴lau²⁴mei¹³.

□　来　就　睏　着　了，还　做　了　一　条　梦。

096 吃了这碗饭再说。

ȵiu²⁴liau⁰lai⁴⁴oŋ⁵¹maŋ⁴⁴tsai²⁴kɛi⁵¹.

食　了　□　碗　糜　再　讲。

097 我昨天照了相了。

kʰuo²⁴tɕi⁵¹ŋω⁵¹tɕiau¹³liau⁰sioŋ¹³liao⁰.

昨　几　我　照　　了　相　了。

098 有了人，什么事都好办。

va⁵¹liau⁰ɦoŋ⁴⁴, ɕi²⁴ka⁰mai⁴⁴lu⁵¹tʰei⁴⁴xau⁵¹kau⁵¹.

有　了　人，　什　家　门　路　通　好　搞。

099 不要把茶杯打碎了。

mo⁴¹tei¹³tɕʰyɛ⁵¹pei⁴⁴kʰa⁵¹fɛi⁵¹liau⁰.

莫　得　荈　杯　□　腐　了。

pa²¹iau¹³tei¹³tɕʰyɛ⁵¹pei⁴⁴kʰa⁵¹fɛi⁵¹liau⁰.

不　要　得　荈　杯　□　腐　了。

100 你快把这碗饭吃了，饭都凉了。

ȵi⁵¹kʰua¹³tei¹³lai⁴⁴oŋ⁵¹maŋ⁴⁴ȵiu²⁴liau⁰, maŋ⁴⁴tʰei⁴⁴tɕyɛ⁵¹liau⁰.

你　快　得　□　碗　糜　食　了，糜　通　□　　了。

101 下雨了。雨不下了，天晴开了。

dzω⁴¹va⁵¹liau⁰. va⁵¹pa²¹dzω⁴¹liau⁰, tʰai⁴⁴xau⁵¹liau⁰.

落　雨　了。雨　不　落　了，天　好　了。

102 打了一下。去了一趟。

kʰa⁵¹liau⁰i²⁴ka¹³. kʰei¹³liau⁰i²⁴ban²⁴.

□　了　一　□。去　了　一　盘。

103 晚了就不好了，咱们快点儿走吧！

ȵio¹³liau⁰tɕiu⁴⁴pa²¹xau⁵¹liau⁰, ɦa²⁴ kʰua¹³kʰω⁵¹ɦaŋ²⁴pa⁰!

夜　了　就　不　好　了，我们　快　　颗　行　吧！

104 给你三天时间做得了做不了？

tei¹³ȵi⁵¹suo⁴⁴ioŋ⁴¹ɦoŋ⁴¹ku⁵¹, ȵi⁵¹tsei¹³tei⁴¹liɑu⁵¹tsei¹³pu²¹liɑu⁵¹?

得 你 三 日 日 牯，你 做 得 了 做 不 了?

105 **你做得了，我做不了。**

ȵi⁵¹tsei¹³tei⁴¹liɑu⁵¹, ŋɷ⁵¹tsei¹³pu²¹liɑu⁵¹.

你 做 得 了， 我 做 不 了。

106 **你骗不了我。**

ȵi⁵¹tɛi⁴¹ʂʅ⁵¹pu²¹tau⁵¹ŋɷ⁵¹.

你 □ 使 不 到 我。

107 **了了这桩事情再说。**

liɑu⁵¹liɑu¹³lai⁴⁴ʑioŋ¹³mai⁴⁴lu⁵¹tsai²⁴kɛi⁵¹.

了 了 □ 样 门 路 再 讲。

108 **这间房没住过人。**

lai⁴⁴kʰei¹³tsi⁴¹pɑ²⁴tsei²⁴tsai²⁴kɷ¹³ɦoŋ⁴⁴.

□ □ 室 不 曾 坐 过 人。

109 **这牛拉过车，没骑过人。**

lai⁴⁴ŋei⁴⁴lɑ⁴⁴kɷ¹³tɕʰio⁴⁴, pɑ²¹tɕi²⁴kɷ¹³ɦoŋ⁴⁴.

□ 牛 拉 过 车， 不 骑 过 人。

110 **这小马还没骑过人，你小心点儿。**

lai⁴⁴mo⁵¹ai⁴⁴pɑ²¹tɕi²⁴kɷ¹³ɦoŋ⁴⁴, ȵi⁵¹iɑu¹³pi⁵¹si¹³kʰɷ⁵¹.

□ 马 还 不 骑 过 人， 你 要 比 细 颗。

111 **以前我坐过船，可从来没骑过马。**

tʰoŋ⁴⁴dɑ²⁴ŋɷ⁵¹tsai²⁴kɷ¹³dʑyɛ²⁴, kʰɷ⁵¹dzoŋ²⁴zai²⁴pɑ²¹tɕi²⁴kɷ¹³mo⁵¹.

□ 头 我 坐 过 船， 可 从 来 不 骑 过 马。

112 **丢在街上了。搁在桌上了。**

tɯŋ⁴⁴tou¹³kɑ⁴⁴tɑ⁰liɑu⁰. foŋ¹³tɕiɑu¹¹ɯ²⁴ti⁰ tɑ⁰liɑu⁰

钉⁼ 到 街 头 了。 放 交 枱 子 头 了。

113 **掉到地上了，怎么都没找着。**

liu⁵¹tɔu¹³tʰɛi⁵¹tɑ⁰liɑu⁰, mei⁴¹tɕi⁵¹lou⁵¹tʰei⁴⁴pɑ²¹lou⁵¹tʰɷ⁴⁴.

□ 到 土 头 了， 每 几 □ 通 不 □ 着。

114 **今晚别走了，就在我家住下吧！**

ti⁴⁴ʑio¹³foŋ⁰mo⁴¹tɕʰi¹³liɑu⁰, tɕiu⁴⁴kai⁴⁴ɦɑ²⁴tsi⁴¹dɑ⁰ɕi⁴¹liɑu⁰!

今 夜 □ 莫 去 了， 就 跟 □ 室 头 歇 了!

115 这些果子吃得吃不得？

lai⁴⁴bu²⁴kuɑ⁴⁴tsa⁵¹ʑiu²⁴tei⁴¹ʑiu²⁴pu²¹tei⁴¹？

□ □ 瓜 子 食 得 食 不 得？

116 这是熟的，吃得。那是生的，吃不得。

lai⁴⁴tɕʰi⁵¹tɕʰiu⁴⁴ti⁰，ʑiu²⁴tei⁴¹.

□ 是 熟 的，食 得。

uɑ²⁴tɕʰi⁵¹sɑŋ⁴⁴ti⁰，ʑiu²⁴pu²¹tei⁴¹.

□ 是 生 的，食 不 得。

117 你来得了来不了？

ȵi⁵¹zai²⁴tei⁴¹liɑu⁵¹zai²⁴pu²¹liɑu⁵¹？

你 来 得 了 来 不 了？

118 我没事，来得了，他太忙，来不了。

ŋω⁵¹pa²⁴vɑ⁵¹mai⁴⁴lu⁵¹，zai²⁴tei⁴¹liɑu⁵¹，zei¹³xau⁵¹mei⁴⁴，zai²⁴pu²¹liɑu⁵¹.

我 不 有 门 路，来 得 了， 渠 好 忙， 来 不 了。

119 这个东西很重，拿得动拿不动？

lai⁴⁴tei⁴⁴siɛ⁴⁴xau⁵¹tʰiou⁵¹，tuo⁴⁴tei⁴¹dzɛi⁵¹tuo⁴⁴pu²¹dzɛi⁵¹？

□ 东 西 好 重， □ 得 动 □ 不 动？

lai⁴⁴tei⁴⁴siɛ⁴⁴xau⁵¹tʰiou⁵¹，tuo⁴⁴tei⁴¹dzɛi⁵¹pɑ⁰？

□ 东 西 好 重， □ 得 动 不？

120 我拿得动，他拿不动。

ŋω⁵¹tuo⁴⁴tei⁴¹dzɛi⁵¹，zei¹³tuo⁴⁴pu²¹dzɛi⁵¹.

我 □ 得 动， 渠 □ 不 动。

121 真不轻，重得连我都拿不动了。

tɕiɛ⁴⁴tsa⁵¹tʰiou⁵¹，liɛ⁴⁴ŋω⁵¹tʰei⁴⁴tuo⁴⁴pu²¹dzɛi⁵¹liau⁰.

真 子⁼重， 连 我 通 □ 不 动 了。

122 他手巧，画得很好看。

zei¹³tsʰei⁴⁴mi⁰，xuɑ¹³tei⁰xau⁵¹xau⁵¹moŋ¹³.

渠 聪 明， 画 得 好 好 望。

123 他忙得很，忙得连吃过饭没有都忘了。

zei¹³mei⁴⁴tei⁰xai⁴¹，liɛ⁴⁴maŋ⁴⁴ʑiu²⁴pɑ²¹ʑiu²⁴tʰei⁴⁴ei⁴¹pu²⁴tau⁵¹liau⁰.

渠 忙 得 很， 连 糜 食 不 食 通 忆 不 到 了。

zei¹³mai⁴⁴lu⁵¹ti⁴⁴, liɛ⁴⁴maŋ⁴⁴ziu²⁴pa²¹ziu²⁴tʰei⁴⁴ei⁴¹moŋ¹³iɛ⁵¹liau⁰.

渠 门 路多,连 糜 食不食通 忆 忘 掩了。

124 你看他急得,急得脸都红了。

n̠i⁵¹moŋ¹³zei¹³kei⁴¹tei⁰, kei⁴¹tei⁰liɛ⁴⁴mĩ⁵¹pu⁰tʰei⁴⁴ɦɛi²⁴liau⁰.

你望 渠 急 得,急 得连 面 巴通 红 了。

125 你说得很好,你还会说些什么呢?

n̠i⁵¹kɛi⁵¹tei⁰xau⁵¹xau⁵¹, n̠i⁵¹ai⁴⁴xa⁵¹kɛi⁵¹kʰω⁵¹ɕi²⁴ka⁰lei⁰?

你讲 得好 好, 你还会讲 颗 什家 嘞?

126 说得到,做得了,真棒!

kɛi⁵¹tei⁴¹tɔu¹³, tsei¹³tei⁴¹tɔu¹³, iau¹³tei⁴¹!

讲 得 到, 做 得 到, 要 得!

127 这个事情说得说不得呀?

lai⁴⁴lau²⁴mai⁴⁴lu⁵¹tɕʰi⁵¹kɛi⁵¹tei⁴¹kɛi⁵¹pu²⁴tei⁴¹a⁰?

□ 条 门 路是 讲 得讲 不 得啊?

128 他说得快不快?听清楚了吗?

zei¹³kɛi⁵¹tei⁰kʰua¹³pa²¹kʰua¹³? tʰaŋ⁴⁴tau⁵¹liau⁰ma⁰?

渠 讲 得快 不快? 听 到 了吗?

zei¹³kɛi⁵¹tei⁰kʰua¹³pa²¹kʰua¹³? tʰaŋ⁴⁴tau⁵¹liau⁰pa⁰?

渠 讲 得快 不快? 听 到 了不?

129 他说得快不快?只有五分钟时间了。

zei¹³kɛi⁵¹tei⁰kʰua¹³pa²¹kʰua¹³? tʂɿ¹³va⁵¹ɦoŋ⁵¹fai⁴⁴tɕiu²⁴tɕʰi¹³liau⁰.

渠 讲 得快 不快? 只 有五 分 钟 去 了。

130 这是他的书。

lai⁴⁴tɕʰi⁵¹zei¹³ti⁰tɕiu⁴⁴.

□ 是 渠 的书。

131 那本书是他哥哥的。

ua²⁴pai⁵¹tɕiu⁴⁴tɕʰi⁵¹zei¹³kω⁴⁴ti⁰.

□ 本 书 是 渠 哥 的。

132 桌子上的书是谁的?是老王的。

ta²⁴ti⁰ta⁰ti⁰tɕiu⁴⁴tɕʰi⁵¹xω⁵¹lau²⁴ti⁰a⁰? tɕʰi⁵¹lau⁵¹uaŋ²⁴ti⁰.

枱 子头的书 是 何 条 的啊?是 老 王 的。

133 屋子里坐着很多人,看书的看书,看报的看报,写字的写字。

tsi⁴¹da⁰tsai²⁴tei⁴¹xau⁵¹ti⁴⁴ɦoŋ⁴⁴, moŋ¹³tɕiu⁴⁴ti⁰moŋ¹³tɕiu⁴⁴, moŋ¹³pɔu¹³ti⁰moŋ¹³pɔu¹³,

室 头 坐 得 好 多 人， 望 书 的望 书， 望 报 的望 报，

sio⁵¹dza¹³ti⁰sio⁵¹dza¹³.

写 字 的写 字。

134 要说他的好话，不要说他的坏话。

iau¹³kɛi⁵¹zei¹³ti⁰ xau⁵¹tsa¹³, pa²¹iau¹³kɛi⁵¹zei¹³ti⁰ fɛi⁵¹tsa¹³.

要 讲 渠 的好 字， 不 要 讲 渠 的腐 字。

135 上次是谁请的客？是我请的。

sai⁴⁴ban²⁴tɕʰi⁵¹xω⁵¹lau²⁴tsʰẽ⁵¹ti⁰kʰuo⁴¹? tɕʰi⁵¹ŋω⁵¹tsʰẽ⁵¹ti⁰ kʰuo⁴¹.

先 盘 是 何 条 请 的客？ 是 我 请 的客。

136 你是哪年来的？

n̠i⁵¹tɕʰi⁵¹xω⁵¹lai⁴⁴zai²⁴ti⁰?

你 是 何 年 来 的？

137 我是前年到的北京。

ŋω⁵¹tɕʰi⁵¹dziɛ²⁴lai⁴⁴tɔu¹³pei⁴⁴tɕĩ⁴⁴ti⁰.

我 是 前 年 到 北 京 的。

138 你说的是谁？

n̠i⁵¹kɛi⁵¹ti⁰tɕʰi⁵¹xω⁵¹lau²⁴?

你 讲 的是 何 条？

139 我反正不是说的你。

fan⁵¹tɕĩ¹³ŋω⁵¹pa²¹tɕʰi⁵¹kɛi⁵¹ti⁰ n̠i⁵¹.

反 正 我 不 是 讲 的你。

140 他那天是见的老张，不是见的老王。

zei¹³ua²⁴ioŋ⁴¹tɕʰi⁵¹moŋ¹³ti⁰ lau⁵¹tɕiaŋ⁴⁴, pa²¹tɕʰi⁵¹moŋ¹³ti⁰ lau⁵¹uaŋ²⁴.

渠 □ 日 是 望 的老 张， 不 是 望 的老 王。

141 只要他肯来，我就没的说了。

tʂʅ¹³iau¹³zei¹³kʰɛi⁵¹zai²⁴, ŋω⁵¹tɕiu⁴⁴pa²⁴va⁵¹kɛi⁵¹ti⁰liau⁰.

只 要 渠 肯 来， 我 就 不 有 讲 的了。

142 以前是有的做，没的吃。

sai⁴⁴tʂʅ¹³va⁵¹tsei¹³ti⁰, pa²⁴va⁵¹ziu²⁴ti⁰.

先 只 有 做 的，不 有 食 的。

143 现在是有的做，也有的吃。

lai⁴⁴ʂʅ²⁴iu⁴⁴vɑ⁵¹tsei¹³ti⁰, iu⁴⁴vɑ⁵¹ʑiu²⁴ti⁰.

□ 时 又 有 做 的，又 有 食 的。

144 上街买个蒜啊葱的，也方便。

tɕʰioŋ⁵¹dioŋ²⁴mɑ⁵¹kʰɷ⁵¹lɔ¹³soŋ¹³ɑ⁰ fai⁴⁴tsʰei¹³ti⁰, ɕi²⁴kɑ⁰ti⁰, iɛ⁵¹faŋ⁴⁴pʰiɛ⁴⁴.

上 场 买 颗 大 蒜 啊分菜 的，什家的，也 方 便。

145 柴米油盐什么的，都有的是。

mi⁵¹ɑ⁰ ʑiɑ⁴⁴ʑiɛ²⁴ɕi²⁴kɑ⁰ti⁰, tʰei⁴⁴vɑ⁵¹ti⁰ tɕʰi⁵¹.

米 啊油 盐 什家的，通 有 的 是。

146 写字算账什么的，他都能行。

sio⁵¹dzɑ¹³soŋ¹³tioŋ¹³ɕi²⁴kɑ⁰ti⁰, zei¹³ʑioŋ¹³ʑioŋ¹³tʰei⁴⁴zai²⁴tei⁴¹.

写 字 算 账 什家的，渠 样 样 通 来 得。

147 把那个东西递给我。

tei¹³uɑ¹³lɑu²⁴tei⁴⁴siɛ⁴⁴ti⁵¹tei¹³ŋɷ⁵¹.

得 □ 条 东 西 递 得 我。

tuo⁴⁴uɑ¹³lɑu²⁴tei⁴⁴siɛ⁴⁴ti⁵¹tei¹³ŋɷ⁵¹.

□ □ 条 东 西 递 得 我。

148 是他把那个杯子打碎了。

tɕʰi⁵¹zei¹³tei¹³uɑ²⁴pei⁴⁴pei⁴⁴kʰɑ⁵¹fɛi⁵¹liɑu⁰.

是 渠 得 □ 杯 杯 □ 腐 了。

tɕʰi⁵¹zei¹³tuo⁴⁴uɑ²⁴pei⁴⁴pei⁴⁴kʰɑ⁵¹fɛi⁵¹liɑu⁰.

是 渠 □ □ 杯 杯 □ 腐 了。

149 把人家脑袋都打出血了，你还笑！

tei¹³zoŋ¹³ɦoŋ⁴⁴lɑ⁵¹kʰu⁰tʰei⁴⁴kʰɑ⁵¹tʂʰu⁴¹ɕyi⁴¹liɑu⁰, n̩i⁵¹sɔu¹³lei⁰!

得 □ 人 脑 壳 通 □ 出 血 了，你 笑 嘞！

tuo⁴⁴zoŋ¹³ɦoŋ⁴⁴lɑ⁵¹kʰu⁰tʰei⁴⁴kʰɑ⁵¹tʂʰu⁴¹ɕyi⁴¹liɑu⁰, n̩i⁵¹sɔu¹³lei⁰!

□ □ 人 脑 壳 通 □ 出 血 了，你 笑 嘞！

150 快去把书还给他。

kʰuɑ¹³tɕʰi¹³tei¹³tɕiu⁴⁴voŋ²⁴tei¹³zei¹³.

快 去 得 书 还 得 渠。

kʰuɑ¹³tɕʰi¹³tuo⁴⁴tɕiu⁴⁴voŋ²⁴tei¹³zei¹³.

快 去 □ 书 还 得 渠。

151 我真后悔当时没把他留住。

ŋɯ⁵¹tɕiɛ⁴⁴mei⁴¹tɕi⁵¹ua²⁴tɕʰioŋ⁵¹pa²¹tei¹³zei¹³dʑio¹³tau⁵¹.
我 真 每 几 □ 上 不 得 渠 留 到。

ŋɯ⁵¹tɕiɛ⁴⁴mei⁴¹tɕi⁵¹ua²⁴tɕʰioŋ⁵¹pa²¹tuo⁴⁴zei¹³dʑio¹³tau⁵¹.
我 真 每 几 □ 上 不 □ 渠 留 到。

152 你怎么能不把人当人呢?
n̠i⁵¹mei⁴¹tɕi⁵¹lẽ²⁴kia¹³tei¹³ɦoŋ⁴⁴pa²⁴toŋ⁴⁴ɦoŋ⁴⁴lei⁰?
你 每 几 能 够 得 人 不 当 人 嘞?

n̠i⁵¹mei⁴¹tɕi⁵¹lẽ²⁴kia¹³tuo⁴⁴ɦoŋ⁴⁴pa²⁴toŋ⁴⁴ɦoŋ⁴⁴lei⁰?
你 每 几 能 够 □ 人 不 当 人 嘞?

153 有的地方管太阳叫日头。
va⁵¹ka²⁴kʰaŋ⁵¹n̠i⁴¹tei¹³tʰai²⁴iaŋ²⁴xaŋ¹³ɦoŋ⁴¹da⁰.
有 □ □ 里 得 太 阳 喊 日 头。

va⁵¹ka²⁴kʰaŋ⁵¹n̠i⁴¹tuo⁴⁴tʰai²⁴iaŋ²⁴xaŋ¹³ɦoŋ⁴¹da⁰.
有 □ □ 里 □ 太 阳 喊 日 头。

154 什么? 她管你叫爸爸!
ɕi²⁴ka⁰? zei¹³tei¹³n̠i⁵¹xaŋ¹³da¹³!
什 家? 渠 得 你 喊 大!

ɕi²⁴ka⁰? zei¹³tuo⁴⁴n̠i⁵¹xaŋ¹³da¹³!
什 家? 渠 □ 你 喊 大!

155 你拿什么都当真的,我看没必要。
n̠i⁵¹tei¹³ɕi²⁴ka⁰tʰei⁴⁴toŋ⁴⁴tɕiɛ⁴⁴ti⁰, ŋɯ⁵¹moŋ¹³pa²¹pi¹³iau¹³.
你 得 什 家 通 当 真 的, 我 望 不 必 要。

n̠i⁵¹tuo⁴⁴ɕi²⁴ka⁰tʰei⁴⁴toŋ⁴⁴tɕiɛ⁴⁴ti⁰, ŋɯ⁵¹moŋ¹³pa²¹pi¹³iau¹³.
你 □ 什 家 通 当 真 的, 我 望 不 必 要。

156 真拿他没办法,烦死我了。
ŋaŋ¹³tuo⁴⁴zei¹³pa²¹va⁵¹pan⁵¹fa⁴¹, ŋɯ⁵¹xau⁵¹ɕyi⁴¹fai⁵¹.
硬 □ 渠 不 有 办 法, 我 好 许 反。

ŋaŋ¹³tei¹³zei¹³pa²¹va⁵¹pan⁵¹fa⁴¹, ɕyi⁴¹fai⁵¹ŋɯ⁵¹liau⁰.
硬 得 渠 不 有 办 法, 许 反 我 了。

157 看你现在拿什么还人家。
moŋ¹³n̠i⁵¹lai⁴⁴sʅ²⁴tuo⁴⁴ɕi²⁴ka⁰voŋ¹³zoŋ¹³ɦoŋ⁴⁴.
望 你 □ 时 □ 什 家 还 □ 人。

158 他被妈妈说哭了。

zei¹³tʰω⁴⁴ai⁴⁴ȵiaŋ²⁴kɛi⁵¹li²⁴liau⁰.

渠　着　阿娘　　讲　啼了。

159 所有的书信都被火烧了，一点儿剩的都没有。

tɕiu⁴⁴siɛ¹³tʰω⁴⁴fa⁵¹ɕiau⁴⁴liau⁰, i²⁴kʰω⁵¹tʰei⁴⁴pa²¹dzio¹³tei⁴¹.

书　信　着　火　烧　了，一颗　通　不　留　得。

160 被他缠了一下午，什么都没做成。

tʰω⁴⁴zei¹³dʑiɛ²⁴liau⁰poŋ¹³kuo⁴¹kei⁴⁴, i²⁴ʑioŋ¹³tʰei⁴⁴pa²¹tsei¹³tei⁴¹.

着　渠　缠　了　半　□　工，一样　通　不　做　得。

161 让人给打懵了，一下子没明白过来。

tʰω⁴⁴zoŋ¹³ɦoŋ⁴⁴tʰei⁴⁴kʰa⁵¹uɛ⁴⁴liau⁰, i²⁴ka¹³pa²¹sẽ⁵¹kω¹³zai²⁴.

着　□　人　通　□　晕　了，一□　不　醒　过　来。

162 给雨淋了个浑身湿透。

tʰω⁴⁴va⁵¹dzω⁴¹tɔu⁰i²⁴ɕiɛ⁴⁴tɕiau⁴⁴dzi¹³.

着　雨　落　倒　一身　浇　　湿。

163 给我一本书。给他三本书。

tei¹³ŋω⁵¹i²⁴ pai⁵¹tɕiu⁴⁴. tei¹³zei¹³suo⁴⁴pai⁵¹tɕiu⁴⁴.

得　我　一本　书。得　渠　三　本　书。

164 这里没有书，书在那里。

lan⁴⁴ȵĩ⁴¹pa²⁴va⁵¹tɕiu⁴⁴, tɕiu⁴⁴tsʰɛi⁵¹uaŋ²⁴ȵĩ⁴¹.

□里没　有　书，书　在　□　里。

165 叫他快来找我。

xaŋ¹³zei¹³kʰua¹³zai²⁴lou⁵¹ŋω⁵¹.

喊　渠　快　来　□　我。

166 赶快把他请来。

paŋ⁴⁴kʰua¹³tuo⁴⁴zei¹³tsʰẽ⁵¹zai²⁴.

帮⁼快　□　渠　请来。

paŋ⁴⁴kʰua¹³tei¹³zei¹³tsʰẽ⁵¹zai²⁴.

帮⁼快　得　渠　请　来。

167 我写了条子请病假。

ŋω⁵¹sio⁵¹liau⁰tiau²⁴ti⁰ tsʰẽ⁵¹faŋ¹³kuo⁵¹.

我　写　了　条　子　请　病　假。

168 我上街买了份报纸看。

ŋɷ⁵¹tɕʰioŋ⁵¹dioŋ²⁴ma⁵¹liau⁰tioŋ⁴⁴pou¹³tɕi⁵¹.

我　上　场　买　了　张　报　纸。

169 我笑着躲开了他。

ŋɷ⁵¹sɔu¹³tɔu⁰tsʰio¹³liau⁰zei¹³.

我　笑　倒　□　了　渠。

170 我抬起头笑了一下。

ŋɷ⁵¹xaŋ⁵¹la⁵¹kʰu⁰sɔu¹³liau⁰ka¹³.

我　扛　脑　壳　笑　了　□。

171 我就是坐着不动，看你能把我怎么着。

ŋɷ⁵¹tɕiu⁴⁴ŋaŋ¹³tsai²⁴tɔu⁰pa²¹dzɛi⁵¹, moŋ¹³n̠i⁵¹tei¹³ŋɷ⁵¹mei⁴¹tɕi⁵¹ʑioŋ¹³.

我　就　硬　坐　倒　不　动，望　你　得　我　每　几　样。

ŋɷ⁵¹tɕiu⁴⁴ŋaŋ¹³tsai²⁴tɔu⁰pa²¹dzɛi⁵¹, moŋ¹³n̠i⁵¹tuo⁴⁴ŋɷ⁵¹mei⁴¹tɕi⁵¹ʑioŋ¹³.

我　就　硬　坐　倒　不　动，望　你　□　我　每　几　样。

172 她照顾病人很细心。

zei¹³fu¹³ʂʅ⁰faŋ¹³ɦioŋ⁴⁴xau⁵¹pi⁵¹si¹³.

渠　服　侍　病　人　好　比　细。

173 他接过苹果就咬了一口。

zei¹³tsi⁴¹tau⁵¹pĩ¹³kuo⁵¹tɕiu⁴⁴n̠.io⁴¹liau⁰i²⁴kʰia⁵¹.

渠　接　到　苹　果　就　咬　了　一　口。

174 他的一番话使在场的所有人都流了眼泪。

zei¹³kei⁵¹ti⁰ua²⁴bu²⁴tsa¹³, tɕʰi⁵¹tsʰɛi⁵¹dioŋ²⁴ti⁰ mei⁴¹i²⁴ lau²⁴ɦioŋ⁴⁴tʰei⁴⁴dʑiou²⁴liau⁰ŋai⁵¹kei⁴⁴.

渠　讲　的　□　□　字，使　在　场　的　每　一　条　人　通　流　了　眼　□。

175 我们请他唱了一首歌。

ɦa²⁴tsʰẽ⁵¹zei¹³tɕʰioŋ¹³liau⁰i²⁴ɕiou⁵¹kɷ⁴⁴.

□　请　渠　唱　了　一　首　歌。

176 我有几个亲戚在外地做工。

ŋɷ⁵¹va⁵¹tɕi⁵¹lau²⁴tsʰiɛ⁴⁴tsʰiɛ⁴¹tsʰɛi⁵¹mai⁴⁴tsa⁵¹tsei¹³kei⁴⁴.

我　有　几　条　亲　戚　在　门　子＝做　工。

177 他整天都陪着我说话。

zei¹³kẽ⁵¹ioŋ⁴¹tʰei⁴⁴bei⁴⁴ʂʅ⁵¹ŋɷ⁵¹kɛi⁵¹tsa¹³.

渠　亘　日　通　陪　使　我　讲　字。

178 我骂他是个大笨蛋，他居然不恼火。
ŋω⁵¹ʑiaŋ⁵¹zei¹³tɕʰi⁵¹tʰu⁴⁴tɕʰyɛ⁴¹tɕia⁴⁴xuo⁰, zei¹³tʰei⁴⁴pɑ²¹tioŋ¹³tɕʰi¹³.
我 嚷 渠 是 □ 蠢 家 伙，渠 通 不 胀 气。

179 他把钱一扔，二话不说，转身就走。
zei¹³tuo⁴⁴dɛi²⁴tsai²⁴i²⁴ taŋ⁴⁴, ɕĩ⁴⁴tʰei⁴⁴pɑ²¹ɕĩ⁴⁴, pʰiɛ⁴⁴kω¹³ɕiɛ⁴⁴tɕiu⁴⁴tɕʰi¹³liɑu⁰.
渠 □ 铜 钱 一 钉⁼，声 通 不 声，偏 过 身 就 去 了。

180 我该不该来呢？
ŋω⁵¹kai⁴⁴pɑ²¹kai⁴⁴zai²⁴lai⁰?
我 该 不 该 来 唻？

181 你来也行，不来也行。
ȵi⁵¹zai²⁴iɛ⁵¹xɑu⁵¹, pɑ²¹zai²⁴iɛ⁵¹xɑu⁵¹.
你 来 也 好，不 来 也 好。

182 要我说，你就不应该来。
tɕiɑu¹³ŋω⁵¹kɛi⁵¹, ȵi⁵¹tɕiu⁴⁴pɑ²¹kai⁴⁴zai²⁴.
照 我 讲，你 就 不 该 来。

183 你能不能来？
ȵi⁵¹lẽ²⁴pu²¹lẽ²⁴zai²⁴?
你 能 不 能 来？

184 看看吧，现在说不准。
moŋ¹³kɑ¹³pɑ⁰, lai⁴⁴ʂʅ²⁴kɛi⁵¹pu²¹tɕyɛ⁵¹.
望 □ 吧，□ 时 讲 不 准。

185 能来就来，不能来就不来。
lẽ²⁴zai²⁴tɕiu⁴⁴zai²⁴, pu²¹lẽ²⁴zai²⁴pɑ²¹zai²⁴.
能 来 就 来，不 能 来 不 来。

186 你打算不打算去？
ȵi⁵¹kʰɑ⁵¹soŋ¹³pɑ²¹kʰɑ⁵¹soŋ¹³tɕʰi¹³?
你 □ 算 不 □ 算 去？

187 去呀！谁说我不打算去？
tɕʰi¹³ɑ⁰, xω⁵¹lɑu²⁴kɛi⁵¹ŋω⁵¹pɑ²¹kʰɑ⁵¹soŋ¹³tɕʰi¹³ɑ⁰?
去 啊，何 条 讲 我 不 □ 算 去 啊？

188 他一个人敢去吗？
zei¹³i²⁴ lɑu²⁴ɦoŋ⁴⁴koŋ⁵¹tɕʰi¹³mɑ⁰?
渠 一 条 人 敢 去 吗？

189 敢！那有什么不敢的？
koŋ⁵¹, ua²⁴va⁵¹ɕi²⁴ka⁰pa²¹koŋ⁵¹ti⁰ a⁰?
敢，□ 有 什家 不 敢 的 啊？

190 他到底愿不愿意说？
zei¹³tɔu¹³ti⁵¹kʰɛi⁵¹pa²¹kʰɛi⁵¹kɛi⁵¹?
渠 到 底 肯 不 肯 讲？

191 谁知道他愿意不愿意说？
xω⁵¹lau²⁴ɕiau⁵¹tei⁴¹zei¹³kʰɛi⁵¹pa²¹kʰɛi⁵¹kɛi⁵¹?
何 条 晓 得 渠 肯 不 肯 讲？

192 愿意说得说，不愿意说也得说。
kʰɛi⁵¹kɛi⁵¹iɑu¹³kei⁵¹, pa²¹kʰɛi⁵¹kɛi⁵¹iɛ⁵¹iɑu¹³kei⁵¹.
肯 讲 要 讲，不 肯 讲 也 要 讲。
kʰɛi⁵¹kɛi⁵¹tei⁴¹kɛi⁵¹, pa²¹kʰɛi⁵¹kɛi⁵¹iɛ⁵¹tʰω⁴⁴kɛi⁵¹.
肯 讲 得 讲，不 肯 讲 也 着 讲。

193 反正我得让他说，不说不行。
fan⁵¹tɕĩ¹³ŋω⁵¹iɑu¹³tei⁴¹zei¹³kɛi⁵¹, pa²¹kɛi⁵¹tsei¹³pu²¹tei⁴¹.
反 正 我 要 得 渠 讲，不 讲 做 不 得。

194 还有没有饭吃？
ai⁴⁴va⁵¹pa²¹va⁵¹maŋ⁴⁴ʑiu²⁴?
还 有 不 有 糜 食？

195 有，刚吃呢。
va⁵¹, tɕiaŋ⁴⁴ŋaŋ⁴⁴dzai²⁴ʑiu²⁴lei⁰.
有，□ 刚 才 食 嘞。

196 没有了，谁叫你不早来！
pa²⁴va⁵¹liau⁰, xω⁵¹lau²⁴xaŋ¹³n̠i⁵¹pa²⁴tsau⁵¹zai²⁴!
不 有 了，何 条 喊 你 不 早 来！

197 你去过北京吗？我没去过。
n̠i⁵¹tɕʰi¹³kω¹³pei¹³tɕĩ⁴⁴ma⁰? ŋω⁵¹pa²¹tɔu¹³kω¹³.
你 去 过 北 京 吗？我 不 到 过。
n̠i⁵¹tɔu¹³tɔu⁰pei¹³tɕĩ⁴⁴pa⁰? — ŋω⁵¹pa²¹tɔu¹³kω¹³.
你 到 倒 北 京 不？— 我 不 到 过。

198 我十几年前去过，可没怎么玩，都没印象了。

ŋω⁵¹tʂʰɿ⁴⁴tɕi⁵¹lai⁴⁴dziɛ²⁴tɕʰi¹³kω¹³, pa²¹tei⁴¹xa²⁴ti⁰, tʰei⁴⁴ei⁴¹pu²⁴tau⁵¹ʑioŋ¹³ti⁰ liau⁰.

我 十 几 年 前 去 过, 不 得 哈 的, 通 忆 不 到 样 子 了.

ŋω⁵¹tʂʰɿ⁴⁴tɕi⁵¹lai⁴⁴dziɛ²⁴tɔu¹³tɔu⁰, pa²¹tei⁴¹xa²⁴ti⁰, tʰei⁴⁴ei⁴¹pu²⁴tau⁵¹ʑioŋ¹³ti⁰ liau⁰.

我 十 几 年 前 到 倒, 不 得 哈 的, 通 忆 不 到 样 子 了.

199 这件事他知道不知道？

lai⁴⁴lau²⁴sɿ⁵¹zei¹³ɕiau⁵¹tei⁴¹pa²⁴ɕiau⁵¹tei⁴¹?

□ 条 事 渠 晓 得 不 晓 得？

200 这件事他肯定知道。

lai⁴⁴lau²⁴sɿ⁵¹zei¹³ŋaŋ¹³tɕʰi⁵¹ɕiau⁵¹tei⁴¹.

□ 条 事 渠 硬 是 晓 得。

201 据我了解，他好像不知道。

tɕiu⁴⁴ŋω⁵¹ɕiau⁵¹tei⁴¹, zei¹³tɕiu⁴⁴dzia⁴¹pa²¹ɕiau⁵¹tei⁴¹.

就 我 晓 得, 渠 就 像 不 晓 得。

tɕiu⁴⁴ŋω⁵¹ɕiau⁵¹tei⁴¹, zei¹³xau⁵¹dzia⁴¹pa²¹ɕiau⁵¹tei⁴¹.

就 我 晓 得, 渠 好 像 不 晓 得。

202 这些字你认得不认得？

lai⁴⁴ka²⁴dza¹³ɲi⁵¹ɲiɛ¹³tei⁴¹tau⁵¹ɲiɛ¹³pu²¹tau⁵¹?

□ □ 字 你 认 得 到 认 不 到？

203 我一个大字也不认得。

ŋω⁵¹i²⁴ lau²⁴lω¹³dza¹³tʰei⁴⁴ɲiɛ¹³pu²¹tau⁵¹.

我 一 条 大 字 通 认 不 到。

204 只有这个字我不认得，其他字都认得。

tʂɿ¹³va⁵¹lai⁴⁴lau²⁴dza¹³ŋω⁵¹pa²¹ɲiɛ¹³tei⁴¹, tɕi¹³ui¹³ti⁰ dza¹³tʰei⁴⁴ɲiɛ¹³tei⁴¹tau⁵¹.

只 有 □ 条 字 我 不 认 得, 其 余 的 字 通 认 得 到。

205 你还记得不记得我了？

ɲi⁵¹ai⁴⁴ei⁴¹tei⁴¹tau⁵¹ei⁴¹pu²¹tau⁵¹ŋω⁵¹liau⁰?

你 还 忆 得 到 忆 不 到 我 了？

ɲi⁵¹ai⁴⁴ei⁴¹tei⁴¹pa²¹ei⁴¹tei⁴¹ŋω⁵¹liau⁰?

你 还 忆 得 不 忆 得 我 了？

206 记得，怎么能不记得！

ei⁴¹tei⁴¹, mei⁴¹tɕi⁵¹xa⁵¹pa²¹ei⁴¹tei⁴¹!

忆 得, 每 几 会 不 忆 得！

207 我忘了，一点都不记得了。
ŋɯ⁵¹moŋ¹³iɛ⁵¹liau⁰, i²⁴kʰɯ⁵¹tʰei⁴⁴pa²¹ei⁴¹tei⁴¹liau⁰.
我 忘 掩 了，一 颗 通 不 忆 得 了。

208 你在前边走，我在后边走。
n̠i⁵¹kai⁴⁴ta²⁴piɛ¹³ɦaŋ²⁴, ŋɯ⁵¹kai⁴⁴mai⁵¹da⁰ɦaŋ²⁴.
你 跟 头 边 行，我 跟 尾 头 行。

209 我告诉他了，你不用再说了。
ŋɯ⁵¹pɔu¹³zei¹³liau⁰, n̠i⁵¹pa²⁴iau¹³tsai²⁴kɛi⁵¹liau⁰.
我 报 渠 了，你 不 要 再 讲 了。
ŋɯ⁵¹pɔu¹³tɔu⁰zei¹³liau⁰, n̠i⁵¹pa²⁴iau¹³tsai²⁴kɛi⁵¹ɦoŋ¹³tʰau⁵¹liau⁰.
我 报 倒 渠 了，你 不 要 再 讲 二 道 了。

210 这个大，那个小，你看哪个好？
lai⁴⁴lau²⁴lɯ¹³, ua²⁴lau²⁴n̠ian⁴⁴, n̠i⁵¹moŋ¹³xɯ⁵¹lau²⁴xau⁵¹?
□ 条 大，□ 条 躺，你 望 何 条 好？

211 这个比那个好。
lai⁴⁴lau²⁴pi⁵¹ua²⁴lau²⁴xau⁵¹.
□ 条 比 □ 条 好。

212 那个没有这个好，差多了。
ua²⁴lau²⁴pa²¹va⁵¹lai⁴⁴lau²⁴xau⁵¹, kuo⁴¹ti⁴⁴liau⁰.
□ 条 不 有 □ 条 好，夹 多 了。
ua²⁴lau²⁴pa²¹va⁵¹lai⁴⁴lau²⁴xau⁵¹, tsʰuo⁴⁴ti⁴⁴liau⁰.
□ 条 不 有 □ 条 好，差 多 了。

213 要我说这两个都好。
iau¹³ŋɯ⁵¹kɛi⁵¹lai⁴⁴tsuo⁵¹lau²⁴tʰei⁴⁴xau⁵¹.
要 我 讲 □ 两 条 通 好。

214 其实这个比那个好多了。
tɕi¹³ʂʅ²⁴lai⁴⁴lau²⁴pi⁵¹ua²⁴lau²⁴xau⁵¹ti⁴⁴liau⁰.
其 实 □ 条 比 □ 条 好 多 了。

215 今天的天气没有昨天好。
ti⁴⁴ta⁰ti⁰tʰai⁴⁴sẽ⁴⁴pa²¹va⁵¹kʰuo²⁴tɕi⁵¹xau⁵¹.
今 头 的 天 星 不 有 昨 几 好。

216 昨天的天气比今天好多了。

kʰuo²⁴tɕi⁵¹ti⁰ tʰai⁴⁴sẽ⁴⁴pi⁵¹ti⁴⁴ta⁰xau⁵¹ti⁴⁴liau⁰.
昨　几 的 天　星 比 今 头 好　多了。

217　明天的天气肯定比今天好。
ma²⁴tiau⁴⁴ti⁴ tʰai⁴⁴sẽ⁴⁴ŋaŋ¹³iau¹³pi⁵¹ti⁴⁴ta⁰xau⁵¹.
明　朝　的 天　星　硬　要 比 今 头 好。

218　那个房子没有这个房子好。
ua²⁴kʰei¹³tsi⁴¹pa²¹vɑ⁵¹lai⁴⁴kʰei¹³tsi⁴¹xau⁵¹.
□　□ 室 不 有 □ □ 室 好。

219　这些房子不如那些房子好。
lai⁴⁴ka²⁴tsi⁴¹pa²¹vɑ⁵¹ua²⁴ka²⁴tsi⁴¹xau⁵¹.
□　□ 室 不 有 □ □ 室 好。
lai⁴⁴ka²⁴tsi⁴¹pa²⁴di²⁴ua²⁴ka²⁴tsi⁴¹xau⁵¹.
□　□ 室 不 敌 □ □ 室 好。

220　这个有那个大没有？
lai⁴⁴lau²⁴vɑ⁵¹ua²⁴lau²⁴lɵ¹³pa⁰?
□　条 有 □ 条 大 不？
lai⁴⁴lau²⁴vɑ⁵¹ua²⁴lau²⁴lɵ¹³pa²¹tsɛi²⁴?
□　条 有 □ 条 大 不 曾？
lai⁴⁴lau²⁴vɑ⁵¹ua²⁴lau²⁴lɵ¹³pa²¹iɛ⁵¹?
□　条 有 □ 条 大 不 也？

221　这个跟那个一般大。
lai⁴⁴lau²⁴kai⁴⁴ua²⁴lau²⁴i²⁴ʑioŋ¹³lɵ¹³.
□　条 跟 □ 条 一样　大。

222　这个比那个小了一点点儿，不怎么看得出来。
lai⁴⁴lau²⁴pi⁵¹ua²⁴lau²⁴ɲian⁴⁴kʰɵ⁵¹kʰɵ⁵¹tsa⁰, pa²⁴moŋ⁰ɱuŋ¹³tei⁴¹tʂʰu⁴¹zai²⁴.
□　条 比 □ 条 觩　颗　颗 子，不 么 望　得　出　米。

223　这个大，那个小，两个不一般大。
lai⁴⁴lau²⁴lɵ¹³, ua²⁴lau²⁴ɲian⁴⁴, tsuo⁵¹lau²⁴pa²⁴i²⁴ʑioŋ¹³.
□　条 大，□ 条 觩，两 条 不 一样。

224　这个跟那个大小一样，分不出来。
lai⁴⁴lau²⁴kai⁴⁴ua²⁴lau²⁴ɲian⁴⁴lɵ¹³i²⁴ʑioŋ¹³, pa²⁴moŋ⁰fai⁴⁴tei⁴¹tʂʰu⁴¹zai²⁴.
□　条 跟 □ 条 觩 大 一样，不 么 分 得 出 来。

225 这个人比那个人高。
lai⁴⁴lau²⁴ɦoŋ⁴⁴pi⁵¹ua²⁴lau²⁴ɦoŋ⁴⁴kɔu⁴⁴.
□ 条 人 比 □ 条 人 高。

226 是高一点儿，可是没有那个人胖。
tɕʰi⁵¹kɔu⁴⁴kʰɷ⁵¹tsa⁰, pu²⁴kω¹³pa²¹va⁵¹ua²⁴lau²⁴ɦoŋ⁴⁴fi²⁴.
是 高 颗 子，不 过 不 有 □ 条 人 肥。

227 他们一般高，我看不出谁高谁矮。
zoŋ¹³（ɦoŋ⁴⁴）i²⁴ʑioŋ¹³kɔu⁴⁴, ŋɷ⁵¹moŋ¹³puʦʰu⁴¹zai²⁴xɷ⁵¹lau²⁴kɔu⁴⁴xɷ⁵¹lau²⁴ɑ⁵¹.
□（人）一 样 高，我 望 不 出 来 何 条 高 何 条 矮。

228 胖的好还是瘦的好？
fi²⁴ti⁰xɑu⁵¹ai⁴⁴tɕʰi⁵¹ɕiu¹³ti⁰xɑu⁵¹?
肥 的 好 还 是 瘦 的 好？

229 瘦的比胖的好。
ɕiu¹³ti⁰pi⁵¹fi²⁴ti⁰xɑu⁵¹.
瘦 的 比 肥 的 好。

230 瘦的胖的都不好，不瘦不胖最好。
ɕiu¹³ti⁰fi²⁴ti⁰tʰei⁴⁴pa²¹xɑu⁵¹, pa²¹ɕiu¹³pa²¹fi²⁴tsui¹³xɑu⁵¹.
瘦 的 肥 的 通 不 好，不 瘦 不 肥 最 好。

231 这个东西没有那个东西好用。
lai⁴⁴ʑioŋ¹³tei⁴⁴siɛ⁴⁴pa²¹va⁵¹ua²⁴ʑioŋ¹³tei⁴⁴siɛ⁴⁴xɑu⁵¹sa⁵¹.
□ 样 东 西 不 有 □ 样 东 西 好 使。

232 这两种颜色一样吗？
lai⁴⁴tsuo⁵¹ʑioŋ¹³ian²⁴siɛ¹³i²⁴ʑioŋ¹³ma⁰?
□ 两 样 颜 色 一 样 吗？

233 不一样，一种色淡，一种色浓。
pa²⁴i²⁴ʑioŋ¹³, i²⁴tɕiou⁵¹ian²⁴siɛ¹³ʦʰai⁵¹, i²⁴tɕiou⁵¹ian²⁴siɛ¹³ɕiɛ⁴⁴.
不 一 样，一 种 颜 色 浅，一 种 颜 色 深。

234 这种颜色比那种颜色淡多了，你都看不出来？
lai⁴⁴tɕiou⁵¹ian²⁴siɛ¹³pi⁵¹ua²⁴tɕiou⁵¹ian²⁴siɛ¹³ʦʰai⁵¹ti⁴⁴liau⁰, ȵi⁵¹tʰei⁴⁴moŋ¹³pu²⁴ʦʰu⁴¹zai²⁴?
□ 种 颜 色 比 □ 种 颜 色 浅 多 了，你 通 望 不 出 来？

235 你看看现在，现在的日子比过去强多了。
ȵi⁵¹moŋ¹³lai⁴⁴sʅ²⁴, lai⁴⁴sʅ²⁴ɦoŋ⁴¹ku⁵¹pi⁵¹sai⁴⁴ɦoŋ⁴¹ku⁵¹xɑu⁵¹ti⁴⁴liau⁰.
你 望 □ 时，□ 时 日 牯 比 先 日 牯 好 多 了。

236 以后的日子比现在更好。
tɕiaŋ⁵⁵mai⁵¹ti⁰ɦoŋ⁴¹ku⁵¹pi⁵¹lai⁴⁴sɿ²⁴ai⁴⁴xɑu⁵¹.
□ 尾 的日 牯比 □ 时还好。

237 好好干吧，这日子一天比一天好。
xɑu⁵¹xɑu⁵¹tsei¹³pɑ⁰, tɕiaŋ⁵⁵mai⁵¹ti⁰ɦoŋ⁴¹ku⁵¹i²⁴ioŋ⁴¹pi⁵¹i²⁴ioŋ⁴¹xɑu⁵¹.
好 好 做 吧，□ 尾 的日 牯一日 比一 日 好。

238 这些年的生活一年比一年好，越来越好。
lai⁴⁴kɑ²⁴lai⁴⁴ti⁰ɦoŋ⁴¹ku⁵¹i²⁴lai⁴⁴pi⁵¹i²⁴lai⁴⁴xɑu⁵¹, yi⁴¹zai²⁴yi⁴¹xɑu⁵¹.
□ □ 年 的日 牯一年 比一年 好，越 来 越 好。

239 咱兄弟俩比一比谁跑得快。
ɦa²⁴foŋ⁴⁴xa⁵¹kɑ⁰pi⁵¹i²⁴pi⁵¹, moŋ¹³xɷ⁵¹lau²⁴tʰua⁴⁴tei⁰kʰua¹³.
□ 兄 弟 家比 一比，望 何条 □ 得快。

240 我比不上你，你跑得比我快。
ŋɷ⁵¹pi⁵¹pu²¹zĩ²⁴n̠i⁵¹, n̠i⁵¹tʰua⁴⁴tei⁰pi⁵¹ŋɷ⁵¹kʰua¹³.
我 比 不 赢你，你 □ 得比 我 快。

241 他跑得比我还快，一个比一个跑得快。
zei¹³tʰua⁴⁴tei⁰pi⁵¹ŋɷ⁵¹ai⁴⁴kʰua¹³, i²⁴lau²⁴pi⁵¹i²⁴lau²⁴tʰua⁴⁴tei⁰kʰua¹³.
渠 □ 得比 我 还快， 一 条 比一条 □ 得快。

242 他比我吃得多，干得也多。
zei¹³pi⁵¹ŋɷ⁵¹ʑiu²⁴tei⁰ti⁴⁴, tsei¹³tei⁰iɛ⁵¹ti⁴⁴.
渠 比 我 食 得多，做 得也 多。

243 他干起活来，比谁都快。
zei¹³tsei¹³tɕʰi⁵¹mai⁴⁴lu⁵¹zai²⁴, pi⁵¹xɷ⁵¹lau²⁴tʰei⁴⁴kʰua¹³.
渠 做 起 门 路 来，比 何条 通快。

244 说了一遍，又说一遍，不知说了多少遍。
kɛi⁵¹liau⁰i²⁴ ban²⁴iu⁴⁴kɛi⁵¹i²⁴ ban²⁴, pa²¹ɕiau⁵¹tei⁴¹kɛi⁵¹liau⁰xau⁵¹tl¹⁴ban²⁴.
讲 了 一 盘 又讲一盘， 不 晓 得讲 了 好 多盘。

245 我嘴笨，可是怎么也说不过他。
ŋɷ⁵¹kʰia⁵¹lei⁴⁴, mei⁴¹tɕi⁵¹iɛ⁵¹kɛi⁵¹pu²¹zĩ²⁴zei¹³.
我 口 □，每 几 也讲 不 赢渠。

246 他走得越来越快，我都跟不上了。
zei¹³ɦaŋ²⁴tei⁰yi⁴¹zai²⁴yi⁴¹kʰua¹³, ŋɷ⁵¹tʰei⁴⁴kai⁴⁴pu²⁴tɕʰioŋ⁵¹liau⁰.
渠 行 得越来越快， 我 通 跟不 上 了。

247 **越走越快，越说越快。**

yi⁴¹ɦaŋ²⁴yi⁴¹kʰuɑ¹³, yi⁴¹kɛi⁵¹yi⁴¹kʰuɑ¹³.
越　行　越　快，　越　讲　越　快。

248 **慢慢说，一句一句地说。**

lei⁴⁴tɔu⁰kɛi⁵¹, i²⁴ tɕyi¹³i²⁴ tɕyi¹³ti⁰ kɛi⁵¹.
□　倒 讲，一 句　一 句　的 讲。

第八章 话语材料

第一节

俗语谚语

一 谚语

01 liɑ⁴¹ɲi⁴¹tsʰei⁴⁴i⁴¹ĩ⁴⁴, ɦoŋ⁴¹dɑ⁰piɛ¹³ɦoŋ²⁴tɕiɛ⁴⁴.
   六 月 初 一 阴，日 头 变 黄 金。
   liɑ⁴¹ɲi⁴¹suo⁴⁴ioŋ⁴¹tʂʰẽ¹³, moŋ⁵¹sɑi⁴⁴tʂʰu⁴¹ɦoŋ²⁴tɕiɛ⁴⁴.
   六 月 三 日 清凉，满 山 出 黄 金。

02 tʂʰʅ⁴⁴ɲi⁴¹tsʰei⁴⁴ i⁴¹ʥɷ⁴¹, li⁵¹vo¹³pɑ²⁴li²⁴kɷ⁴¹.
   十 月 初 一 落，履 袜 不 离 脚。

03 vɑ⁵¹vɑ⁵¹moŋ¹³ʥiou²⁴zioŋ⁴⁴, ʥiou²⁴zioŋ⁴⁴pɑ²⁴vɑ⁵¹moŋ¹³tʂʰʅ⁴⁴soŋ⁴⁴,
   有 雨 望 重 阳，重 阳 不 有 望 十 三，
   tʂʰʅ⁴⁴soŋ⁴⁴pɑ²⁴vɑ⁵¹i²⁴tei⁴⁴kʰoŋ⁴⁴.
   十 三 不 有 一 冬 干。

04 tiɑu⁴⁴dɑ⁰ɦɛi²⁴, zio¹³foŋ⁰ʥɷ⁴¹.
   朝 头 红，夜 □ 落。早上有红霞，夜晚就会下雨。

05 tsɑ⁴⁴lɑi²⁴ pɑ²⁴tɷ⁵¹vɑ⁵¹, kʰɑ⁵¹lɑi²⁴ pɑ²⁴ɕi⁴¹tsʰẽ¹³.
   栽 田插秧不 躲 雨，□ 田秋收不 歇 清。

06 mɑŋ²⁴tɕioŋ⁴¹pɑ²⁴tɕioŋ⁴¹mo⁴¹, ɕiɑ⁵¹tsʅ⁴¹pɑ²⁴tsɑ⁴⁴lɑi²⁴. tsɑ⁴⁴ioŋ⁴⁴gei¹³mo⁴¹tsuo⁵¹dɑ²⁴mei⁴⁴.
   芒 种 不 种 麦，夏 至 不 栽 田。栽 秧 □割麦 两 头 忙。

07 tʂʰu⁵¹ʂu⁵¹tɕiɑu²⁴, pʰo⁴⁴lu¹³tsʰei¹³.
   处 暑 荞， 白 露 菜。

08　pa⁴¹ȵi⁴¹tsʰei⁴⁴i⁴¹, lω¹³va⁵¹lω¹³ɦoŋ⁵¹, ȵian⁴⁴va⁵¹ȵian⁴⁴ɦoŋ⁵¹, pa²⁴va⁵¹pa²⁴ɦoŋ⁵¹.
　　八月初一，大雨大旱，躲雨躲旱，不雨不旱。

09　dioŋ²⁴ɦoŋ⁵¹ȵi⁴¹; tsʰia⁴⁴tʂʰʅ⁴⁴ȵi⁴¹; pa²⁴tsʰia⁴⁴pa²⁴dioŋ²⁴ɦoŋ¹³pa⁴¹ȵi⁴¹.
　　长　五月，□短　十月，不□短不长　二八月。

10　va⁵¹va⁵¹tʰai⁴⁴kω⁴¹lioŋ¹³, pa²⁴va⁵¹tʰai⁴⁴daºlioŋ¹³.
　　有雨天脚亮，不雨天头亮。

11　i²⁴tɕia⁵¹ɦoŋ¹³tɕia⁵¹, xuai²⁴tiu⁴⁴pa²⁴tʂʰu⁴¹ɕiou⁵¹;
　　一九　二九，怀　中不出　手；
　　soŋ⁴⁴tɕia⁵¹ɦoŋ¹³tʂʰʅ⁴⁴tsʰi⁴¹, lau⁵¹ŋei⁴⁴lau⁵¹mo⁵¹paŋ¹³tsioŋ²⁴pi⁴¹;
　　三　九二十七，老牛老马傍墙　壁；
　　si¹³tɕia⁵¹soŋ⁴⁴tʂʰʅ⁴⁴lia⁴¹, iɛ²⁴kʰia⁵¹liu⁵¹luo⁴¹tɕiu⁴¹;
　　四九　三十六，檐口□掉蜡　烛；
　　ɦoŋ⁵¹tɕia⁵¹si¹³tʂʰʅ⁴⁴ɦoŋ⁵¹, ɦaŋ²⁴ɦoŋ⁴⁴sau⁵¹daºkʰia⁵¹kʰa⁵¹ku⁵¹;
　　五　九　四十　五，行　人　道　头口　□打鼓；
　　lia⁴¹tɕia⁵¹ɦoŋ⁵¹tʂʰʅ⁴⁴si¹³, bi²⁴ȵi⁴⁴sɛ̃⁴⁴ŋaŋ¹³tsʰi¹³;
　　六　九　五十四，疲泥生硬　刺；
　　tsʰi⁴¹tɕia⁵¹lia⁴¹tʂʰʅ⁴⁴soŋ⁴⁴, ɦaŋ²⁴ɦoŋ⁴⁴sau⁵¹daºxa⁵¹tʂʰu⁴¹ɦoŋ¹³;
　　七　九　六十三，行　人　道　头会出　汗，
　　pa⁴¹tɕia⁵¹tsʰi⁴¹tʂʰʅ⁴⁴ɦoŋ¹³, tɕiou⁵¹ŋei⁴⁴ȵuo⁴⁴tsai²⁴tʂʰu⁴⁴pa²⁴la²⁴;
　　八　九　七十二，守　牛伢崽吹叭呐，
　　tɕia⁵¹tɕia⁵¹pa⁴¹tʂʰʅ⁴⁴i⁴¹, sω⁴⁴i⁴⁴ɦω²⁴ta⁵¹li⁴¹.
　　九　九　八十一，蓑衣和斗笠。

12　tʰɛi⁵¹tɕʰi⁵¹xω²⁴pau⁵¹, yi⁴¹tsei¹³yi⁴¹xau⁵¹.
　　土　是　活宝，越做　越好。

13　ta⁵¹pa²⁴ɕlau⁴⁴sai⁴⁴tʰɛi⁵¹pa²⁴fi²⁴.
　　火不烧　山　土不肥。

14　pa²⁴ʑiu²⁴suo⁴⁴oŋ⁵¹maŋ⁴⁴, pa²⁴taŋ¹³po⁴¹tɕiɛ⁴⁴taŋ¹³.
　　不食三　碗糜，不担百斤担。

15　ɦoŋ²⁴lau⁵¹ʂu⁵¹tei¹³kia⁴⁴pu¹³tɕĩ⁴⁴, pa²⁴va⁵¹xau⁵¹siɛ⁴⁴.
　　黄　老鼠得鸡拜正，不有好心。

16　kuo⁴⁴kia⁴⁴kʰa⁵¹, moŋ⁵¹tsi⁴¹fi⁴⁴, ʑio⁵¹kia⁴⁴kʰa⁵¹, moŋ⁵¹sai⁴⁴fi⁴⁴.
　　家鸡□打，满　室飞，野鸡□打，满　山　飞。

17　lan²⁴pa²⁴li²⁴tɔu⁴⁴, ȵiu⁵¹pa²⁴li²⁴pʰɔu⁴⁴.
　　男　不　离　刀，女　不　离　□背篓。

18　ziu²⁴pu²⁴tɕiou²⁴, sa⁵¹pu²⁴tɕiou²⁴, xua¹³soŋ¹³pa²⁴xau⁵¹i²⁴saŋ⁴⁴ɕi¹³tɕiou²⁴.
　　食　不　穷，　使 不　穷，　划　算　不　好 一 生　世 穷。

19　ɦoŋ⁴⁴tsaŋ⁴⁴i²⁴kʰia⁵¹tɕʰi¹³, fu¹³tsaŋ⁴⁴i²⁴kẽ⁴⁴ɕioŋ⁴⁴.
　　人　争　一　口　气，佛　争　一　根　香。

20　lɯ¹³ɦoŋ¹³kua¹³tɕʰiɛ⁵¹ŋuo⁴⁴tsai²⁴sei¹³tʰoŋ⁵¹lioŋ²⁴, ŋuo⁴⁴tsai²⁴kua¹³tɕʰiɛ⁵¹lɯ¹³ɦoŋ⁴⁴kʰia⁵¹da²⁴koŋ⁴⁴.
　　大　人　挂 件＂伢 崽 痛 断 肠，伢 崽 挂 件＂大 人　口　头 甘。

21　taŋ¹³pu²⁴kʰoŋ⁴⁴ti⁰ tʂu⁵¹doŋ²⁴, sa⁵¹pu²⁴uan²⁴ti⁰ liu⁵¹tɕʰi¹³.
　　担　不　干　的 水　塘水井，使 不　完　的 力　气。

22　kʰa⁵¹ɦi⁵¹ kʰa⁵¹tsʰi⁴¹tsʰuɛ¹³, ua⁴⁴tɕia¹³sai⁴⁴ua⁴⁴kẽ⁴⁴.
　　□打 爬蛇□打 七 寸，挖　树 先　挖　根。

（杨明家发音）

二　谜语

01　vai⁵¹moŋ¹³tua¹³tsui⁵¹, tɕʰiɛ⁵¹moŋ¹³tua¹³tsui⁵¹, pa²⁴tɕʰi⁵¹tɕiu⁴⁴tua¹³ti⁰tua¹³tsui⁵¹,
　　远　望　碓　嘴，近　望　对　嘴，不　是　舂　碓　的　碓　嘴，
　　tɕʰi⁵¹tua¹³tsui⁵¹ti⁰tua¹³tsui⁵¹.
　　是　对　嘴 的 碓　嘴。（火条）

02　tsʰai⁴⁴lau²⁴uaŋ⁴⁴, mai⁵¹lau²⁴liu⁵¹, pa²⁴tsei¹³li¹³pa²⁴ɦuo⁵¹tɕiou⁵¹.
　　千　条 湾，万　条 岭，不　做　地，不 下　种。（屋脊）

03　va⁵¹lau²⁴lau⁵¹kuo⁴⁴iau⁴⁴kia⁴⁴kia⁴⁴, kɯ¹³zai²⁴kɯ¹³tɕʰi¹³iau¹³zoŋ¹³ɦoŋ⁴⁴tsʰa⁴⁴.
　　有　条 老　家　腰　钩　钩，过　来 过 去　要　□ 人别人搀。（犁）

04　luo²⁴ta⁰tsʰia⁴⁴, luo²⁴ta⁰dioŋ¹³, tiau⁴⁴ta⁰tɕʰi¹³, zio¹³ta⁰voŋ¹³.
　　□　豆黄豆□短，□　豆 长，朝　头 去，夜　头下午返。（灰尘）

05　ɦoŋ²⁴ŋei⁴⁴ȵioŋ²⁴, ɕiu¹³tʰa¹³kua⁴¹, au⁵¹kuɛ¹³au⁵¹kuɛ¹³lau⁵¹ʂʅ⁵¹kʰua⁴¹.
　　黄　牛　娘，　瘦　剃　骨，拗　棍　拗　棍　□捅屎窟。（锁）

06　kɔu⁴⁴ti⁰ kɔu⁴⁴, a⁵¹ti⁰ a⁵¹, i²⁴ lau²⁴la⁵¹kʰu⁰tei¹³kʰua¹³ua⁵¹.
　　高　的 高，　矮 的 矮，一　条　脑　壳　戴　块　瓦。（手指）

07　kɔu⁴⁴da⁰ɕioŋ⁵¹tua¹³lɯ¹³, taŋ⁵¹xaŋ⁰ lou⁵¹pu²⁴tʰɯ⁴⁴.
　　高　头 响　对 锣，□　□底下□找　不　着。（屁）

08 da²⁴mai⁴⁴sai⁴⁴dɑ⁰va⁵¹lau²⁴ oŋ⁵¹, ioŋ⁴¹ioŋ⁴¹dʑɷ⁴¹va⁵¹ɖʐɷ⁴¹pu²⁴moŋ⁵¹.
    头 门 山 头 有 条 碗，日 日 落 雨 落 不 满。（鸟窝）

09 i⁴¹lau²⁴lau⁵¹kuo⁴⁴iau⁴⁴kou⁵¹kou⁵¹, kɷ¹³zai²⁴kɷ¹³tɕʰi¹³tɕʰioŋ¹³sai⁴⁴kɷ⁴⁴.
    一 条 老 家 腰 佝 佝， 过 来 过 去 唱 山 歌。（公鸡）

10 ta²⁴piɛ⁰kuaŋ⁵¹kuaŋ⁵¹kuaŋ⁵¹, mai⁵¹dɑ⁰vu⁵¹liaŋ⁴⁵tʰiaŋ⁵¹.
    头 边 咣 咣 咣， 尾 头 舞 □杖连枷。（狗）

11 i²⁴tsʰiau⁴⁴tsuo⁵¹tuo⁴¹po²⁴.
    一 锹 两 搭＝耙。（鸡）

12 dʑia⁴¹kʰuɛ⁵¹du²⁴, pa²⁴va⁵¹kʰuɛ⁵¹kɔu⁴⁴, pa²⁴sẽ⁴⁴n̠iu⁵¹tu⁰pa²⁴sẽ⁴⁴mɔu⁴⁴,
    像 犬 □蹲，不 有 犬 高， 不 生 耳 朵 不 生 毛，
    kɔu⁴⁴dau²⁴a⁵¹piau⁴⁴.
    高 跳 矮 飚。（青蛙）

（01/02 由杨明家发音，03/06/09 由李水方发音，04/08/10/11/12 由向和英发音，
05/07 由杨礼发音）

第二节

歌 谣

01 哭嫁歌

kɤ⁴⁴a⁰, a⁴⁴tsʰau⁵¹a⁰, ai⁴⁴ɲiaŋ²⁴a⁰, a⁴⁴da¹³a⁰！
哥 啊，阿 嫂 啊，阿 娘 啊，阿 大 啊！

ti⁴⁴tiau⁴⁴da⁰ma⁰, iau¹³fai⁴⁴kʰa⁴⁴ai⁴⁴ɲiaŋ²⁴lei⁰, iau¹³fai⁴⁴kʰa⁴⁴a⁴⁴da¹³lei⁰！
今 朝 头 嘛，要 分 开 阿 娘 嘞，要 分 开 阿 大 嘞！

iau¹³fai⁴⁴kʰa⁴⁴kɤ⁴⁴ma⁰, iau¹³fai⁴⁴kʰa⁴⁴tsʰau⁵¹lei⁰！
要 分 开 哥 嘛，要 分 开 嫂 嘞！

kɤ⁴⁴a⁰, a⁴⁴tsʰau⁵¹a⁰, ŋɤ⁵¹fai⁵¹ɕiou⁵¹ma⁰tuo⁴⁴ tɕiɛ⁴⁴lei⁰, ʑyɛ¹³ɕiou⁵¹ma⁰tuo⁴⁴ɲiɛ⁴⁴lei⁰！
哥 啊,阿 嫂 啊,我 反 手 嘛 □拿 金 嘞，顺 手 嘛 □拿 银 嘞！

tɕiɛ⁴⁴ɲiɛ⁴⁴ma⁰dzio¹³tei¹³a⁴⁴kɤ⁴⁴a⁴⁴tsʰau⁵¹lei⁰, tʂɿ¹³lɤ²⁴lai²⁴a⁰tʂɿ¹³lɤ²⁴li¹³lei⁰！
金 银 嘛 留 得 阿 哥 阿 嫂 嘞，只 □择 田 啊 只 □择 地 嘞！

（向和英发音）

02 妹妹十七哥十八

mɛi⁵¹mɛi⁵¹tʂʰɿ⁴⁴tsʰi⁴¹kɤ⁴⁴tʂɿ⁴⁴pa⁴¹, tɕiu⁴⁴dzia⁴¹dioŋ²⁴ta⁰ioŋ⁴⁴tou¹³ka⁴⁴.
妹 妹 十 七 哥 十 八， 就 像 场 头 秧 豆 荚。

ta¹³kuo⁴¹iɛ⁵¹iau¹³tiau²⁴tiau²⁴lẽ⁵¹, tiau²⁴tiau²⁴yi⁴¹lẽ⁵¹yi⁴¹kʰa⁴⁴xua⁴⁴.
豆 角 也 要 条 条 领， 条 条 越 领 越 开 花。

（向和英发音）

03 上梁歌起兴

ti⁴⁴tɑ⁰ŋɯ⁵¹zai²⁴tsau⁵¹pa²⁴zai²⁴ɦioŋ¹³, ŋɯ⁵¹tsʰoŋ⁵¹tʰɯ⁴⁴i²⁴ tsi⁴¹tsʰɛi⁵¹tɕʰioŋ⁵¹lioŋ⁴⁴
今 头 我 来 早 不 来 晏，我 撞 着 一 室 在 上 梁。

tsuo⁵¹tɑ⁰moŋ¹³i²⁴moŋ¹³, i²⁴ka¹³n̠ioŋ⁴⁴ zai²⁴kʰuo⁴¹ɦioŋ¹³, zoŋ¹³ɦioŋ⁴⁴ iu⁴⁴tʂʰu⁴⁴sɯ⁴⁴lɑ²⁴
两 头 望 一 望， 一□ □一下子来 客 人， □ 人他们又 吹 唢 呐

iu⁴⁴foŋ¹³pʰɔu¹³, ʑiɛ¹³ʑiɛ¹³lau⁵¹lau⁵¹tsʰɛi⁵¹ tɕʰioŋ⁵¹lioŋ⁴⁴. ŋɯ⁵¹ɦaŋ²⁴tou¹³piɛ¹³dɑ⁰
又 放 炮， 热 热 闹 闹 在 上 梁。我 行 到 边 头

tʰaŋ⁴⁴i²⁴tʰaŋ⁴⁴, tsɔu¹³voŋ²⁴pan⁵¹ti⁰ tɕʰi⁵¹vu²⁴tsiau⁴⁴tʰoŋ⁴⁴, ŋɯ⁵¹kɛi⁵¹tei⁰pa²⁴xau⁵¹
听 一 听， 灶 房 办 的 是 胡 椒 汤， 我 讲 得 不 好

n̠i⁵¹mo⁴¹sɔu¹³, tʂʰu⁴⁴ka¹³sɯ⁴⁴lɑ²⁴foŋ¹³kʰɯ⁵¹pʰɔu¹³. tsɔu¹³voŋ²⁴kʰa⁵¹tʂʰu⁴¹ŋei⁴⁴kou⁴¹tsɔu¹³,
你 莫 笑， 吹 下 唢 呐 放 颗 炮。 灶 房 □打 出 牛 角 灶，

pan⁵¹tʂʰu⁴¹maŋ⁴⁴tsʰei¹³ɦo²⁴vu²⁴tsiau⁴⁴. ɦɯ²⁴tei⁴¹vu²⁴tsiau⁴⁴tɕʰioŋ⁴⁴iu⁴⁴tɕʰioŋ⁴⁴
办 出 糜 菜 和 胡 椒。 和 得 胡 椒 香 又 香，

ʑiu²⁴zai²⁴tɑ⁵¹ʂ̩⁵¹mo⁴¹tʰɯ⁴⁴tsʰioŋ¹³.
食 来 大 势 莫 着 呛。

（向和英发音）

04 上梁歌[①]

ɕiaŋ⁵¹liaŋ²⁴ɕiaŋ⁵¹liaŋ⁴⁴, tʰian⁴⁴ti⁵¹kʰɑ⁴⁴tɕiaŋ⁴⁴.
上 梁 上 梁， 天 地 开 张。

ʐu²⁴tɕĩ⁴⁴tau¹³tsʰ̩⁵¹, tɑ⁵¹tɕi¹³tɑ⁵¹tɕiaŋ¹³.
如 今 到 此， 大 吉 大 祥。

ɕiou⁵¹pʰan⁴⁴i²⁴bi²⁴faŋ⁴⁴, tɕi¹¹n̠ĩ²¹dzai²⁴pɑu⁵¹tɕiu⁴⁴man⁵¹loŋ⁵¹siaŋ⁴⁴.
手 攀 一 皮 方， 金 银 财 宝 就 满 笼 箱。

ɕiou⁵¹pʰan⁴⁴ ɦoŋ¹³bi²⁴faŋ⁴⁴, n̠iu²⁴tɕʰĩ²⁴tui²⁴zai²⁴mo⁵¹tɕʰĩ²⁴suaŋ⁴⁴.
手 攀 二 皮 方，牛 成 对 来 马 成 双。

ɕiou⁵¹pʰan⁴⁴san⁴⁴bi²⁴faŋ⁴⁴, san⁴⁴sẽ⁴⁴tsai⁵¹xu⁵¹mĩ²⁴tɕyi⁵¹ʑiaŋ²⁴.
手 攀 三 皮 方，三 星 在 户 名 巨 扬。

---

① "上梁歌"现在基本上用客话。

ɕiou⁵¹pʰan⁴⁴sɿ¹³bi²⁴faŋ⁴⁴, sɿ¹³tɕi²⁴fa¹³dzai²⁴pau⁵¹ŋan⁴⁴kʰaŋ⁴⁴.
手 攀 四 皮 方，四 季 发 财 保 安 康。
ɕiou⁵¹pʰan⁴⁴u⁵¹bi²⁴faŋ⁴⁴, u⁵¹tsɿ⁵¹tẽ⁴⁴kʰuo⁴⁴tsuaŋ⁵¹yan²⁴laŋ²⁴.
手 攀 五 皮 方，五 子 登 科 状 元 郎。
ɕiou⁵¹pʰan⁴⁴lu¹³bi²⁴faŋ⁴⁴, lu¹³xuo¹³doŋ²⁴tɕʰyɛ⁴⁴yi²⁴tʰian⁴⁴dziaŋ²⁴.
手 攀 六 皮 方，六 合 同 春 与 天 长。
ɕiou⁵¹pʰan⁴⁴tsʰi⁴¹bi²⁴faŋ⁴⁴, tsɿ⁵¹vi⁴⁴kau⁴⁴tɕiau¹³kua¹³tɕioŋ⁴⁴daŋ²⁴,
手 攀 七 皮 方，紫 薇 高 照 挂 中 堂，
tẽ⁴⁴ɕiaŋ⁵¹liaŋ⁴⁴douº tei¹³tɕian¹³tʰian⁴⁴, tʂu⁵¹toŋ⁴⁴tei¹³tɕian¹³tʰai²⁴pĩ²⁴n̩ian²⁴.
登 上 梁 头 得 见 天， 主 东 得 见 太 平 年。

（向和英发音）

05 对门山头布鸠窠

tuɑ¹³mai⁴⁴sai⁴⁴tɑº pu¹³kiɑ⁴⁴kʰω⁴⁴, suo⁴⁴tsuɑ⁴⁴ŋuo⁴⁴tsai²⁴xa⁵¹tɕʰioŋ¹³kω⁴⁴,
对 门 山 头 布 鸠 窠， 三 岁 伢 崽 会 唱 歌，
pɑ²⁴tɕʰi⁵¹tiu⁴⁴n̩ioŋ⁴⁴kau⁴⁴xa⁵¹tiº, tsʰi⁴⁴kɛi⁵¹ tsʰei⁴⁴miº xa⁵¹tɕʰioŋ¹³kω⁴⁴.
不 是 爹 娘 教 会 的， 自 □自己聪 明 会 唱 歌。

（向和英发音）

06 白沙河

iau¹³ŋω⁵¹tɕʰioŋ¹³kω⁴⁴tɕiu⁴⁴tɕʰioŋ¹³kω⁴⁴, tɕʰioŋ¹³kω⁴⁴zai²⁴tou¹³pʰo⁴⁴suo⁴⁴ɦω²⁴.
要 我 唱 歌 就 唱 歌， 唱 歌 来 到 白 沙 河。
pʰo⁴⁴suo⁴⁴ɦω²⁴piɛº xau⁵¹xua⁴⁴tsʰau⁵¹, xau⁵¹pi⁵¹kω¹³tɕʰi¹³lau⁵¹xaŋ²⁴tɕiou⁴⁴。
白 沙 河 边 好 花 草， 好 比 过 去 老 杭 州。

（杨明家发音）

07 哥□我妹来妹□我哥

tɕʰioŋ¹³kω⁴⁴tɕʰioŋ¹³liauº iu⁴⁴tɕʰioŋ¹³kω⁴⁴, kω⁴⁴lou⁵¹mɛi⁵¹zai²⁴sou¹³xω⁴⁴xω⁴⁴.
唱 歌 唱 了 又 唱 歌， 哥 □找 妹 来 笑 呵 呵。

ȵi⁵¹iɛ⁵¹xoŋ⁴⁴kʰia⁵¹ŋɷ⁵¹xoŋ⁴⁴kʰia⁵¹, xoŋ⁴⁴kʰia⁵¹a⁴⁴mɛi⁵¹lou⁵¹a⁴⁴kɷ⁴⁴.
你 也 欢 喜 我 欢 喜， 欢 喜 阿 妹 □找 阿 哥。

（杨明家发音）

08 出了辛女好崽女

ti⁴⁴ta⁰tɕʰioŋ¹³kɷ⁴⁴iu⁴⁴tɕʰioŋ¹³kɷ⁴⁴, sai⁴⁴kɷ⁴⁴tɕʰioŋ¹³tʰei⁴⁴lai⁴⁴kẽ⁴⁴ɦɷ²⁴.
今 头 唱 歌 又 唱 歌， 山 歌 唱 通 □这根 河。
tɕiɛ⁴⁴ɦɷ²⁴ȵiɛ⁴⁴ɦɷ²⁴fei⁴⁴tʂu⁵¹xau⁵¹, tʂʰu⁴¹liau⁰ɕĩ⁴⁴ȵiu⁵¹xau⁵¹tsa⁵¹ȵiu⁵¹.
金 河 银 河 风 水 好， 出 了 辛 女 好 崽 女。

（杨明家发音）

09 唱歌要唱自□自己歌

tɕʰioŋ¹³kɷ⁴⁴iau¹³tɕʰioŋ¹³tsʰi⁴⁴kɛi⁵¹ kɷ⁴⁴, tʰaŋ⁴⁴kɷ⁴⁴iau¹³tʰaŋ⁴⁴xuo¹³tɕʰi¹³kɷ⁴⁴.
唱 歌 要 唱 自 □自己歌， 听 歌 要 听 和 气 歌。
ta⁵¹ʂʅ⁵¹tʰaŋ⁴⁴liau⁰xa⁴⁴xa⁴⁴sɔu¹³, tɕyɛ²⁴tei⁰mai⁵¹ɦoŋ⁴⁴tɕi⁵¹tsʰian⁴⁴tsʰiu⁴⁴.
大 势 听 了 哈 哈 笑， 传 得 尾 人 几 千 秋。

（杨明家发音）

10 月亮粑粑

yi⁴¹lioŋ¹³yi⁴¹lioŋ¹³pa⁴⁴pa⁰, uo²⁴ta⁵¹zai²⁴, ɛi⁵¹tɕʰyɛ⁵¹zai²⁴.
月 亮 月 亮 粑 粑， 下 底 来， 饮 荈茶 来。
ɕi²⁴ka⁰tɕʰyɛ³¹ʔ koŋ¹¹tɕʰyɛ⁵¹.
什 家 荈？ 甘 荈。
ɕi²⁴ka⁰koŋ⁴⁴? tiu⁴⁴koŋ⁴⁴.
什 家 甘？ 猪 肝。
ɕi²⁴ka⁰tiu⁴⁴? tsuo²⁴tiu⁴⁴.
什 家 猪？ 榨 猪。
ɕi²⁴ka⁰tsuo²⁴? ʑia⁴⁴tsuo²⁴.
什 家 榨？ 油 榨。

ɕi²⁴ka⁰zia⁴⁴? dɛi²⁴zia⁴⁴.
什家油？ 桐 油。

ɕi²⁴ka⁰dɛi²⁴? iɛ⁴⁴tiou²⁴dɛi²⁴.
什家桐？ 烟 □烟壶桐。

ɕi²⁴ka⁰iɛ⁴⁴? tsʰau⁵¹iɛ⁴⁴.
什家烟？ 草 烟。

ɕi²⁴ka⁰tsʰau⁵¹? tsʰẽ⁴⁴tsʰau⁵¹.
什家草？ 青 草。

ɕi²⁴ka⁰tsʰẽ⁴⁴? tʂu⁵¹tsʰẽ⁴⁴.
什家青？ 水 青。

ɕi²⁴ka⁰tʂu⁵¹? tsʰẽ¹³tʂu⁵¹.
什家水？ 清 水。

ɕi²⁴ka⁰tsʰẽ¹³? fei⁴⁴tsʰẽ¹³.
什家清？ 风 清。

ɕi²⁴ka⁰fei⁴⁴? guaŋ²⁴fei⁴⁴.
什家风？ 狂 风。

ɕi²⁴ka⁰guaŋ²⁴? tɕi⁵¹ȵiu⁵¹ʂʅ⁵¹guaŋ²⁴.
什家狂？ 几 耳 屎 狂。

（向和英发音）

11 十二月歌

tɕĩ⁴⁴ȵi⁴¹tsʰei⁴⁴i⁴¹tei⁴⁴tsʰau⁵¹ɦoŋ²⁴, ɦoŋ¹³ȵi⁴¹tsʰei⁴⁴i⁴¹tsʰau⁵¹tioŋ⁵¹dioŋ²⁴.
正月初一 灯草 黄，二月初一 草 长 长。

soŋ⁴⁴ȵi⁴¹tɕiu⁴⁴tɕʰi⁵¹tsʰẽ⁴⁴mi⁵¹tɕiɛ²⁴, si¹³ȵi⁴¹li¹³ɕia⁵¹ɦoŋ⁵¹ku⁵¹dioŋ²⁴.
三月就 是 清 明 节，四月立夏日 牯 长。

ɦoŋ⁵¹ȵi⁴¹liu⁴⁴dzyɛ²⁴bo²⁴oŋ⁴¹tʂu⁵¹, lia⁴¹ȵi⁴¹xau⁵¹ɦoŋ⁴⁴sa¹³i⁴⁴kʰoŋ⁴⁴.
五月龙船 扒入水，六月 好 人 晒衣干。

tsʰi⁴¹ȵi⁴¹va⁵¹lau²⁴tsʰi⁴¹ȵi⁴¹pa⁴¹, pa⁴¹ȵi⁴¹tʂʅ⁴⁴ɦoŋ⁵¹tuɛ¹³voŋ¹³ɕioŋ⁴⁴.
七月有条 七月八，八月十 五 □回返 乡。

tɕiɑ⁵¹n̪i⁴¹dʑiou²⁴ʑioŋ⁴⁴tɕiu⁴⁴xɑu⁵¹tsiɑ⁵¹, tʂʰʅ⁴⁴n̪i⁴¹soŋ⁴⁴kʰɑ⁵¹tsʰɑu⁵¹fɑ²⁴ɦoŋ²⁴.
九 月 重 阳 春 好 酒， 十 月 霜 □打 草 皮 黄。
tei⁴⁴n̪i⁴¹pi²⁴puºkʰei⁴⁴kʰɑ⁴⁴xuɑ⁴⁴, dzoŋ²⁴n̪i⁴¹ loŋ⁴⁴pɑu⁵¹lɑu⁵¹ŋei⁴⁴n̪ioŋ²⁴.
冬 月 枇 杷 空 开 花， □ 月腊月难 保 老 牛 娘。

（向和英发音）

第三节

故 事

01 牛郎和织女

ɑ²⁴ kɛi⁵¹lau²⁴ȵiu²⁴laŋ²⁴ɦω²⁴tʂʅ¹³ȵy⁵¹ti⁰kuʔ⁵¹. xɛ⁵¹tɕiɑ⁵¹xɛ⁵¹tɕiɑ⁵¹i⁵¹tsai²⁴, tɕiu⁴⁴vɑ⁵¹lau²⁴ɦoŋ⁴⁴,
我 讲 条 牛 郎 和 织 女 的 古。 很 久 很 久 以 前， 就 有 条 人，

pɑ²⁴vɑ⁵¹ai⁴⁴ȵiaŋ²⁴dɑ¹³, i²⁴lau²⁴ɦoŋ⁴⁴, tan⁵¹ʂʅ⁵¹tɕiu⁴⁴vɑ⁵¹lau²⁴ŋei⁴⁴, zei¹³lei⁰tɕiu⁴⁴kʰou¹³lai⁴⁴lau²⁴
不 有 阿 娘 大， 一 条 人， 但 是 就 有 条 牛， 渠 嘞就 靠 □这条

ŋei⁴⁴lei⁰i²⁴tɕʰi⁵¹kω¹³ɦoŋ⁴¹kuʔ⁵¹. suo⁴¹i⁴¹ŋei⁴⁴lei⁰iɛ⁵¹xɛ⁵¹tsau⁵¹ȵiɛ¹³zei¹³, iɛ⁵¹tɕiu⁴⁴sioŋ⁵¹zei¹³tɕʰĩ²⁴
牛 嘞一起 过 日 牯。 所 以 牛 嘞也 很 造 孽 渠， 也 就 想 渠 嘞成

tɕia⁴⁴. lai⁴⁴ioŋ⁴¹, ŋei⁴⁴tɕiu⁴⁴tei¹³zei¹³sei¹³lau²⁴mei¹³, pou¹³zei¹³xω⁵¹ioŋ⁴¹xω⁵¹ioŋ⁴¹tɕʰi¹³xω⁵¹doŋ¹³xω⁵¹
家。 □这日， 牛 就 得给渠 送 条 梦， 报 渠 何 日 何 日 去 何 挡 何

doŋ¹³kʰaŋ⁵¹ȵi⁴¹. tʰai⁴⁴kou⁴⁴dɑ⁰vɑ⁵¹tsʰi⁴¹tsi⁵¹ɕiɑ⁵¹fan²⁴tou¹³uaŋ²⁴ȵi⁴¹zai²⁴, tou¹³ɦω²⁴ȵi⁴¹tsau⁵¹ɕiɛ⁴⁴
挡 □ 里地方。天 高 头 有 七 姐 下 凡 到 □那里来， 到 河 里 澡 身

kei⁵¹. ŋei⁴⁴lei⁰tɕiu⁴⁴xaŋ¹³zei¹³zei¹³i⁴⁴lei⁰tei¹³zei¹³ɕia⁴⁴liau⁰. tsei¹³kω¹³mei¹⁴¹xou⁵¹, sẽ⁴⁴kω¹³
梗， 牛 嘞就 喊 渠 得把渠 衣 嘞得 渠 收 了。 做 过 梦 以后， 醒 过

zai²⁴i⁴¹xou⁵¹, ei⁴¹lai⁴⁴lau²⁴mei⁴³ei⁴¹tei⁰xɛ⁵¹tsʰẽ⁴⁴tsʰu⁰, ti¹³ɦoŋ¹³ioŋ⁴¹moŋ¹³zei¹³vɑ⁵¹uaŋ²⁴moŋ⁰xui⁵¹sʅ⁵¹, zei¹³
来 以 后， 忆 □这条 梦 忆 得 很 清 楚， 第 二 日 望 渠 有 □那么回事， 渠

tɕiu⁴⁴tʰuɑ⁴⁴tou¹³ɦω²⁴piɛ⁴⁴tɕʰi¹³moŋ⁴¹, iuɛi⁰tɕiɛ⁴⁴tsɑ⁵¹uaŋ²⁴ȵi⁴¹vɑ⁵¹lia⁴¹tsʰi⁴¹lau²⁴ɦoŋ⁴⁴tsʰɛi⁵¹lai⁴⁴
就 □跑 到 河 边 去 望， 哟 哎 真 子˝□那里有 六 七 条 人 在 □这

tsau⁵¹ɕiɛ⁴⁴kɛi⁵¹. zei¹³tɕiu⁴⁴kei⁴¹ tou¹³tɕia¹³dɑ⁰, tɕiu⁴⁴tei¹³tsʰi⁴¹tsi⁵¹ti⁰i⁴⁴lei⁰tɕiu⁴⁴tuo⁴⁴tɕʰi¹³liau⁰, tɕiu⁴⁴
澡 身 梗。 渠 就 □躲藏到 树 头， 就 得 七 姐 的 衣 嘞就 □拿去 了， 就

çia⁴⁴liau⁰, tuo⁴⁴voŋ¹³tɕʰi¹³liau⁰. tʰai⁴⁴kʰei⁴¹liau⁰, kʰei⁴¹liau⁰tɕiu⁴⁴çi⁴¹, tsʰi⁴¹tsi⁵¹pa²⁴tei⁴¹i⁴⁴tɷ⁴¹liau⁰, tɕiu⁴⁴
收 了，□拿 返 去 了。天 黑 了，黑 了 就 歇，七 姐不 得 衣 着 了，就
kai⁴⁴tɔu¹³zei¹³tsi⁴¹da⁰ tɕʰi¹³liau⁰, tɕiu⁴⁴kai⁴⁴zei¹³tɕʰĩ²⁴tsʰiɛ⁴⁴liau⁰. tɕʰĩ²⁴tsʰiɛ⁴⁴liau⁰tɕiu⁴⁴i²⁴tɕʰi⁵¹sɛ̃⁴⁴
跟 到 渠 室 头 去 了，就 跟 渠 成 亲 了。成 亲 了 就 一 起 生
xɷ²⁴. sɛ̃⁴⁴xɷ²⁴i⁴¹xou⁵¹mai⁵¹da⁰tɕiu⁴⁴va⁵¹ŋuo⁴⁴tsai²⁴liau⁰. tɕiu⁴⁴tei⁴¹tsuo⁵¹lau²⁴ŋuo⁴⁴tsai²⁴, tei⁴¹lau²⁴
活。生 活 以 后 尾 头 就 有 伢 崽 了。就 得 两 条 伢 崽，得 条
tsa⁵¹tei⁴¹lau²⁴ȵiu⁵¹. i²⁴xui⁵¹tɕiu⁴⁴suo⁴⁴lai⁴⁴kɷ¹³tɕʰi¹³liau⁰, kɔu⁴⁴da⁰tɕiu⁴⁴lou⁵¹tsʰi⁵¹tsi⁵¹la⁰, tsʰi⁴¹tsi⁵¹
子 得 条 女。一 会 就 三 年 过 去 了，高 头 就 □找 七 姐 啦，七 姐
tɕiu⁴⁴iau¹³voŋ¹³tɕʰi¹³liau⁰. tsʰi⁴¹tsi⁵¹tɕiu⁴⁴tɛi⁵¹zei¹³ŋuo⁴⁴tsai²⁴kʰuɛ¹³tʰɷ⁴⁴liau⁰tɕiu⁴⁴tʰua⁴⁴liau⁰.
就 要 返 去 了。七 姐 就 等 渠 伢 崽 睏 着 了 就 □跑 了。

tʰua⁴⁴liau⁰i⁴¹ xou⁵¹mai⁵¹da⁰ŋuo²⁴tsai²⁴sɛ̃⁴⁴liau⁰tɕiu⁴⁴iau¹³zei¹³ai⁴⁴ȵiaŋ²⁴, tɕiu⁴⁴li²⁴, lai⁴⁴lau²⁴iɛ⁵¹
□跑 了 以 后 尾 头 伢 崽 醒 了 就 要 渠 阿 娘，就 啼，□这 条 也
li²⁴ua²⁴lau²⁴iɛ⁵¹li²⁴. ȵiu²⁴laŋ²⁴tɕiu⁴⁴pa²⁴va⁵¹pan⁵¹fa⁴¹, xɛi⁵¹lai⁴⁴lau²⁴iɛ⁵¹xɛi⁵¹pa²⁴tʰaŋ⁴⁴, xɛi⁵¹ua²⁴
啼□那 条 也 啼。牛 郎 就 不 有 办 法，哄 □这 条 也 哄 不 听，哄 □那
lau²⁴iɛ⁵¹xɛi⁵¹pu²⁴tʰaŋ⁴⁴. tei¹³ŋuo⁴⁴tsai²⁴taŋ⁴⁴tɔu¹³lɷ⁴⁴ʂu¹³ ȵi⁴¹, tɕiu⁴⁴lan⁴⁴ȵi⁴¹lou⁵¹zei¹³uaŋ²⁴ȵi⁴¹lou⁵¹
条 也 哄 不 听。得 伢 崽 担 到 箩 □箩筐 里，就 □这 里 □找 渠 □那 里 □找
zei¹³, mai⁵¹da⁰tɕiɛ⁴⁴ȵiu¹³sɛ̃⁴⁴tɕiu⁴⁴çiau⁵¹tei⁴¹liau⁰, tɕiu⁴⁴moŋ¹³tɔu¹³zei¹³tsau⁵¹ȵiɛ¹³a⁰, pa²⁴va⁵¹pan⁵¹
渠，尾 头 金 牛 星 就 晓 得 了，就 望 到 渠 造 孽 啊，不 有 办
fa⁴¹, tɕiu⁴⁴ȵiu¹³sɛ̃⁴⁴tɕiu⁴⁴çia⁵¹kaŋ⁵¹, uo¹³ta⁵¹zai²⁴i⁴¹xou⁵¹, "ȵi⁵¹tuo⁴⁴ŋɷ⁵¹kou⁴¹kou⁴¹ȵi⁴¹zai²⁴ma⁰."
法，金 牛 星 就 下 界，下 底 来 以 后，"你 □把 我 角 角 里 来 嘛。"
zei¹³i²⁴kɛi⁵¹, tɕiɛ⁴⁴ȵiu¹³sɛ̃⁴⁴ti⁰kou⁴¹tɕiu⁴⁴liu⁴⁴uo¹³ta⁵¹zai²⁴liau⁰. liu⁵¹ou¹³ta⁵¹zai²⁴liau⁰tɕiu⁴⁴iɛ⁵¹ŋuo⁴⁴
渠 一 讲，金 牛 星 的 角 就 □掉 下 底 来 了。□掉 下 底 来 了 就 也 伢
tsai²⁴tʰei⁴⁴tɔu¹³kou⁴¹kou⁴¹tɕʰi¹³liau⁰, tɕiu⁴⁴fi⁴⁴liau⁰, tɕiu⁴⁴kai⁴⁴mai⁵¹da⁰ʥou⁴¹a⁰ʥou⁴¹. kʰua¹³moŋ¹³
崽 通 到 角 角 去 了，就 飞 了，就 跟 尾 头 □追 啊□追。快 望
tɔu¹³zei¹³liau⁰, moŋ¹³tɔu¹³tsʰi⁴¹tsi⁵¹liau⁰, kʰua¹³ɫau¹³ʥou⁴¹tɕʰioŋ⁵¹zai²⁴ti⁰ʂɿ²⁴xou⁰, kɔu⁴⁴da⁰ɦoŋ²⁴
到 渠 了，望 到 七 姐 了，快 要 □追 上 来 的 时 候，高 头 王
moŋ⁵¹ȵiaŋ²⁴ȵiaŋ²⁴tɕiu⁴⁴moŋ¹³tɔu¹³zei¹³ʥou⁴¹tɕʰioŋ⁵¹zai²⁴liau⁰, tɕiu⁴⁴pa²⁴va⁵¹pan⁵¹fa⁴¹, tɕiu⁴⁴tei¹³
母 娘 娘 就 望 到 渠 □追 上 来 了，就 不 有 办 法，就 得
kou⁴⁴da⁰xua¹³liau⁰i²⁴pa⁵¹, tɕiu⁴⁴xua¹³tei⁴¹xau⁵¹ti⁴⁴uɛ²⁴, tɕiu⁴⁴tei¹³zei¹³kaŋ¹³kʰa⁴⁴liau⁰, mai⁵¹da⁰
高 头 划 了 一 把，就 划 得 好 多 云，就 得 渠 界 开 了，尾 头
kaŋ¹³tɕʰi⁰tʰian⁴⁴ɦω²⁴, tʰian⁴⁴ɦω²⁴mai⁵¹da⁰zei¹³tɕiu⁴⁴pa²⁴va⁵¹pan⁵¹fa⁴¹liau⁰, tɕiɛ⁴⁴ȵiu¹³sɛ̃⁴⁴tei¹³zei¹³
界 起 天 河。天 河 尾 头 渠 就 不 有 办 法 了，金 牛 星 得 渠

kai⁴⁴ŋuo⁴⁴tsai²⁴i²⁴tɕʰi⁵¹iu⁴⁴taŋ¹³tuɛ¹³zai²⁴liau⁰, taŋ¹³tuɛ¹³zai²⁴mai⁵¹da⁰tɕiu⁴⁴pa²⁴va⁵¹pan⁵¹fa⁴¹, mai⁵¹
跟 伢 崽 一起 又 担 □ 回 来 了，担 □ 回 来 尾 头 就 不 有 办 法，尾
da⁰tɕiu⁴⁴siɛ⁴⁴tsʰioŋ⁵¹n̠iaŋ²⁴moŋ¹³tɕĩ⁴¹zei¹³xau⁵¹tsau⁵¹n̠iɛ¹³, xau⁵¹toŋ²⁴tɕĩ¹³zei¹³, mai⁵¹da⁰zei¹³
头 就 仙 鹊 娘 望 见 渠 好 造 孽，好 同 情 渠，尾 头 渠
tɕiu⁴⁴kui⁴⁴tĩ⁵¹, kɔu⁴⁴da⁰tʰai⁴⁴lau⁵¹io⁵¹moŋ¹³zei¹³tsau⁵¹n̠iɛ¹³, tɕiu⁴⁴moŋ¹³zei¹³xaŋ¹³tsʰi⁴¹n̠i⁴¹ka⁰tĩ⁰
就 规 定，高 头 天 老 爷 望 渠 造 孽，就 望 渠 喊 七 月 间 的
tsʰei⁴⁴tsʰi⁴¹lai⁴⁴ioŋ⁴¹, tɕiu⁴⁴tei⁴¹ŋuo⁴⁴tsai²⁴moŋ¹³ka¹³ zei¹³ai⁴⁴n̠iaŋ²⁴. mai⁵¹da⁰siɛ⁴⁴tsʰioŋ⁵¹n̠iaŋ²⁴
初 七 □这日，就 得 伢 崽 望 □一下 渠 阿 娘。尾 头 仙 鹊 娘
tsʰi⁴¹n̠i⁴¹tsʰei⁴⁴tsʰi⁴¹lai⁴⁴ioŋ⁴¹, tʰei⁴⁴tɔu¹³piɛ¹³da⁰ɦω²zai²⁴liau⁰, ɦω²⁴n̠i⁴¹tɕiu⁴⁴i²⁴lau²⁴kuo⁴¹i²⁴lau²⁴
七 月 初 七 □这日，通 到 边 头 河 来 了，河 里 就 一 条 夹 一 条
mai⁵¹pu⁰, tɕiu⁴⁴tiau¹³tɔu¹³tʰai⁴⁴taŋ⁵¹xaŋ⁰tiau¹³tɔu¹³tʰai⁴⁴kɔu⁴⁴da⁰tɕʰi¹³liau⁰, suo⁴¹i⁴¹tɔu¹³tsʰi⁴¹n̠i⁴¹
尾 巴，就 吊 到 天 □□下面 吊 到 天 高 头 去 了，所 以 到 七 月
tsʰei⁴⁴tsʰi⁴¹lai⁴⁴ioŋ⁴¹, tɕiu⁴⁴tei⁴¹zei¹³tɕi⁵¹n̠ioŋ²z̩²⁴i²⁴ lai⁴⁴xui⁵¹i²⁴ban²⁴mĩ¹³.
初 七 □这日，就 得 渠 几 娘 儿 一年 会 一 盘 面。

lai⁴⁴ lau²⁴ku⁵¹tɕiu⁴⁴kɛi⁵¹tɕĩ¹³liau⁰, suo⁴¹i⁴¹ɕian⁵¹tsai¹³i²⁴tɔu¹³tsʰi⁴¹n̠i⁴¹tsʰei⁴⁴tsʰi⁴¹tɕiu⁴⁴tɕʰi⁵¹n̠iu²⁴
□这条 古 就 讲 正 了，所 以 现 在 一 到 七 月 初 七 就 是 牛
laŋ²⁴tsɿ¹³n̠y⁵¹ɕiaŋ⁴⁴xui⁵¹tĩ⁰ku⁵¹.
郎 织 女 相 会 的 古。

（杨明家讲述）

02 熊外婆

tei¹³tɑ⁵¹ʂʅ⁵¹vu¹³lau²⁴ku⁵¹, mĩ⁴⁴tĩ⁰ xaŋ¹³vei²⁴n̠ioŋ²⁴kuo⁴⁴moŋ⁵¹.
得 大 势 学 条 古，名 字 喊 羆①娘 家 母。

kω¹³tɕʰi¹³, va⁵¹tsuo⁵¹tsi⁵¹xa⁵¹tɔu¹³kuo⁴⁴moŋ⁵¹tɕʰi¹³ɦaŋ²⁴tsʰiɛ⁴⁴. ɦaŋ²⁴tɔu¹³sau⁵¹n̠i⁴¹, kai⁴⁴sai⁴⁴
过 去，有 两 姐 弟 到 家 母外婆 去 行 亲。行 到 道 里，跟 山
n̠i⁴¹tɕiu⁴⁴tsʰoŋ⁵¹tʰω⁴⁴vei²⁴n̠ioŋ²⁴liau⁰. vei²⁴ n̠ioŋ²⁴tɕiu⁴⁴mai¹³tsuo⁵¹tsi⁵¹xa⁵¹: "xa⁵¹a⁰mɛi⁵¹a⁰n̠i²⁴
里 就 撞 着 羆 娘 了。羆 娘 就 问 两 姐 弟："弟 啊妹 啊你你们
tɔu¹³xoŋ⁵¹n̠i²⁴ tɕʰi¹³？"
到 何 里哪里 去？"

---

① "羆"老派发音人杨明家读[bei²⁴]，新派发音人杨海平读[vei²⁴]。

"ɦa²⁴ tɔu¹³ɦa²⁴ kuo⁴⁴moŋ⁵¹tɕʰi¹³."
"□我们到 □我们家 母 去。"
"n̠i²⁴kuo⁴⁴moŋ⁵¹tsʰɛi⁵¹xoŋ⁵¹n̠i²⁴a⁰?"
"你家 母 在 何 里啊?"
"ɦa²⁴ kuo⁴⁴moŋ⁵¹tɕiu⁴⁴tsʰɛi⁵¹ta²⁴piɛ⁰."
"□我们家 母 就 在 头 边。"
"ŋɯ⁵¹tɕiu⁴⁴tɕʰi⁵¹n̠i²⁴kuo⁴⁴moŋ⁵¹ta⁰, n̠i²⁴ n̠iɛ¹³pu²⁴tau⁵¹ŋɯ⁵¹?"
"我 就 是 你家 母 哒,你你们认 不 到 我?"
"ɦa²⁴ kuo⁴⁴moŋ⁵¹mĩ¹³pu⁰da⁰va⁵¹lau²⁴tsʅ¹³ta⁰."
"□我们家 母 面 巴 头 有 条 痣 哒。"
vei²⁴n̠ioŋ²⁴kuo⁴⁴moŋ⁵¹tʰɐu⁴⁴tɕʰi¹³, kai⁴⁴tʂʅ⁴⁴kʰua¹³ʑioŋ²⁴sʅ⁵¹n̠io⁴⁴tou¹³mĩ¹³pu⁰da⁰.
羆 娘 家母 听 去, 跟 拾 块 羊 屎 黏 到 面 巴 头。
"ŋɯ⁵¹mĩ¹³pu⁰da⁰va⁵¹kʰɯ⁵¹tsʅ¹³ta⁰, ŋɯ⁵¹tɕiu⁴⁴tɕʰi⁵¹n̠i²⁴kuo⁴⁴moŋ⁵¹, n̠i²⁴kai⁴⁴ŋɯ⁵¹voŋ¹³tɕʰi¹³."
"我 面 巴 头 有 颗 痣 啊,我 就 是 你家 母, 你 跟 我 返 去。"
tsuo⁵¹tsi⁵¹xa⁵¹mai⁵¹da⁰tɕiu⁴⁴kai⁴⁴vei²⁴n̠ioŋ²⁴kuo⁴⁴moŋ⁵¹voŋ¹³tɕʰi¹³liau⁰, tɔu¹³vei²⁴n̠ioŋ²⁴kuo⁴⁴
两 姐弟尾 头就 跟 羆 娘 家 母 返 去 了,到 羆 娘 家
moŋ⁵¹tsi⁴¹da⁰tɕʰi¹³liau⁰.
母 室 头 去 了。
ʑio¹³foŋ⁰tɕiu⁴⁴kai⁴⁴tsuo⁵¹tsi⁵¹xa⁵¹kɛi⁵¹: "xa⁵¹a⁰, n̠i⁵¹tei¹³kuo⁴⁴moŋ⁵¹a¹³siɛ⁴⁴kɯ⁴⁴da⁰. mei⁵¹
夜 □晚上就 跟 两 姐弟 讲: "弟 啊,你 得给家 母 沤 心 锅ⁿ头,妹
n̠i⁵¹tei¹³kuo⁴⁴moŋ⁵¹a¹³kɯ⁴¹." kʰuɛ¹³tou¹³poŋ¹³ʑio¹³, kuo⁴⁴moŋ⁵¹tɕiu⁴⁴tei¹³xa⁵¹tsiɑu⁵¹ʑiu²⁴liau⁰,
你 得给家 母 沤 脚。 睏 到 半 夜, 家 母 就 得把弟 嚼 食 了,
kɯ⁴¹tsa⁵¹tsa⁵¹, ɕiou⁵¹tsa⁵¹tsa⁵¹tʰei⁴⁴ʑiu²⁴liau⁰. tsi⁵¹tɕiu⁴⁴tʰaŋ⁴⁴tɕĩ¹³liau⁰, tɕiu⁴⁴mai¹³kuo⁴⁴moŋ⁵¹: "kuo⁴⁴
脚 趾 子,手 指 子通都食 了。姐就 听 见 了, 就 问 家 母: "家
moŋ⁵¹kuo⁴⁴moŋ⁵¹n̠iu⁵¹ʑiu²⁴ɕi²⁴ka⁰?"
母 家 母 你食 什 家?"
"ʑiu²⁴luo²⁴ta¹³tsa⁵¹."
"食 □ 豆 子黄豆。"
"fai⁴⁴kʰɯ⁵¹zaɪ²⁴."
"分 颗 来。"
"n̠ian⁴⁴n̠ian⁴⁴ŋuo⁴⁴tsai²⁴ ʑiu²⁴pu²⁴tei⁴¹."
"㑚 㑚 伢 崽小孩儿食 不 得。"

"fai⁴⁴kʰɯ⁵¹zai²⁴."
"分颗来。"
"ʑiu²⁴pu²⁴tei⁴¹ʑiu²⁴pu²⁴tei⁴¹."
"食不得食不得。"
mai⁵¹dɑ⁰tɕʰioŋ⁵¹zei¹³tɕiu⁴⁴moŋ¹³tɕĩ¹³zei¹³xɑ⁵¹ti⁰lɑ⁵¹kʰu⁰kuɛ⁵¹tɔu¹³tsoŋ²⁴taŋ⁵¹xaŋ⁰liau⁰, zei¹³
尾头□一阵渠就望见渠弟的脑壳滚到床□□底下了，渠
tɕiu⁴⁴ɕiau⁵¹tei⁴¹liau⁰.
就晓得了。

mai⁵¹dɑ⁰zei¹³tɕiu⁴⁴sioŋ⁵¹tʰuɑ⁴⁴, zei¹³tɕiu⁴⁴kai⁴⁴kuo⁴⁴moŋ⁵¹kɛi⁵¹: "kuo⁴⁴moŋ⁵¹kuo⁴⁴moŋ⁵¹,
尾头渠就想□跑，渠就跟家母讲："家母家母，
ŋɯ⁵¹iau¹³tʂʰu⁴¹tɕʰi¹³kɑ⁵¹ɕiou⁵¹tɕʰi¹³."
我要出去解手去。"

"kɑ⁵¹ɕiou⁵¹tɕʰi¹³, n̻i⁵¹lei⁴⁴ʑio¹³ kɑ⁵¹ɕiou⁵¹tɕʰi¹³, tɕʰyi⁴¹n̻i⁵¹lou⁵¹pu²⁴tʰɯ⁴⁴sau⁵¹zai²⁴, kɯ⁴¹dɑ⁰
"解手去，你□夜夜晚解手去，怯你□找不着道来，脚头
xɯ⁴⁴lau²⁴sɯ⁴¹ti⁰."
缚条索子绳子。"

vei²⁴n̻ioŋ²⁴kuo⁴⁴moŋ⁵¹tɕiu⁴⁴tɕʰyi⁴¹zei¹³tʰuɑ⁴⁴, kɯ⁴¹dɑ⁰tɕiu⁴⁴xɯ⁴⁴lau²⁴sɯ⁴¹ti⁰. xɯ⁴⁴lau²⁴sɯ⁴¹
罴娘家母就怯渠□跑，脚头就缚条索子。缚条索
ti⁰tsi⁵¹tɕiu⁴⁴kuai¹³liau⁰, ɦaŋ²⁴tɔu¹³mai⁴⁴tsa⁵¹ tɕiu⁴⁴tei¹³sɯ⁴¹ti⁰xɯ⁴⁴tɔu¹³kʰuɛ⁵¹ɕiɛ⁴⁴dɑ⁰. vei²⁴n̻ioŋ²⁴
子姐就□狡猾了，行到门子=外面就得索子缚到犬身头。罴娘
kuo⁴⁴moŋ⁵¹tei¹³uɑ²⁴sɯ⁴¹ti⁰dʑi²⁴kɑ¹³, kʰuɛ⁵¹tɕiu⁴⁴uaŋ⁵¹uaŋ⁵¹uaŋ⁵¹xaŋ¹³tsuo⁵¹kʰia⁵¹, vei²⁴n̻ioŋ²⁴
家母得把□那索子扯一□下，犬就汪汪汪喊两口，罴娘
kuo⁴⁴moŋ⁵¹tɕiu⁴⁴ʑiaŋ⁵¹, "pei¹³ʂ̩²⁴kʰuɛ⁵¹, n̻i⁵¹mo⁴¹n̻io⁴¹ɦa²⁴mɛi⁵¹!"
家母就嚷骂，"背时犬，你莫咬□我妹！"

zei¹³xaŋ¹³tsuo⁵¹kʰia⁵¹, "mɛi⁵¹ɑ⁰ mɛi⁵¹ɑ⁰, kʰuɛ⁵¹n̻io⁴¹n̻i⁵¹pa²⁴?"
渠喊两口，"妹啊妹啊，犬咬你不？"

zei¹³pa²⁴tʰaŋ⁴⁴tɕĩ¹³tsei¹³ɕĩ⁴⁴, n̻iu⁵¹ŋuo⁴⁴tsai²⁴tɕiu⁴⁴tʰua⁴⁴liau⁰. zei¹³tʰua⁴⁴tɔu¹³ ta²⁴piɛ⁰, va⁵¹
渠不听见作声，女伢崽就□跑了。渠□跑到头边，有
lau²⁴lia⁵¹tɕia¹³dɑ⁰, zei¹³tɕiu⁴⁴tsʰio¹³tɔu¹³tɕia¹³dɑ⁰. lia⁵¹tɕia¹³taŋ⁵¹xaŋ⁰ va⁵¹lau²⁴tʂu⁵¹doŋ²⁴, vei²⁴
条柳树头，渠就□藏到树头。柳树□□底下有条水塘水井，罴
n̻ioŋ²⁴kuo⁴⁴moŋ⁵¹tɕiu⁴⁴ɦaŋ²⁴tɔu¹³tʂu⁵¹doŋ²⁴taŋ⁵¹xaŋ⁰, tɕiu⁴⁴moŋ¹³tɕĩ¹³taŋ⁵¹xaŋ⁰ kʰa⁴⁴lɯ¹³yi⁴¹
娘家母就行到水塘□□底下，就望见□□底下开大月
lioŋ¹³. zei¹³ iu⁴⁴moŋ¹³tɕĩ¹³n̻iu⁵¹ŋuo⁴⁴tsai²⁴ĩ⁵¹ti⁰tsʰei⁵¹tʂu⁵¹doŋ²⁴taŋ⁵¹xaŋ⁰. n̻iɛ¹³ui¹³n̻iu⁵¹ŋuo⁴⁴tsai²⁴
亮。渠就望见女伢崽影子在水塘□□底下。认为女伢崽

tsʰio¹³tou¹³tṣu⁵¹doŋ²⁴tṣu⁵¹taŋ⁵¹xaŋ⁰ ti⁰. zei¹³tɕiu⁴⁴kai⁴⁴lan⁴⁴n̠i⁴¹ɛi⁵¹tṣu⁵¹, tei¹³tṣu⁵¹ɛi⁵¹, tɕʰiɛ⁵¹
□藏 到 水 塘 水 □ □底下的。渠 就 跟 □这里饮水，得 水 饮，尽
ua²⁴tṣu⁵¹ɛi⁵¹pu²⁴kʰoŋ⁴⁴, ta²⁴piɛ⁰tɕi⁵¹, mai⁵¹da⁰tɕiu⁴⁴ω⁴⁴.
□那水 饮 饮不干， 头 边饮，尾 头 就 屙。

tɕʰiɛ⁵¹tɕi⁵¹tɕiu⁵¹zioŋ¹³ti⁰. n̠iu⁵¹ŋuo⁴⁴tsai²⁴tṣʰɛi⁵¹kou⁴⁴da⁰tɕiu⁴⁴tʰω⁴⁴xuo⁴¹tɕiu⁴⁴kai⁴⁴lan⁴⁴xaŋ¹³:
尽 是旧样 子。女 伢 崽在 高 头 就 着 吓 就 跟 □这喊：
"kuo⁴⁴moŋ⁵¹kuo⁴⁴moŋ⁵¹, ŋω⁵¹tṣʰɛi⁵¹tɕia¹³da⁰, n̠i⁵¹tou⁵¹tɕia¹³da⁰zai²⁴. ŋω⁵¹tei¹³n̠i⁵¹sei⁴⁴lau⁵¹mou⁴⁴."
"家 母 家 母，我 在 树 头，你 到 树 头 来，我 得给你 梳 脑 毛。"
vei²⁴n̠ioŋ²⁴kuo⁴⁴moŋ⁵¹tɕiu⁴⁴kuo¹³tɕʰi¹³, "xau⁵¹." i²⁴mĩ¹³sei⁴⁴, i²⁴mĩ⁵¹tɕiu⁴⁴kɛi⁵¹: "sei⁴⁴i²⁴tsa⁵¹, tʰia⁴¹
羆 娘 家 母 就 过 去， "好。" 一面 梳，一面 就 讲： "梳 一子， 缔绑
i²⁴tsa⁵¹, sei⁴⁴i²⁴tsa⁵¹, tʰia⁴¹i²⁴tsa⁵¹." vei²⁴n̠ioŋ²⁴kuo⁴⁴moŋ⁵¹lau⁵¹mou⁴⁴tɕiu⁴⁴tʰei⁴⁴tʰia⁴¹tou¹³tɕia¹³tɕʰi¹³liau⁰.
一子，梳 一子， 缔 一子。" 羆 娘 家 母 脑 毛 就 通 缔 到 树 去 了。

"kuo⁴⁴moŋ⁵¹kuo⁴⁴moŋ⁵¹ŋω⁵¹sei⁴⁴liu⁵¹liau¹³liau⁰, ŋω⁵¹iau¹³tṣʰɿ⁴⁴sei⁴⁴tɕʰi¹³."
"家 母 家 母 我 梳 □掉了 了， 我 要 拾 梳 去。"
tṣʰɿ⁴⁴tɕʰi¹³, zei¹³tɕiu⁴⁴tʰua⁴⁴liau⁰.
拾 去， 渠 就 □跑 了。

tʰua⁴⁴liau⁰vei²⁴n̠ioŋ²⁴kuo⁴⁴moŋ⁵¹tɕiu⁴⁴ɕiau⁵¹tei⁴¹liau⁰tɕiu⁴⁴dzou⁴¹, lau⁵¹mou⁴⁴tɕiu⁴⁴xω⁴⁴si⁵¹
□跑 了 羆 娘 家 母 就 晓 得 了 就 □追赶,脑 毛 就 缚 死
liau⁰, tɕiu⁴⁴dza⁴⁴pu²⁴tʰω⁴¹, tω⁴¹liu⁴¹i²⁴dza⁵¹, lau⁵¹mou⁴⁴liɛ⁴⁴lau⁵¹kʰu⁰fa²⁴dza⁵¹liu⁵¹liau¹³. mai⁵¹da⁰
了， 就 扯 不脱， 着 力一扯， 脑 毛 连 脑 壳 皮 扯 □掉了。 尾 头
tɕiu⁴⁴kai⁴⁴uaŋ²⁴n̠i⁴¹dzou⁴¹, ta²⁴piɛ⁰tɕiu⁴⁴tṣʰoŋ⁵¹tou¹³va⁵¹lau²⁴ziɛ²⁴bou⁵¹.
就 跟 □那里□追赶,头 边 就 撞 到 有 条 盐 父。

"ziɛ²⁴bou⁵¹ziɛ²⁴bou⁵¹n̠i⁵¹moŋ⁵¹tɕĩ¹³ɦa²⁴mɛi⁵¹pa⁰? tṣʰɛi⁵¹ua²⁴ta²⁴piɛ⁰ɦaŋ²⁴kω¹³tɕʰi¹³, pa²⁴pou¹³
"盐 父 盐 父你 望 见 □我妹 不？ 在 □那头边 行 过去。不报
ŋω⁵¹ti⁴⁴ta⁰ŋω⁵¹tɕiu⁴⁴n̠io⁴¹si⁵¹n̠i⁵¹."
我 今头我 就 咬 死你。"

"ua²⁴n̠i⁵¹mo⁴¹n̠io⁴¹ŋω⁵¹, ŋω⁵¹pou¹³n̠i⁵¹. n̠i⁵¹tʰaŋ⁵¹zai²⁴xau⁵¹ti⁴⁴ɕyi⁴¹, tei¹³n̠i⁵¹lau⁵¹kʰu⁰tω⁴¹
"□那你 莫 咬 我，我 报 你。你 淌 来 好 多 血， 得给你 脑 壳 着
tɕi⁵¹pou⁴⁴ziɛ²⁴."
几 包 盐。"

"ŋω⁵¹pou¹³n̠i⁵¹, n̠i⁵¹uaŋ⁵¹ta²⁴ piɛ⁰ɦaŋ²⁴, ɦaŋ²⁴suo⁴⁴lau²⁴ɦω²⁴suo⁴⁴lau²⁴liu⁵¹, n̠i⁵¹tɕiu⁴⁴kʰu⁵¹
"我 报 你，你 往 头 边 行， 行 三 条河 三 条岭，你 就 □打
lau²⁴ω⁵¹, n̠i⁵¹tɕiu⁴⁴moŋ¹³tɕĩ¹³zei¹³liau⁰."
条□吆喝,你 就 望 见 渠 了。"

vei²⁴ȵioŋ²⁴kuo⁴⁴moŋ⁵¹tɕiu⁴⁴tɔ⁴¹ziɛ²⁴, tɕiu⁴⁴kai⁴⁴ta²⁴piɛ⁰dzou⁴¹tɕhi¹³liau⁰, ɦaŋ²⁴suo⁴⁴lau²⁴ɦɯ²⁴
罴 娘 家 母 就 着 盐， 就 跟 头 边 □追 赶 去 了， 行 三 条 河
suo⁴⁴lau²⁴liu⁵¹, kʰa¹¹lau²⁴ɯ⁵¹.   ɦaŋ²⁴suo⁴⁴lau²⁴ɦɯ²⁴suo⁴⁴lau²⁴liu⁵¹iu⁴⁴kʰa⁵¹lau²⁴ɯ⁵¹, ti¹³soŋ⁴⁴
三 条 岭， □打 条 □吆喝。行 三 条 河 三 条 岭 又 □打 条 □吆喝，第三
ban²⁴tɕiu⁴⁴si⁵¹liau⁰.
盘 就 死 了。

mai⁵¹i²⁴lai⁴⁴ti⁰ʂɿ²⁴ka⁰, ȵiu⁵¹ŋuo⁴⁴tsai²⁴tɕiu⁴⁴tsʰu⁴¹tɕhi¹³tsʰa⁵¹tiu⁴⁴tsʰau⁵¹, tɕiu⁴⁴tsʰoŋ⁵¹tɔu¹³tsʰɛi⁵¹
尾 一 年 的 时间， 女 伢 崽 就 出 去 取 猪 草， 就 撞 到 在
vei²⁴ȵioŋ²⁴kuo⁴⁴moŋ⁵¹si⁵¹ti⁰uaŋ²⁴ȵi⁴¹va⁵¹lɯ¹³lɯ³pʰo⁴⁴tsʰei¹³. zei¹³tɕiu⁴¹faŋ²⁴tɕhi⁵¹zai²⁴, zei¹³ȵiaŋ²⁴
罴 娘 家 母 死 的 □那 里 有 大 大 白 菜。 渠 就 提 防 起 来， 渠 娘
tɕiu⁴⁴mai¹³zei¹³, mei⁴¹tɕi⁵¹ȵi⁵¹kai⁴⁴sai⁴⁴ȵi¹lou⁵¹tɔu¹³uaŋ²⁴moŋ⁰lɯ¹³pʰo⁴⁴tsʰei¹³, ziu⁰pu²⁴tei⁴¹, mo⁴¹
就 问 渠， 每 几怎么你 跟 山 里 □找 到 □那 么 大 白 菜， 食 不 得， 莫
ziu²⁴, tɔu¹³tiu⁴⁴ziu²⁴. mai⁵¹tɕhioŋ⁵¹, vu⁵¹tɔu¹³tsʰaŋ⁴⁴ȵi⁰ tsei¹³tiu⁴⁴ȵiu⁵¹, i²⁴mĩ¹³ɕiau⁴⁴tɕiu⁴⁴i²⁴mĩ¹³
食， 倒 猪 食。 尾 □后来， 舞 到 铛 里 做 猪 食， 一 面 烧 就 一 面
mɔu¹³pʰɔu¹³pʰɔu¹³, xou⁵¹mai⁵¹da⁰da¹³ tɕiu⁴⁴kɛi⁵¹, ua²⁴ tiu⁴⁴ȵiu⁵¹ziu⁰pu²⁴tei⁴¹, tɕiau⁴⁴liau¹³tɕhi¹³, tɕiau⁴⁴
冒 泡 泡， 后 尾 头 大父亲就 讲， □那 猪 食 食 不 得， 浇 了 去， 浇
tsʰu⁴¹zai²⁴lau⁴⁴ȵian⁴⁴ȵian⁴⁴ŋuo⁴⁴tsai²⁴, ȵian⁴⁴ȵian⁴⁴xa⁵¹tsa⁵¹tsa⁵¹,   mai⁵¹da⁰tɕiu⁴⁴zioŋ⁰sai⁴⁴. zioŋ⁵¹
出 来 条 躲 躲 伢 崽， 躲 躲 弟 子 子小男孩，尾 头 就 养 先。养
lɯ¹³liau⁰va⁵¹tsuo⁵¹suo⁴⁴tsua²⁴, zei¹³tɕi⁵¹ȵioŋ²⁴ȵɿ²⁴tɕhioŋ⁵¹sai⁴⁴tɕhi¹³, zei¹³kai⁴⁴tsi¹da⁰kʰoŋ¹³luo⁴¹ȵiu⁴¹,
大 了 有 两 三 岁， 渠 几 娘 儿 上 山 去， 渠 跟 室 头 炕 腊 肉，
kʰoŋ¹³ɦioŋ¹³ioŋ⁴¹, tɕiau⁵¹tsuo⁵¹kʰua¹³, kʰoŋ¹³ɦioŋ¹³ioŋ⁴¹, tɕiau⁵¹tsuo⁵¹kʰua¹³. da¹³kai⁴⁴ȵiaŋ²⁴tɕiu⁴⁴
炕 二 日， 少 两 块， 炕 二 日， 少 两 块。 大 跟 娘 就
xuai¹³i¹³, va⁵¹ioŋ⁴⁴sai⁴⁴tɕioŋ⁵¹tɕhi¹³tsʰɛi⁵⁵ɦa⁵¹mai⁴⁴da⁰pʰu⁵¹, tei¹³zei¹³mai⁴¹i²⁴iɛ⁵¹, xa⁵¹tsa⁵¹ tɕiu⁴⁴
怀 疑， 有 日 山 上 去 在 后 门 头 捕， 得 渠 门 一 掩， 弟 子 子小男孩就
piɛ¹³tɕhĩ²⁴tsaŋ²⁴kʰuɛ⁵¹tsa⁵¹, bo²⁴tɔu¹³kʰoŋ¹³ta⁰ziu²⁴luo⁴¹ȵiu⁴¹, mai⁵¹da⁰tɕiu⁴⁴ɕiau⁵¹tei⁴¹liau⁰. lai⁴⁴
变 成 馋 犬 子小狼，爬 到 炕 头 食 腊 肉， 尾 头 就 晓 得 了。 □这
tɕiu⁴⁴pu²⁴tei⁴¹liau⁵¹, lai⁴⁴iau¹³tei¹³zei¹³kau⁵¹tsʰu⁴¹tɕhi¹³, pa²⁴kau⁵¹tsʰu⁴⁴tɕhi¹³, moŋ¹³tiau⁴⁴iau¹³ȵio⁵¹ɦoŋ⁴⁴
就 不 得 了， □这 要 得 渠 搞 出 去， 不 搞 出 去， 明 朝 要 咬 人
ti⁰. va⁵¹ioŋ⁴⁴zei¹³da¹³zei¹³ȵiaŋ⁴⁴ tɕiu⁴⁴ iau⁴⁴tɔu⁵¹sai⁴¹tɕhi¹³ɕiau⁴⁴ȵiu⁴¹ziu²⁴. zei¹³ kɛi⁵¹: "xa⁵¹,
的。有 日 渠 大 渠 娘 就 □带 到 山 里 去 烧 肉 食。 渠他们讲: "弟,
ti⁴⁴ta⁰tɕiu⁴⁴kai⁴⁴sai⁴⁴ȵi⁴¹ɕiau⁴⁴ȵiu⁴¹ziu²⁴." da²⁴bou¹³ka¹³tsa⁰, ai⁴⁴ȵiaŋ²⁴bou¹³ka¹³tsa⁰, bou¹³tɔu⁰
今 日 就 跟 山 里 烧 肉 食。" 大 抱 □下子， 阿 娘 抱 □下子， 抱 倒
bou¹³tɔu⁰i⁴⁴ kuo⁴⁴si⁰tɕiu⁴⁴taŋ⁴⁴ tɔu¹³fa⁵¹ȵi⁴¹ɕiau⁴⁴si⁵¹liau⁰. ɕiau⁴⁴si⁵¹liau⁰mai⁵¹tɕhioŋ⁵¹tɕiu⁴⁴piɛ¹³
抱 倒 一 家 俫就 钉⁼丢弃到 火 里 烧 死 了。 烧 死 了 尾 □后来 就 变

tɕhĩ²⁴mω⁴¹ti⁰liau⁰.ta⁵¹ʂɿ⁵¹tɕiu⁴⁴ɕi⁵¹xuan⁴⁴kɛi⁵¹: "piɛ¹³tɕhĩ²⁴dioŋ²⁴kω⁴¹mω⁴¹, sω⁴⁴kω⁴¹mω⁴¹, ȵio⁴¹si⁵¹
成 □蚊子了。大势就 喜欢 讲： "变 成 长 脚 □蚊，梭 脚 □蚊，咬 死
ȵi⁵¹, dioŋ²⁴kω⁴¹mω⁴¹, sω⁴⁴kω⁴¹mω⁴¹, ȵio⁴¹si⁵¹ȵi⁵¹."
你，长 脚 □蚊，梭 脚 □蚊，咬 死 你。"

（杨海平讲述）

03 六十甲子的故事

kɛi⁵¹lau²⁴ku⁵¹, kɛi⁵¹lau²⁴lia⁴¹ʂɿ⁴⁴tɕia¹³tsɿ⁴¹ti⁰ zai²⁴dou²⁴.
讲 条 古，讲 条 六 十 甲 子 的 来 头。

lia⁴¹ʂɿ⁴⁴tɕia¹³tsɿ⁴¹ti⁰zai²⁴dou²⁴tɕiu⁴⁴tɕhi⁵¹, tshi⁴¹ɕian⁴⁴ȵy⁵¹ti⁰ŋuo⁴⁴tsai²⁴, pa²⁴ɕiau⁵¹tei⁴¹xaŋ²⁴ɕi²⁴kα⁰
六 十 甲 子的来 头 就 是，七 仙 女的伢崽，不 晓 得喊什家
mĩ⁴⁴ti⁰ei⁴¹pu⁰tau⁵¹liau⁰. zei¹³ŋuo⁴⁴tsai²⁴ioŋ⁵¹liau⁰i⁴¹xou⁵¹, tshi⁴¹ɕian⁴⁴ȵy⁵¹tɕiu⁴⁴tɕhioŋ⁵¹thai⁴⁴tɕhi¹³liau⁰.
名 字忆不到 了。渠 伢 崽 养 了 以后，七 仙 女 就 上 天 去 了。
tɕhioŋ⁵¹thai⁴⁴tɕhi¹³liau⁰i⁴¹xou⁵¹, zei¹³ŋuo⁴⁴tsai²⁴mai⁵¹dα⁰lei⁰tioŋ⁵¹lω²⁴liau⁰i⁴¹xou⁵¹, tshɛi⁵¹ɦɔu¹³toŋ⁴¹lu⁴¹tɕiu⁴⁴,
上 天 去 了以后，渠 伢 崽 尾 头嘞长 大了 以后，在 学 堂 读书，
lu⁴¹tɕiu⁴⁴ta⁵¹ʂɿ⁵¹, ɦa⁵¹sẽ⁴⁴ŋuo⁴⁴tsai²⁴ioŋ⁴¹sɔu¹³xα²⁴ti⁰, lau²⁴lau²⁴thei⁴⁴va⁵¹ai⁴⁴ȵiaŋ²⁴va⁵¹da¹³, zei¹³tshi⁴¹
读 书 大势，后 生伢 崽 日 笑 哈 的，条 条 通都 有 阿娘 有大，渠 七
ɕian⁴⁴ȵy⁵¹ti⁰ŋuo⁴⁴tsai²⁴tɕiu⁴⁴pa²⁴va⁵¹ai⁴⁴ȵiaŋ²⁴, xα²⁴ti⁰ xα²⁴ti⁰tɕiu⁴⁴thua⁴¹tou¹³sa⁴⁴fu⁰lan⁴⁴tɕiu⁴⁴mai¹³sa⁴⁴fu⁰:
仙 女 的伢 崽 就 不有阿娘，哈的哈的就 □跑 到师傅□这就 问 师 傅：
"sa⁴⁴fu⁰α⁰, lai⁴⁴ka²⁴ɦa⁵¹sẽ⁴⁴thei⁴⁴va⁵¹ai⁴⁴ȵiaŋ²⁴, ŋω⁵¹mei⁴¹tɕi⁵¹pa²⁴va⁵¹ai⁴⁴ȵiaŋ²⁴lei⁰?"
"师 傅啊，□ □这些后 生 通 有 阿娘， 我 每 几 不有 阿娘 嘞？"
sa⁴⁴fu⁰mai¹³: "laŋ²⁴ȵi⁵¹, ȵi⁵¹sioŋ⁵¹ȵi²⁴ai⁴⁴ȵiaŋ²⁴α⁰?"
师 傅问： "那 你，你 想 你 阿娘 啊？"
"ẽ⁵¹, α²⁴sioŋ⁵¹α²⁴ai⁴⁴ȵiaŋ²⁴." zei¹³kɛi⁵¹
"嗯，我 想 我 阿娘。" 渠 讲。
"ȵi⁵¹sioŋ⁵¹ȵi²⁴ai⁴⁴ȵiaŋ²⁴lei⁰, tɕiu⁴⁴va⁵¹tei⁴¹ai⁴⁴ȵiaŋ²⁴ti⁰."
"你 想 你 阿娘 嘞，就 有 得 阿娘 的。"
"va⁵¹tei⁴¹ai⁴⁴ȵiaŋ²⁴ti⁰, ai⁴⁴ȵiaŋ²⁴tɕhioŋ⁵¹ȵi²⁴lei⁰? ȵi⁵¹sa⁴⁴fu⁰pɔu¹³ka¹³ ŋω⁵¹lω⁰."
"有 得 阿娘 的，阿娘 上 里在哪嘞?你 师 傅报 □一下我 啰。"
mai⁵¹dα⁰sa⁴⁴fu⁰kɛi⁵¹: "ŋω⁵¹pɔu¹³ȵi⁵¹α⁰, ȵi⁵¹kua²⁴tɕhiɛ⁵¹ ȵi²⁴ai⁴⁴ȵiaŋ²⁴lei⁰? ȵi⁵¹tɔu¹³tshi⁴¹ȵi⁴¹
尾 头师傅讲： "我 报 你啊，你 挂 件＝挂念你阿娘 嘞，你 到 七 月

tsʰei⁴⁴tsʰi⁴¹ua²⁴ioŋ⁴¹, ȵi⁵¹tɔu¹³xω⁵¹doŋ¹³xω⁵¹doŋ¹³kʰaŋ⁵¹ȵi⁰, tɔu¹³ua²⁴ioŋ⁴¹ȵi²⁴ai⁴⁴ȵiaŋ²⁴tɕiu⁴⁴iau¹³kai⁴⁴
初 七 □那日, 你 到 何 挡 何 挡 □ 里①, 到 □那日 你 阿 娘 就 要 跟

uaŋ²⁴ȵi⁴¹kω¹³sau⁵¹, tsʰi⁴¹lau²⁴ɕian⁴⁴ȵy⁵¹tʰei⁴⁴kai⁴⁴la²⁴kω⁵¹sau⁵¹, ȵi²⁴ai⁴⁴ȵiaŋ²⁴lei⁰, tɕiu⁴⁴tɕʰi⁵¹ti¹³.
□ 里 那里 过 道, 七 条 仙 女 通 跟 那 过 道, 你 阿 娘 嘞, 就 是 第

ttʂi⁴¹lau²⁴. tω⁴¹i²⁴ɦɛi²⁴kuɛ⁴⁴, ɦaŋ²⁴tsʰɛi⁵¹mai⁵¹da⁰la²⁴lau²⁴tɕiu⁴⁴tɕʰi⁵¹ȵi²⁴ai⁴⁴ȵiaŋ²⁴."
七 条。 着 一 红 裈, 行 在 尾 头 那 条 就 是 你 阿 娘。"

mai⁵¹da⁰zei¹³tɕiu⁴⁴tei⁵¹, laŋ⁴⁴moŋ⁰tɕia⁵¹i⁴¹xou⁵¹tɕiu⁴⁴tɔu¹³tsʰi⁴¹ȵi⁴¹tsʰei⁴⁴tsʰi⁴¹ua²⁴ioŋ⁴¹liau⁰,
尾 头 渠 就 等, □这么久 以 后 就 到 七 月 初 七 □那日 了,

ŋuo⁴⁴tsai²⁴tɕiu⁴⁴, sa⁴⁴fu⁰pou¹³ŋω⁵¹a⁰, ai⁴⁴ȵiaŋ²tsʰɛi⁵¹xω⁵¹doŋ¹³kω¹³sau⁵¹, ŋω⁵¹tɕiu⁴⁴tʰua⁴⁴tɔu¹³la²⁴ȵi⁰
伢 崽 就, 师 傅 报 我 啊, 阿 娘 在 何 挡② 过 道, 我 就 □跑 到 那 里

tɕʰi¹³tɛi⁵¹, tɛi⁵¹tɔu¹³tʰai⁴⁴iau¹³lioŋ¹³pu⁴⁴lioŋ¹³zai²⁴⁴ti⁰ʂŋ²⁴xou⁰liau⁰, iɛ²⁴, mai⁵¹da⁰tɕiɛ⁴⁴tɕʰi⁵¹zai²⁴liau⁰va⁵¹
去 等, 等 到 天 要 亮 不 亮 来 的 时 候 了, 耶, 尾 头 真 是 来 了 有

tsʰi⁴¹lau²⁴ȵiu⁵¹ti⁰, tsʰi⁴¹lau²⁴ȵiu⁵¹ti⁰mai⁵¹da⁰la²⁴tɕʰi⁵¹tω⁴¹lau²⁴ɦɛi²⁴kuɛ⁴⁴, paŋ⁴⁴kʰua¹³tɕiu⁴⁴tʰua⁴⁴tɔu¹³
七 条 女 的, 七 条 女 的 尾 头 那 是 着 条 红 裈, 帮=快 就 □跑 到

la²⁴kʰuɛ⁵¹uo²⁴ta⁵¹zai²⁴xaŋ²⁴ai⁴⁴ȵiaŋ²⁴, zei¹³ai⁴⁴ȵiaŋ²⁴tɕiu⁴⁴moŋ¹³tɕiɛ¹³zei¹³, tsuo⁵¹ȵioŋ²⁴zɿ²⁴tɕiu⁴⁴ li²⁴
那 跪 下 底 来 喊 阿 娘, 渠 阿 娘 就 望 见 渠, 两 娘 儿 就 啼

tsei¹³i²⁴tɕiaŋ²⁴, tɕʰiɛ⁵¹li²⁴, li²⁴mai⁵¹da⁰zei¹³ŋuo⁴⁴tsai²⁴tɕiu⁴⁴kɛi⁵¹:
做 一 场, 尽 啼, 啼尾 头 渠 伢 崽 就 讲:

"ai⁴⁴ȵiaŋ²⁴, ai⁴⁴ȵiaŋ²⁴ŋω⁵¹kai⁴⁴ȵi⁵¹tɕʰi¹³."
"阿 娘, 阿 娘 我 跟 你 去。"

ai⁴⁴ȵiaŋ²⁴tɕiu⁴⁴mai¹³zei¹³:
阿 娘 就 问 渠:

"laŋ²⁴ȵi⁵¹, xω⁵¹lau²⁴kʰaŋ⁵¹ȵi⁴¹tɔu¹³lai⁴⁴zai²⁴ti⁰lei⁰? xω⁵¹lau²⁴pɔu¹³ȵi⁵¹ti⁰lei⁰?"
"那 你, 何 条 □ 里地方到□这来 的 嘞? 何 条 报 你 的 嘞?"

"ŋω⁵¹tʰaŋ⁴⁴ŋω⁵¹sa⁴⁴fu⁰pɔu¹³ti⁰. ŋω⁵¹tʰai²⁴kua²⁴tɕʰiɛ⁵¹ȵi⁵¹liau⁰, ŋω⁵¹tʰaŋ⁴⁴tɔu¹³zoŋ¹³va⁵¹ai⁴⁴ȵiaŋ²⁴,
"我 听 我 师 傅 报 的。我 太 挂 件=你 了, 我 听 到 □他们有 阿 娘,

ŋω⁵¹pa²⁴va⁵¹ai⁴⁴ȵiaŋ²⁴tɕiu⁴⁴mai¹³zei¹³, zei¹³kɛi⁵¹ȵi⁵¹ai⁴⁴ȵiaŋ²⁴tɕʰi⁵¹xω⁵¹lau²⁴tɕʰi⁵¹xω⁵¹lau²⁴. suo⁴¹i⁴¹ŋω⁵¹
我 不 有 阿 娘 就 问 渠, 渠 讲 你 阿 娘 是 何 条 是 何 条。所 以 我

tɕiu⁴⁴zai²⁴lou⁵¹ȵi²⁴."
就 来 □找 你们。"

① 什么什么地方。
② 什么地方。

zei¹³ai⁴⁴ȵiaŋ²⁴tɕiu⁴⁴kɛi⁵¹: "tɕʰi⁵¹laŋ²⁴moŋ⁰tiº a⁰. la²⁴ȵi⁵¹, tɕʰi⁵¹zei¹³pɔu¹³ȵi⁵¹tiº a⁰."
渠 阿 娘 就 讲："是 那 么 的 啊。那 你, 是 渠 报 你 的 啊。"
ŋuo⁴⁴tsai²⁴tɕiu⁴⁴kɛi⁵¹: "ŋω⁵¹iau¹³kai⁴⁴ȵi⁵¹tɕʰi¹³."
伢 崽 就 讲："我 要 跟 你 去。"
zei¹³ai⁴⁴ȵiaŋ²⁴tɕiu⁴⁴kɛi⁵¹: "ȵi⁵¹ai⁴⁴iau¹³lu⁴¹tɕiu⁴⁴lei⁰, ȵi⁵¹mo⁴¹kai⁴⁴ŋω⁵¹tɕʰi¹³. ȵi⁵¹tsai⁵¹xaŋ²⁴
渠 阿 娘 就 讲："你 还 要 读 书 嘞, 你 莫 跟 我 去。"你 在 行
tʰaŋ⁴⁴sa⁴⁴fu⁰kɛi⁵¹, tsan⁵¹tɕĩ¹³lu⁴¹tɕiu⁴⁴, ȵi⁵¹voŋ¹³tɕʰi¹³. zoŋ¹³ɦioŋ⁴⁴xaŋ²⁴tɔu¹³ta²⁴piɛ⁰tɕʰi¹³liau⁰, ŋω⁵¹
听 师 傅讲, 攒 劲 读 书, 你 返 去。□人他们行 到 头 边 去 了, 我
kai⁴⁴ pu²⁴tɕʰioŋ⁵¹zei¹³liau⁰, ŋω⁵¹kai⁴⁴zei¹³tɕʰi¹³liau⁰. ŋω⁵¹tei¹³ȵi⁵¹tei¹³lau²⁴tei⁴⁴siɛ⁴⁴, ȵi⁵¹tuo⁴⁴voŋ¹³
跟 不 上 渠 了, 我 跟 渠她们去 了。我 得 你 得 条 东 西, 你 □拿返
tɕʰi¹³, tɔu¹³ɦio⁴¹toŋ²⁴tɕʰi¹³, tuo⁴⁴tei¹³ȵi⁵¹sa⁴⁴fu⁰, ȵi⁵¹mo⁴¹tei¹³zei¹³a⁰. ȵi⁵¹lei⁰, ɦaŋ²⁴ tɔu¹³zei¹³
去, 到 学 堂 去, □拿 得 你 师 傅,你 莫 得 渠 啊。你 嘞, 行 到 渠
mai⁴⁴kʰia⁵¹tiºʂ²⁴xou⁰, ȵi⁵¹tɕiu⁴⁴taŋ⁴⁴tɔu¹³zei¹³tsi⁴¹daºtɕʰi¹³tɕiu⁴⁴kω⁵¹i⁴¹liau⁰.
门 口 的时候, 你 就 钉⁼到 渠 室 头 去 就 可 以 了。

mai⁵¹daºzei¹³tɕiu⁴⁴tʰaŋ⁴⁴zei¹³ai⁴⁴ȵiaŋ²⁴tiºtsai²⁴, tɕiu⁴⁴tuo⁴⁴zai²⁴tei⁴⁴siɛ⁴⁴, tɕiu⁴⁴tɔu¹³ɦio⁴¹toŋ²⁴
尾 头渠就听 渠阿娘 的字, 就 □拿来 东 西, 就 到 学 堂
tɕʰi¹³liau⁰. tiau⁴⁴taºkai⁴⁴zei¹³sa⁴⁴fu⁰mai⁴⁴kʰia⁵kω¹³sau⁵¹tiºʂ²⁴xou⁰, tɕiu⁴⁴tei⁴⁴tei⁴⁴siɛ⁴⁴ i²⁴taŋ⁴⁴, i²⁴
去 了。朝 头跟 渠师傅 门 口 过道 的时候, 就 得 东 西 一钉⁼,一
taŋ⁴⁴tɕiu⁴⁴taŋ⁴⁴tɔu¹³mei⁴⁴zia⁴⁴liau⁰, ȵi⁴⁴fa⁵¹liau⁰, ȵi⁴⁴fa⁵¹liau⁰, tɕiu⁴⁴ȵi⁴⁴tiºtɕʰi⁵¹fa⁵¹pɔu⁴⁴, fa⁵¹xau⁵¹
钉⁼就 钉⁼到 煤 油 了,燃 火 了, 燃 火 了, 就 燃 的是 火 包, 火 好
lω¹³, tɕiu⁴⁴ȵi²⁴tɔu¹³zei¹³sa⁴⁴fu⁰tɕiu⁴⁴liau⁰, zei¹³sa⁴⁴fu⁰ i²⁴ moŋ¹³mei⁴¹tɕi⁵¹kʰɛi⁵¹fa⁵¹liau? zei¹³ paŋ⁴⁴
大, 就 燃 到 渠 师 傅书 了, 渠 师 傅 一望 每 几 起 火 了? 渠 帮
kʰua¹³tɕʰi¹³pʰo⁴¹fa⁵¹, i² pʰo⁴¹i² pʰo⁴¹pa⁵¹tɕiu⁴⁴fa⁵¹pʰo⁴¹tɕi¹³liau⁰, ȵi⁴⁴tʰω⁴⁴faŋ²⁴fai⁴⁴, lai⁴⁴pai⁵¹tɕiu⁴⁴
快 去 拍 火,一拍 一拍 把 书 火 拍 正 了, 燃 着 平 分一半,□这 本 书
tɕiu⁴⁴tsʰioŋ⁵¹tei⁴¹faŋ²⁴fai⁴⁴.
就 抢 得 平 分一半.

suo⁴¹i⁴¹lai⁴⁴pai⁵¹tɕiu⁴⁴tɕiu⁴⁴tɕʰi⁵¹lia⁴¹ʂ⁴⁴tɕia¹³tsʅ⁴¹tiº tɕiu⁴⁴.
所 以 □这本 书 就 是 六 十 甲 子 的 书。
ku⁵¹tɕiu⁴⁴kɛi⁵¹tɕĩ¹³liau⁰.
古 就 讲 正 了。

（杨明家讲述）

04 田螺精

kɛi⁵¹lau²⁴ku⁵¹, kɛi⁵¹sai⁴⁴va⁴¹lau²⁴kua⁴⁴la⁵¹kʰu⁰tsẽ⁴⁴. kua⁴⁴la⁵¹kʰu⁰tsẽ⁴⁴lei⁰, tɕiu⁴⁴tɕʰi⁵¹kɛi⁵¹,
讲　条　古，讲　先　有　条　乖　脑　壳　精。乖　脑　壳　精　嘞，就　是　讲，
tsʰɛi⁵¹xau⁵¹tɕia⁵¹xau⁵¹tɕia⁵¹ti⁰ʂ̩²⁴xou⁰, va⁵¹lau²⁴ɦoŋ⁴⁴mai¹³tei⁴¹lau²⁴tɕʰiɛ⁴⁴, tɕʰi⁵¹kua⁴⁴la⁵¹kʰu⁰tsẽ⁴⁴
在　好　久　好　久　的　时　候，有　条　人　问　得　条　亲，是　乖　脑　壳　精
piɛ¹³ti⁰.
变　的。

mai⁵¹da⁰zei¹³, tɕiɛ¹³xun⁴⁴liau⁰i⁴¹xou⁵¹, tɕiu⁴⁴saŋ⁴⁴tei⁴¹lau²⁴ŋuo⁴⁴tsai²⁴. saŋ⁴⁴tei⁴¹lau²⁴ŋuo⁴⁴
尾　头　渠，结　婚　了　以　后，就　生　得　条　伢　崽。生　得　条　伢
tsai²⁴lei⁰, zei¹³bou⁵¹bou⁵¹lei⁰, tɕiu⁴⁴kai⁴⁴zei¹³n̠ian⁴⁴n̠ian²⁴tɕiu⁴⁴ʑioŋ⁵¹zei¹³. zei¹³da¹³lei⁰, tɕiu⁴⁴tsei¹³
崽　嘞，渠　父　父祖父嘞，就　跟　渠　□　□祖母就　养　渠。渠　大　嘞，就　做
kei⁴⁴tɕʰi¹³liau⁰. va⁵¹ioŋ⁴¹, zei¹³ai⁴⁴n̠ian²⁴kua⁴⁴la⁵¹kʰu⁰tsẽ⁴⁴tɕiu⁴⁴voŋ¹³tɔu¹³zei¹³tsi⁴¹da⁰tɕʰi¹³liau⁰.
工　去　了。有　日，渠　阿　娘　乖　脑　壳　精　就　返　到　渠　室　头　去　了。
tɕʰi¹³liau⁰xau⁵¹tɕia⁵¹, zei¹³ŋuo⁴⁴tsai²⁴tɕiu⁴⁴li²⁴. ioŋ⁴¹ioŋ⁴¹laŋ⁴⁴moŋ⁰kau⁵¹, zei¹³bou⁵¹bou⁵¹tɕiu⁴⁴kai⁴⁴
去　了　好　久，渠　伢　崽　就　啼。日　日　□这么　搞，渠　父　父　就　跟
mai⁵¹da⁰tɕʰi¹³pʰu⁵¹, moŋ¹³tɕiɛ¹³zei¹³si¹³pʰai⁰ɦaŋ²⁴ɦaŋ²⁴tɔu¹³tʂu⁵¹doŋ²⁴tɕʰi¹³liau⁰, mei⁴¹tɕi⁵¹tɔu¹³
尾　头　去　捕，望　见　渠　媳　妇　行　行　到　水　塘　去　了，每　几　到
tʂu⁵¹doŋ²⁴tɕiu⁴⁴pa²⁴moŋ¹³tɕiɛ¹³liau⁰. zei¹³bou⁵¹bou⁵¹tɕiu⁴⁴pa²⁴tsei²⁴siɛ¹³, lai⁴⁴tɕiu⁴⁴dʑi¹³liau⁰kua¹³
水　塘　就　不　望　见　了。渠　父　父　就　不　曾　信，□这就　奇　了　怪
liau⁰, lai⁴⁴lau²⁴si¹³pʰai⁰tɔu¹³xoŋ⁵¹n̠i²⁴tɕʰi¹³liau⁰? tɛi⁵¹laŋ⁴⁴moŋ⁰tɕia⁵¹mai⁵¹da⁰zei¹³sei¹³paiʼiu⁴⁴tuɛ¹³
了，□这条　媳　妇　到　何　里　去　了？等　□这么　久　尾　头　渠　媳　妇　又　□
zai²⁴,　tuɛ²⁸³zai²⁴liau⁰i⁴¹xou⁵¹, mai⁵¹da⁰zei¹³bou⁵¹bou⁵¹iu⁴⁴pʰu⁵¹, ti¹³ɦoŋ¹³ban²⁴ti¹³soŋ⁴⁴ban²⁴tɕiu⁴⁴
来回来，□　来　了　以　后，尾　头　渠　父　父　又　捕，第　二　盘　第　三　盘　就
pʰu⁵¹tʰ@⁴⁴liau⁰. zei¹³kei⁵¹zei¹³si¹³pʰai⁰tɕʰi⁵¹lau²⁴kua⁴⁴la⁵¹kʰu⁰tsẽ⁴⁴, tɔu¹³tʂu⁵¹doŋ²⁴la²⁴kʰaŋ⁵¹n̠i⁴¹
捕　着　了。渠　讲　渠　媳　妇　是　条　乖　脑　壳　精，到　水　塘　那　□　里地方
tɕiu⁴⁴piɛ¹³tsʰĩ²⁴lau⁰kua⁴⁴la⁵¹kʰu⁰. zei¹³tʂʰu⁴¹zai²⁴la⁰tɕiu⁴⁴¹piɛ¹³tsʰĩ²⁴lau⁰ɦoŋ⁴⁴, tɕiu⁴⁴kai⁴⁴tʂu⁵¹doŋ²⁴
就　变　成　条　乖　脑　壳。渠　出　来　了　就　变　成　条　人，就　跟　水　塘
n̠i⁴¹tɕiu⁴⁴pa²⁴moŋ¹³tɕiɛ¹³la⁰. zei¹³bou⁵¹bou⁵¹tɕiu⁴⁴kan⁴¹tɕɥɛ⁴¹xẽ⁴¹ɕi⁴¹dʑi¹³a⁰, zoŋ¹³ɦoŋ⁴⁴ ti⁰si¹³pʰai⁰
里　就　不　望　见　了。渠　父　父　就　感　觉　很　稀　奇　啊，□　人别人的媳　妇
mei⁴¹tɕi⁵¹pa²⁴dʑia²⁴zei¹³? va⁵¹ioŋ⁴¹, suɛ⁴⁴li²⁴xai⁴¹liau⁰, zei¹³bou⁵¹bou⁵¹n̠ian²⁴n̠ian²⁴ tɕiu⁴⁴kɛi⁵¹: "pau⁵¹
每　几　不　像　渠？有　日，孙　啼　狠　了，渠　父　父　□　□祖母就　讲："宝

pau⁵¹n̦i⁵¹mo⁴¹li²⁴, n̦i²⁴ai⁴⁴moŋ⁵¹tɕʰi⁵¹lau²⁴pa⁵¹pa⁵¹u²⁴, pau⁵¹pau⁵¹n̦i⁵¹mo⁴¹ɕĩ⁴⁴, n̦i²⁴ai⁴⁴n̦ioŋ²⁴tɕʰi⁵¹
宝 你 莫 啼, 你 阿 母 是 条 摆 摆 蜈, 宝 宝 你 莫 声, 你 阿 娘 是
lau²⁴kua⁴⁴la⁵¹kʰu⁰tsẽ⁴⁴." zei¹³suɛ⁴⁴ioŋ⁴¹ioŋ⁴¹li²⁴, zei¹³bou⁵¹tɕiu⁴⁴tsa¹³, mai⁵¹da⁰ua²⁴ioŋ⁴¹zei¹³
条 乖 脑 壳 精。" 渠 孙 日 日 啼, 渠 父 就 字, 尾 头 □那日 渠
si⁴⁴pʰai⁰tɕiu⁴⁴tʰaŋ⁴⁴tɕiɛ¹³liau⁰. tʰaŋ⁴⁴tɕiɛ¹³liau⁰, i⁴¹xou⁵¹lei⁰, zei¹³tɕiu⁴⁴tʰω⁴⁴kei⁴¹liau⁰: "mei⁴¹tɕi⁵¹
媳 妇 就 听 见 了。听 见 了 以 后 嘞, 渠 就 着 急 了: "每 几
mei⁴¹tɕi⁵¹kau⁵¹, bou⁵¹bou⁵¹ɕiau⁵¹tei⁴¹ŋω⁵¹tɕʰi⁵¹lau²⁴¹kua⁴⁴la⁵¹kʰu⁰tsẽ⁴⁴, lω¹³ɦoŋ⁴⁴tʰei⁴⁴ɕiau⁵¹tei⁴¹
每 几 搞, 父 父 晓 得 我 是 条 乖 脑 壳 精, 大 人 通 晓 得
ŋω⁵¹tɕʰi⁵¹kua⁴⁴la⁵¹kʰu⁰sẽ⁴⁴, ŋω⁵¹mei⁴¹tɕi⁵¹mei⁴¹tɕi⁵¹kau⁵¹?" zei¹³tɕiu⁴⁴i²⁴piɛ¹³, ttɕiu⁴⁴pa²⁴voŋ¹³
我 是 乖 脑 壳 精, 我 每 几 每 几 搞?" 渠 就 一 变, 就 不 返
zai²⁴liau⁰.
来 了。

pa²⁴voŋ¹³zai²⁴liau⁰i⁴¹xou⁵¹tɕiu⁴⁴tɕʰi¹³tei⁴¹xau⁵¹tɕia⁵¹, tɕʰi¹³tei⁴¹xau⁵¹tɕia⁵¹xau⁵¹tɕia⁵¹i⁴¹xou⁵¹,
不 返 来 了 以 后 就 去 得 好 久, 去 得 好 久 好 久 以 后,
zei¹³tɕiu⁴⁴iu⁴⁴kua¹³tɕʰiɛ⁵¹ŋuo⁴⁴tsai²⁴zai²⁴. ŋuo⁴⁴tsai²⁴tei⁴¹va⁵¹si¹³ɦoŋ⁵¹lia⁴¹tsua¹³liau⁰, ɦoŋ⁵¹lia⁴¹
渠 就 又 挂 件＝ 伢 崽 来。伢 崽 得 有 四 五 六 岁 了, 五 六
tsua¹³ti⁰ʂʅ²⁴xou⁰tɕiu⁴⁴tuɛ¹³zai²⁴liau⁰, mai⁵¹da⁰zei¹³bou⁵¹bou⁵¹tɕiu⁴⁴pɔu¹³zei¹³kɛi⁵¹, n̦i²⁴ai⁴⁴n̦iaŋ²⁴
岁 的 时 候 就 □来回来 了, 尾 头 渠 父 父 就 报 渠 讲, 你 阿 娘
tɕʰi⁵¹lau²⁴kua⁴⁴la⁵¹kʰu⁰tsẽ⁴⁴, tsʰɛi⁵¹tʂu⁵¹doŋ²⁴lai⁴⁴da⁰kʰaŋ⁵¹n̦i⁴¹. zei¹³tou¹³lai⁴⁴n̦i⁴¹tɕiu⁴⁴, zei¹³ti⁰
是 条 乖 脑 壳 精, 在 水 塘 □这头□ 里地方。渠 到 □这里就, 渠 的
kua⁴⁴la⁵¹kʰu⁰kʰou⁴¹lɛi⁰, tɕiu⁴⁴tʰω⁴¹tsʰɛi⁵¹lai⁴⁴n̦i⁴¹, kai⁴⁴tʂu⁵¹doŋ²⁴tɕiu⁴⁴tuɛ¹³tɕʰi¹³liau⁰. lai⁴⁴ban²⁴
乖 脑 壳 壳 嘞, 就 脱 在 □这里, 跟 水 塘 就 □ 去回去了。□这盘
zei¹³voŋ¹³zai²⁴ti⁰ʂʅ²⁴xou⁵¹lɛi⁰, n̦i⁵¹tuo⁴⁴n̦i²⁴ai⁴⁴n̦iaŋ²⁴kua⁴⁴la⁵¹kʰu⁰kʰou⁴¹kʰou⁴¹kʰa⁵¹fei⁵¹ sai⁴⁴.
渠 返 来 的 时 候 嘞, 你 □把你 阿 娘 乖 脑 壳 壳 壳 □ 腐打烂先。

mai⁵¹da⁰, zei¹³ai⁴⁴n̦iaŋ²⁴tɕiu⁴⁴moŋ¹³zei¹³zai²⁴liau⁰, moŋ¹³zai²⁴i⁴¹xou⁵¹, zei¹³tʰua⁴⁴tɕʰi¹³tei¹³
尾 头, 渠 阿 娘 就 望 渠 来 了, 望 来 以 后, 渠 □跑 去 得
zei¹³ai⁴⁴n̦iaŋ²⁴kua⁴⁴la⁵¹kʰu⁰kʰou⁴¹ɕia⁴⁴liau⁰, zei¹³ai⁴⁴n̦iaŋ²⁴tɕiu⁴⁴tuɛ¹³pu²⁴tɕʰi¹³liau⁰.
渠 阿 娘 乖 脑 壳 壳 收 了, 渠 阿 娘 就 □ 不 去 了。

mai⁵¹da⁰zei¹³ai⁴⁴n̦iaŋ²⁴kai⁴⁴zei¹³da¹³tɕiu⁴⁴suo¹¹n̦ioŋ²⁴ʐʅ²⁴duɛ²⁴uɛ²⁴liau⁰.
尾 头 渠 阿 娘 跟 渠 大 就 三 娘 儿 团 圆 了。

（杨明家讲述）

参考文献

鲍厚星 1992 沅陵乡话和沅陵客话，《双语双方言》，香港：香港彩虹出版社。

鲍厚星 2011 湘西乡话二题，汉语方言国际学术研讨会暨全国汉语方言学第16届年会论文。

鲍厚星，伍云姬 1985 沅陵乡话记略，《湖南师大学报》（增刊）。

曹志耘 2007 湘西方言概述，《语文研究》第1期。

曹志耘 2008《汉语方言地图集》，北京：商务印书馆。

曹志耘 2009 湘西方言里的特殊语音现象，《方言》第1期。

曹志耘 2012 汉语方言中的调值分韵现象，《曹志耘语言学论文集》，北京：北京语言大学出版社。

昌梅香 2006 江西吉安赣语"得"后缀研究，《陕西师范大学继续教育学报》第3期。

陈晖 2006《湘方言语音研究》，长沙：湖南师范大学出版社。

陈晖 2016《湖南泸溪梁家潭乡话研究》，长沙：湖南师范大学出版社。

陈晖 2016 湖南泸溪梁家潭乡话同音字汇，《方言》第4期。

陈晖 2016 湖南泸溪梁家潭乡话人称代词试释，《中国语文》第4期。

陈晖 2017 湖南泸溪（梁家潭）乡话的否定词，《中国方言学报》第7期。

陈玉洁 2008 人称代词复数形式单数化的类型意义，《语言教学与研究》第5期。

戴庆厦 2004《中国濒危语言个案研究》，北京：民族出版社。

邓婕 2011 从瓦乡人的语言态度看乡话的濒危——白沙乡话个案分析，第二届濒危方言学术研讨会论文。

邓婕 2013 泸溪乡话濒危现象研究，吉首大学硕士学位论文。

邓婕 2013 泸溪白沙瓦乡人的语言态度与乡话的濒危，《甘肃高师学报》第1期。

邓婕 2014 湖南泸溪乡话濒危现状分析，第七届土话平话暨第三届濒危方言国际学术研讨会论文。

邓婕 2017 泸溪李家田乡话研究，陕西师范大学博士学位论文。

邓婕 2017《中国语言文化典藏·泸溪》，北京：商务印书馆。

邓婕 2017 湖南泸溪乡话的"倒"及其语法化，《方言》第1期。

邓婕 2017 文化生态视野下瓦乡文化的传承与保护，《吉首大学学报》（社会科学版）第2期。

邓婕 2018 湖南泸溪（李家田）乡话音系，《方言》第4期。

董鸿勋 1907《古丈坪厅志》（光绪三十二年铅印九册）。

顾光奎修，李涌纂《泸溪县志》（乾隆本）。

侯自佳 2005《瓦乡人风俗风情》，北京：中国文联出版社。

湖南省泸溪县志编纂委员会 1992《泸溪县志》，北京：中国社会科学出版社。

湖南师范学院中文系汉语方言普查组 1960《湖南省汉语方言普查总结报告》（石印本）。

蒋冀骋 2004 湖南沅陵乡话词缀"立"[li]的来源，《湖南师范大学学报》（社会科学版）第5期。

蒋冀骋 2006 沅陵乡话z声母的形成及其所反映的语音历史层次，《湖南师范大学学报》（社会科学版）第6期。

李姣雷 2014 乡话语音层次及演变研究，清华大学博士学位论文。

李姣雷 2016 湘西乡话古全浊声母的语音层次，《语言学论丛》第53辑。

李姣雷 2016 湘西乡话来母读擦音塞擦音现象——兼论闽语来母读s声母的来源，《中国语文》第4期。

李姣雷 2017 湘西乡话咸山摄阳声韵的语音层次，《方言》第4期。

李姣雷 2017 湘西乡话止摄合口三等的语音层次——兼论止摄合口[y]介音的形成，《语言科学》第5期。

李姣雷 2018 湘西乡话支脂之韵开口的语音层次——兼谈乡话对湘语研究的意义，《中国语文》第5期。

李启群 2002《吉首方言研究》，北京：民族出版社。

李升兴 2007 瓦乡族民族伦理观研究，中南大学硕士学位论文。

李永明主编 2001《湖南省志·方言志》，长沙：湖南人民出版社。

刘纯 2018 湘西瓦乡人习俗变迁研究，三峡大学硕士学位论文。

刘伦鑫 1999《客赣方言比较研究》，北京：中国社会科学出版社。

刘兴禄 2009 湘西瓦乡人民间狩猎习俗初探，《吉首大学学报》（社会科学版）第5期。

刘兴禄 2010 愿傩回归——当代湘西用坪瓦乡人还傩愿重建研究，中央民族大学博士学位论文。

刘兴禄 2011 "跳香"：还愿仪式的别样展演——湘西用坪"跳香"习俗调查，《文化遗产》第2期。

刘兴禄 2013 湘西"瓦乡人"及其研究现状考察，《湖北民族学院学报（哲学社会科学版）》第1期。

吕叔湘 1984 与动词后得与不有关之词序问题，《汉语语法论文集》（增订本），北京：商务印书馆。

吕叔湘，江蓝生 1985《近代汉语指代词》，上海：学林出版社。

明跃玲 2006 也论族群认同的现代含义——瓦乡人的民族识别与族群认同的变迁兼与罗树杰同志商榷，《湖北民族学院学报》（哲学社会科学版）第6期。

明跃玲 2006 重访红土溪——关于瓦乡人的田野调查，《青海民族研究》第3期。

明跃玲 2006 族群认同与互动：兼论苗族瓦乡人的族群意识，《湖北民族学院学报》（哲学社会科学版）第3期。

明跃玲 2007《边界的对话：漂泊在苗汉之间的瓦乡文化》，哈尔滨：黑龙江人民出版社。

明跃玲 2007 论族群认同的情境性——瓦乡人族群认同变迁的田野调查，《云南社会科学》第3期。

明跃玲 2007 民族文化多样性与和谐社会的建构——以瓦乡文化变迁为例，《黑龙江民族丛刊》第2期。

明跃玲 2011 论生态环境置换与族群认同的变迁——以湘西地区的瓦乡为例，《民族论坛》（学术版）第9期。

明跃玲 2015 文化互动与仪式变迁——"武陵民族走廊"跳香仪式的田野调查，《中南民族大学学报》（人文社会科学版）第2期。

明跃玲，田红 2013 族群认同与文化构建——辰沅流域瓦乡人盘瓠神话的人类学考察，《西南民族大学学报》（人文社会科学版）第4期。

皮建辉，周建波，熊海霞，廖芳芳 2010 湖南瓦乡人红细胞血型研究，《怀化学院学报》第2期。

皮建辉，黎杰，李林，周建波，吴亿中 2011 湖南瓦乡人体质特征研究，《人类学学报》第2期。

瞿建慧 2007 湖南泸溪（白沙）乡话的性质和归属，《语文学刊》第5期。

瞿建慧 2008 湖南泸溪（白沙）乡话音系，《方言》第2期。

瞿建慧 2010《湘语辰溆片语音研究》，北京：中国社会科学出版社。

瞿建慧 2011 湘西汉语方言古全浊声母的演变，《吉首大学学报》（社会科学版）第3期。

瞿建慧 2012 泸溪乡话与泸溪湘语的语音比较及语音演变，《中南大学学报》第2期。

瞿建慧 2015 湘西乡话声调的特殊演变，《语言科学》第6期。

瞿建慧 2016 湘西乡话来母读擦音塞擦音的研究，《中国语文》第4期。

瞿建慧 2016 湘西乡话古全浊声母今读塞音、塞擦音的类型和层次，《语文研究》第1期。

瞿建慧 2017 湘西乡话遇摄字的历史层次，《方言》第1期。

瞿建慧，姚刚 2015 湘西古丈乡话语言态度研究，《湖北民族学院学报》（哲学社会科学版）第3期。

瞿建慧，唐家新 2017 湘西乡话与湘西苗语，《民族语文》第2期。

任溪 2017 湘西乡话地理语言学研究，湖南师范大学博士学位论文。

任溪 2017 语法化视域下乡话中的"子"及其变体，《湖南科技大学学报》（社会科学版）第3期。

守忠等修，许光曙等纂《沅陵县志》（清同治）。

谭其骧 1987 湖南人由来考，《长水集》，北京：人民出版社。

王辅世 1982 湖南泸溪瓦乡话语音，《语言研究》第1期。

王辅世 1985 再论湖南泸溪瓦乡话是汉语方言，《中国语文》第3期。

王勇 2009《湖南人口变迁史》，长沙：湖南人民出版社。

温昌衍，温美姬 2004 "子变"补说，《中国语文》第1期。

吴福祥 2005 汉语能性述补结构"V得/不C"的语法化，《汉语语法化研究》，北京：商务印书馆。

伍云姬，曹茜蕾 2008 湘西瓦乡话和西南官话表处置的"跟"所引发的疑问，《中国语文研究》第2期。

伍云姬 1995 谈雌雄动物名称的演变，石锋《汉语研究在海外》，北京：北京语言学院出版社。

伍云姬 2000 湖南古丈瓦乡话的音韵初探,丁邦新、余霭芹《语言变化与汉语方言——李方桂先生纪念论文集》,"中研院"语言学研究所筹备处。

伍云姬 2004 再论雌雄动物性别标志的演变——从湘西乡话雌雄动物称谓系统所引起的思考,《庆祝〈中国语文〉创刊50周年学术论文集》,北京:商务印书馆。

伍云姬 2007《湘西瓦乡话风俗名物彩图典》,长沙:湖南师范大学出版社。

伍云姬 2007 湖南瓦乡话"子"尾[tsa]的语法化过程,沈家煊、吴福祥、李宗江《语法化与语法研究(三)》,北京:商务印书馆。

伍云姬,沈瑞清 2010《湘西古丈瓦乡话调查报告》,上海:上海教育出版社。

夏俐萍,胡方,李爱军 2016 湘西泸溪乡话浊音声母的发音特点,《中国语音学报》第6辑。

向海洋 2009 沅陵乡话语音研究,贵州大学硕士学位论文。

修承浩《沅陵县志》(民国本)。

徐世璇 2001《濒危语言研究》,北京:中央民族大学出版社。

杨美满 2005 厦门(同安)、沅陵(乡话)、温州、双峰(荷叶)四种方言的语音比较,湖南师范大学硕士学位论文。

杨时逢 1974《湖南方言调查报告(上、下)》,"中研院"历史语言研究所。

杨蔚 1996 沅陵乡话若干音韵现象的比较研究,湖南师范大学硕士学位论文。

杨蔚 1999《沅陵乡话研究》,长沙:湖南教育出版社。

杨蔚 2002 沅陵乡话、湘南几种土话的韵母研究,《湖南师范大学学报》(社会科学版)第5期。

杨蔚 2002 沅陵乡话、湘南土话、粤北土话的韵母演变,《汉语学报》第2期。

杨蔚 2002 沅陵乡话声母的历史语音层次,《求索》第5期。

杨蔚 2004《湘西乡话音韵研究》,暨南大学博士学位论文。

杨蔚 2009 湘西乡话韵母的存古现象,《湖南科技大学学报》第5期。

杨蔚 2010《湘西乡话语音研究》,广州:广东人民出版社。

杨蔚 2010 湘西乡话古心生书邪禅母读塞擦音现象探析,《湖南师范大学学报》(社会科学版)第5期。

杨蔚 2011 从音韵现象看湘西乡话和湘语的关系,《语言研究》第3期。

杨蔚，詹伯慧 2009 湘西乡话的分布与分片，《语言研究》第4期。

杨蔚，詹伯慧 2009 湘西乡话的语音特点，《方言》第4期。

杨蔚，詹伯慧 2011 湘西乡话韵母的动态演变，《语言科学》第1期。

曾文青 2017 古丈高峰乡话濒危现象研究，吉首大学硕士学位论文。

张芳 2014 "落阳腔"与瓦乡人，《歌海》第1期。

张萍 2013 溆浦乡话疑问句研究，中南大学硕士学位论文。

张天如修《永顺府志》（乾隆本）。

张永家，侯自佳 1984 关于瓦乡人的调查报告，《吉首大学学报》（哲学社会版）第1期。

张振兴 2009 汉语方言需要面对濒危问题，濒危方言学术研讨会论文。

赵日新，李姣雷 2014 湖南沅陵清水坪乡话同音字汇，《方言》第2期。

郑焱霞 2010 湘桂边界南山乡话研究，湖南师范大学博士学位论文。

郑焱霞，彭建国 2016《湖南城步巡头乡话研究》，长沙：湖南师范大学出版社。

中国社会科学院，澳大利亚人文社会科学院编 1987《中国语言地图集》（第1版），香港：香港朗文（远东）出版有限公司。

中国社会科学院语言研究所，中国社会科学院民族学与人类学研究所，香港城市大学语言资讯科学研究中心编 2012《中国语言地图集》（第2版），北京：商务印书馆。

庄初升，邹晓玲 2013 湘西乡话中古知组读如端组的类型和性质，《中国语文》第5期。

邹晓玲 2015 乡话古全浊声母今读的类型和层次，《方言》第3期。

调查手记

我第一次调查乡话是2004年6月,最初只是为了顺利完成《汉语方言地图集》湖南任务,跟曹志耘老师一起在古丈岩头寨做的一个试调查。没想到一接触乡话便被深深吸引,完成《汉语方言地图集》古丈、沅陵乡话的调查任务后,我开始重点关注泸溪县乡话。

各地乡话中,泸溪县乡话是最早见于详细报道的。1982年王辅世先生发表了"湖南泸溪瓦乡话语音",这篇文章所据材料调查时间为1956年,报道的是泸溪县红土溪乡话。红土溪是泸溪县上堡乡的一个村,除红土溪外,上堡乡的白沙、侯家、刘家滩、铁山、高大坪等不少村落都讲乡话。2004年8月我去泸溪调查乡话时,白沙村已由上堡乡析出,成为了白沙镇,泸溪县政府由原来的武溪镇搬迁到了白沙镇。随着城镇境域的不断扩大,聚居在上堡乡讲乡话的村落被分成若干个孤立的小区,越来越缺少原来说乡话的语言环境。当地民政局的朋友建议我调查"后山人"讲的乡话,"后山人"常与"河边人"相对,"河边人"主要居住在沅江及其支流附近,如白沙镇、上堡乡的原住民,而"后山人"则指梁家潭、八什坪一带的人,因居住在天桥山后面(西北面)而得名。讲乡话的"后山人"区域中,大家首推梁家潭乡,梁家潭乡虽是少数民族聚居乡,但乡话的分布较为集中,其中灯油坪村人口最多,也最为闭塞保守。我听从大家的建议,选择了梁家潭乡灯油坪村作为乡话调查的重要地点。

方言调查的首要任务是寻找合适的发音人。一方面,我希望寻找一到两位世代都讲乡话、没有在外地长时间居住过、能说纯正乡话的老年男性作为我的主要发音人;另一方面,希望能够找几位只会说乡话不会说客话(在乡话地区,绝大多数人都是双方言者,他们对内说乡话,与外界沟通交流时,用乡话以外的另一种方言,俗称客话,这里主要指泸溪话)的发音人。民政局的领导非常热心,积极与乡政府联系,很快物色到了几位发音人。当我提出要去见发音人并住到村里调查时,民政局的领导告知,村里、附近集镇都没有旅店,村民家也不方便住,他们派人派车陪我去村里看一看,同时把发音人接到县城来调查。

陪我一同下乡的是民政局安置办的唐荣生主任。从县城到梁家潭大约42公里,全是盘山的沙土公路，坑坑洼洼，很不好走，马路两边是稀疏坐落在崇山之中的木屋，唐主任告诉我，说乡话的人主要居住在马路右边，马路左边是说苗语的，说乡话和说苗语的人通婚较多。我们8点半从县城出发，临近中午才到达。村支书带我们去了发音人杨民梓先生家，杨先生家是一座破旧的老木屋，房前屋后堆满柴火，屋内光线幽暗，主人没有邀请我们进屋坐，客气地问了句要不要喝水，便搬来小板凳，坐在屋外走廊上与我们交谈起来。杨先生是一位理想的发音人，他是灯油坪村小学的退休教师，不仅乡话纯正，而且能够明确区分乡话说法和客话说法；能够告诉我哪是老辈的说法，哪个说法现在年轻人不知道了，老辈把"乡话"叫"躰客字"、把"客话（泸溪话）"叫"大客字"，就是杨民梓先生告诉我的，现在很多年轻人都不知道这种说法了。

此行有些遗憾的是，没有找到只会讲乡话，完全不会讲客话的人。乡干部告诉我们，灯油坪村有4位50岁左右的女性完全不会讲客话，她们都不识字，从没到过泸溪县城，有的甚至连镇上的集市也没去过。她们羞于交谈，但从简短的问话中可看出，她们实际上能听懂客话，而且会说客话，她们的客话主要是跟丈夫和孩子学的。

我们把发音人杨民梓先生接到县城的宾馆，从8月19日～30日，依据《方言调查字表》（中国社科院语言研究所）对乡话的单字音进行了调查，依据《汉语方言地图集调查手册》（北京语言大学语言研究所）对词汇及语法进行了调查，初步整理了同音字汇。后来又陆续

寻找发音人时民政局同志及灯油坪村支书合影　　杨民梓先生家/2004.8.21/陈晖 摄

据说只会说乡话的4位女性之一　　灯油坪村/2004.8.21/陈晖 摄

去泸溪调查过几次,但每次都是把发音人接到县城来。

再次到梁家潭乡已是2013年7月,时隔9年,变化真大。这次去我带了两位学生,一到县城我就提出希望能住到梁家潭乡,县委宣传部的王慧副部长毫不犹豫答应了,当即联系安排在乡政府吃住。15日上午8点半驱车从县城出发,40分钟左右就到达了目的地。道路依然弯弯绕绕,但全是柏油马路,很平坦。道路两旁老旧的木屋已经鲜有人居住,新增了不少砖瓦楼房。9年时间,这里发生了飞速的变化,对于这个变化,我喜忧参半,随着社会的发展,这里交通便利了,人们的生活水平提高了,思想观念进步了,但是乡话的生存状态越来越令人担忧了。我们在梁家潭中心完小调查了12位会说乡话的孩子,这些孩子在学校都不说乡话,而是说普通话或客话(泸溪话),他们的老师一般用普通话教学,有时会用客话解释。这与当年杨民梓先生从教时"课堂教学以乡话为主,偶尔用客话"大不相同了。

再次到梁家潭时,第一位发音人杨民梓先生已因病过世,我们找到了他的堂弟杨明家先生。杨明家先生1953年出生,比杨民梓小9岁,也是一位非常理想的发音人,他思维敏捷,理解力强,最为可贵的是,能够充分理解我们研究的意义,有一种传承和保护乡话的责任感和使命感,这使我们的调查非常顺利。

乡话使用现状调查　　梁家潭中心完小/2013.7.24/任溪　摄

与居民聊乡话　　梁家潭集镇居民家/2013.7.24/任溪　摄

住在当地做方言调查,有得天独厚的优势,这种优势在词汇和语法调查时更加明显。每天饭后,我们都会跟发音人一起到山间、田地、农家散步,见到认识的、不认识的事物都详细询问乡话说法,收集到了不少用词汇调查表难以调查到的乡话词语。听人们轻松自然的聊天,话家长里短,捕捉到了不少用语法例句、特定话题难以调查到的地道表达。

从2013年起,每年寒假或暑假,我都会去梁家潭住上十天半个月,乡话的新奇、神秘已变为熟悉、亲切。每次去梁家潭都会有新的收获,每次去都能感受到新的变化,希望梁家潭的青山绿水永不变,人们的淳朴善良永不变,乡话的"佶屈聱牙"永不变!